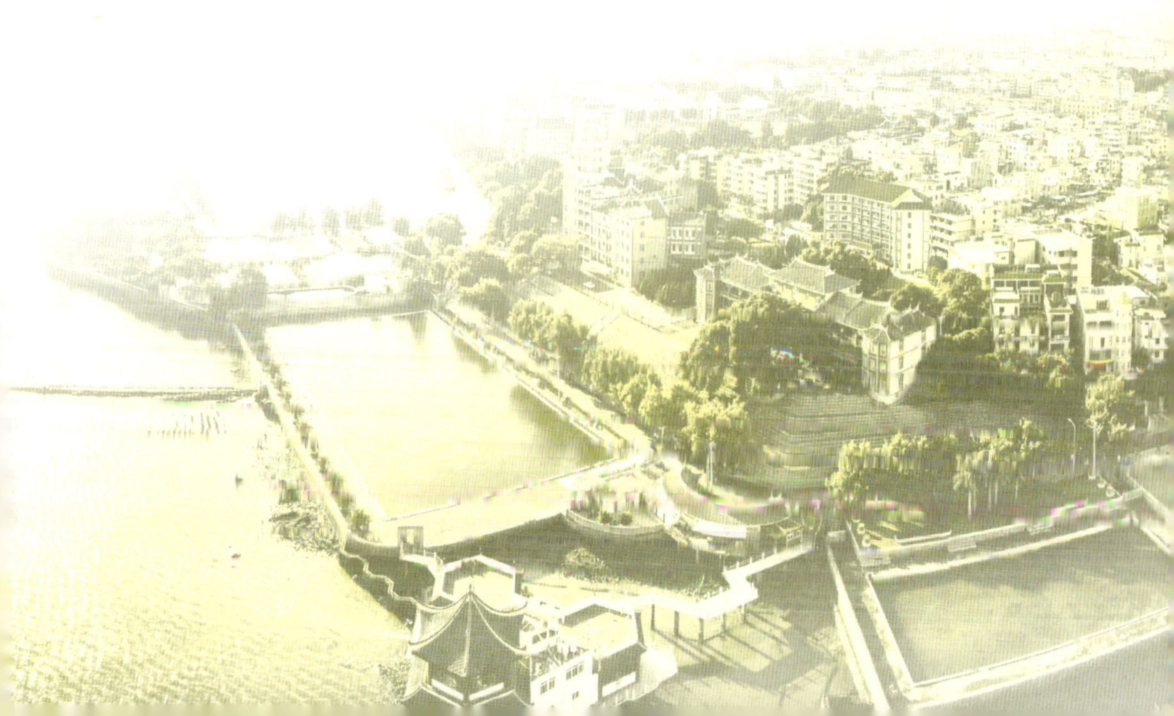

纪念陈嘉庚先生创办集美学校100周年

百年树人

任镜波 ◎ 主编

厦门大学出版社 国家一级出版社
XIAMEN UNIVERSITY PRESS 全国百佳图书出版单位

弘扬嘉庚精神　共圆中国梦

（代序）

张昭义

今年10月,是陈嘉庚先生创办集美学校100周年华诞。这是非常值得纪念的日子。

陈嘉庚先生出生在内忧外患、动荡不安的年代。认识孙中山先生后,他对"驱除鞑虏,恢复中华"的革命主张极为向往,毅然加入同盟会,热情支持孙中山的革命斗争,立志为"救亡图存、强国兴邦"尽力。辛亥革命后,他"爱国意识猛醒勃发","思欲尽国民一分子之天职",他"自审除多少资财外,绝无何项才能可以牺牲,而捐资一道窃谓莫善于教育,复以平昔服膺社会主义,欲为公众服务,亦以办学为宜"。他提出"教育为立国之本,兴学乃国民天职",指出"国家之富强,全在乎国民,国民之发展全在乎教育。"他希望通过发展教育,达到改造社会、振兴中华的目的。

陈嘉庚倾资兴学,志存高远。当年,他"每见许多华侨,多不愿回国者,虽有回国者,亦不过拥巨资作安逸之富家翁,专从事于种种奢华","而对于实业教育各问题,反置之不问","乃每欲设法援救之"。怎么"援救"呢？他选择"自先作则","将所有家财尽出之,以办教育,并亲来中国经营,以冀将来事或成功,使其他华侨,有所感动也。"

陈嘉庚先生创办并维持集美学校近半个世纪,倡办并支撑厦门大学16年,"唯在毅力与责任",凭着"诚信公忠",不惜身家性命。他把一生都献给了祖国和中华民族,献给了他念兹在兹的教育事业。

春发其华,秋结其实。100年前陈嘉庚先生创办的集美学校,在政府和各方人士的关心、支持下,如今已经发展成为涵盖学前教育、基础教育、职业教育、高等教育的完整教育体系,包括集美小学、集美中学、集美大学、集美海洋职业技术学院、集美轻工业学校、华侨大学华文学院以及集美幼儿园等学校,在校生规模已超过6万人,校舍建筑面积达到160多万平方米,小学条件得到极大的改善,集美学校美名远播。

100年来集美学校"英才乐育,蔚为国光",培养了数以十万计的各级各类人才,在普及基础教育、提高国民素质的同时,也培养了一大批师范、水产航海、商业、轻工、农林、体育等专门人才,他们中间涌现出一大批杰出的革命家、教育家、科学家、企业家、艺术家、社会活动家,以及各行各业的英雄模范人物。广大集美校友秉承"诚毅"校训,在各自的岗位上为国家富强、民族振兴、人民幸福做出了自己的贡献,赢得了社会的赞誉。

党的十八大提出:"教育是民族振兴和社会进步的基石"。习近平总书记在参观《复兴之路》展览时指出:"实现中华民族伟大复兴,就是中华民族近代以来最伟大的梦想。"陈嘉庚先生就是实现这个最伟大梦想的一位先行者、开拓者,被毛泽东、邓小平在不同的历史时期誉为"华侨旗帜,民族光辉"的伟大爱国者。

今天,我们贯彻党的十八大精神,实现中国梦,仍然需要宣传、弘扬嘉庚精神。

为纪念陈嘉庚先生创办集美学校100周年,集美校友总会与《集美校友》编辑部组织编撰出版了两本书,一本叫《百年往事》,一本叫《百年树人》。顾名思义,一本写事,一本写人,事是集美学校发展过程中感人之事,人是有感人事迹的知名集美校友。《百年往事》以集美学校百年沧桑为题材,以陈嘉庚及其襄助者、追随者为主要人物,围绕集美学校百年史中的主要事件展开故事,有情节,有感情,是一部有血有肉的文学传记;《百年树人》收集了几十位知名校友的事迹,生动感人,各显异彩,是一部龙腾虎跃的故事集。嘉庚精神是贯穿两书的内在红线,书中处处可以看到嘉庚精神在灵动。两本书都是纪实的,可以看成《校史》的形象演绎,值得一读;两书都具文学性,是故事化的《校史》,不妨一读。

弘扬嘉庚精神,融入中国梦,助力中国梦,共圆中国梦!

(陈明义,集美学校校友,曾任厦门水产学院副院长、福建省省长、省委书记、省政协主席,全国政协常委、港澳台侨委副主任,现为集美校友总会荣誉理事长)

目　录

刘玉水：陈嘉庚的好学生 …………………………………………… 章　仲(1)
蔡继琨的音乐人生……………………………………………………… 任镜波(8)
陈村牧：志兴教育　誉满闽南 ……………………………………… 蔡鹤影(18)
梁老披云访问追述 …………………………………………………… 任镜波(25)
革命先导罗明 ……………………………………………… 任镜波　任巧红(32)
杨新容：浔江碧水育英贤 …………………………………………… 杨飞岚(41)
老革命陈乃昌 ………………………………………………………… 任镜波(50)
李纯青校友爱国的一生 ……………………………………………… 丁　一(59)
陈共存：校歌声中诞生的学村王子 ………………………………… 陈新杰(66)
庄重文的故事 ………………………………………………………… 陈章华(72)
汤晓丹：电影是我的生命 …………………………………………… 阮基成(80)
黄薇：平凡中蕴含着伟大 …………………………………………… 张培春(87)
缅怀俞文农校长 ……………………………………………………… 陈祖霖(93)
蔡启瑞：学如流水行云　德比松劲柏青 …………………………… 蔡鹤影(101)
黄克立：以"校主千千万万学生之一"为荣 ………………………… 林知建(107)
我心中的辛仁 ………………………………………………………… 晓　植(112)
林连玉：集美校友的骄傲 …………………………………………… 陈毅明(119)
叶振汉：育才振校　善体下情　垂名竹帛 ………………………… 吴天赐(125)
王友钊：台湾著名农经专家 ………………………………………… 任镜波(133)
鲁藜：从集美学村启程的红色诗人 ………………………………… 蔡鹤影(140)
李林：华侨抗日女英雄 ……………………………………………… 王宝国(147)
吴文季：《康定情歌》采编者 ……………………………………… 陈励雄(154)
我的堂叔林诚致 ……………………………………………………… 林清明(160)
林有声：悠悠游子情　拳拳报国心 ………………………………… 陈幸福(166)

著名军旅作家白刃的传奇人生……………………………张培春(172)
黄永玉：示朴琐记………………………………………黄永玉(177)
李尚大：微笑、汗水、家国……………………………黄永玉(184)
李陆大：留给人间都是爱………………………………李慧东(196)
王毅林：艰辛与幸福的历程……………………………阿　卢(203)
李景昀：钻探医学锲而不舍 声名远播后人景仰………吴天赐(210)
怀念谢高明……………………………………………高云飞(215)
张乾二：自强不息　止于至善…………………………蔡鹤影(222)
施金城：学习陈嘉庚的楷模……………………………陈克振(229)
曾国杰：诚育真情　毅为教育……………泉州集美校友会(235)
吴光烈：快乐的老头……………………………………阿　卢(241)
洪贵仁：印度尼西亚维查雅煤电地产集团总裁………蔡鹤影(247)
陈福接：银河闪耀………………………………………林红晖(255)
叶广威：运筹帷幄　决胜千里…………………………林斯丰(262)
杜成国的人生境界………………………………………陈经华(267)
走近黄健中……………………………………………马润生(273)
李海晖：长行者的归宿…………………………………老　猫(279)
丁文志：弘扬嘉庚精神的典范…………………………林红晖(286)
张祥盛：天人协调第一人 誉满南亚企业家……………林红晖(290)
陈久城：嵌印"诚毅"的人生足迹……………陈亦农　钟国平(298)
严力宾：碧海丹心写春秋………………………………张培春(303)
关瑞章：情结神州　根扎集美…………………………集美大学(311)
邵哲平：他的书斋在大海………………………………熊　杰(319)
极地之子——袁绍宏……………………………………林斯丰(327)
王新全：三十而立　四十不惑…………………………林斯丰(334)
李铁军：无私奉献　赤诚为民…………………………黄美琼(341)
杨庆文：蓝色国土的忠诚卫士…………………………陈亦农(345)
编后语……………………………………………………………(350)

刘玉水：陈嘉庚的好学生

章 仲

在惠安东岭刘厝东房荷山村的山丘上，面对崇武古城，矗立着一处巍峨的建筑群。那是名闻遐迩的荷山中学和荷山小学。这里山清水秀，环境幽静，景色宜人，是个读书学习的好地方。荷山小学、荷山中学是星、马华侨刘玉水独资创办的，在惠安开了独立办教育之先河，影响深远。惠安人永记刘玉水的丰功伟绩，尊称他是"惠安的陈嘉庚"。

称刘玉水为"惠安的陈嘉庚"，妥帖与否，权当别论。刘玉水的一生，他的思想、事业，的确是和陈嘉庚紧紧相连的。如果称他为陈嘉庚的好学生，他当之无愧。

一、受陈嘉庚之惠　成人成才

刘玉水出生在一普通农民家中，弟妹6人，他排行老大。父亲是一成衣匠，有一手裁缝的好手艺，为了生活四处谋生，最后来到同安县集美社。集美乃是陈嘉庚的故乡。陈嘉庚在海外锋芒初试，事业有所成就并接受了新思想后，1912年回国筹办集美小学校。那时，刘玉水在父亲身边学生活。小裁缝铺虽小，但因刘玉水父亲人缘好，人来人往不断。店里备有茶具，村社的人聚在一起，泡茶聊大天。刘玉水烧水冲茶忙个不停。陈嘉庚习惯于早晨散步。每天，他都沿村社的道路走过，也常到小店驻足，闲谈品茶，和刘玉水父亲的感情慢慢融洽起来。刘玉水正当少年，浓眉大眼，一身英气，且手脚勤快，陈嘉庚对他颇有好感。

1913年2月，陈嘉庚创办的集美小学正式开学，招收学生135名。学校分两等，高等一级和初等四级，学生都是原来在各房办的私塾读过书的学生，年龄相差很大。刘玉水当时虽岁数较大，也入了学。集美小学是闽南开天辟地第一

1

所新型小学,刘玉水算是集美学校最老的校友,也是陈嘉庚办新学的第一批门生。

后来,刘玉水到新加坡闯天下,便去拜见陈嘉庚。陈嘉庚有非凡的识才慧眼,看出刘玉水是一可造就的人才,加上他与刘玉水父亲的交情,便接受他在陈嘉庚公司做事,派他到泰国陈嘉庚公司谦益胶业任职。以后,又委以重任,令其独当一面,任经理。

在刘玉水为陈嘉庚公司服务期间,陈嘉庚公司经受了第一次世界大战所造成的灾难性冲击。刘玉水亲眼看到陈嘉庚公司所受的冲击,也看到陈嘉庚临危不惧,从容应对,在危机之中看到商机,另辟蹊径,投资航运业,获得巨额利润。刘玉水从陈嘉庚在商海的惊涛骇浪中表现出的智慧和谋略中,学到不少经验,大大地丰富了他的经营才干。

二、效陈嘉庚之法　宏图大展

1925年,刘玉水离开陈嘉庚公司怡保分厂,创设中南树胶加工公司。后又以一万元的小小资本,在槟城开了一家橡胶店,叫启成公司,经营橡胶买卖。后来,几位同乡友人加入,合股经营,店号改称大成树胶公司。公司扩大业务范围,添设橡胶加工厂、橡胶熏制厂等。

不久,世界不景气袭击全球,各行各业一片凋零。胶业不景气,奄奄一息,大小胶园几成废墟,无人问津,胶园主惶惶不可终日,刘玉水也愁眉不展。但他在陈嘉庚公司学到的处乱不惊的胆识使他能沉着应对。他想起几年前陈嘉庚的"人退我进"策略。

1922年,陈嘉庚在开办厦门大学之后,第六次出洋回到新加坡。他一登岸,看到胶市一片惨状,橡胶商纷纷抛售橡胶园和工厂。面对这样严峻的局面,陈嘉庚果断地做出决定,改变经营方针,采用了与其他人完全不同的策略,在马来亚各地大量廉价购进胶园、胶厂。他称之为"人退我进"的策略。不久,胶价转涨,陈嘉庚大获其利。

刘玉水效陈嘉庚之法。他抓住时机,以低廉的价格在中马、北马购置大片橡胶园,扩展橡胶经营。果然,1933年5月,英国政府为摆脱经济危机,实行税制改革,大幅度提高外国商品进口税。马来亚是英国的殖民地,属不加税之列。7月,胶价回升,每担由原来的5元涨到40元,第二年又直线上升。刘玉水等人的大成橡胶公司因此赚了大钱。

此后,合股人相同股本各图发展,刘玉水则独自经营大成公司,他名重于职于陈嘉庚公司,深受陈嘉庚崇高精神的影响,秉承勤谨吃苦、俭朴自律、诚信待人、公平交易的信念,树立了良好的企业形象和商业信誉;他善于经营管理,勇于开拓进取,业务拓展至印尼苏门答腊、棉兰、巴东等地。刘玉水宏图大展,成为星马胶界巨子。

刘玉水发了大财,加上他秉性刚直,宽容大度,诚恳谦恭,乐于助人,因此在槟城华人社会享有极高的声誉。他在槟城阅书报社、《光华日报》、橡胶公会、惠安公会等社团任重要职务,成为槟州杰出的侨领。

三、应陈嘉庚之召　爱国抗日

1937年7月7日卢沟桥事变,抗日战争爆发。在此国难当头的时刻,刘玉水挺身而出,响应陈嘉庚的号召。1938年,他以其在槟州的影响,组织起"南侨总会"槟城分会,会址设槟城阅书报社。南侨总会的全称是"南洋华侨筹赈祖国难民总会",会址设新加坡,陈嘉庚任主席,刘玉水与李光前等任常务委员。槟城分会在刘玉水等人的领导下,团结各爱国侨团、爱国人士,联络工、农、商、学各界爱国同胞,开展筹赈募捐活动,支援祖国抗战。刘玉水率先垂范,慷慨解囊,捐献巨金,购巨额爱国公债。他敦请侨胞有钱出钱,有力出力。槟城侨众跟着刘玉水,踊跃募捐筹款。槟城分会还组织华侨抵制日货,声讨卖国求荣的汉奸,声势浩大,震撼槟城全岛,影响直至北马、中马各地。在刘玉水等人的发动下,槟城的华侨积极响应南侨总会主席陈嘉庚的号召,选派机工(即汽车司机和修理工)参加南侨机工回国服务团,回国在西南运输线上服务,驾驶汽车奔驰在滇缅公路上,为抗战运送战略物资。

在祖国抗日战争中,南侨总会发动华侨捐款、购买国债、汇款回家,为抗战提供了大量的外汇,使中国政府避免陷入财政危机;三千多热血青年参加了陈嘉庚组织的南侨机工服务团,直接参加祖国抗战,一千多人血洒疆场。槟城的华侨,和新加坡、吉隆坡的华侨一样,在刘玉水的带动下,在这场关系民族危亡的生死搏斗中,起了重要作用。刘玉水报国的赤诚之心感天动地。

刘玉水还发动槟城的富侨,响应陈嘉庚的号召,投资在重庆创立中国胶厂股份有限公司,制造汽车轮胎,日产百只。其机器和技师都由刘玉水发动槟城的侨胞负责。

陈嘉庚和刘玉水关系十分亲密。1940年,陈嘉庚回国慰劳结束后回新加坡途中,从仰光乘轮船到槟城,刘玉水到码头迎接,陈嘉庚在刘玉水处住了三天,陈嘉庚出席各种欢迎会、报告会,刘玉水作陪。

四、救陈嘉庚之危　避难爪哇

1941年12月8日,太平洋战争爆发,日军南侵。1942年1月31日,英军炸毁新加坡通往柔佛的大铁桥;入夜又炮轰柔佛的所有高大建筑。英军已决定放弃新加坡。

然而,就在这一天,英政府却打着"武装民众"的幌子,给华侨发枪,让他们在英军撤退之后去抵御入侵的强敌,并把此事委交陈嘉庚负责。陈嘉庚不愿拿华侨青年当炮灰,表示不赞成此举。可是,重庆国民党要人容不下陈嘉庚,在通知撤退的华侨领袖的名单中没有陈嘉庚的名字。日本人登陆在即,陈嘉庚处于十分危险的境地。

就在此时,刘玉水不顾自己的妻子儿女,冒险抢在英军炸毁柔佛大桥之前,奔赴新加坡,劝说陈嘉庚及早撤离。2月3日一大早,刘玉水等三人护送陈嘉庚登上一艘小汽艇,驶离新加坡。小艇经马六甲海峡,抵达印尼苏门答腊岛的淡那美。他们一路辗转,历尽艰辛和风险。在当地华侨的帮助下,陈嘉庚和刘玉水取得进入巨港的通行证。但待他们往巨港时,日军伞兵已进入巨港,荷兰守军望风而逃。他们只得改变行程,放弃往雅加达的计划,前往爪哇。那时,往爪哇的船已停开。一天,陈嘉庚风闻巴东有船开往爪哇,便令刘玉水去打听个虚实。传闻属实,但船票十分难买。在当地华侨吴顺通的努力下,终于买到船票。那船只有30多个座位,而船上的乘客已多至100多人,拥挤不堪。吴顺通送陈嘉庚和刘玉水上船,并陪他们直到午夜才返回。船上只有刘玉水陪伴着陈嘉庚,其他乘客绝大部分是荷兰军政人员,房厅及舱面都被他们占满,真是连个落脚的地方都没有。

刘玉水是个机灵人,他给役夫十盾钱,那役夫答应他们晚上在餐桌上睡觉。半夜,刘玉水口渴难忍,睡不着觉,想去取水。过道上,那些荷兰军政官员和他们的太太、小姐、少爷们,也顾不上绅士风度和为官的尊严,横七竖八地卧着,叫人无处下脚。陈嘉庚怕他踩着人,打手电为其照路,却招来了荷兰人的一顿臭骂。陈嘉庚和刘玉水都不懂他们骂些什么,但他们口气中饱含的那种骄横和鄙视已表达了一切。这些人,在日本人的枪炮下,被驱犹如犬与鸡,在中国人面前却大抖威风。陈嘉庚和刘玉水胸中充满了"国弱民受人欺"的悲愤。

在爪哇,刘玉水一路陪伴陈嘉庚。4月初,日军大肆搜捕华侨,形势十分危急。一天,在一个叫日惹的火车站,刘玉水伴着陈嘉庚,在厦大和集美校友护送下,正准备剪票进站,突然遇到日军检查身份证。鬼子已风闻陈嘉庚到爪哇,正在搜查他。陈嘉庚和刘玉水都没有身份证。在他们前面有几个没有身份证的人被查出,痛打一顿后就被抓走了。就在这千钧一发之际,随行的厦大校友廖天锡乘日宪兵不注意,使劲往前一涌,陈嘉庚和刘玉水趁机闯过检票口。日军过来阻拦,把廖天锡挡住。而他有身份证,安然过了关。陈嘉庚真是虎口余生!

刘玉水保护陈嘉庚最后到达玛琅。刘玉水是一个闲不住的人,喜欢交际,和朋友往来,这对匿居中的陈嘉庚的安全是很不利的。为确保安全,刘玉水另觅住处,但经常过来看望陈嘉庚。在校友的照顾和掩护下,陈嘉庚在刘玉水等人的陪伴下,度过了三年又八个月漫长的匿居生活,直至抗战胜利。

五、走陈嘉庚之路 爱国兴学

刘玉水长期追随陈嘉庚,受陈嘉庚爱国兴学思想的熏陶,从青年时代起,就热心教育,走陈嘉庚倡导的爱国兴学之路。早在1925年,刘玉水回国探亲时,就冲破重重阻力,将家乡的私塾改为学堂,命名为荷山学校。他那时还是个公司雇员,薪水微薄,靠省吃俭用省下钱来,汇回家乡,独力维持学校的办学经费。

抗战胜利后,刘玉水回到新加坡,收复被日本军政没收的家业。第二年,他派次子刘德芳等回家乡,着手兴建荷山小学校舍。1948年荷山小学从旧祠堂迁入新校舍,这是刘玉水在兴学路上走出的又一步。刘玉水兴学之志不仅仅是办一所小学,而是还要办中学和其他专业学校。

1950年,刘玉水的事业有较大发展,便决定开办荷山中学,并在荷山周围兴建净峰、延寿、湖坝头、东岭、潘湖、西埔等6所小学的校舍。刘玉水此举一方面是为方便儿童就近入学,一方面是为荷山中学培养合格生源。

荷山中学校址是刘玉水亲自选定的。这原是一片荒冢,唤作"后山仔头"。刘玉水发誓要把这片坟地变为无价之宝的"状元"宝地。他亲自制定校舍平面布局图,并在布局图的左上角亲手写下"荷校不成,玉死不休"的誓言。

荷山中学于1950年春正式开办,并开始招收初中班,同时,不断兴建校舍,至1954年已粗具规模。荷山中学的校舍,无论规模还是格调,都堪称惠安一流。荷山中学和集美中学、国光中学(南安闻侨李光前创办)齐名,被称为闽南三大侨校,驰名海内外。

1954年,朝鲜战争结束后,资本主义世界出现严重的经济衰退,胶价猛跌,售价只及原来的十分之一。刘玉水的生意无例外地受到冲击,企业亏损惨重,经济陷入困境。但在极端困难的情况下,他像陈嘉庚一样,表现出坚强的爱国兴学的意志。1930年代,陈嘉庚在企业十分困难的情况下,面对银行财团的压力,发出"宁肯企业收盘,绝不停办学校"的豪言,不惜"出卖大厦,维持厦大",倾其家产,维持集美、厦大两校。这是古今中外兴学史上之绝唱。刘玉水在困境中,为使学校不至于停课中断,不得不电恳政府接办,而他仍提出校舍基建费由他承担。虽然他的经济情况十分窘迫,但他想方设法履行诺言。从1955年至1957年的三年间,刘玉水投入人民币40多万元(可购黄金5000两),兴建校舍,改善办学条件。从1946年至1960年,刘玉水在家乡捐资建校办学经费超过百万元,可购黄金1.25万两。

刘玉水在侨居地极力提倡华文教育,宣扬华族文化。他对槟城所有华文学校无不乐捐巨资,尽心扶持。他独资在槟城创办小留村小学,还为槟城钟灵中学捐献巨金,还参与筹划,奔走呼号,为该校募捐筹款。他是槟城许多著名的华文学校董事会负责人。新加坡南洋大学创建之时,陈六使任首届理事会主席,刘玉水任副主席,尽管当时银根十分短缺,他仍带头捐献20万元。1963年,南洋大学遭遇逆境,他毅然提出任南洋大学代理事长,与当局反复谈判,力图挽狂澜于既倒。

陈嘉庚倾家兴学,刘玉水为教育尽心尽力。

六、承陈嘉庚之风 诚挚求贤

陈嘉庚事业成功的一个重要原因是他独具识才慧眼,知人善任。许多老一代著名华侨企业家,如陈六使、李光前、刘玉水都出自他的门下。陈嘉庚办学,慎选校长,也留下许多感人的故事。

他聘用林文庆为厦大校长,叶渊、陈村牧、叶振汉主持集美学校,既表现出他选才之能,也表现他求才之诚。

刘玉水承袭了陈嘉庚诚挚求贤之风。

1948年,荷山小学校舍刚建就,刘玉水便开始筹划办荷山中学。那时,正好集美学校董事长陈村牧到新加坡向陈嘉庚汇报抗战期间集美办学情况。刘玉水知道之后,特地从槟城赶到新加坡,拜会陈村牧,恭请陈村牧到槟城一游。他陪同陈村牧巡视工厂、橡胶园,向他表明自己办荷山中学的决心,恳求他帮忙,兼任荷山中学董事长之职。他的一片诚挚之心深深地打动了陈村牧。陈村牧表示愿意考虑他的请求,并向陈嘉庚汇报。陈嘉庚对兴学之举一贯乐于帮助支持,同意陈村牧兼任荷山学校董事长。在陈村牧主持下,荷山中学筹办工作进展顺利迅速,一年多便开始正式招生。

1952年2月,刘玉水委派谢良顺从槟城回荷山主持建校工作。谢良顺是刘玉水公司人员,办事认真负责,细致可靠。刘玉水心中早就认为他是最合适的人选。可是,要劝说谢良顺离开繁华的槟城回到贫穷艰苦的荷山,他真不知如何开口。接连好些天,他约谢良顺喝咖啡,谈天说地,但要说的话到嘴边又收了回去,顾左右而言他。谢良顺觉得刘玉水心中一定有什么要事又不便启齿,便试探性地问道:"玉水叔,你有什么事要我办吗?有话你尽管吩咐,我一定尽力。"刘玉水这才把要派他回荷山的想法告诉他,谢良顺听到刘玉水的话,二话没说就答应回荷山。

谢良顺回荷山担任建校委员会主任,主持建校工作,随即着手兴建学生宿舍、厨房、膳厅及其他生活设施。谢良顺在荷山中学做出的成绩证明了刘玉水识才眼光的敏锐和用人之道的高超。在惠安东岭镇,除了荷山中学之外,还有两所颇负盛名的侨办学校:一所是新加坡惠安乡贤王水九创办的开成职业中专学校,一所是新加坡乡贤柳妈春创办的苍湖中学。王水九和柳妈春都委托谢良顺代理办学事宜。谢良顺不负厚望,而且越干越出色。他不仅操办受托的项目,而且为热心的海外乡亲出谋划策,牵线搭桥,在家乡兴办许多公益慈善事业。他是一位知侨心、识侨情、海外同胞信得过的热心人,是一位为家乡建设作出贡献的人。派谢良顺回国是刘玉水对故乡的一大奉献。

刘玉水一生为国家、为民族、为家乡作了很大的贡献。遗憾的是,自1925年回乡一趟之后,他再也没有踏上故乡的土地就与世长辞了。他生前说过:"我身边没有一千、八百万,是踏不进国门的。"他说的这"一千、八百万",相当于现在的几个亿。这话让人想起多少英雄"不作出一番轰轰烈烈的事业不回来见家乡父老"的誓言。

从这话,人们不难看出刘玉水的雄心壮志,也不难看出他力不从心的内疚。其实,他已做得很多很多,贡献已很大很大。故乡人民深深地领着他的情,深深地怀念着他。他应该感到欣慰。然而,如今乡亲们只能在无限感念之余,长声呼唤:刘玉水先生,魂兮归来!嘉庚先生等着与你长相聚首!

百年树人

蔡继琨的音乐人生

任镜波

陈嘉庚先生生前赞扬人，常常用这个人是"天生的"的三个字来比喻。我觉得蔡继琨先生一生对音乐艺术和音乐教育的热爱，也可以用"天生的"三个字来形容，他在音乐艺术和音乐教育领域所做出的成绩和贡献，以及他的高尚的为人品格，都值得我们深深地景仰。

他在集美学校选择了音乐

蔡继琨的祖上原籍是晋江，在他的曾祖父蔡德芳这一辈时，举家从台湾迁回福建，以后就世居在泉州古城西街。蔡氏是当时泉州的十大姓氏之一，所以西街的街坊们常常亲切地跟蔡家人开玩笑说："你们是台湾蔡！"

1912年的中秋节，蔡继琨就在这里的蔡家大院出生。

蔡继琨的曾祖父蔡德芳是清朝同治年间的进士，祖父蔡榖元和叔祖父蔡谷仁是光绪年间的拔贡，叔父蔡玘是宣统年间的拔贡，因此他们家享有"兄弟拔贡"、"父子拔贡"的荣耀。他的父亲蔡实海，幼承庭训，是当地闻名的才子。母亲洪水镜，是同安马巷人，也是名门之女，知书达理。蔡继琨出身于这样的书香门第，上天自然少不了赋予他天才的基因。他从小就会吟诗作对，而且对许许多多的闽南音乐、闽南语歌曲，一听就会，因此，大人们总夸他是"天才"。可惜蔡继琨两岁丧父，他的母亲要抚养五个子女，还要处理家族中的事务，不堪重负，就把子女托付给其弟洪经樵负责照管。洪经樵是集美学校的教师，不仅有文化，还深谙管教之道。为了让子女们得到更好的教育培养，蔡继琨的母亲后来索性把家迁到集美。就这样，从少年时代起，蔡继琨就在陈嘉庚创办的集美学校里读书、成长。

8

蔡继琨从集美小学毕业后，先念集美中学，后来又升入集美水产航海，读了一个学期又转到商科，最后又转到集美高级师范。每每回忆起在集美读书的经历时，蔡继琨都会十分开怀地笑称自己是集美学校的"留学生"。之所以开怀，是因为他最终转入集美高师音乐专业学习，音乐专业是他打心眼里喜欢的专业，他从小就盼望着能与音乐结缘。蔡继琨进入高师音乐专业后，如鱼得水，格外用功。一年下来，他不仅学业优秀，还当上了学生铜管乐队的队长。他自编、自导、自演的话剧《一片爱国心》，一举轰动全校，老师、同学们从此都对他刮目相看。

1932年，蔡继琨从集美高师毕业。毕业前他参加全省会考获得第一名，为学校赢得了荣誉。因此，他毕业后便被学校留下担任校管乐队的教练。那时候，他经常一身正装，高大、英俊、潇洒，是教师中最帅气的一个，许多女生从他身边走过，也免不了回头注目。

蔡继琨留校任教不到一年，考上了福建省公派到德国的留学生。他母亲觉得去德国太远了，不放心。于是，这个每天早起都要给母亲泡杯茶的大孝子，就去向政府申请，终于被改派到日本留学。

获得国际交响乐曲公募首奖

1933年，蔡继琨从厦门乘船到上海，再乘船到日本长崎，然后搭火车到了东京。他在东京帝国音乐学院，师从大木正夫、铃木镇一教授，学习作曲与指挥。在那里，他结识了著名的指挥家约瑟夫·罗秦史督克、保罗·万戈登和著名作曲家亚历山大·车尔涅普里。他们经常在一起交流、切磋，蔡继琨终身受益。

3年后，国际作曲家协会在日本举办"现代交响乐曲作品"比赛。他跃跃欲试，凭着自己的天才与灵感，创作了一部管弦乐曲《浔江渔火》参加比赛。几经角逐，这部中西合璧、独具一格的交响乐曲，终于获得"国际作曲家协会交响乐曲公募首奖"。这是中国人第一次获得国际交响乐曲作曲奖，在日本、在中国引起了很大的轰动。他一时名声大噪，好评如潮。时任中国驻日大使、后来曾担任中华民国政府总理的许世英，还专门在大使馆为他举行了一次盛大的祝贺会。

蔡继琨这部成名作的部分草稿，珍藏在"蔡继琨教授纪念馆"。许多参观者看了都大为惊叹。一个24岁的年轻人，第一部作品就能获得国际大奖，并打破了中国人在这方面的零纪录，这真是音乐界的一个奇迹。

据统计，他毕生创作的清唱剧、管弦乐曲、管乐曲、合唱曲、群众歌曲、钢琴曲、独唱曲，约有200首之多。

百年树人

毅然回国走音乐报国的道路

　　1937年七七事变后，日本全面侵华，中国军民奋起抵抗。这时的蔡继琨，已无心继续留在日本深造下去。他想起祖辈当年曾因日本占领台湾而举家迁回故里的壮举，更加认定"国家兴亡，匹夫有责"的道理。于是，他不顾校方、学友的劝阻和挽留，毅然回国，以他的音乐才能来担当责任，报效国家。

　　他一回国，就向省政府建议，并很快倡办了福建省音乐师资训练班，由他担任班主任。后来，时局更加紧张，他又向省政府建议，从音乐师资训练班中挑选了26名学员，成立了"福建省战地歌咏团"，由他担任团长，到抗日前线开展宣传和慰问军民的活动。1938年6月，他率领歌咏团从福州徒步出发，沿途经长乐、福清、涵江、莆田、仙游、惠安、泉州、南安、同安、漳州等地，最后到达集美。他们每到一地，就深入民众和军队，进行慰问演出。他带头和团员们一起轮流买菜做饭，不麻烦民众。他们天天吃的是糙米饭、番薯干，佐饭的是盐巴和黄豆芽，生活十分艰苦。在这样流动、艰苦的环境中，蔡继琨还创作了《保卫大福建》《抗战歌》《我是中国人》等十几首歌曲。

　　1938年10月，蔡继琨又接到省政府的命令，要他在"战地歌咏团"的基础上组织"福建省政府南洋侨胞慰问团"，由他担任团长，准备出访东南亚。1937年，省政府组织过一次"赴南洋出访团"，那次是由闽籍海军宿将萨镇冰担任团长。这次出访蔡继琨担任团长，可见政府和社会各界对他人品、能力的认可和信任。为了提高他的身份，省政府主席陈仪还任命他为福建省政府参议。当时他才26岁，在省政府的参议中是最年轻的。

　　1939年3月24日，他率领"福建省政府南洋侨胞慰问团"一行28人到达马尼拉。菲律宾的华侨中有百分之八十是福建人，其中晋江人占三分之二，蔡继琨的三叔公就是马尼拉济阳柯蔡公所的主要执委之一。因此，他们到菲律宾后自然备受当地华侨的欢迎。在马尼拉，他们举行了两次"抗战宣传大会"，公演了《黄金台》《夜光杯》《回头》《皇军的"恩赐"》《凤凰城》《雷雨》《东北的一角》《鹭江血》《血祭》《前夜》《卢沟桥之战》《两颗笑弹》等抗战歌剧。每场演出，观众趋之若鹜，座无虚席，场面十分火爆。深受感染的人们慷慨解囊，踊跃支持祖国抗战。慰问团还在菲律宾的许多地方，举办了"福建省情照片展览会"，并在KZIB播音台作演播。蔡继琨还拜访了马尼拉市市长、美国驻菲大使和菲律宾中菲国民协会、菲律宾中华总商会、旅菲集美学村同乡会等政要和主要社团。这次出访，蔡继琨圆满地完成了任务，he给菲律宾的华社和华侨留下了深刻的印象。

10

创办福建音专荣膺首任校长

  1939年7月,他率领慰问团从菲律宾回到国内时,省政府已经内迁永安,他便到永安继续办第二期音乐师资训练班,仍然当班主任。此时,他又向省政府提出了创办音乐专科学校的建议。省政府批准了他的建议,由他负责筹办。9个月后,他被任命为福建省立音乐专科学校校长。当时他才28岁,是全省乃至全国最年轻的一位大学校长。

  他亲自筹建校舍。物色校址、参与设计、选购建材、组织施工,只用了短短几个月的时间,就在永安城外燕溪河畔的吉山,建起了几幢简式的小洋房,作为音专的礼堂、教室、图书馆、乐器室、学生宿舍、教师住所、膳厅。四周绿树成荫,环境优雅幽静。在抗战时期能有这样的办学环境,是非常难得的。

  他学习陈嘉庚,重视礼聘名师。他请留学法国的李树化当教务主任。李树化曾任过国立北京艺专音乐系和国立杭州艺专音乐系的系主任。这样一位资深的系主任能到初办的福建音专执掌教务,完全是被蔡继琨的精诚所感动。后来,蔡继琨又请到教育部音乐教育委员会《乐风》月刊的主编缪天瑞当教务长。通过缪天瑞,他又先后在省外聘请了顾西林、顾宗朋、刘天浪、章彦、黄飞立等一批富有专长的教师来任教。集美校友、著名画家谢投八,当时也被聘到学校担任秘书兼附中图画劳作进修班的班主任。他还冒险到当时已经成为孤岛的上海,邀请了教钢琴和音乐理论的奥地利人马古士、教小提琴的保加利亚人尼哥罗夫、教大提琴的德国人曼杰克和教钢琴的曼杰克夫人,以及乐技制造技师王定安等十多人。蔡继琨的夫人叶葆懿,也是富有教学经验的声乐教师。有了这样一批知识渊博、技艺精湛的师资,蔡继琨很快就把音专的本科、专修科、选科三种学制的各种专业,办得有声有色。1942年8月,这所音专便由省立改为国立。

  蔡夫人叶葆懿,是集美学校早期幼稚师范的校花,比蔡继琨小3岁。1934年,她从集美幼稚师范毕业后,考入国立杭州艺术专科学校音乐系,师从俄籍教授马森,主修声乐。她从杭州艺专毕业后,仍然跟马森教授专攻声乐。她在福建音专担任声乐组主任兼音乐师资训练班主任。蔡继琨和她琴瑟和鸣35载,是蔡继琨筹办音专的得力助手。

  1940年,陈嘉庚率团回国慰劳,到了永安,听说福建音专的校长是集美学校的校友,便特意到学校参观。陈嘉庚对蔡继琨的办学精神连声称赞,当场决定先把集美学校的4台钢琴调拨给福建音专。

  蔡继琨认为,福建音专成立在抗战,应该为抗战服务。在他的倡导下,音专的师生积极排练宣传抗日的节目,定期在永安中山纪念堂举行公演。这不仅丰富了永安社会的文化生活,而且激发了军民的爱国热情。1941年1月26日(旧历除夕),蔡继琨带领福建音专巡回演奏团,一行60多人,从永安前往福州,开始了历时一个月的全省巡回演出。演出的诗剧大合唱《悲壮的别离》、《佛门动员》、《招魂曲》等节目,都是蔡继琨作曲、指挥和由他的妻子叶葆懿主唱的。他们在十几个县连续演出了27场,而且场场爆满。在福州演出时,仅能容纳几百人的礼堂却挤进了上千名观众。从此,福建音专闻名全省。

1942年7月26日,蔡继琨辞去福建音专校长的职务。不久,他便赴重庆履新。蔡继琨在福建音专的时间虽然只有两年半,但是他是这所学校的创办人,更是这所学校的灵魂和精神象征。可以这么说,如果没有蔡继琨,当时根本不会办这所学校,更不会有基础这样好的学校。蔡继琨从1937年创办中小学音乐师资训练班,到1942年离开福建音专的4年多,共为福建培养了312名的中小学音乐、图画劳作教师和社会音乐指导员。据了解,福建音专先后办了10年,到1950年,被并入中央音乐学院华东分院,即现在的上海音乐学院。

走出国门饮誉中外

蔡继琨到重庆后,被聘为国立音乐学院顾问,后任教育部音乐教育委员会委员、中华音乐教育社社长兼交响乐团团长、国立中央大学师范学院艺术系兼职教授。抗战胜利后,他受命赴台湾,负责日军在台所有军乐器材的接收工作,并参加在台北举行的台湾省日本投降签字仪式。以后,先后担任台湾省警备司令部交响乐团团长兼指挥、台湾省行政长官公署交响乐团团长、台湾大学音乐系教授、台湾省艺术建设协会首届理事长等。这段时间,他先后为台湾省乐团指挥了29场的定期演奏会,还创作了混声四部合唱《爱国歌》、《台湾进行曲》以及用古诗谱写的艺术歌曲《忆家山》、《晚春》等,被人们誉为"台湾交响乐之父"。1945年5月,他被派往菲律宾担任中国驻菲大使馆商务参赞。

在菲律宾,他从1950年11月起先后被聘为菲律宾马尼拉演奏交响乐团音乐指导兼指挥、菲律宾马尼拉中央大学音乐学院教授、马尼拉演奏交响音乐总监和指挥。其间,他在马尼拉指挥过21场盛大的音乐会。他的指挥艺术,曾受到菲律宾季里诺、麦格赛赛、加西亚、马卡帕加尔、马科斯等多位总统的多次赞扬。他先后获得"杰出指挥金像奖"、"优秀指挥及杰出服务奖"、"对菲国交响乐之贡献及慈善事业之劳绩奖"、"海光侨务奖章"、"颂扬奖"等。他先后参加了在马尼拉举行的东南亚地区首届音乐会议(当选为副主席兼音乐教育与音乐文化委员会主席)、国际音乐理事会第十二届国际音乐会议(代表菲律宾),在瑞典举行的国际音乐教育研讨会,在莫斯科举行的国际音乐教育会议,在墨西哥举行的国际音乐理事会第十四届国际音乐会议(代表菲律宾),在日内瓦和维也纳举行的国际音乐理事会第十五届国际音乐会议(代表菲律宾),在台湾举行的亚洲作曲家联盟第四届年会(代表菲律宾)。他还以指挥家身份加入美国交响乐团同盟,作为该同盟的单独会员。国际友人说他是"音乐文化交流使者"。

在菲律宾期间,蔡继琨用清代诗人黄仲则的词谱写了《思乡曲》,乐曲时而婉转低诉,时而高唱入云,一吐他对故乡的绵绵思念。这是他这一时期的代表作,也是他这个时候的思乡写照。他和妻子叶葆懿同台表演《思乡曲》,一个演唱,一个指挥交响乐团伴奏,传为佳话。当时,叶葆懿是菲律宾东方大学音乐学院声乐系教授。讵料,这位与蔡继琨幸福相伴了35载,而且年方60岁的爱侣,竟于1974年12月31日遽然去世,这使天性乐观的蔡继琨也感受到了从未有过的孤独。

变卖家产回国办学

"文革"后的1980年,集美学校校友会恢复活动。1983年10月,蔡继琨应集美校友会和陈村牧先生的邀请,从海外悄悄地回来,参加纪念陈嘉庚先生创办集美学校70周年的活动。当时,他还考虑到在台湾的社会关系,觉得不方便在公开场合多露面,所以连老朋友请他照相都被他谢绝。他说:"只要心照,不必身照。"据事后得知,蔡继琨这次回来,在台湾引起了轩然大波,各种麻烦接踵而来。面对这种情况,他快刀斩乱麻,同所有反目者决裂。他还对一位国民党元老、老上司说:"这次我回去看了,共产党并不可怕。都是中国人,都是同胞嘛。"

1985年11月,他再次回大陆。他上次回来,曾经到陈嘉庚墓前向校主行了三鞠躬大礼,并默默地说:"校主,我一定会再回来的。"这次回来,他第二天就驱车到集美鳌园,站在校主墓前三鞠躬后,便大声地说:"校主,我又回来了!"言罢,他站到了鳌园的最高处,眺望金门。他高兴地对同行的人说:"我过去从那边看过来,今天从这边看过去,结论都是祖国一定要统一!"这次回来,他没有什么顾忌,主动同各界人士接触、照相,到母校集美师专和厦门大学讲学,到福州、泉州等地考察音乐教育和社会文化事业。

1986年2月,他第三次回国。在集美学校校友会名誉理事长陈村牧的陪同下,他参观集美学村的各所学校。他被厦门大学艺术教育学院聘为客座教授。在接受聘任的欢迎大会上,他说:"我会回来讲课,但不要报酬,路费自理。"后来,

百年树人

他还接受了华侨大学、福建师大、安徽师大以及长春、哈尔滨的院校和音乐团体的聘请,照样是"不收报酬,一切自费"。他说:"我是炎黄子孙,去国数十年,对国家无贡献,此番回来,区区报效,微不足道。"1987年12月,他应福建省文化厅和省国际文化交流中心的邀请,担任了由福建省歌舞剧院乐团、福建艺校、福州歌舞剧团联合组成的交响乐队的指挥,半个月时间,在福州、泉州、漳州、厦门等地连续演出了12场,场场爆满,"魔棒一举惊四座,倾倒数千音乐迷"。

那几年,他年年从国外回来,探寻社会音乐的普及与提高。他说:"很多小国家都办了音乐大学,我们连一所也没有。很多大学的音乐系,也只是培养师范类的音乐人才,这怎么适应社会文明建设的需要呢?"因此,他决心再展当年创办福建音专的雄风,在福建再办一所专门培养音乐人才的学校。

1989年3月,经省教委批准,由他与福建师大、福建艺校、厦门大学、集美师专、泉州教育学院联办的私立福建社会音乐学院成立了。这个学院的任务,一是对全省中小学音乐教师及社会音乐文化干部进行岗位培训;二是对在职音乐专业人员进行继续教育;三是对少年儿童进行课余专业训练。为了办好这所学校,他把在菲律宾的别墅、汽车等通通卖掉,并辞去马尼拉演奏交响乐团终身音乐总监和首席指挥等职务,带着11箱珍贵的乐谱,毅然回国定居,效仿陈嘉庚,不惜毁家兴学。

创办了全国首家民办音乐学院

蔡继琨回国定居后,天赐良缘,得与刘秀灼女士喜结连理。刘秀灼是当年福建音专的校友,后随校转入上海音乐学院就读,曾师从苏联音乐理论家克·尼·德米特列夫斯卡娅,先后在上海音乐学院附中、兰州艺术学院、甘肃师范大学、福建师范大学任教。当时,她是福建师范大学音乐系音乐理论教研室主任、副教授。蔡继琨回国办学,一路走来,都得益于她的辅助。后来,她还成为蔡继琨音乐教育事业的继承者和维护者。

蔡继琨创办了福建社会音乐学院后,被董事会聘为名誉院长,并暂兼任院长。这时,他当年的成名之作管弦乐《浔江渔火》,已被中华民族文化促进会列入"20世纪华人音乐经典"。1994年4月,在福建省人民政府和海外热心人士李尚大、吕振万、繁松芳、黄呈辉、柯成焕等支持下,他把福建社会音乐学院发展为福建音乐学院。这是中国首家民办的音乐学院,校址在福州市仓山区首山村。在几年的时间里,他先后建了吕振万楼、黄呈辉楼、蕊山楼、蔡章纪念堂、李刚堂、川龙楼、正卡楼,充分满足了教学和生活用房的需要。学院开设声乐、钢琴、管弦乐三个专业,都是请省内外两台(讲台、舞台)的名师执教,追求一流的办学质量。1999年,学校被评为优秀民办学校。2004年,学校又受到福建省委、省政府的表彰和奖励。1999年,学校挂靠国立华侨大学,开始招收本科生,学校上了一个档次。

蔡继琨决定回国定居办学的时候,已至耄耋之年。但是他从不言老,从学校规划到筹划经费,从征地基建到配置设备,从专业设计到聘请师资,从学生教育到生活管理,他事必躬亲。为了募集资金和罗致人才,他曾十几次奔走京都,穿梭欧美、东南亚。为了保证基建的进度和质量,他大热天穿着短裤打赤膊上工地。有一次,发现工地上没有茶水,他就叫人扛来几箱啤酒,让工人休息,跟他们一起边喝边聊。他是董事长、院长,又像基建处长、工头,风风雨雨,工作起来不要命。他身边的人怕他身体顶不住,常劝他身体要紧,可他却乐呵呵地说:"老年人工作越多就越会返老还童。"

蔡继琨常说,在他的一生中有三位对他有过重要影响的长辈:一位是他的母亲,一位是集美母校的校主陈嘉庚,还有一位是他的老上司、爱国将领陈仪。他说,我们敬爱的陈嘉庚校主爱国爱乡、倾资兴学,为我们树立了诚毅精神。所以蔡继琨为福建音乐学院制定的办学方针是爱国第一,品德第二,专业第三。他为学校制定的校训是"修德养艺,自强不息"。他规定学生考试要达到70分才算及格,69分还得补考。他对学生的生活管理和习惯养成也是全力关爱,严格督导,而且身教重于言教。他常到膳厅观察学生用膳的情况。有一次,他看到学生吃馒头时,把表面的皮剥掉丢在桌上,他就走过去把它捡起来当着学生的面吃下。这个学生连忙站起来向院长检讨说:"我错了!"此后,"不浪费一粒粮食"也成为这所学校的良好校风。

蔡继琨从早年办福建音专起,就提倡开门办学,重视社会实践。1997年、1998年的寒暑假,他曾三次率领福建音乐学院的30多名师生,冒着严寒和酷暑,"送音乐下乡",到龙岩市的长汀、连城、上杭和宁德市福安、柘荣、福鼎,以及三明市的三明、永安、宁化、建宁、泰宁等地的革命老区,进行慰问演出。当时,他已经80多岁了,如此不辞辛劳、以身作则地践行自己的办学方针,确实难能可贵。

蔡继琨办学,不仅自筹办学的一切经费,而且还按全省民办高校同类专业最低学杂费的标准来收费。他说:"办学不是做生意,不能高收费。"当时国家对民办学校还有民办公助的政策,但他却坚持不要政府一分钱的补助。他在艰苦支撑福建音乐学院的同时,还筹资建立了多项音乐奖金,对优秀的音乐人才进行奖励和资助，17年间共奖励、资助了522人次，总金额达458885元，对繁荣本省的音乐事业起到积极的作用。

蔡继琨爱校如命，也为校累倒。2004年3月21日21时30分，他闭上眼睛后再也没有张开了。此后，蔡继琨生前亲自聘任的兼职院长，大部分时间仍在北京的原单位，学院的继往开来的重担自然就落在蔡继琨的夫人、常务副院长刘秀灼身上。她依靠以庄善裕为董事长的董事会，竭力支撑了6年，办学规模和办学条件均有扩大和改善。但是，出于校园达不到500亩、办学总资产达不到3亿元以上等方面的原因，学院终于2010年4月，与闽江学院音乐系合并，成立了闽江学院蔡继琨音乐学院，致使从这所学院毕业的990名学子，在痛失了校主的6年后，又失去了至亲至爱的母校。

他感动了福建

蔡继琨创办福建音乐学院亲任董事长兼院长的时候，已经82高龄，是全国最年长的大学校长。他在办学过程所遇到的每一个困难，都是以耗尽自己的心血来应对的。他到了96岁还在办学，还想把音乐学院办成音乐大学。他的办学精神和事迹，在国内曾被许多报刊及其他媒体报道过。

1999年12月16日晚，他在福州大戏院举办了一场"蔡继琨教授百龄开一交响音乐会"，这是他告别交响乐指挥生涯的最后一次演出。为了祝贺他的这次演出，时任福建省代省长的习近平还发来贺电。两个小时的演出，他连续指挥乐团演奏了祖佩的《轻骑兵》序曲和《诗人与农夫》序曲、伊凡诺夫的《萨达尔的巡礼》、舒伯特的《未完成交响曲》、约翰·施特劳斯的《蝙蝠》序曲、柴可夫斯基的《斯拉夫进行曲》等六部世界名曲。他挥动着"魔棒"，犹如指挥千军万马。正如一位听众对他说的："你不是将军，但比战场的统帅更具魅力。"其实，在这场音乐会之前，他已经带着福建省歌舞剧院交响乐团在泉州、厦门和华侨大学、集美学村连续举办了4场"百龄开一"的音乐会。一位年逾90的老人，尚能如此外出奔波，而且场场亲自指挥，这在中外的音乐史上也属罕见。

他的性格很倔强，但也很善良。1997年11月的一个早晨，他带着学生到院外跑步，突然被一个驾摩托车的商贩撞倒，在医院治疗时，他不仅劝师生不要为难这位商贩，还劝告这位商贩以后行车要小心，并拒绝了这个商贩要为他支付的医疗费。这件事，一传十，十传百，学校周围的许多老百姓知道后，都说福建音乐学院的蔡院长是菩萨心肠。

2004年2月，由中央电视台、福建《海峡都市报》、福建省福利彩票中心共同主办的"福彩杯·感动福建"2003年度十大人物评选,蔡继琨是高票者之一,被选为感动福建的人物。此前,他还荣获过第二届"中国音乐金钟奖"组委会颁发的特别奖——"终身荣誉勋章"和美国国际杰出人物中心为他颁发的"卓越成就人物证书"。

蔡继琨传奇的音乐人生,给我们留下的是永不消失的感动……

百年树人

陈村牧：志兴教育　誉满闽南

蔡鹤影

一

陈村牧，原名春木，别号子欣，1907年11月23日（农历十月十八日）生于金门县后浦镇。

村牧祖辈是惠安西岑人，到了曾祖父才搬到金门落户，起初还是干老本行泥水活。后来，金门出洋人多了，总要佩带点金银首饰。祖父见打首饰好赚便学打银饰，做首饰生意，生活宽裕些，却愁膝下无男儿，只得从惠安堂亲那里抱养了一个男孩，俗名"回仔"——要回来的意思，读书时取名叫"天回"，这就是村牧的父亲。

陈天回有一好友傅锡琪，陈家住南门，傅家在北门，常来常往，亲密无间。陈村牧小学毕业的前一年，母亲不幸病逝了。村牧小学毕业后，年仅13岁便负笈浮海，考上他所仰慕的陈嘉庚创办的集美学校中学部。不到一年，村牧的父亲病危了，村牧赶到金门伺候在侧。这时，父亲身染沉疴，自知回天无力，就把村牧托付给好友傅锡琪，请他代为抚养栽培。过后，有人从中撮合，村牧与锡琪的长女振权（婚后改名为丽端）订婚。翌年，父亲病逝。村牧在锡琪的帮助下，继续在集美中学学习。

金门曾是俞大猷抗倭、郑成功反清的根据地，村牧从小深受英雄斗争事迹的濡染，英雄众师遥书的伟绩铭记心间，融入他的血液和灵魂，从小产生了淳朴的爱国主义思想。同时，金门又是日籍台湾浪人横行的场所，他们横行霸道，激起乡民的义愤。"五四"运动时，陈村牧还在念小学，但爱国主义思想激励着他，便和同学们积极地参加爱国宣传。在集美学校中学部学习四年，他亲受嘉庚精神的熏陶，在幼小的心灵里，萌生了一种纯洁、高尚、愿为陈嘉庚教育事业服务的

18

信念。

　　1925年1月,陈村牧在集美旧制中学毕业,以优异的成绩获得集美学校"成美储金",保送入厦门大学预科。入学前,他先与傅丽端完婚,婚后再继续上大学。他预科学习后,便直接升入历史系攻读,更进一步亲受嘉庚风范的影响,奠定了他一生为人的宗旨。

　　1931年初,年仅24岁的陈村牧大学毕业后,怀着为母校、为陈嘉庚教育事业服务的报恩之情,回到集美学校振铎育英。他将"春木"改为"村牧",以示为校园之牧。他并非只是一名教艺精湛的教书匠,还是一位学识渊博、文思敏锐、勇于创新的学者。在教学之余,他勤于笔耕,除自编教材外,还撰写了《尧舜传说之衍变》、《尧舜传说之歧异》、《孔子与六经》等论文,真知灼见令人折服。君子之德,谦谦之风,陈村牧以其道德文章,给莘莘学子留下了不可磨灭的印象。

　　1934年1月,陈村牧得到陈嘉庚的器重,被提拔为集美中学校长,1936年秋又兼任师范学校校长。

　　陈村牧一上任便有的放矢地锐意改革,抱着实现陈嘉庚"为国家和民族的教育事业做出无私奉献"的理想,以嘉庚精神、"诚毅"校训凝聚了一大批学有专长、能和衷共济、善于促进学生德智体美全面发展的好老师。

　　1934年,村牧得知鲁迅的高足、著名作家许钦文因被当局用"窝藏共产党"的罪名关押在杭州军人监狱里,后经鲁迅营救出狱,他马上打电报聘请钦文来集美任教。为了留住名师,他还主动将自己的薪金减十块给钦文加薪。第二年,时任同安专员黄元秀来集美视察,遇到许钦文,便悻悻地责问陈村牧:

　　"他是谁?"

　　"许钦文。"

　　"'赤化分子',立刻解聘。"

　　"要重信誉,守信用,不得中途毁约。"

　　陈村牧不怕专员的淫威,针锋对麦芒,坚决顶住。后因国民党的追捕,钦文教满两年后,不得不离开集美。

　　1934年秋,正当集美学校蒸蒸日上、成绩斐然时,叶渊校董辞职了,继任校董在人事关系上非常紧张,造成许多校长、老师纷纷辞职离校。村牧内心寂寞,感到孤独,像头骆驼在沙漠里艰难跋涉。

　　新校董一手遮天,独断专横,逼得陈村牧不得不下定决心于1936年12月12日主动辞职,应聘为马来亚麻坡中华中学的校长。全校师生虽苦苦挽留,但他去意已定。17日下午,全校师生在大礼堂召开欢送会,村牧望着恋恋不舍的师生无比激动地说："此行南渡，只是暂别。我的根在集美，为了嘉庚先生的教育事业，我会回来的。望诸位共勉之……"

在轮船上，村牧与受聘为新加坡华侨中学校长的前厦门大学教授薛永黍相遇，薛知其才，执意邀请他同往华侨中学共事。船抵新加坡，两校均派人前往迎接，双方产生了争执，经过协商，同意由陈嘉庚裁定。

此时，陈嘉庚正苦于集美学校无合适的校董，而陈村牧在集美中学任三年校长的出色表现，也早有所闻。于是，他决定让陈村牧在华侨中学任职，以便就近考察，并商讨改进集美学校大计。经过几次交谈，陈嘉庚慧眼择贤才，怡和轩点将，决然定聘村牧为集美学校校董，总董集美学校大政。当时，正值抗日战争爆发前夕，国内形势动荡不安，而集美学校因校主企业收盘，经费支绌，困难重重。但陈村牧感念校主的信赖与重托，临危受命，毅然接受校主的聘请。

二

1937年5月底，陈村牧受命之后就启程回国，6月3日抵达厦门，立即上任集美学校校董之职。

1937年6月7日，陈村牧在集美学校敬贤堂，向全体师生宣布《改进集美计划大纲》。这个大纲既充分体现了他的办学思想，又体现他挑起重担后的宏大气魄。

正当村牧胸怀壮志要大展宏图的时刻，七七事变爆发了，他立即以高昂的爱国热忱，号召师生"去争取国家的独立与平等，去争取民族的自由与幸福"。

形势日益危急，学校非播迁不可。陈村牧一方面就迁校事宜向校主请示，一方面派遣赵雪岑赴安溪商借临时校舍。承安溪当局及当地人士支持，答应以文庙、中心小学的一部分出借给集美学校当教室。

9月18日，村牧得到陈嘉庚的电复："移校可行。"集美学校决定迁至福建山区安溪县，后一部分再搬到大田、诗山等内地山区坚持办学。

安溪山峦叠嶂，公路蜿蜒曲折，要搬迁一所学校已属不易，更何况集美学校是综合性的，内涵各类型学校，图书、仪器、设备之多是任何一所学校都不能相比的。当时，敌机轰炸，地面大炮轰击，要把全部的教学设备、食宿、娱乐等设施运到僻远的山城谈何容易，单图书就有10万多册。但陈村牧却在短时期内，从9月25日起至12月16日，按预订的计划全部运到山城，可见他的组织与指挥是卓有成效的。他凭着对陈校主的一片赤诚，克服了千难万险，完成了迁校工作。

小小的山城，一下子涌进七八百名的学生。一座文庙，既要做教室，也要当宿舍，读书、吃饭、睡觉都挤在里面，是何其拥挤呵！但陈村牧经过实地考察，做了周密安排，师生们有了较安适的环境。

学校搬迁后遇到最严峻的问题是办学的经费。当时抗战越来越艰难，可集美学校却越来越发展，学生增多，学校扩大，办学经费越显突出。到了1941年太平洋战争爆发，陈嘉庚避难印尼，侨汇完全断绝，学校经费更加拮据。除靠原有校产收入和集友银行补助外，陈村牧精打细算，努力节省开支，同时也尽量争取政府的补助。他四处奔波，打通许多关卡，才能得到一点照顾。1942年初，陈嘉庚将一笔八百多万元的巨款汇交重庆国民政府转集美学校，但款被延搁多时，钱没法拿到手，必须派专人赴重庆交涉。当时由集美去重庆，旅途遥远，要通过敌占区，困难重重。但不顾个人安危的陈村牧，迎难而上，千辛万苦，于9月12日抵达重庆，即向国民政府财政部交涉。几经周折，至11月12日，这笔被延搁八九个月的汇款终于全部领回，他也于当日马上离渝回校。由于陈村牧的坚毅，集美学校才不至于停办，终于渡过了难关。

学校内迁安溪，生活极其艰苦，有些教师打了退堂鼓，另攀高枝。为稳定教师队伍，陈村牧制订了《福建私立集美学校战时救济教职员膳食及津贴生活费暂时办法》。同时，实行减薪减员，他自己带头拿七成薪金，教师也自愿适当降低工资。但学校仍然做到教师实际工资不低于公立学校，保障他们基本生活费。为了延聘名师，村牧四处奔波。当时"焦土抗战"，沿海交通全部被破坏，公路坑坑洼洼，不能通车。他出门只好步行或乘竹轿。沿途匪患猖獗，谋财害命的事时有发生。但他不顾危险，历尽了艰辛。

在安溪集美学校实行半军事化管理，师生一律身穿制服，学生佩带"诚毅"的校徽，还要绑腿。教师佩带"以身作则"的校徽，跟学生一起出操。作为校董兼校长的陈村牧没有丝毫特殊，他每天坚持最早到操场出操。早晚升降旗仪式，他必躬亲；晚自习，他也要亲自下班巡视。在他的言传身教下，集美学校形成了优良的学风。可见，半军事化管理，没有训练有素的优良校风熏陶是不行的；而严谨的校风，没有陈村牧全身心地投入，没有他那一颗把一切都融入的燃烧的心，就不能走进如此高尚的境界。

1944年3月14日，陈村牧应新任福建省省主席刘建绪的聘请，到永安任省参议会秘书长，至1946年2月13日主动辞聘。

4月27日，福建省临时参议会举行第二届第十一次会议。会上，陈村牧、张述（厦门大学1934年第九届经济学系毕业生，抗战胜利后任厦门市银行行长）、黄谦若（1937年毕业于厦门大学政治经济学系）、郭薰风（抗战前在厦门市政府

百年树人

任职,抗战胜利后任《厦门青年日报》社社长)等联名提案,要求在战时陪都重庆的国民政府"恢复台湾省制"。提案提出:"台湾为我省东南屏障,清初原属本省之一府,光绪十一年因防列强觊觎改为行省,设三府一州十一县六厅。甲午战争割让与日,自是台湾同胞即沦为日人之牛马奴隶。抗战以后,中央曾一再表示收复台湾决心,惟至最近始经开罗会议承认战后归还我国。现距胜利之期不远,亟应从速恢复省制,以正视听,并坚定台胞内向之心。……"提案还提出恢复台湾省制的办法:"建议中央依东北四省例,在陪都或本省设立临时台湾省政府,以号召台胞并策划收复接管等准备。"①村牧出生于金门,那里是日籍台湾浪人横行的地方。他从小目睹浪人横行霸道、暴戾恣睢,因而对台湾同胞沦为日人之牛马奴隶有切肤之痛。这种情结贯穿他一生。1947年6月、1949年3月,陈村牧为筹建渔业公司和出席集友渔业公司股东会议而二度赴台湾。集美校友分布台湾各地,虽一水之隔,但师生情却抽刀斩水水更流。

集美学校在内迁时期,到层峦叠嶂、穷乡僻壤的安溪、大田、诗山等内地山区坚持办学,历经八年,艰苦支撑,和衷共济,弦歌不辍。

三

八年抗战,日寇肆无忌惮地侵略我国,天上轰炸,地面炮击,美丽的集美学村,煌煌黉舍被炸得断垣残壁,弹痕累累,几无完肤。陈村牧曾冒着危险,从安溪回到不时炮火纷飞的集美实地勘察,看到学校变成满目疮痍的废墟,他胸中无比愤慨。他怀着对日寇无比仇恨的心情,应厦门广播电台之邀,义愤填膺地播讲了《抗战集美学校的回顾》和《集美学校复兴计划》。他说:"为了达成校主兴学救国的目的,我们认为集美应再扩展规模,对国家作较大之贡献。"扛鼎之难,他却毫无退却之隙;他艰苦卓绝,将宏图大志昭示天下,得到各地校友的支持。

陈村牧根据多年来积累的教育实践经验,拟出了一个切实可行的复兴计划,按毁坏的程度和需要的缓急,分期修建,并付诸实施。在陈村牧的主持下,从1945年4月至1946年秋,完成了复兴集美计划的前两期工作。短短的一年多时间,共修复大大小小的楼房30多座。各校按计划陆续搬回集美,浔江之畔,天马山麓,又响起琅琅的书声。

1949年4月23日,解放大军攻克南京,乘胜挥师南下,国民党兵败如山倒,

---

① 引自洪卜仁撰写:《厦门人参与台湾光复》,此文收入厦门市政协文史和学习宣传委员会与厦门市图书馆合编的《鹭岛烽烟》(海风出版社 2006 年版)一书。

溃不成军地龟缩厦门,负隅顽抗,集美再次处于战事的前沿,硝烟气味浓厚。5月下旬,国民党厦门警备司令部下令,集美各校(小学除外)提前放假,国民党军队立即进驻学校。至8月中旬,秋季开学迫近,陈村牧为了不误学子上学,再三出面据理交涉,始获迁让,准备开学。没几天,国民党厦门警备司令部以战事告急为名,又下令停止开学,国民党军队复开入校舍。

为了师生生命安全和保护好校财,8月21日上午9时,陈村牧召集全体留校教职工讨论疏散问题,后作出决定:大部分留校教职员暨家属、侨生(其他学生都回原籍)疏散到同安莲花埭柄乡,初中校长吴玉液带领有关人员把图书仪器搬迁到同安石浔,而陈村牧身先士卒,亲率公共机关和各校总务人员等留守集美。集美小学的学生都是本地子女,仍然坚持开学。

战火迫在眉睫了,这时陈校主的二公子、香港集友银行经理陈厥祥考虑到村牧的安全,怕他在护校中发生危险,就通知厦门集友银行经理林承志购买机票两张,请村牧飞港开会,实为避难。村牧感激陈厥祥对他一片好意,但他绝不临阵脱逃。为了保护校产和集美学村人员生命财产安全,避免散兵游勇侵扰,校警所及集美自卫队联合进行武装巡逻。

战事越来越紧了。国民党特务机关几度派人来威逼利诱陈村牧去台湾,却遭到他凛然拒绝。他决意留守护校,在集美小学校长叶文佑安排保护下匿居在集美幼稚园"葆真楼"的顶棚上,三餐饭菜由叶文佑一家人送。陈村牧不畏强暴,和员工们一起冒险保护学校,迎来了集美的解放。

四

厦门和集美解放了,但仍然处在前线。1949年11月11日,国民党飞机狂轰滥炸,楼屋倒塌损坏多座,高中部校长黄宗翔、办事员廖瑛和六个学生不幸殉难,酿成"双十一"惨案。陈村牧愤慨万分,冒险视察被炸的惨状,大力组织人员抢救遇难师生,并立即以忘我的精神,全力投入到抢修校舍和组织复课工作中。集美各校在不到两个月的时间,就完成了由集美迁至乡村复课,再由乡村搬回集美上课的艰巨任务。这就是"二次播迁"。

20世纪50年代初,陈村牧热情洋溢地投入到他所钟情的教育事业中,把长期以来积累的办学思想、教学思想、学校管理办法,无私地奉献出来。集美学校经过他的精心打造,成为当时晋江地区71所中学中首屈一指的中学。正因为陈村牧德高望重,敬业乐业,中央人民政府政务院分别于1953年3月6日、5月5日,任命他为福建省人民政府文化教育委员和福建省厦门市人民政府委员。

1956年7月,陈村牧任集美华侨学生补习学校副校长。第二年8月,他又兼任集美侨属子女补习学校校长。

"十年浩劫",陈村牧蒙受不白之冤,遭受了磨难。1972年,侨校被迫停办,陈村牧被分配到集美中学图书馆负责管理书库工作。

20世纪80年代初,"十年浩劫"过后,陈村牧又躬逢盛世。他虽耄耋之年了,却一如既往地投身于弘扬陈嘉庚精神的行动中。他出任集美学校委员会的顾问及校友总会理事长等职。在第一次理事会上,校友总会决定恢复《集美校友》会刊。他不顾年高体弱,亲自参加《集美校友》的组稿、审稿、撰稿工作。他不畏艰难,以坚毅的精神整理庞杂的陈嘉庚来信,为研究陈嘉庚提供了很有价值的第一手资料。他亲自指导布置陈嘉庚生平事迹陈列馆,使之成为永久性弘扬陈嘉庚爱国主义精神,进行爱国主义教育的场所。为了集美学校的发展,他广泛开展联络海内外校友和知名人士的工作。他亲自撰文,发表了《致海外校友书》和《告台湾校友书》,呼吁海外校友爱国爱校,为祖国建设和统一大业作出贡献。他在《告台湾校友书》中说:"实现台湾回归祖国、完成统一大业的呼声,已经越来越深入人心,形成了一股不可阻挡的历史潮流。凡我校校友,不论是住在台湾海峡的东岸,还是住在西岸,都应勠力同心,为完成历史赋予我们这一代的神圣使命——统一祖国,贡献出自己的力量。"

1987年10月18日,陈村牧八十寿诞之时,有感于祖国统一大业而赋诗一首。翌年2月,他思念在台湾的侄儿安中,将这首《八十感言》寄给他。诗云:

　　八十老人心未老
　　茫茫世事费思量
　　台澎路上多荆棘
　　咫尺天涯企故乡
　　愁看亲朋怀别恨
　　更堪须鬓结寒霜
　　何当两党重携手
　　一统三通意气扬

1996年8月26日16时05分,陈牧村,这位平凡而又不平凡的教育家、爱国知名人士走完了他的人生历程。他光辉的一生,风风雨雨,为斯校斯民;勤勤恳恳,踏踏实实,做事做人。他养浩然之气,为教育而生,德馨垂范,永留人间。

梁老披云访问追述

任镜波

上世纪 50 年代初,我在福建省教育厅工作时,经常听到梁龙光这个名字。因为他曾经在民国时期当过福建省教育厅厅长。上世纪国家实行改革开放后,我调回集美航专工作,在参加集美校友会的活动中,才听说梁龙光就是许多老前辈经常夸赞的梁老披云先生。他是集美学校早期的校友,是一位被学界尊为诗坛泰斗、书苑宿将、教育巨擘的大师。后来,我有几次机会访问他,而每次访问时,他的言谈举止都给我留下了极其深刻的印象。

他曾经跟陈嘉庚回国慰劳

梁披云,乳名衮,学名龙光,号披云、雪予。1907 年 3 月 15 日生于福建永春一个具有兴学家风的家里。他的大号"披云",是从 1934 年起名的。

1994 年 10 月 19 日,李尚大先生约我一起到厦门华侨大厦看望梁披云先生。梁老和李尚大都是从海外专程回来参加纪念陈嘉庚先生诞辰 120 周年活动的。同去的还有丘继善、朱晨光。梁老见到大家非常高兴,稍坐片刻,他便兴奋地说:"为了纪念陈校主 120 周年诞辰,我写了一首《颂》,说给你们听听。"接着,他略停片刻便吟唱起来:"巍巍一柱耸南东,正气冲霄谁与同。纾难输财超卜式,倾资兴学胜文翁。笔曾诛豫真无畏,义不帝秦本至公。典范追摹终莫尽,相期诚毅鼓春风。"吟罢,他还把其中所运用的每一个典故解释给我们听。当时,他已经 88 岁了,不看稿子,竟能十分流畅地吟唱,真令人折服。他的语言能力和记性极好,懂得英语、日语、法语、德语、印尼语、世界语等许多语言。

利用这次机会,我们便对他进行了第一次采访。他说,他 6 岁入村塾,9 岁转读新式学校。1920 年,他 13 岁就到集美中学念书(属于第五组),开始向厦门

《民钟报》投稿。第二年,因为参加第二次学潮,又不肯写"悔过书",他被学校开除了。1923年,考入武昌师范大学英语系。1924年,他以第一名成绩考取上海大学中国文学系。上海大学的校长于右任、副校长邵力子、教务主任恽代英和教师瞿秋白、沈雁冰、郑振铎、陈望道、沈仲久等,都是当时的名流。他与陈伯达、丁玲同学。他在上海大学获得文学士后,抱着"师夷以制夷"的念头,先后两度到日本留学,最后为东京早稻田大学研究生。

1925年"五卅"惨案时,他和老师、同学一道,迎着军警的枪弹上街游行、演说,声援工人,要求收回租界。后来,他又与陈伯达一起南下,在厦门、广州等地进行爱国反帝宣传活动。"九一八事件"后,他追随抗日名将蒋光鼐,反蒋抗日,打"虎"锄奸。"闽变"失败后,他浮海南渡,在星马办学、办报,号召侨胞团结爱国,振兴中华文化,反对蒋汪亲日,被陈嘉庚先生所看重。1940年春,他以特殊代表的身份参加了由陈嘉庚先生率领的南洋华侨回国慰劳视察团。在重庆,他对所见所闻的官员腐败行为,十分愤怒,便写了一首《腰支》:"灯红酒绿夜何其,燕舞莺飞又几时。壮士军前酣战死,诸公负重抚腰支。"揭露国民党偏安一隅、文恬武嬉的腐败现象。在随团视察期间,他还以陈嘉庚先生的经历与事迹写了叙事长诗《星洲番客吟》。1950年,他被推为雅加达永春同乡会理事长,协助我国驻印尼总领事馆工作。他还在自己的寓所开设讲座,义务开讲中国历史和中国古典文学。印尼排华时,他参与安排华侨归国。1963年,他任印尼《火炬报》(华文版)主编。1966年9月,他在澳门定居后,一直从事港澳及东南亚的侨务工作。1968年4月,澳门归侨总会成立,他被选为主席,领导总会开展了多方面的工作,使总会成为"侨胞之家"。他曾被邀请为全国政协委员、中国侨联顾问。

澳门回归时,他欣然命笔,作了《澳门回归志庆》诗一首:"鼠啮狼吞四百年,珠还垢涤艳阳天。神州鸣彻卿云烂;更奏大同交响篇。"

他总是站在正义的一边

1999年7月29日上午,我从香港到澳门,下榻皇都酒店。下午4点,同福建省电视艺术家协会的杨国荣、夏蒙先生一起去文第士街梁披云先生的寓所拜访他老人家。

梁老的寓所在四楼,室内的摆设十分简朴。有趣的是,主人给寓所起了一个名,谓"貘斋"。貘是一种很奇怪的动物,能食铁,前三趾,后四趾,亦称"四不像"。亚热主人是以"四不像"自谦,应该说这是主人能"食铁",不畏强暴,敢于揭奸嫉恶的象征。

我们这次是为了摄制《陈嘉庚归国五十载》的专题片去采访梁老的。谈起陈嘉庚,梁老极有见地地说:"在新加坡,有钱人破产了,就没有人理睬。唯独陈嘉庚破产了,人家更尊重他。因为有些人原来对陈嘉庚办学不甚了解,到他破产了,才相信他确实是倾资兴学,所以他的威信更高了。陈嘉庚先生逝世后,新加坡的著名诗人潘受写了一副挽联:'前半生兴学,后半生纾难;是一代正气,亦一代完人。'这是对陈嘉庚先生一生的评价。陈嘉庚先生开创了华侨办教育的新风。先父在家乡永春办小学、中学,就是受陈嘉庚的影响。"

梁老谈了陈嘉庚后,我又请他谈他的经历和业绩,他仍然跟往常一样,总是谦逊地说:"不像样,不足道!"后来,他知道了我新中国成立初也曾在省教育厅工作过,便亲切地同我聊起了新中国成立前他在教育厅当厅长前的一些故事。

他说,因为厌恶国民党的派系倾轧,他急流勇退,于1943年离开重庆,回到福建。他曾经担任过国立福建音乐专科学校、国立海疆专科学校校长,并被选为国民党省党部书记长、国民参政会参政员。他初到音专时,师生因他的来头,开始都很戒备,不敢接近,凡事都要躲着。后来,大家却发现他很开明,也很能干,竟能把在校内监视师生的坏蛋通通赶出学校,还把以前被抓的学生通通保释出来,便都对他刮目相看了,亲热地称他是"保姆校长"。他在海疆专科学校,曾公开倡导"学术自由,兼收并蓄",在校内支持进步教师向学生介绍新的学说,并鼓励学生阅读进步的书籍,他还保护了很多革命者和进步的师生。在海疆专科学校,他曾创办了招收初中毕业入学的五年制专科。这一点,也足以证明他不愧为一位善于探索的教育先驱。

1947年,梁披云先生辞去国民参政会参政员,由时任国民政府教育部长的朱家骅提名任福建省教育厅厅长。他担任厅长,很重视山区教育、扫盲工作、侨办学校,对集美学校也倍加关照。他关心华侨利益,还筹组了研究南洋问题的学术团体。1948年夏,福州地下民盟发动福州四所院校进行罢教、罢课、反饥饿斗争,他作为教育厅长却暗中给予支持,他还授意下属拨出一批大米接济这四所院校的师生。他公开反对国民党镇压、逮捕学生。他曾对他的学生、时任福州市公安局长的李逸云说:"不要抓学生,如是上峰的命令,要先放出风声。"他一听到要抓学生的风声,就帮助这些学生转移,保护了一批中共地下党员和革命青年。

那时,他还参与、推动省参议会反对国民党的征兵、征粮。有一次,国防部派少将专员来福州,限令省政府要尽速铲除义序乡的稻田,拓建福州军用机场。省政府在议事时,这个少将专员杀气腾腾地大喊大叫:"说呀,拓建机场什么时候动工?"参加议事的大小官员面面相觑,如箭穿雁咀,钩搭鱼鳃。后来,还是梁老先

百年树人

开口。他说:"国防不但要靠工事的加强,更要注意民心的向背。那片良田的稻子已经开花结穗了,没多久就要收成了。如果现在就拿来辟为机场,会引起民众的反抗。在这兵荒马乱的时期,会造成更大混乱,我看暂不宜行。"接着,两个福州籍的官员也表示赞同,会上的气氛一下改变了。省主席朱绍良便马上做总结:"机场暂不宜建!"

梁老的这些言行,国民党十分恼火。当时在中国人民解放军29军担任参谋长的梁灵光,是梁老的弟弟,正挥师南下,直逼福州,欲与其兄在福州会面。这个消息,被国民党特务机关知道了。特务头子毛森便趁此下密令:"不能放过准共产党员梁龙光!"

毛森派去暗杀梁老的杀手,竟是19路军入闽时被梁老救过性命,并被派去瓦解陈国辉旧部的王某。王某为了报恩,便通过熟人传话给梁老,叫他出去走走。梁老临难不避,王某急了,便趁着夜黑越墙潜入梁家,向梁老透露了真情。此时,梁老的眷属已被国民党迫送到台湾作"人质",如不逃走后再设法接眷属到香港,就会全家覆没。于是,在厦门警备司令李良荣、厦门机场经理林汝良和林珠光等一些朋友的掩护下,梁老才从厦门逃往香港,又从香港转赴南洋。途中,梁老感慨地写下了《四渡七洲洋》,诗曰:"云霞织锦水拖蓝,荫荫春风二月三。万里无波天宇阔,乘槎又过海之南。"

他是书法诗坛的泰斗

1999年7月30日上午,我们到梁老的寓所告别时,又听梁老讲了许多事。夏蒙先生对梁老说:"梁老您昨天谈的怎样保护革命青年,怎样同国民党军斡旋,保护农田,我们听了很受教育。您老的一生就是一部说不完的故事。"梁老连忙说:"谈不上,谈不上!"我说:"我听永春人讲,梁老年青的时候,就敢于同永春的恶势力斗,参加'国大'竞选。"他乐呵呵地说:"那是一场闹剧,当时永春有黑白两个帮派,他们都是背靠国民党,欺压老百姓,在地方上的势力都很大。他们竞选'国大'是争权夺利,我是一介书生,被人抬出来参加竞选,是搅他们的局。结果都没有选上,抬我参加竞选的人的目的达到了,而我却得罪了黑白两派。"

梁老边说边去拿出两幅墨宝,一幅送给夏蒙先生,一幅送给我。给我的这幅写着"诚毅二字中心藏"七个大字,这是每个集美学子的座右铭。这时,我还看到梁老的写字台上有一部澳门文化司出版的梁老的《雪庐诗稿》。这是梁老1928年至1988年的诗作。这段时间,梁老写了一千多首格律诗,他从中选录了480多首,结集而成。分为三集,即《梦痕心影集》和《瀛海啸歌集》、《秋鸿膦爪集》。

梁老的诗词,感时抒事,直抒胸臆,清新俊逸,意境深邃,尤其是记游诗,情景交融,韵味隽永,深为名家、士林所推崇,被誉为近代山水诗和古体诗之高手。梁老的这三部诗集,都是梁老以蝇头小楷书写后制版印刷的。诗韵书香,相得益彰,堪称双绝。

  谈起书画,梁老兴致勃勃。他说,他至今还记得12岁时写的古体七绝《嘲烟鬼》。他不假思索便吟唱起来:"吞云吐雾小神仙,一榻横陈意洒然。待到床头金尽日,沿街乞食有谁怜。"吟罢,他还接着说他自幼即嗜好书法,初习欧、褚、李、颜,继及苏、米、赵、刘,又后潜心研究各种碑帖,并得恩师于右任等名家的指点,博采众长,自成一体。一说到于右任,梁老对他深切怀念的心情不能自已。他说,他在上海大学念书的时候,于右任校长就教他学书法。于校长告诉他喜欢什么碑帖就临摹什么碑帖,从爱好出发学习。当时,他学于校长的字体学得很像,曾有人要他代笔题签,他即严正拒绝。梁老热衷书法,自成一家,早负盛名。他数十载临池不辍,近乎气功锻炼,心情舒畅,这也是他健身长寿的主要因素。当然,他的长寿秘诀不止于此。比如说,他认为大德必得其寿,对任何事物都不要太介怀,知足常乐,随遇而安。还有饮食有节,起居有时,吃饭七分饱等等。

  梁老说,1974年冬,他在香港创办了书谱出版社,每年都要赔本十几万元,但是他还是坚持下来,定期出版《书谱》杂志,双月刊。1984年,他又在香港主编出版了一部《中国书法大辞典》,共收辞目13000多条,220多万字,附图2500幅,被誉为"研究书法艺术之津梁,考索书法艺术之瑰宝",行销20多个国家和地区。

他办教育是陈嘉庚身后第一人

  2000年4月15日,我随李尚大先生一起到泉州,准备第二天参加泉州黎明大学新校区第一期工程竣工庆典。当天下午6点,梁老一行从永春来泉州。大家都住在泉州大酒店。

  那天晚上8点,李尚大先生领我一起去梁老的房间看望他。不久,中国侨联副主席唐闻生一行也来了,宾朋满座。大家向梁老热烈祝贺。梁老却十分谦逊地说:"黎明大学新校区第一期工程竣工,应该感谢学校的董事长李尚大,是他帮我选地址,也是他捐赠了1580万港元,才能建成这七幢大楼。"

  黎明大学的校史,要追溯到黎明高中。1929年,梁老22岁,在蔡元培、马叙伦的指导下,与许卓然、秦望山、陈清机、叶清眼、杨逢年等社会进步人士一起在泉州办了一所黎明高中。这所学校推行平民教育,男女兼收,提倡"爱本、思本、固本",实行勤工俭学,师生一体参加体力劳动,强调手脑并用,把生活和教育、社会和学校、工作和学习结合起来。梁老当时还为学校写了两对楹联,一对是:"这里还不是学校,宇宙才是真正的学校;我们并没有家庭,学校便是大众的家庭。"另一对是:"少爷气、小姐气、书呆气、流氓气,根本要不得;平民化、社会化、科学化、艺术化,着手做起来。"横幅是:"奋斗便是生活。"梁老也像陈嘉庚办集美学校那样,礼聘教师。他聘请巴金、张庚、杨人梗、吕骥、季昌仁、卫惠林等名师到黎明高中任教,提倡学术自由,使各种新思想遍布鲤城。当时,这所学校与南京晓庄师范、上海立达学园很相似,在中国现代教育史上都是奇葩。

此后,梁老还先后在马来西亚吉隆坡创办尊孔中学,在印尼苏门答腊的棉兰担任苏东中学校长,在马来西亚创建中华中学并任校长,在印尼雅加达创办中华中学并附设中学教师进修班,在澳门创办福建学校。

1981年,梁老又回到泉州重新创办黎明学园,聘请巴金为名誉董事长,他自己亲任董事长。1984年,在他的极力推动下,泉州市人民政府把黎明学园升格为泉州黎明职业大学,设置4个系,10多个专业,他担任首任董事长兼校长。

李尚大是梁老推荐的第二任董事长。黎明职业大学在市区东郊宝觉山的新校区,是李尚大帮助梁老选定的,而在新校区的第二期工程,计7幢大楼,也都是李尚大捐建的。对此,梁老十分感激。梁老要以李尚大和李尚大属下公司的宝号为7幢大楼命名,李尚大却要以梁老的大名命名,即披云楼之一至之七,梁老坚决不允。李尚大只好以他在家乡办学的"慈山"命名了一个大楼,其余6幢大楼则以他老师和朋友的名字,分别命名为"黄丹季大楼"、"吴龙江楼"、"陈后潮楼"、"汪德耀楼"、"张圣才楼"、"项南科技楼"。梁老和李尚大这次从澳门、印尼回来,就是为这7幢大楼剪彩。同时,要召开黎大第三届董事会,根据李尚大的提议,要推选梁灵光为第三届董事长。

上世纪50年代,梁灵光担任福建省工业厅厅长时,我曾经因公找过他。这次见面,他对我还有一点面熟。这次我又是跟着李尚大去的,他自然对我们十分热情。84岁的他谈起同他哥梁老披云的往事时,仍同年轻人一样活跃,侃侃而谈。他说:"我母亲最了解我哥那种敢下龙潭、敢入虎穴的胆色和脾性。因此,她十分担心我跟着哥哥瞎闯,会遭到什么不测。当哥哥把我带到厦门自家的店铺时,母亲便从永春老家赶到厦门,准备把我带回永春,一来照看她老人家,另一方面也可以帮忙看护在老家的店铺。当时哥哥便对母亲大喊大嚷,'妈妈,你要逼阿湛(灵光)回去永春,我就去跳海!'"梁灵光说得绘声绘色,引来一片笑声。梁灵光还说他当年是由他哥梁老推上革命道路的,现在回来帮他哥把黎明大学办好,是他义不容辞的责任。

　　这次黎明大学新校区第二期工程落成的庆典活动,十分隆重,十分热闹。福建省副省长汪毅夫代表省人民政府给梁老颁奖。到这一年,梁老已经延续办学71年了,在庆典会场,大家对梁老的办学精神赞叹不已,有人说:"杖履所至,桃李成林,梁老毕生兴学,是陈嘉庚身后第一人!"

　　2004年10月29日,泉州黎明职业大学举行梁披云先生执教75周年暨黎明大学成立20周年的庆典活动。我受李尚大先生的委托,代表他老人家去向梁老祝贺。那几年,我曾请他写过"爱国华侨黄丹季"、"集美大学国际学术交流中心"、"村牧楼"、"重文楼"、"福山楼"、"王景祺楼"、"灿英楼"、"尚大楼"等书名和楼名。到请他写"陈村牧与集美学校"、"学村牧歌"的时候,他的健康状况已经不好了,很少提笔,我们只好找他的笔迹来拼凑起来,让他过目认可。

　　2010年1月29日,梁老披云先生在澳门仙逝,积闰享寿106岁。时任中央政治局常委的贾庆林、习近平、贺国强和政治局委员王兆国、刘延东、张高丽,以及中央有关部门和家乡省、市、县各级的主要领导都送了花圈。全国政协副主席何厚铧任治丧委员会主任,他在澳门各界联合举行的公祭仪式上说:"梁披云先生是著名爱国侨领、社会活动家、教育家、书法家、诗人,爱祖国爱澳门爱家乡,为发展祖国的教育文化事业发挥了积极作用,为澳门回归祖国和促进澳门繁荣稳定做出了重要贡献,为推进祖国和平统一大业倾注了大量的心血,给我们留下了诸多宝贵的精神财富。"梁老崇高的精神风范,永远值得我们后人学习、铭记!

百年树人

革命先导罗明

任镜波　任巧红

罗明（原名罗善培）是集美学校早期校友，广东省大埔县人，出生于1901年9月12日。他是中国共产党早期革命活动家，福建党组织和闽西革命根据地的重要创建者，忠诚的共产主义战士。他是从集美学校走出的革命先导，是罗扬才等革命志士入党的介绍人。他曾五任福建省委书记。新中国成立后，他曾任南方大学副校长、广东民族学院院长、广东省民族事务委员会副主任、主任，广东省政协第二、三、四届副主席，广东省第五届人大常委会副主任，全国政协第三、四、五届委员和第六届常务委员。他一生坚持革命信念，百折不挠，忠心耿耿，铁骨铮铮，为中国人民的解放事业，为社会主义革命和社会主义建设，都作出了重要的贡献。

在集美学校建立革命组织

1921年放暑假的时候，集美学校师范部第五届的学生罗扬才回到大埔。他同罗明是同乡，又是宗亲。他一见到罗明，便兴冲冲地告诉罗明："集美学校是陈嘉庚办的，对师范生不收学费，也不收讲义费，还提供吃的、住的。从大埔到集美，走路、坐船费用都很省。"罗明听了非常高兴，当年秋季，便同罗扬才来集美，报考师范。被录取后，插班二年级，时年20岁。

罗明小学毕业上初中之前，曾先后在当地的杂货店、当铺当了6年店员兼伙夫。在这期间，他看到广东军阀和北洋军阀为了争夺地盘，时常发生战争，败退的部队大肆抢掠，攻进的部队又搜括一场，民不聊生，苦不堪言。他经常想，为什么社会这么乱？为什么穷人这样多？这种情况会改变吗？能改变吗？

那个当铺是合股经营的，其中一个股东住在上海，他常把阅读过的上海《申报》和《新闻报》寄回当铺。每天晚上,罗明关好店门后,就把这些报纸带回房间在煤油灯下细细地看,越看越入迷。那个时候,罗明越来越关心时事、关心社会、关心政治了。

到集美学校上学后,罗明经常上图书馆借阅《新青年》、《共产党宣言》、《陈独秀演讲集》等书刊,从中接受了许多救国救民的道理。后来是国共合作时期,他在老同学、共青团广东区委会领导人蓝裕业的启发和鼓励下,便同罗扬才、李觉民、刘端生、邱泮林、陈乃昌、罗良厚等同学在学校里秘密建立了国民党左派组织,不到3个月,就发展了100多人,对外称"革命协进社",在中共广东区党委和共青团区委领导下开展革命活动。他们还在学校里成立了《星火周报社》,出版《星火周报》,宣传革命道理。

1925年3月12日,孙中山先生逝世。4月16日学校举行"孙中山先生追悼大会",由校长主持。罗明按学生会的决定上台演说,他激昂地说:

> 孙先生提倡革命,就是想把专制的、不负责任的清政府推翻,由人民自己组织一个共和国的、负责任的政府。一面能够替人民谋利益,一面可以抵抗强邻。这是孙中山先生提倡革命的理由。
>
> 孙中山提倡的革命有三个要点:一是有革命的主义,即民族、民主、民生;二是有革命的精神,即牺牲、奋斗、和平;三是有革命的道德,即不贪功、不要利。所以主义、精神、道德三种,是革命的要点,我们推崇孙中山,就是要坚持孙先生提倡的这三个要点。
>
> 孙先生因为有牺牲的精神,所以能奋斗,所以能威武不屈、百折不挠。孙先生说,只有这样才能有真正的和平。所以牺牲、奋斗、和平,是孙先生唯一的革命精神。

罗明接着提出:

> 诸位先生,诸位同学,我希望不论是先生还是同学,不论是男是女,从今天开始,都应该把孙先生那种革命精神的种子,种在各人自己的身上,使身体上无论哪一部分,哪一个细胞,都有这种革命精神,都能为救国救民的三民主义而奋斗,而牺牲。只有这样,才对得起自己和同胞,才对得起国家和社会;只有这样,中国才不会亡,世界才不会乱。

罗明时年24岁。他的这次演讲,在校内外产生了很大的影响。会后,《集美周刊》曾评论说:"罗君对孙先生之革命精神,发挥尽致,颇属难得。"

福建党组织的重要创建者

孙中山先生的追悼会，对全校师生员工的教育和影响很大。5月1日，学生会又发起纪念"五一"国际劳动节大会，全校师生员工和校外的筑路、打石工人都赶来参加，声势浩大。校方怕这次大会后又会引起学生闹风潮，第二天，便由师范部、教务处的两个领导找罗明谈话，硬说这次纪念"五一"的大会是罗明发动的，要罗明提前离校，并说学校可以把毕业证书先发给他，他可以去报考大学，等等。罗明不同意。后来左派组织领导小组做了研究，认为从转移被注意的目标来考虑，还是让罗明先离校为妥，并要罗明立即发函给共青团广东区委，要求他们赶快派蓝裕业来集美指导工作，发展党团组织。

1925年5月，罗明离开集美。同年8月，他报考广东大学，被录预科录取。9月入学，由广东大学团支部饶君强、张穆介绍参加共青团，过了数日，便转为中国共产党党员。从此，他就在共青团广东区委宣传部担任宣传干事。

1925年11月，厦门大学学生、共青团员罗扬才去广州出席全国学生代表大会，先到共青团广东区委报到。罗明觉得罗扬才很进步，同团区委书记杨善集商量后，便把罗扬才介绍到学生代表大会的党支部，并由他们两人介绍罗扬才入党。这是厦门的第一个共产党员。

1926年1月，厦门小学教员、共青团员李觉民到广州出席国民党第二次全国代表大会。罗明见到李觉民后，又找杨善集商量，仍由他们两人介绍李觉民入党。后来，罗明还向组织上建议，把在广东大学读书的共产党员罗秋天转学到厦门大学。这样厦门就有了三个共产党员，遂于1926年2月成立了中共厦门大学党支部，罗扬才担任支部书记。这是厦门第一个共产党支部，也是福建省第一个共产党支部。

1926年2月，中共广东区委指派罗明为特派员，到厦门为毛泽东在广州筹办的第六届农民运动讲习所招收学员，并负责在厦门发展党团组织。罗明来厦后，经过多方联系和个别谈话，先后为农运讲习所招收了朱积垒、郭滴人、胡永东、黄昭明、陈庆隆、朱文昭、李联星、温家福、王奎福等9名学员（其中前4名均是集美学校的学生）。罗明代表中央农民部给他们发旅费，帮他们买船票，还亲自送他们上了去广州的船。

罗明先在集美学校发展了刘端生、邱泮林、罗贤开、罗良厚、巫丙喜、谢如香、邹纯等人为党员，成立了两个党支部。他又在社会上发展了刘大业、阮山、林心尧、庄醒人、巫玉霞、刘瑞生、洪敬剑、柯子鸿、严子辉等十几个党员，分设中山中学、大中街工人、禾山农民等几个党支部。

上世纪二三十年代,罗明往返于广东、福建之间,长期在闽西、闽南一带开展革命活动。1927年,中共闽南特委成立,他被选为书记。后来,闽南特委和闽北特委合后,正式成立中共福建省委时,由他担任省委书记。1928年6月,他作为福建省委书记和省苏维埃政权的杰出代表,出席了在莫斯科召开的中共"六大",他的代号是18号。

中共"六大"是在莫斯科郊外一个庄园主的"别墅"里举行的。罗明是福建代表团书记,参加了各代表团书记联席会议和大会主席团下设的政治委员会。在讨论中央的政治报告的时候,他还就福建党组织的状况和对中央今后的策略作了极有见地的发言,受到与会者特别的关注。

"六大"结束时,周恩来同志找他谈话,问他愿不愿意留在苏联学习。他考虑一下回答说:"福建只来两个党的代表,现在又只剩我一个人了(另外一个在会议期间病故),我应该回去传达'六大'精神,执行'六大'决议。另外,南昌起义后,你到上杭时给我们留下好几十支枪,让我们在闽西发动群众搞武装斗争,这事我已经布置好了,要回去把武装斗争搞起来。"周恩来听后说:"好,你回去吧!"

他从莫斯科回来,不辞劳苦,历尽艰险,深入到福州、厦门、永定、上杭、长汀等地,向党的地下组织传达"六大"精神,推动、发展了福建尤其是闽西的革命形势,成为中国共产党在福建的播种人和杰出的革命领导者。

厦门破狱斗争的领导者和组织者

1930年3月18日,中共地下组织在厦门召开反帝大同盟大会。会前,国民党厦门市党部曾经同意他们召开这次大会。但是,开会时国民党却派特务包围会场,逮捕了所有上台发言的人士,连在大会外围负责联络、指挥的中共厦门市委书记刘端生、共青团省委书记陈柏生等也一一被捕。国民党把这批人当作"政治犯",全部关进思明监狱。

关在思明监狱的"政治犯",有40多人,其中,大部分是共产党员、共青团员。他们在监狱里组织了一个党支部,向中共福建省委提出了要组织越狱的报告。当时,罗明是省委书记,他起先认为光靠狱中的同志组织越狱,把握性不大,因此没有同意。后来,他得到情报,说国民党要把这批"政治犯"押送到福州审判,不是死刑就是无期徒刑。于是,他便当机立断,做出了一定要组织破狱营救同志的决定。

省委组织了破狱委员会,由罗明、谢汉秋、王海萍、王德、陶铸等五人组成,罗明任书记。经过一番深入调查,周密计划,充分准备,他们决定于5月25日(星期天)动手。

这一天上午9点,执行破狱的武装队开始行动。几个人留在监狱门外,几个人以探监为名进入监狱。他们里外配合,出其不意,突然袭击,结果只用10分钟,便以少胜多,获得全胜。此次行动,抢救出革命同志48人,击毙敌人2人,打伤敌人20多人,破狱的武装队没有一人伤亡。

这次破狱的完全胜利,是同罗明的周密思考、果断决策、胆大心细分不开的。行动前,在研究破狱后如何撤退的问题时,狱中的同志曾主张从监狱的后门冲出去,理由是那里只有一道门,容易冲出去;门外就是大山,有利于分散隐蔽。他们担心从大门冲出去要经过几重门,会被警备队阻拦,危险较大。而罗明经过再三考虑和权衡利弊后,果断决定还是要从大门出去。他认为从监狱后门出去虽然容易些,但前面是一片大山岭,没有人家,我们的人不熟悉山路,难以在山上隐蔽,而且劫狱后反动军警一定会出动,封锁交通路口,上山围捕。到那时,破狱的人员和狱中的同志就出不来了。因此,罗明等决定破狱人员伪装为探监人,从县政府大门进去,打开监狱之后,再从大门冲出,穿过街市,登上预先准备好的帆船,从水路离开厦门。事实证明,这个决策是完全正确的。

在这次破狱的过程中,还有一个起着决定成败的细节。就是当武装队击毙看守人员后,却找不到打开监狱的钥匙。这时,还好罗明事先有准备,他从德国大洋行买了两把能剪断手指粗的铁条的大钢剪,他们就是利用这两把大钢剪,把狱门的大锁剪断,把狱门打开,从而实现了破狱的全胜。

罗明领导的这次破狱,是中共领导的最成功的一次破狱,罗明功不可没。26年后,华侨作家高云览以厦门破狱斗争为素材,写成著名小说《小城春秋》,风靡全国,蜚声海内外。

过去没有宣传罗明领导厦门破狱和他在厦门破狱斗争中的重要作用,是极其不公正的。

毛泽东说,反"罗明路线"就是打击我

上世纪30年代初,罗明担任中央苏区中共福建省委代理书记时,从福建苏区的实际情况出发,贯彻了毛泽东以农村包围城市、武装夺取政权的正确路线,还提出了一些有利于反"围剿"斗争和巩固革命根据地的紧急措施,以抵制王明为代表的"左"倾冒险主义的错误路线。王明一伙对此极为恼火,他们为了推行"左"倾冒险主义的错误路线,便利用罗明写给中共中央的一份《对工作的几点意

见》,大做文章,在全党、全军和各根据地开展了反对所谓"罗明路线"的斗争,并撤销了罗明时任福建省委代理书记的职务。

当时,罗明被关押在瑞金叶坪中央局的一个房间里。一连几天,白天由中级干部,晚上由一般干部,对他进行极其残酷的轮番批斗。有一天晚上,一个青年干部还大喊大叫:"要枪毙罗明!"后来,还是中央局的杨尚昆同志上台讲了话,做了一番解释,会场上的气氛才缓和下来。

后来,王明一伙还在江西反邓(小平)、毛(泽覃)、谢(唯俊)、古(柏)的所谓"江西的罗明路线"。他们以反"罗明路线"为名,大搞宗派主义,一大批领导干部被反、被撤职。教条主义者最后把福建苏区和整个中央苏区都葬送了,导致了中央红军被迫长征。

1935年1月遵义会议后,毛泽东提出"要重视、起用受王明路线打击的干部"。于是,罗明才得以复出,被任命为红三军团政治部地方工作部部长(胡耀邦为秘书)。

在红军攻打"娄山关"的战役中,罗明负了伤,但他仍坚持随军行动。

红军四渡赤水,在贵西北盘江,陈云代表中央找罗明谈话,要他和他的妻子谢小梅留在贵阳郊区做农运工作,并说"这是一项任务"。罗明听说这是一项任务,便坚决接受组织的决定。罗明夫妇留下后,与当地党组织未接上关系,生活难以维持,只得一边在安顺城里当清洁工、做佣人,一边寻找党组织。

1935年7月,他们到上海寻找党组织,不仅没有找到下落,还不幸被捕。保释后,也没能接上组织关系。于是,他们只好回到原籍广东大埔。罗明到百侯中学任教,任代校长。

罗明路线被正式平反,是在1945年4月20日举行的中国共产党第六届中央委员会第七次扩大会议上。这次会议通过了《中国共产党中央委员会关于若干历史问题的决议》,其中提到:第三次"左"倾路线的代表者们……否认根据地的中心地区和边缘地区的不平衡,错误地反对所谓"罗明路线"。毛泽东在《"七大"工作方针》的报告中说:"还有说反罗明路线就是打击我的,事实上也是这样。"

历史证明"罗明路线"是正确的。所谓"罗明路线",实际上就是毛泽东同志为代表的马克思主义路线的组成部分。对此,曾有人感叹地说:"在中国共产党的历史上,作为路线代表者能有几人?作为正确路线代表者更能有几人?"

把百侯中学办成抗日救亡的摇篮

罗明到百侯中学任教之前,做过党的干部教育工作。他曾经在瑞金中央苏区党校为红军长征挑选了500名优秀的学员。

1933年年初,罗明受到"左"倾领导者的无情打击,被撤销了福建省委代理书记的职务。当时,中央苏区党校校长李维汉对他很了解,不但不避嫌,还调他到设在瑞金叶坪的中央苏区党校工作。李维汉卸任后,新校长董必武对罗明也很赏识,罗明便在中央苏区党校一边接受批判,一边忍辱负重、兢兢业业地工作了一年半。

罗明担任教务长兼党班班主任。他还负责编写党建教材,亲自为学员上课。当时中央党校设有党班、团班、工会班、妇女班、新苏区班、白区工作班,他根据各班的程度和需要,经常邀请毛泽东、周恩来、刘少奇、陈云、董必武、蔡畅等中央领导到党校讲课,并组织学员共同总结实际工作的经验。

在中央红军实行战略转移的时候,罗明根据李维汉事先给他布置的任务,在中央党校挑选了500名政治坚定、工作能力强、有斗争经验、身体健康的学员加入红军和中央后勤纵队,补充了红军的骨干力量。此举,得到了中央有关领导的赞扬。

1936年春,罗明到百侯中学任教。他先教历史、地理两门课,还兼第三届的班主任。从1937年起,担任代校长。当时,学校经费十分困难,他便去南洋募捐,还带头减薪,团结教师一起共渡难关。后来,他为了创办石云中学,又冒险去南洋筹募建校的经费。为了办好百侯中学、石云中学,他日夜操劳了十年多。

罗明到百侯中学任教不久,曾到龙岩寻找党组织。在白沙,以前在一起的邓子恢、张鼎丞、谭震林、方方、温仰春等热情地接见了他。听了罗明的报告,他们都认为可以恢复罗明的组织关系,只是罗明是中央管的干部,必须报中央批准。他们还认为当时大埔的群众工作很重要,希望罗明在党外,以百侯中学校长的身份,继续领导当地的革命工作。

根据党的抗日民族统一战线的政策,罗明在学校里实施"抗日救国"的方针。他利用合法的形式和途径,赋予团结抗战以新内容。比如,在礼堂悬挂孙中山、蒋介石像的地方,增挂了马、恩、列、斯和毛泽东、朱德的像。利用公民课讲授《社会科学基础知识》;语文课讲授《新华日报》的社论和其他进步刊物的文章;生理卫生课补充战时救护的常识,地理课增授战地绘制的技术;体育课全部用于军事训练(此举还被全县各中学仿效)。他以学校的师生为核心,在社会上组织各种抗战后援组织。他还以无党派人士的身份,参加当地"三三制"的抗日政权,发动群众支援抗日游击队。他还从各方面保护党的地下组织,保护革命青年。

1942年,中共"南委"(南方工作委员会)遭到破坏。叛徒郭潜领着国民党军追查到大埔,情势十分严峻。罗明根据"南委"书记方方的指示,冒着再次被捕和牺牲的危险,在杨德昭校长和有关人员的协助下,顶住了国民党军对百侯中学的查抄,避免了党组织再次受损失,也为党保护了一批革命青年。

罗明还非常关心民生。1943年,大埔发生大旱,农田无收。潮汕沿海一带,被日寇封锁,洋米运不进。再加上奸商操纵米市,市上无米可买。民不聊生,哀鸿遍野。对此,罗明便倡议在教育会属下成立教育救济会,并亲自带人去大埔邻近的平和县购米运米。米运来了,有的群众无钱买米,罗明又想法组织群众为平和盐务局承运食盐,用"脚钱"买米。老百姓感激地说:"罗明是活菩萨。"

而外界人更是把百侯中学看成是当地抗日救亡的摇篮,说它是"小延安"。

矢志不渝的共产主义战士

1949年10月14日,广州解放。当天,罗明即奉命从香港回到广州,参加南方大学筹建办事处的工作。

南方大学是毛泽东命名的,毛泽东亲自给南方大学题写校名。叶剑英担任校长,任命罗明、陈唯实为副校长。南方大学设有文教、行政、财经、政治研究和工人与民族等六个学院,在校生曾达到4000多人。罗明除了负责行政和基建、后勤等工作外,还承担由学校自筹一半办学经费的任务。抗美援朝时,罗明带头鼓励自己才15岁的女儿报名参军。他向全校学生做动员报告,学生们纷纷报名,有2900多名学生参军,分配到陆、海、空三军和公安部队,有一部分入朝参战。

1950年6月,中央召开第一次全国高等教育会议。叶剑英对罗明说:"毛主席一向对你很关心,现委派你上京出席会议。"会上,毛泽东看到罗明,便当众大声直呼:"罗明同志,欢迎你!"会后,毛泽东还接见了罗明,亲切地同他谈话。周恩来也在旁边。在这次会上,罗明做了《南方大学办学方向》的发言,受到中央的肯定和与会者的赞扬。

但是,在1951年的"三反"运动中,罗明却被诬陷为"大老虎"(指大贪污分子),受到无理审查和错误处理。毛泽东获悉后,对叶剑英、陶铸说:"罗明一向艰苦朴素,作风好,为什么说他是大贪污?应该复查。"后经广东省委复查,才还了他的清白。

1952年10月,全国高校院系调整,南方大学与华南师范学院合并。罗明于1953年1月奉调到广东民族学院筹备处任副主任,负责校舍的基建工作。从此,他就在广东从事民族工作。1954年,他被任命为广东省民族事务委员会副主任,1956年任主任。在将近15年的时间里,他为民族事业殚精竭虑,做了许多别人不可替代的工作。他在回忆录中写道:"在广东省民委工作,是我后半生中的主要阶段,也是我在新的岗位进行再学习和继续为人民服务的重要阶段。虽然当时的工作和生活都比较艰苦,但为了革命事业,为了少数民族人民的幸福,自己再累再苦也心甘,留给我的却是一段难忘而又美好的回忆。"

"文化大革命"期间,罗明受到林彪、江青反革命集团的残酷迫害。1970年年底,他不顾林彪、陈伯达一伙的种种威胁,如实地向党中央揭发了陈伯达的重大历史问题。其中包括陈伯达在厦门破坏招收农运讲习所学员的事实经过。

1980年10月,经中共中央批准,在与党中断组织关系45年后,罗明得以恢复党籍(党籍从1925年算起)。对此,罗明在一篇文章中激动地写道:"这是我政治生活的一件重要事情。盼望了40多年,终于实现了。"在此前后,他一共写了200多份证明材料,帮助各级党组织落实党的干部政策,平反了300多人的冤、假、错案。他在生命弥留之际,还在为福建、广东两省的党史审定文稿,真正做到了鞠躬尽瘁,死而后已。

1987年4月28日,罗明在广州病逝,享年86岁。在广州隆重举行了有广东、福建主要领导和各界人士1000多人参加的追悼会。中央领导陈云、彭真、邓颖超、聂荣臻、习仲勋、方毅、杨尚昆、陈丕显、邓力群、宋任穷、王首道、肖劲光、何长工、彭冲、张爱萍、杨静仁、杨成武等同志送了花圈。原中共中央政治局委员、全国人大常委会副委员长、国务院副总理兼秘书长习仲勋题词"廉洁奉公,一身正气"。原中共中央政治局委员、书记处书记、国务院副总理、全国政协副主席方毅题词"浩气长存"。原全国人大常委会副委员长彭冲题词"矢志不渝,奋斗终身"。国务院原副总理、国务委员兼国防部长张爱萍题词"革命先导"。中共福建省委原书记项南称赞罗明是"实事求是的好榜样,福建人民的好书记。坎坷一生不气馁,革命信念不动摇"。

杨新容:浔江碧水育英贤

杨飞岚

流金岁月,人世沧桑。每当杨柳枝青翠,清明烟雨霏的季节,我总会翻开珍藏的影集,重温几帧慈祥莞尔、目光敏锐、令人敬慕的杨老遗照。于是,一位从集美校园走出来,嘉庚培养的优秀学子的崇高形象,和一幕幕熠熠生辉的历史便油然地浮现在我的心海里,像涟漪的浔江水,潋滟起伏,久久不能平静……

追求真理 投身革命

杨新容,原名杨欣荣,1907年3月出生于福建省海澄县(今龙海市)白水营镇金鳌村一个农家里,父亲杨南离当过学徒,母亲纪桂在家务农。杨新容有十个兄弟姐妹,他排行第二。他性格刚强,精明机敏。7岁起先后上私塾、小学,诵读《千字文》、《古文观止》等古书。因家境贫困,食不果腹,便中途辍学,早出晚归走街串巷做小贩,帮家糊口。14岁求知心切复上学堂。高小毕业后,1923年得悉闽南名校集美师范部就学免交学杂费及膳宿费,于是欣然应考,以高分被录取。他如愿以偿,春风得意。在校期间,他笃志奋勉,品学兼优,在"诚毅"校训的教导下,已露头角,为师生所钦佩。斯时,正值中国第一次大革命时期,马克思主义开始传播到集美学校,进步学生罗明等人创办星火周报社,出版《星火周刊》,宣传民主、革命、自由的真理。杨新容在新思想的熏陶下,接受了马克思主义的启蒙教育,初步树立了正确的世界观与人生观。

1924年,随着北伐洪流滚滚向前,集美学校地下党团活动日益活跃,学校当局公开张贴布告,禁止学生加入任何政党,阻挠和压制学生开展各项活动,并无理开除爱国学生领袖,于是广大学生提出抗议,掀起罢课学潮。杨新容为罢课领导者之一,也被迫退学。

百年树人

  1926年，杨新容离校回乡，遂即参加海澄旅集同乡会宣传队，声援北伐，进行革命宣传。同时应邀参加海澄县首届各界代表会议，被会议选派赴福州，逮捕逃亡县长郑拔甘，押解回县治罪。1927年1月，经中共地下党负责人陈剑垣、钟盛道两同志介绍，杨新容成为一名光荣的共产党员。同年被地下党派到漳州农民运动讲习所学习受训。

  1927年春，杨新容为寻找一个公开职业作掩护，以便安全地继续搞地下工作，毅然来到厦门鼓浪屿光华小学任教，并担任鼓浪屿党支部宣委。同年，为纪念红五月，杨新容组织学生上街张贴反帝、反国民党右翼及打倒军阀等标语，触怒了反动政府而被校方警告解聘。

  1928年，杨新容得到其兄长的资助，赴上海深造，就读于泉漳中学高中部，被选任该校学生会主席。他以全校总指挥名义，领导200多位同学参加声援"五卅"示威游行，声势浩大，在社会上产生了很大影响。高中毕业后，杨新容服从党的需要，转入上海大夏大学，任中共大夏大学支部书记，兼任"自由大同盟大夏分会"和"革命互助会"等进步组织的领导，广泛发动学生、群众组织宣传队配合工人大罢工。在校仅一学期，被校方视为"不稳分子"，不许继续就学，不得已返乡从事粉笔生涯。

  1930年初秋，杨新容再到上海，进入中华艺大文学系文科学习，化名杨兴，编在反帝大同盟的党组工作，旋又转学中国公学文学系，被选为"中公"党支部宣委。"九一八事变"，杨新容联合上海各大学学生成立"上海学生联合会"，组织两次入京请愿代表团，接着又参加由复旦大学学生救国会倡议组织的"入京贡献内政外交意见代表团"，赴京慰问被逮捕及受伤的大学生。不久，"一·二八"淞沪抗战爆发，"中公"校舍被敌机炸毁，杨新容因此停学。

  1932年，杨新容先后在海澄和厦门当小学教师，第二年被派往海澄县任沧江小学校长。后来，他又回到厦门执教鞭。由于党内联系人被捕叛变，党组织遭受严重破坏，反动当局实施白色恐怖，到处搜捕地下党人，杨新容和党组织一时失去联系，乃被迫于1934年9月南渡千岛之国印度尼西亚。

千岛兴教　抗日救国

  杨新容抵达印尼时，先后在爪哇椰罗华侨中学、巴城新华学校担任训育主任、教导主任、校长等职，兢兢业业，为华侨教育事业建树良多。他与校董会共同努力，为学校兴建一座长40米、宽16米的大礼堂，扩建办公室、实验室、教室，添置大批标准课桌椅等，使之成为当地一所规模较大、教学设施较全、校风校纪较好、教学质量较高、师资力量较强的著名华校之首。他连续主持工作17年,其辉煌业绩,深受社会各界的称赞。

　　杨新容在印尼期间,生活清苦,一些亲友纷纷劝他弃教从商,另谋出路,表示愿意无条件提供种种资助。但他毫不动心,宁愿过着清贫生活,甘当"蜡烛",愿作"春蚕",矢志不渝地献身于华侨教育事业,并以本职为掩护,秘密团结爱国人士进行抗日救亡活动。

　　抗日战争爆发,杨新容积极联络爱国华侨成立"捐助祖国慈善事业委员会",支援祖国抗日救亡活动。他坚持利用课余和假日,风雨无阻地走出校门,跑街串巷,挨家挨户向华侨募捐,尽管脚酸口渴,却精神抖擞,尤其不畏身危,顶冒风险,通过安全渠道,暗中独自坚持将募捐巨款汇给坚持在敌后抗日的八路军驻穗办事处,过后又筹集经费建立一所八路军医院。杨新容等人虽然收入微薄,但省吃俭用,带头每人每月认捐50盾,作为倡导,并持久不变。与此同时,在"南侨总会"的统一领导下,杨新容积极组织并领导各爱国侨团,坚持不懈地从事抗日救亡宣传工作,一时声威大震,名扬巴城。

　　1941年冬,日寇在太平洋燃烧烽火,翌年初,侵略军登陆西爪哇,占领巴城、泗水,荷印政府宣告投降。日军穷凶极恶,嗜杀成性,恣肆搜捕抗日人士。一时豺狼当道,阴霾蔽天,广大华侨惶恐不安,为保人身安全,纷纷离家避难。杨新容等同仁也避居西爪哇山区。他们保持民族气节,坚决不与日军当局妥协,自租山地种植蔬菜,维持最低的艰苦生活,养精蓄锐,等待时机。经集思策划,成立一个统一领导的地下组织。为寻找一个合法公开职业作掩护,杨新容他们事先学习制作蛋糕的手艺。学成后,即迁回巴城公开办"大同蛋糕厂",既有经济收入维持生活,又为抗日活动提供联络掩护的场所,为革命工作创造了有利条件。

　　1943年年底,杨新容等人为统一各地抗日活动,特组织"抗日民族解放大同盟",并建立"民大"总支部,杨新容被推任总书记,统一领导。

　　1945年8月,日本宣布无条件投降。杨新容主持召开紧急会议,用具体事实揭露国民党右翼出卖国家民族利益、发动内战、破坏团结、倒行逆施的罪恶,以消除广大侨胞因长期受国民党右派歪曲事实宣传的影响,及对国民党政府存在的一切幻想。杨新容等人大力发动华侨兴办报刊,扩大媒体。椰城的《生活报社》就是杨新容等人发起兴办的,杨新容担任该社理事。杨新容为进一步团结工商医文等界的知识分子,特创建文化团体"中华民众生活社",以增强抗日的力量。

　　中华人民共和国成立之后,雅加达数十个爱国侨团共同发起成立"华侨团结促进会"和"庆祝中印建交工作委员会",推举杨新容为两会主席。1950年,中印建交,印尼华侨在当地召开欢迎首任驻印尼大使王任叔履任大会,杨新容被推荐为欢迎大会的主席并致欢迎词。雅加达各侨团又联合成立"中华侨团总会",杨新容先后担任总会文教部主任和总会副主席等职。

杨新容因多年来频繁地从事社会活动,早已被帝国主义与国民党右派视为眼中钉,不断遭受诬告与陷害。1951年8月16日印尼爆发了"八一六大逮捕事件",杨新容等数人被印尼苏基曼反动政府以危害印尼治安、企图颠覆印尼政府的"莫须有"罪名,于当日深夜被十多个持枪武装人员强行带走,监禁于芝槟榔监狱。印尼当局对他多次审讯,杨新容在法庭上大义凛然,无所畏惧,面对法官对他审问的问题,义正词严,唇枪舌剑,针锋相对。杨新容说:"我是中华人民共和国在印尼奉公守法的侨民,我热爱祖国,我学习过毛泽东主席著的《新民主主义论》,认为它是由帝国主义、封建地主、官僚资本主义统治的次殖民地的旧中国释放出来,建设一个独立自由民主繁荣富强的新中国的一部伟大经典。因此,我坚决站在国民立场,拥护新民主主义。我对国民党反动派表示深恶痛绝。我更强调我在印尼居留的17年中,一向遵守当地政府法令,是从事侨教工作的侨民,从来没有丝毫违法……"这一连串的慷慨陈词、申辩驳斥,使法官目瞪口呆,无言以对,杨新容终于在被监禁3个多月,因查无实据被无罪释放。杨新容出狱后,仍不遗余力地继续全面主持新华中小学建校及行政工作,继续领导华侨社团的各项活动。当地侨团负责人林降祥说:"杨新容是一位教育家,是关心培养进步力量而贡献一生的可贵人物,是当时全爪哇'抗日民族解放大同盟'的领导者之一,是印尼华侨社团进步势力的代表。"这些名副其实、十分中肯的评价,杨新容确实当之无愧。

直至1953年春,杨新容乃欣然携眷荣归祖国。

主持侨黉　陶铸菁莪

杨新容回国后,中央侨委委派他参加"北京归国华侨学生补习学校"(简称"侨补")的创建工作,先后任该校教导主任、副校长、党组书记等职。1954年后破悄为第二、三、四、五届全国政协委员。他在北京"侨补"大约3年,主持创建新校舍,美化校园环境,提高教学水平,改善生活质量等等,使广大侨生感受到祖国的温暖。他们中经过补习后考入高等学校继续深造者,达到80%以上。

为适应广大海外福建的华侨子弟回国学习的要求,1953年中侨委又创办集美侨校。1956年陈嘉庚先生要求调杨新容兆集美侨校,担任校长兼党支部书记。中侨委尊重他的意愿。杨新容履任伊始,在教职工大会上语重心长地说,"我受陈校主的器重和嘱托,一定要竭尽全力办好侨校,绝不辜负陈校主的殷切期望",又说"党和国家把学校任务交给我,千万个海外华侨睁着眼注视着我,对我寄予厚望。我肩负的责任是重大的,一定要尽心尽力把侨教事业及其发展切实认真做好"。

杨新容校长言而有信,一上任就认真全面制定办学的工作规划,绘制发展蓝图,坚决贯彻党的教育方针与华侨政策。根据侨生文化程度参差不齐的特点,实行"缺啥补啥,重点补习"的教育原则,调动一切积极因素,抽调优秀教职工共350人,呕心沥血,精心办学,规模不断壮大,设备日臻完善,教学质量不断提高,10多年间,接待了30多个国家和地区18000余名归国学生。在校生数最高达4000人,先后有3400多人投考全国各大中专院校深造,录取率达90%。有13000多人经考试成绩及格,根据其本人的志愿,分送到全国各大中城市的正规中学继续学习。另有2000多人,根据其个人条件直接分配到各地参加祖国的各项建设,发挥他们的聪明才智,奉献自己的青春和力量。据了解,仅几年中就涌现出科学家、工程师、高级技术人员、医生、教师、国家运动健将等。还输送不少艺术人才,参加文艺团体,有的被文艺界誉为鲜艳的"艺花",成为艺坛的红人。这些到国内外从事各种工作的侨生,始终对杨校长怀着尊敬景仰的深厚感情。学生家长或侨生时常寄来贺卡、感谢信等,言辞恳切,情深谊厚,令杨校长感到欣慰。

杨新容校长与陈村牧副校长,他俩既是同仁,又是亲密知交。同住在八音楼,每天来校上班,时常并肩同行,沿途亲切交谈,大都是学校应兴应革的事。业经商定,回校即与其他部门负责人研究,取得共识后,再召开全体教职员工大会,阐明意图,征求大家的意见,充分发扬民主,要求根据侨生文化程度不齐、生活习惯各异、爱好兴趣不同等特点,有的放矢,提出切实可行的教育方法,经过反复讨论,最后制定规划公布施行。杨校长从来不独断专行,自以为是。因此,学校开展各项工作,思想一致,步调一致,具体实施都较顺利。于是大部分侨生都能适应学习,进步较快,效果较好。

杨新容校长平时不苟言笑,但开腔时却谈笑温和,如诉家常,幽默风趣。每次召开师生大会,他在讲话中谈到较难理解的问题,或观察会场听众精神不够集中时,便穿插几句印尼方言,引起侨生哄堂大笑,热烈鼓掌。侨生们听了如在自己家里聆听父母教导,感到非常亲切,从而轻松愉快地接受,收到良好的效果。

杨新容校长平易近人,和蔼可亲,既有学者风范,又有长辈慈怀。他一手抓教育,一手抓生活。重视调查研究,及时解决遇到的难题。他经常下厨房,了解膳食情况,交代炊事员尽量改善伙食,做适合侨生口味的饭菜,让大家吃好,吃饱,确保身体健康。每逢课余或假日,即抽空深入学生宿舍,嘘寒问暖,对经济困难或缺寒衣被服者,给予补助解决,让他们安心学习,感到侨校是自己的家园,感到祖国温暖如春。每年学校组织侨生下乡参加劳动,他以身作则亲自下地体验,以培养学生热爱劳动、热爱劳动人民和艰苦朴实的思想感情。

逢年过节,侨生想家思亲,于是学校食堂便忙得团团转,按照民间风俗习惯做糕做粿,备办美味佳肴,举行集体聚餐会。大家以饮料代酒,频频举杯相互礼敬,互相祝福。杨校长也与侨生一起同餐,手举"酒杯"穿梭巡回,挥手致意。欢声笑语的场面,使侨生们倍感学校温暖如家。

学校根据侨生喜爱歌舞的特点,通过丰富多彩、生动活泼的活动,进行潜移默化、行之有效的爱祖国爱家乡的教育,于是经常举行联欢晚会,会场张灯结彩,绚丽辉煌,让同学们纵情放歌翩翩起舞。那歌潮乐浪,琴笛悠扬,整个校园一片欢腾,汇成欢乐的海洋。鹤发童颜的杨老校长,笑逐颜开,不甘闲坐,常步入舞池,随着音乐的节奏,和侨生一起跳起印尼的土风舞,哼着印尼的民歌,旋转跳跃,老少同乐,师生共欢,至亲至情,心情格外舒畅,使狂欢推向高潮。大家都说,这种由校长唱主角的活动,惬意舒心,在海外是从来不可能享受的。

杨新容校长对教育工作要求严格,对师生生活却关心备至。他爱惜人才,知人善任,相信群众工作,注意培养年轻的职工,尤其重视关心教师政治生命成长及其眷属生活,对教职员工不分亲疏,一视同仁,时常与教师交谈、弈棋,从中沟通思想感情,听取大家对工作的意见与建议,及时为他们排忧解难。比如有一次,一位教师的小孩深夜时不慎跌倒,胳膊开放性骨折,一时昏迷,动弹不得,情况危急。请来校医,束手无策,建议速送厦门第一医院救治,但时近午夜,没有交通工具,于是大胆电告杨校长,他入睡惊醒,立即通知学校总务处派车,适校车保修无法驶出,杨校长非常焦急,打电话向友校求助,幸得水产学校领导支持,及时派车,由校医及护士护送患者往厦门手术治疗。3天后患儿病情稳定出院,杨校长通知派校车接回,并亲自到宿舍看望,嘱咐校医关心护理,还交代会计室及校工会给予报销全部医疗费与困难补助。杨校长爱屋及乌,慈善仁厚情怀,做到无微不至,令这位教师感激涕零,刻骨铭心,至今仍感念不已。

另有一位数学老教师,心脏病突发,病情非常严重,必须立刻进行手术,但难度较大,杨校长同意急送上海治疗。住院一个多月,花费巨额的医药等费,其家庭经济收入不丰,难以全部负担,杨校长批准给予补助解决。此项善事,在教职员工中广为传扬。

还有一位女学生,刚回国,气候不适应,水土不服,食欲不振,消化不良,腹胀胃疼,精神萎靡,身体衰弱,终日思亲,卧床啜泣,同班同学转告学校,杨校长得悉后,立即派人带她去医院就医服药,并嘱校医关心护理,同宿舍同学轮流照料,还通知厨房另起"小灶"三餐提供柔食。这位学生经过一段时间的疗养,终于恢复健康,其居海外的父母感激不已,来信致谢。杨校长却说,这是责任所在,毋庸挂心!杨校长日无暇晷,对于小事也都时加关注,绝不轻易放过。他爱生如子,既是领导,又是家长,真是菩萨心肠啊!

少数侨生平时受家庭宠爱,养尊处优,生活自由散漫,同学之间互相歧视,互相嫉妒,搞不团结,甚至吵架,影响不好。杨校长对此情况强调说,要本着思想教育从严,组织处理从宽的原则,不得粗暴训斥,要和风细雨,不厌其烦,循循善诱,受到抗拒也要忍耐,启发其自觉吸取教训,改过迁善。其海外家长回国参观,来校感谢。杨校长说,这是鼓励,也是鞭策。侨胞望子成龙,抱着很大的希望与理想,把子女送回祖国求学,教育他们是我们义不容辞的责任。绝不许放任自流,敷衍塞责,才能对得起国家、人民及自己的良心!杨校长的话,言简意深,感人肺腑。

杨新容校长除精心治校外,也重视做好侨务工作,当沟通海内外的桥梁与纽带。热诚接待侨生家属及华侨回国探亲访友,参观游览,从中宣传侨务政策,鼓励和争取侨胞回国投资创业,或做慈善公益事业。他为侨办事心甘情愿,不谋私利,任劳任怨,素为侨胞所钦敬。广大侨胞说,集美侨校是国内外影响最大、最受侨胞信赖的华侨学生补习学校,她,吸引着千千万万海外赤子和爱国侨胞之心,被称为"侨生的摇篮"。

鞠躬尽瘁 功载侨史

天有不测风云,"十年浩劫",乱云飞渡。杨校长在那狂风暴雨的漩涡中,无辜遭受"四人帮"及其爪牙惨无人道的迫害,人身的恶毒诋毁、监禁,导致病重住院。在医院期间,还被强拖出来,用板车拉去批斗。身穿背心和短裤,光裸双膝跪在泥石上,在赤日炎炎下身心受尽煎熬。由于多次被残酷批斗、折磨,瘦骨嶙峋,几次昏厥,突然心脏病、肾病并发,与死神擦肩而过。可当他稍微清醒时,仍忧国忘身,忘怀得失,表现了一位老共产党员的海量与气节,令旁人为之动容,暗自幽咽。

1976年,粉碎"四人帮"后,杨校长吐气扬眉,获得平反,住进厦门鼓浪屿疗养所疗养。他在晚年健康一度好转时，仍不甘闲坐，先后担任厦门市侨联副主席以及集美学校委员会主任和顾问，并参与集美侨校复办的筹备工作。

杨新容老校长由于长期患病，病情恶化，抢救无效，不幸于1982年1月22日在鼓浪屿医院辞世，享年75岁。厦门市有关部门在市政协礼堂为杨新容举行隆重的遗体告别仪式。会场静默肃穆，倍极哀荣。

"大义微言犹在耳，浔江呜咽水长流。"杨新容老校长虽然离我们而去了，但他是一位在椰风蕉雨里播种春的使者，播种着华侨的希望与理想，播种着赤子的成长与幸福。是他，用灿烂的阳光普照，用甘甜的雨露滋润，使莘莘华侨学子的心田绿草如茵，繁花似锦。杨校长的一生为人处世、言行举止，都蕴含着陈嘉庚校主的诚毅精神，并始终遵照执行。他的一生是革命的一生，教育的一生，战斗的一生，光荣的一生，是一位忠诚于革命事业和教育事业的华侨先贤明哲，真可谓做到了"鞠躬尽瘁，死而后已"。他孤标峻节的美德，坦荡胸襟的品格，无私奉献的精神，学子师表的风范，将永远载入华侨史册，烙印在浔江学子的心中。

今年是杨校长106年诞辰，欣逢集美学校百年庆典，借此良机，撰写此文，既祝贺百年校庆，又对杨老校长表示崇高的敬仰与深切的感念之情。

最后，我怀着一瓣心香，再撰一副联，赋三首诗，填一阕词：

蹈火赴汤，奔革命忧国忘身，伟绩丰功终不朽；
呕心沥血，司侨黉植桃培李，英名劭德永流芳。

（一）

十年忍辱作楚囚，病榻犹怀报国忧。
沥胆披肝躬尽瘁，侨庠青史垂千秋。

（二）

玉洁冰清不染尘，肝胆相照见情真。
灵光鲁殿堪钦范，教泽遗风启后人。

（三）

寒宵面命写春秋，坐伴疾书愈未休。
大义微言犹在耳，浔江呜咽水长流。

江城子

椰风蕉雨几春秋，贾无求，愿孺牛。慈善为怀，募援报国酬。囹圄凛然坚不摧，舌剑锐，斥凶仇。

廿载侨黉展鸿猷,李桃稠,誉五洲。浩劫忍辱,病榻犹国忧。鲁殿灵光遗典范,光侨史,永芳流。

(本文部分历史材料系杨新容的女婿蔡仁龙教授、令爱杨秋君女士及集美校友郭景仁提供)

百年树人

老革命陈乃昌

任镜波

陈乃昌是集美学校早期的校友,北京的校友尊称他"乃昌伯"。1981年,我陪集美航海专科学校叶振汉校长到北京开会,叶校长带我到建国路外齐家园灵通观西楼,上乃昌伯家里拜访他。他们是同乡,是世交,又是"文革十年浩劫"的幸存者。他们从上午9点谈到下午4点。中午,陈乃昌炒湖头米粉,他夫人炒四盘苏州菜,大家边吃边谈。他们谈了六七个小时,我在一边静静地听着,当旁听生。他们没有把我当外人,无所不谈。听他们谈话,我有"胜读十年书"的感受。此后,我每次上北京,都是事前给乃昌伯挂个电话,说好时间去看他;逢年过节,互相音问。这种"忘年交"一直保持了23年。1987年,学校领导指定我具体办理申办学院(本科)的事务,乃昌伯带我去找时任政协全国委员会主席的邓颖超。乃昌伯常去看望她,尊呼她为"邓大姐"。

1927年的老党员

能称邓颖超同志为大姐的,一定是老革命。陈乃昌就是1927年参加中国共产党的。

他是安溪人,出生于1910年11月8日。1924年秋,考入集美学校师范部(后来改称师范学校)。当时有1000多人报考,只收50名,陈乃昌名列前茅。

陈乃昌出身于贫苦的华侨家庭。上集美师范不但免交学费,而且吃饭不要钱,还发蚊帐、被子,他如鱼得水。上学后,他与广东大埔人邱泮林、广西容县人梁绍之、福建惠安人王德璋同住一个宿舍。邱泮林的同乡罗明,是高班的同学,经常来找邱泮林。时间长了,大家打得十分火热。

当时在集美学校图书馆，可以看到共产党、共青团中央的机关杂志《响导》、《中国青年》和鲁迅编的《语丝》、潘汉年和叶灵凤编的《幻舟》、陈望道译的《共产党宣言》，以及《社会主义问题讨论集》等革命书刊。这些读物，像种子一样，在他们心中生根、发芽。

那时，国共合作。罗明接受广东共青团区委领导人、共产党员蓝裕业交给的任务，在集美学校秘密建立国民党左派组织。在罗明领导下，陈乃昌和罗扬才、邱泮林、李觉民、刘端生、罗良厚等，当了筹建集美学校国民党左派组织的发起人。

不到三个月，他们就发展了100多人，对外称"集美学校革命协进社"，直接在中共广东区党委和共青团区委领导下开展工作。陈延年、周恩来是当时广东区党委的领导人。

陈乃昌除了在学校里参加各种革命活动外，还利用假期带队到安溪县城宣传孙中山的三大政策。

1927年4月12日，蒋介石在上海发动反革命政变，白色恐怖笼罩全国，共产党人的鲜血洒遍了长江两岸、大河上下。厦门在4月9日的反革命政变中，许多共产党人也遭枪杀。陈乃昌却在这个时候，于这年的六月，在厦门参加了中国共产党。他说："只有中国共产党才能挽救革命，领导革命。"他把生命置之度外。

长期做党的隐蔽工作

陈乃昌对我讲过罗明、邱泮林、罗扬才等集美校友的革命事迹，但他从来不炫耀自己。

2004年6月4日，他在北京逝世。我代表集美校友总会并受李尚大先生的委托，从厦门赶去参加陈乃昌告别仪式，才从有关方面了解到陈乃昌过去的完整资讯。

陈乃昌参加革命后，长期从事党的秘密工作。1928年8月至1929年4月，在上海大陆大学活动；1929年5月至1933年4月，在中共厦门市委工作；1933年4月受党的委派回原籍安溪发动农民武装斗争，不幸被捕，后经党组织和进步华侨营救获释；1933年5月赴上海参加工人运动；1935年赴日本从事进步文化人工作；1936年回国，任上海《大公报》特约记者，从事党的秘密工作。

抗日战争爆发后，陈乃昌一直在周恩来等中共中央领导人的直接领导下，在上层社会和国民党上层人物中开展统战工作。陈乃昌在国民党军政部第三厅负责宣传工作时，同时兼任在周恩来、邓颖超、郭沫若直接关心下组建的"孩子剧团"的指导员。

陈乃昌擅长文学,在从事党的秘密工作的过程中,他利用公开的身份,以笔为枪,撰写了大量揭露汉奸卖国,反对日本侵略,推动全民抗战的文章。

抗战胜利后,陈乃昌回到上海,遵照周恩来的指示,继续从事党的秘密工作。上海解放前夕,他负责对敌伪汉奸珠宝及有价证券的清理工作,阻止国民党把这些财产运往台湾。他团结民主进步人士,创办并主编《真理与自由》杂志,揭露国民党反动派反民主、反人民的丑恶面目。他先后兼任上海大夏大学、复旦大学、震旦大学教授,参加组建中国民主建国会和九三学社。

上海解放后,陈乃昌曾任上海市军管会房地产管理处(后改为上海市房地产管理局)的处长,在上海市财经委员会负责房地产工作时,曾协助查明并修缮了中国共产党第一次全国代表大会的会址。

陈乃昌长期坚持隐蔽的工作方针,一心向党,默默无闻,出生入死,忠心耿耿,在新中国成立后的政治运动中,却受到错误处理。"文革"期间,遭受严重的摧残。但他始终坚信党,坚信人民,无怨无悔。在北京工作期间,他历任中国人民政治协商会议全国委员会第五、六、七届委员,华侨事务委员会委员,中共中央马、恩、列、斯编译局研究室主任,中国国际贸易促进会、国际商会顾问等职,是正部级的高干。

2004年6月10日,到八宝山参加送别仪式的有300多人。胡锦涛、贾庆林、曾庆红、贺国强、成思危、罗豪才、任建新、孙孚凌、孙起孟、经叔平、汪道涵以及中共中央组织部、统战部、中央党校、民建中央、全国工商联、中国侨联等送来花圈和挽联。参加送别的有任建新、林军等中央有关部门的领导人,还有陈老生前的老同事、老朋友、老学生,以及他们的后代。其中王老艮仲先生,时已102岁,特意从上海赶来送别。我认识的还有白刃、庄炎林、雷应申、汪志馨、罗曾义等。那天,福建省、厦门市、泉州市、安溪县的党政领导袁启彤、洪永世、曾荣华、苏宇霖等都专程赴京,代表八闽大地和家乡人民为这位久经考验的革命家、社会活动家送别。

跟随周恩来七个年头

陈乃昌逝世后,我常常捧读《追随周恩来的岁月》一书,这是陈乃昌为了纪念抗日战争胜利50周年而写的一部回忆录,项南为其作序,1995年11月出版。

项公在《序》中写道:"有的回忆录,不够实事求是,往往过分夸大个人的作用,甚至把自己描绘成一贯正确的人,文字又不讲究,叫人很难读下去。陈乃昌所写的不是什么大块文章,而是信手写来的一些重要史料。惟其'信手',方显自然;惟其自然,才见真诚;惟其真诚,才令人信服。"

常读这本书,可以使我们回悟那个年代共产党人的信念和党性、党德、党风。

1937年12月,中共中央在延安召开政治局会议,讨论抗日战争爆发以来,中共中央的政治、军事路线和组织建设问题。会议决定由周恩来、博古、项英、董必武组织长江局,领导南方各省党的工作,由周恩来、王明、博古、叶剑英组成中共中央代表团到武汉继续同国民党谈判,协商国共合作事宜,推动抗日民族统一战线工作。

1938年1月,蒋介石同意在国民政府军事委员会下设立政治部,任命陈诚为部长,并当面邀请周恩来为副部长。蒋介石为了笼络人心,羁縻人才,还请郭沫若担任政治部三厅厅长主管宣传工作。当时,全国知识界包括政治、经济、文化、艺术的各路人才,除了奔往延安之外,大多数汇集于武汉。他们对郭沫若这位"今日革命文化班头",拱之有如北辰。三厅于1938年4月成立。陈乃昌就是在这个时候进三厅的。

1938年年初,陈乃昌在上海与任白戈等人约好,从不同路线分赴延安。他从上海到香港,再由香港转到武汉。到了武汉,他的联系人黄文杰告诉他:"你是否去延安,我们还得商量一下。"第二天,黄文杰、李克农代表组织找他谈话,说:"经周副主席同意,决定留你到三厅工作,由李克农单线领导。"陈乃昌二话没说,服从组织决定。

陈乃昌到三厅,正赶上听周恩来第一次来三厅讲话。周恩来从分析日本军事、政治、财政经济各领域的困难入手,讲到发展抗日民族统一战线,团结抗战,打持久战,最后信心百倍地推断:"抗战必胜,日本必败!"周恩来足足讲了四个钟头,没有讲稿,条分缕析,层次分明。讲到日本财政经济困难的几个数字,也是脱口而出。陈乃昌听了无比信服。但他也发现其中所举的日本公债的数字有误。事后,他便向党组织的联系人李克农说:"我从日本报刊、广播收集到的资料,好像不是这个数字。"李克农向周恩来如实汇报。周恩来第二次来三厅讲"形势与任务"时,郑重地对大家说:"上次谈到日本公债发行的数字,同财政收支的数字混淆了,应予更正。"周恩来如此虚怀若谷,让陈乃昌感动不已。

在三厅,陈乃昌具体负责宣传工作。有一次,政治部召开汇报会,郭沫若事先不知道是周恩来主持,便派陈乃昌去。郭老说:"你去听听,倘若要说三厅的工作,讲话不要超过10分钟。"当时他觉得这不是"蜀中原是有大将,偏偏打点廖化耍虚枪"吗?他提前5分钟到会场,一进去便看到周恩来坐在主持人的位置上,他喜出望外。他向周恩来行了注目礼,并报告说"我是三厅的",然后找了一个不显眼的位置坐下。

一厅、二厅来的都是厅长、处长,身穿哔叽呢军装,挂着中将、少将的金色领章,最少也是个大校,个个神气十足。看到这情境,他有点局促不安。汇报时,各厅的将军都是斟词酌字,生怕出丑。周恩来有时也插话,问到民众组织的情况时,某厅分管的副厅长竟支吾其词答不上来,询问秘书,秘书也瞠目结舌。后来,还是周恩来把他掌握的情况跟大家说了,才得圆场。

一、二厅汇报完,周恩来还问一、二厅的领导:"谁还有补充的?"周恩来说这话时,眼睛却是看着陈乃昌,而且面带微笑。这显然是在鼓励陈乃昌发言。陈乃昌先说因为郭沫若厅长稍有不适,临时指定他来听、来记首长的指示。接着,他便简要地汇报了三厅在四月扩大宣传周的工作和影响,以及准备纪念抗战一周年的宣传计划。他还生动地介绍了三厅根据周恩来指示成立"学习指导小组"的效果。这点引起了一、二厅领导们的兴趣。他说,中国空军飞往日本散发的传单,多数都是三厅用日文写的。他边说边拿出传单给大家看。许多将军不懂日文,觉得奇怪:"怎么还有中国的文字啊!"他正想向大家解析日本文字的构成,周恩来却先说了:"中日两国同文同种,日本文字是片假名和汉字的结合,汉字在唐朝就传入日本了。"陈乃昌汇报完,刚好10分钟,大家都对这个小伙子刮目相看。

三厅汇集了许多全国著名的文化人,有胡愈之、张志让、田汉、杜国庠、洪深、史东山、冼星海、张曙、冯乃超等400多人。其中有一部分是共产党员,大部分都是爱国进步人士,因此,三厅被称为国统区的"小解放区"。三厅还有10个抗敌演戏队、一个"孩子剧团"、10个抗敌宣传队。"孩子剧团"是1937年在上海成立的,都是七八岁到十二三岁的男女孩童。他们步行到武汉,周恩来、邓颖超、郭沫若对他们都非常关心。根据周恩来的指示,三厅地下党特支任命陈乃昌兼任"孩子剧团"的指导员。

陈乃昌当时正年青,与"孩子剧团"的小朋友打成一片,小朋友都把他当大哥哥。他安排"孩子剧团"学政治、学文化,还学习音乐、戏剧的基础知识。他请洪深、辛汉文、冼星海、张曙、常任侠、曹荻秋、徐特立等名家给孩子们上课、排练。他还根据周恩来的指示,在"孩子剧团"发展党员,建立党支部。他还亲自带领"孩子剧团"四处演出,开展抗日宣传和劝募献金活动。有一天,敌机轰炸,他以自己的身体掩护小朋友。

1938年10月26日,武汉失守。陈乃昌跟着二厅的人员撤离。1939年春,在重庆,与周恩来、叶剑英等老领导会合。1940年,国民党不断制造反共摩擦,对"政治部三厅"进行改组,不让郭沫若当厅长。这时候,周恩来也早已不去"政治部"了。叶剑英向周恩来请示后,便让陈乃昌去新的社会职业单位工作,由周恩来对他单线领导。

在重庆曾家岩 50 号周公馆,周恩来对陈乃昌说:"以后我们还是通过陈家康约谈,你给我写信可以直接写伍豪收,你就署名'罗光'好了。""罗光"是陈乃昌在党内的用名,周恩来是从叶剑英那里知道的。

陈乃昌在上层社会有很多同学、同乡、同僚,他可以经常同上层人士,包括同国民党"四大家族"周边的人来往,在他们当中争取、团结抗日的力量。但是"皖南事变"后,党的隐蔽工作的环境更加复杂,也更加危险。周恩来非常关心他的安危,曾多次叮嘱他:"除非是社会职业的工作活动,就不必到邻近县市,更不要作个人旅行。特务系统的关系不要深入,防止被扣住;进步的社会关系也不要深入,以防碰头。"周恩来每次布置完任务,还要交代预备的口供,随时准备和大家一起被捕、坐牢,甚至牺牲。

在重庆七年,陈乃昌一直没有离开市区。他不顾个人安危,忘我工作。他在上层人士中宣传团结抗日;他通过各种渠道揭露敌寇的暴行,揭露媚日降日的言行;他暗中推动爱国民主人士,秘密成立"中国民主政团同盟";他冒险探访 AB 团头子,为猎取情报开路;他打入国民党最高金融机构,作长期隐蔽;他还协助周恩来联络、接触了许多爱国华侨和台湾爱国人士,扩大了抗日民族统一战线在海外的影响。

这本《追随周恩来的岁月》,我至今还珍藏着,经常读之,常读常新。

他的夫人蔡静渊

陈乃昌在写作《追随周恩来的岁月》的过程中,得益于他夫人蔡静渊的帮助。

蔡静渊,中国共产党的优秀党员。1950 年秋,在上海大夏大学经济系毕业后,曾在华东区、上海市搞经济工作。1954 年初调北京,一直在中央纺织工业部从事纺织、服装刊物的编辑工作。她编辑的书稿有 110 多部,约 2000 万字,屡受表彰与奖励。1988 年 6 月,她到德国科隆参加世界服装设备博览会,特地去柏林凭吊苏联红军烈士墓。1993 年起,享受政府特殊津贴。她的事迹曾被载入《中国名人词典》。

在陈乃昌《追随周恩来的岁月》即将出版的时候,她病倒了。陈乃昌伺候她两年,还是没把她留住。1996 年 10 月 9 日,她溘然与世长辞。

蔡夫人离去,陈乃昌悲痛不已。依她的遗嘱,陈乃昌捧着她的骨灰,撒入河流,流经她的故乡苏州,化为沧海一滴,伴着海上壮丽日出,拥着大地母亲,海不枯,石不烂,永无穷期。

不久,我收到陈乃昌寄来的一篇《水赋》。这是陈乃昌为他夫人而作的,他寄给我说是"欲求知交辈之同慨耳"。

《水赋》的全文是:山道漫漫九十翁,空怀国是心犹童。十七云游鳌头志,三八结缡沐春风。生生死死七三载,修炼防腐寸心红。避喧默默思往事,最负亡妻情几重。运河长接苏州水,苍茫入海注遗踪。三年舍我频入梦,逆旅孤魂伤偶逢。我今老矣盍归去,九泉团聚两龙钟。无神翻作有神论,再赋唱和永相从。

《水赋》,不仅表达了陈乃昌对夫人"三年舍我频入梦"和"九泉团聚两龙钟"的深情,而且也抒发了他"生生死死七三载"和"空怀国是心犹童"的感怀。每每读之,不禁潸然泪下。

蔡夫人患病期间,崔永琳大姐也悉心照顾她两年。崔大姐是蔡夫人的干女儿。蔡夫人走后,崔大姐又把陈乃昌接到自己家里住。崔大姐是中央党校图书馆馆长,她的先生孙庆聚是中央党校副校长。他们照顾了陈乃昌8年,比亲闺女还尽心。陈乃昌逝世时,他们还在家里设灵堂,孙先生还亲自给陈乃昌穿寿衣、整容。这对夫妻的嘉德懿行,被传为佳话。

崇敬陈嘉庚校主

陈乃昌经常说:"我们对陈嘉庚校主、对集美母校的感情,靠语言和文字是表达不了的。"他非常崇敬陈嘉庚校主,他是周恩来等中共领导人同陈嘉庚交往的第一个联系人。

1938年7月,一天上午,陈乃昌在"三厅"值班,周恩来和郭沫若进来,他连忙迎着他们去办公室。接着,阳翰笙也来了。谈话中,郭沫若突然说道:"我原想去新加坡,没想到会留在这里搞宣传。"陈乃昌听了忙说:"如果您真的去了,我们的校主陈嘉庚一定会欢迎您!"周恩来听到这些话,便对陈乃昌说:"你是集美学校的学生,应该可以和陈嘉庚先生通信嘛!陈嘉庚先生早年参加同盟会,赞成'恢复中华,创立民国'的宗旨。别人做不到的,他做到了,倾资兴学就是其爱国主义的最为难能可贵的表现。对日寇侵略中国,他同仇敌忾。寄些反映团结抗战的书画给他,他会感到鼓舞,会高兴的。你写好信,选择一些书画,连同单由香港寄去。"

两个月后,陈乃昌在衡阳往三塘的路上,又见到周恩来。他们边走边谈。周恩来问他最近家里的情况,还问道:"陈嘉庚先生有回话吗?"他回答说:"上次由阳翰笙从香港寄出的书画,已从广西叶渊传来回音。老人家很高兴!"

1940年3月,陈嘉庚率领南侨慰劳团抵达重庆时,周恩来正从苏联返回延安。4月初,在重庆的中共领导人林伯渠、董必武、叶剑英设茶话会欢迎陈嘉庚。叶剑英说:"欢迎革命的陈嘉庚。"这次茶话会,是由陈乃昌担任联系工作的。

7月21日,陈乃昌在重庆嘉陵宾馆,陪同周恩来和陈嘉庚第一次见面。这次会见,双方都有一种相见恨晚的感觉。周恩来深邃的智慧,恢弘的气量,谦诚的态度,平易的谈吐,透彻的阐述,使陈嘉庚深受感动。会见后,陈嘉庚对陈乃昌感慨地说:"中国共产党有人才啊!"他还说:"这次到延安,才知道中国维新的根基已定,应该为我大中华民族庆祝呀!"

几天后,陈嘉庚在国民外交协会作了《西北之观感》的演讲。他讲的是闽南话,由秘书李铁民翻译。陈乃昌善速记,全部记录下来。他把纪录稿送给周恩来,由周恩来带往延安,在《新华日报》全文发表。蒋介石看了大发雷霆,竟当着陈嘉庚的面破口大骂说:"必须消灭共产党,抗战才会胜利。"陈嘉庚还是非常坦诚地告诉蒋介石:"华侨心里非常盼望团结一致,枪口对外。要消灭共产党,这就是两党破裂,内战,南洋千万华侨一定不会同情的。"

从那以后,周恩来常常打听陈嘉庚的消息。1941年秋,有一次陈乃昌把陈嘉庚痛斥国民党独裁、贪污、腐败、拒绝为国民党继续劝募公债的电报送给周恩来,周恩来看后说:"这份电报同他1939年发出的'敌未出国土前言和即汉奸'的十一个字提案一样,义正词严。"

接着,周恩来又问起陈嘉庚办学的情况。陈乃昌便把集美学校优待贫苦子弟和学校内迁安溪的大体情况说了一遍。他谈到集美师范出了罗明、邱泮林两个省委书记。他还谈到陈嘉庚到安溪文庙参观时,看到两条"巨龙"(刻巨龙的大石柱),便对同行的人说:"抗战胜利后,我要在集美建龙王庙,把这里的两条巨龙和在台湾文庙的两条巨龙,都搬到集美!"周恩来听了呵呵大笑,他说,陈嘉庚先生就是有抗战必胜的信心,他创办集美学校和厦门大学,还在新加坡办学办报,他"凭良心和人格"说话办事,至为可贵!周恩来还问陈乃昌:"你和罗明、邱泮林还有联系吗?"其关切之情,溢于言表。

在以后的岁月里,陈乃昌和周恩来一样,一直关心着陈嘉庚校主。1950年,陈嘉庚路过上海时,陈乃昌还召集了部分旅沪集美、厦大校友在一起欢迎校主。1959年,陈嘉庚从上海华东医院转到北京治病。他住的圆恩寺,就是周恩来总理特意安排的。周总理经常过问他的病情,还曾深夜去看他老人家。陈乃昌经常到医院陪校主。1961年6月23日,周总理再次探望时,陈嘉庚已经失去知觉。周总理一面交代医务人员采取一切措施抢救,一面亲切慰问在旁的陈嘉庚亲属。周总理出来,在他上车前,陈乃昌告诉总理说:"前天傍晚,校主突然闭上眼睛,我心中一怔,立即俯视并轻轻抚摸他的眼睑说,'校主,有什么话要说吗?'校主长吁后说:'有呀!'但我没有问下去,想等翌晨校主精神好些时再问,没想到校主从此就不能说话了。"周总理听完,便用炯炯有神的目光盯视着他。这一盯,却深深地刻在陈乃昌心里,让他自责不已,也抱憾终身。

1994年,为了纪念陈嘉庚先生120周年诞辰,84岁高龄的陈乃昌,还亲自向卢嘉锡、孙起孟、项南、陈光毅、贾庆林、徐四民、陈国庆、庄炎林、张楚琨、白刃等名人组稿,编辑、出版了一本《回忆陈嘉庚》。

李纯青校友爱国的一生

丁 一

被誉为日本问题专家、台湾问题专家、著名政论家和社会活动家的李纯青先生,是集美学校早期校友的杰出代表,生前曾任上海《大公报》副总编辑,天津《大公报》副社长,外交部国际关系研究所研究员,第一届全国人大代表,第二、五、六、七届全国政协常委,第一、二、三届全国台盟总部副主席,第四届台盟中央评议委员会主席。

有血性的读书人

李纯青,又名李洵青,乳名煊炉,台湾台北人,生于1908年10月13日。他的祖父原籍福建省安溪县龙涓乡,甲午战争以前就到台湾谋生,长期往返于闽台之间做茶叶生意,晚年才渐渐地在台北大稻埕下奎府町的地方定居下来。李纯青的父亲、伯伯和叔叔,也长期从事两岸茶业生意,并都终老在台湾。

李纯青出生在安溪,幼时在乡里念私塾,10岁那年母亲去世,加上家乡发生匪患,李家祖厝"照明堂"被烧,父亲就把他带至台北。在台北的四年中,李纯青一直要求父亲把他送回安溪读书,他不愿做日本臣民,他感到在日本人统治下,心情十分压抑。1922年,他如愿回到安溪故里,续学于龙涓崇文小学。

1925年,李纯青考上陈嘉庚创办的集美学校师范部。在校期间,开始接受进步思想,积极参加学生运动,曾任学生会主席。1926年11月,北伐军光复同安,他与师范生、龙涓同乡陈乃昌等一道,前往迎接革命军宣传员来校演讲。1927年国民党实行反共"清党"后,他激于义愤,积极发动学潮,抗议国民党的独裁统治。1929年毕业后,他考入上海大陆大学,旋即与先到大陆大学的陈乃昌一起转学至南京中央政治大学。在该校市政系学习了四年,他把大部分的课余时间,用于研究中国社会的性质,比较系统地自学了科学社会主义的经典著作。

百年树人

　　1933年,他从中央政治大学毕业,回到安溪崇德中学任教。次年8月,在厦门经中共厦门市委组织部部长严壮真介绍入党,并担任中国武装自卫会福建省闽南分会组织部长,参与筹划和组建中共安(溪)南(安)同(安)边区特支组织。不久,党组织遭到破坏,他离开厦门前往台北,藏身于父亲住所。

　　儿时在台湾的经历对李纯青来说记忆犹新,日本侵略者对台湾人民的压迫,激发了他强烈的民族意识和爱国心。他决心学习掌握日语,进而研究日本问题,为开展反帝反日斗争做准备。经过1935年一年的苦读,他的日语水平有了很大的提高。

　　1936年年初,他得到了南洋侨亲李金水等人的资助,进入东京日本大学社会学系学习。他到日本的时候,正赶上"二二六事变",日本军人包围首相府,刺杀内务大臣斋藤实和大藏大臣高桥是清。法西斯军人的执政,意味着迟早会向外扩张。李纯青知道,中国人民将首当其冲地面临战争威胁。时不我予,他一头扎进日本大学的图书馆,开始为研究敌情做准备。他大量搜索与日本国情相关的书籍,经常在教室彻夜不眠潜心钻研,系统地了解与掌握日本的工业,市场原料需求,财阀、军阀、政党背景,以及日本帝国主义对外战争史等,为他后来从事以文章抗日救国活动,奠定了深厚的基础。

　　1937年卢沟桥事变以后,战争的气氛进一步弥漫于日本社会。走在京都街头,招摇而过的大批好战疯子以及他们逼视的目光,让李纯青愈感战争的逼近和祖国命运的堪忧。他买到了一张9月回国的船票,毅然踏上归程,只希望早点回到祖国,为抗日斗争服务。

以文抗日的爱国者

　　他先到香港、广州,后来在陈乃昌的帮助下,由范长江介绍,前往上海《大公报》面试,顺利通过了总经理胡政之亲自对他的日语口译、笔译能力的考核,被录用为该报的日文翻译。

　　1938年5月,他被调到香港《大公报》工作,他的任务是撰写有关日本问题的社评、短评和专栏文章,分析战时日本人事变动的动态,提供详尽的背景资料等。他很快发表了他的处女作《日本兵为谁而战》。思路得益于他先前翻译的一封日文书信。那是一封来自日兵尸体口袋的血迹斑斑的信件,字迹娟秀,满纸相思,闪烁着凄婉的爱情。他对被欺骗、被胁迫来华战死的野鬼孤魂产生了深切的同情。他思考着:"为什么要战争呢?战争是不是可以避免?跑到他国领土来打仗的那些日本士兵,在临终时想些什么呢?"联系到当时国内的一种说法,认为日本军阀穷凶极恶、顽固不化,而财阀态度比较温和,可以同他们寻求妥协之路,李纯青有了写作的思路。他条分缕析,从研究日本经济入手,进而研究日本财阀集团、财阀和军阀的关系,指出财阀正是军阀的后台,是立于军阀背后大发战争财的真正老板,他们绝不是什么温和派;寄希望于这些财阀,无异于与虎谋皮。他的这一观点在《大公报》发表后,引起了社会的广泛关注,起到了振聋发聩的作用。

1940年7月17日,李纯青发表了《怪物久原房之助》一文,旋即,他收到大名鼎鼎的国际问题专家、学者陈翰笙的来信。信中说:"很高兴看到如此佳作,祝贺研究日本界出现了新星。"这使李纯青很受鼓舞,也对这位素未谋面的长者充满了感激。

他进一步自学了许多有关工业、产业技术和国际政治、经济、军事方面的知识,经常研读报馆内部的日文书刊及独家新闻数据,并通过宋斐如、李万居、谢南光、谢东闵等好友的管道,获取日本政情内幕和相关资料,一有机会就向别的专家讨教,也时常与军事评论家羊枣及好友乔冠华交流探讨,从各个方面丰富自己的学识,拓展深化对日本问题的研究。

抗战爆发三年后,许多人认为日本已无力对第三国发动战争,李纯青却认为日本一定会进一步扩大侵略。对于北进、南进问题,李纯青1940年在《大公报》发表了四篇社评,力持南进之说。他认为:"从日本的工业生产水平,可以预估它的军事力量;从日本工业的资本所属,可以了解日本财阀;从强化战争所必需的上层建筑的调整,及其各种政治人物的个性、社会关系、政策主张,可以测知一个时期的政治手段和动向。"他说:"日本正处于贸易亏空、原料缺乏、生产低落的状态。日本的美梦在南方,占领了南洋,外贸可以出超,还可以得到最需要的石油、橡胶、锡、棉花和羊毛,因此日本必然南进。"后来事变的发展,果如李纯青所料。

他还写过不少军事评论文章,如《日本的弱点——航空工业与空军》、《太平洋战争展望》、《远东大战一周》、《论中途岛海战》、《海上拉锯战》、《土鲁克战事惊坏了东条内阁》、《超级堡垒轰炸日本》、《由台湾海空战到菲律宾登陆》、《二七胜过了一三五》,等等。他在论述一些重大战役的战略战术时,每每会对相关战事的轮廓与走向加以描述,也每每被后来的进程所印证,令人为之折服。

他说,战争时期研究日本问题,不可避免地要谈到军事。要写好军事评论,就必须对双方的政治经济有了解,对双方的武器性能、质量与数量有了解,对战场的地理地形有了解,对战争史有了解,还要学一点军事理论。有了这些基本功,才能具有预见性,而有预见性的文章,才能赢得读者。

1941年太平洋战争爆发后,李纯青由香港调至重庆《大公报》任主笔。他每周要写3~5篇社评。从1937年进入《大公报》工作起,他不停地写,一篇篇地发,为宣传抗日鼓与呼,成为当时著名的日本问题专家、专栏记者和政论家。他的出色工作,既得益于他卓越的才华,更是他的爱国心使然。

李纯青有关日本问题的著述有:《日本春秋》、《反扶日论》、《日本问题概论》等。

深受台胞敬重的社会活动家

自抗日战争以来,李纯青所写的揭露日本帝国主义本质、加速抗战胜利的文章,说到底都是出自盼望祖国统一的心愿。他说过:"在我儿童时代,父亲曾告诉我许多台胞抗日斗争的故事。""隔壁的阿伯也告诉我:西米庵事件时,日军捕获大批台湾妇女,围着冲天的烈火嬉戏,用刺刀挑走母亲怀抱中的婴儿,台湾母亲们挣扎着跳进火海同归于尽——这些深刻印入我脑海中的形象,常在半夜噩梦中再现,令我沐然惊醒。""儿时的感受,竟然影响了一生,使我懂得了:人,不能没有祖国。这也就是为什么我能用毕生精力,以笔为矛,从事抗日宣传工作的原因。"

他对台湾有着深厚的情感,始终关心着台湾和台湾人民的命运,关心着祖国的统一事业,是一位深受台胞敬重的社会活动家。

1943年1月至5月,国际上出现了一些对台湾地位不利的声音,他敏锐地识破了外国势力企图占领台湾的图谋,连续撰文发表了《中国必须收复台湾(台湾是中国的老沦陷区)》、《再论关于台湾问题——读〈美国的战后设计〉》、《马关条约五十年感言》、《对国际托管制的见解》等一系列文章,指出"在法律上,《马关条约》已经废除,台湾应归还中国。但在国际上,特别是美国,却在觊觎台湾"。

1943年11月8日,他与台籍知名人士在重庆参加台湾革命同盟会第三次代表大会,起草要求台湾归宗中国的宣言。

1945年10月5日,他带着周恩来的指示,第一批返回台湾,以《大公报》记者的身份,参加了10月25日在台北公会堂举行的台湾归还中国的受降仪式,成为这一历史的见证人之一。随后,他率记者环游全岛,在台湾采访一个月,广泛接触各界人士,并在台湾出版《献曝》一书,还欣然接受担任在台发行的《台湾评论》主编职务。

1947年,台湾发生"二二八"起义,他在上海报刊撰文,声援、支持台湾人民的爱国民主运动。

1954年6月12日,他正式参加台湾民主自治同盟,并担任台盟总部副主席。8月22日,他代表台盟与在京各民主党派联合发表《解放台湾宣言》,并在宣言书上签字。

1954年10月29日,他在《人民日报》发表题为《驳斥关于台湾问题的谬论》的文章,指出"几个星期来,某些外国特别是英国的若干报刊,有计划地大量散布所谓'台湾交联合国托管'、'台湾中立化'、'台湾独立'、'两个中国'等等谬论。发出上述谬论的人,不能掩饰他们实际上只能是对美国侵犯中国主权和领土完整行为的一种鼓励"。12月9日,又发表《反对"美蒋共同防御条约"》的文章。从1954年至1957年2月,他先后发表有关台湾的政论文多篇,不断揭露国际反动势力对台湾的图谋,严厉批驳"台湾独立"、"两个中国"等分裂祖国的论调。

1972年,那时他还在湖南下放劳动期间,当他从广播中得知美国总统尼克松即将访华的消息时,立刻心急如焚地上书中央,建议务必在《中美联合公报》中写上"台湾是中国领土"的章节。

1977年11月,"文革"结束后,他复出协助及主持"台盟"工作,直至1987年换届,转任台盟中央评议委员会主席。

1980年元旦,他在全国政协新年茶话会上,针对当时台湾发生的情况指出:"台湾有人提出要'用台湾的模式统一大陆',扬言要向大陆作'政治登陆',说什么'都学台北,统一不难'。种种谬论,令人发笑。大陆人民没有忘记国民党统治中国二十余年干了些什么好事,有哪些值得怀念的东西。这,不需要劳驾台湾当局来提醒我们的记忆,大陆人民都领教过,而且不愿再领教了。"

1980年至1989年1月,他陆续在《人民日报》、《人民政协报》、《台声》杂志等报刊发表了37篇文章。1989年1月,他在病中撰写《中国文化琐谈》一文,反驳台湾某些人士倡言"以中国文化统一中国"的论点,指出"中国文化一直是统一的,不需要过多去讨论文化问题,眼前需要讨论的问题是:文化统一而政治分裂,是违背中国文化传统的"。

从新中国成立后,特别是1977年以后,李纯青饱含热情,写下了大量的台湾问题的文章,向读者讲述台湾的历史、民情、风俗、逸事,讲述海峡两岸交流的历史,为广大大陆读者深入了解台湾倾注了很多心血。他利用在台盟工作的机会,经常会见来自世界各地的台湾同胞,并与海峡对岸的台湾同胞时常接触,向他们解释大陆对台政策,以切身体会讲述两岸人民隔不断的情缘,以及宣传台商在大陆投资办厂的优惠政策,使台胞深受感动。作为台盟主要领导人之一,他为台盟的建设与发展,为巩固和发展爱国统一战线呕心沥血,贡献卓著。

百年树人

他先后出版的《望台湾》、《台湾问题研究》、《望乡》、《台湾论》、《献曝》、《笔耕五十年》等著述，至今是研究台湾问题的重要参考资料。

忠诚正直的共产党人

自1934年加入中国共产党，李纯青在长达半个多世纪的岁月中，积极为党工作，对党忠心耿耿，是一名久经考验的优秀党员。

早年一直从事隐蔽战线工作的他，也期待着能够直接在革命队伍里服务。1941年他到重庆大公报时，曾请陈乃昌向周恩来转陈自己的情况，周恩来指示，"宣传抗日，就是革命，保持目前情况，更为方便"，还指定专人和他联系。在重庆以及抗战胜利后在上海《大公报》任主笔期间，他一直用尽心思做文字工作，努力把进步思想融入《大公报》社论之中，坚持抗日，反对投降，批评国民党弊政，揭露国民党假和平、真内战的阴谋，为党做了大量有益的工作。

1948年5月，美国公布"特赖伯计划"，欲减少日本战争赔偿，李纯青在《观察》杂志发表《论反扶日》一文予以揭露，被南京政府列入"具有煽动性"的黑名单，遭到上海警备司令部的追查，幸得朋友多方担保才免于祸。但不久李纯青又化名吕煊写了一本《反扶日论》的小册子进行暗中宣传。他还曾以寒飞、孔白之、公孙何之、杜微、何家通等化名，使用不同文风笔调撰写文章，以躲避敌人的检查。

1948年9月，毛泽东在中央政治局会议提出，要做好团结中间派的统战工作。李纯青奉命并积极配合地下党员杨刚，做争取大公报总编辑王芸生的转变工作。他几次到上海滩王公馆登门谈心，并向王转达毛泽东邀请他参加新政协会议的口讯，成功促使王芸生在大动荡、大分化的背景下，做出了跟共产党走的历史抉择。1948年11月，李纯青、王芸生先后抵达香港，王芸生亲自安排了香港大公报的起义，而后北上解放区。

1949年和解放初的几年中，李纯青先后担任上海大公报副总编辑，进步日报副总编辑、副社长，北京大公报副社长等职，他马不停蹄，在贯彻党中央决定，协助处理上海大公报留在大陆继续出版，天津大公报改组易名为《进步日报》，以及1953年上海大公报与进步日报合并成立京版大公报的过程中，做了大量工作，为大公报在实现政治转型、配合上海解放以及后来服务于新中国的经济建设等方面创造条件，发挥了重要作用。

1954年后，李纯青离开工作了17年的大公报，调任中共中央宣传部政策研究室和外交部国际关系研究所研究员。1958年"反右派"运动后期，他遭到错

64

误的批判和处分,"文革"中又被隔离审查,于 1969 年底下放至湖南茶陵虎踞山外交部"五七"干校劳动三年。他后来回忆道:"'文化大革命'中,我也受到冲击,住过牛棚,被抄家两次,被专政有年。正如外国谚语所说:'不论正确与否,毕竟这是我的祖国。'中华民族不可侮!中国人不管遭受多么深重的灾难,只要还活着,始终要为国家鞠躬尽瘁。"

20 世纪 60 年代前后,在那样混乱的时期,落难中的李纯青也从未向《大公报》泼过污水。党的十一届三中全会以后,他以老大公报人的身份,写就长文《为评价大公报提供史实》,实事求是地为《大公报》的立场举证辩诬,对《大公报》的阶级属性、是否为政学机关报、如何看待"国家中心论"等存有争议的历史问题,进行了较为客观的分析与评价,观点鲜明地提示那些误解和试图构陷者"不能把大公报的国家中心论与拥戴蒋介石、拥护国民党混为一谈",对人们重新认识和评价《大公报》起到了重要作用,显示出一个共产党人求真务实、无私无畏的品格与胆识。

李纯青一生热爱学习,博览群书,政治、经济、军事、历史、哲学、伦理甚至佛学典籍等,无不涉猎。大公报老记者、管理员杨纪曾说:报馆图书室里的一套《恩格斯军事论文集》,全报社借阅过的,只有李纯青。

他提倡新闻必须写事实。他重读自己抗战时期所写的文章后说:"战时评写日本,旨在暴露敌人的黑暗与弱点,以鼓舞彻底打败日本的斗志。因此,难免有偏激之辞,不尽客观。"几十年后对照之,"觉得当年所论,与事实差距不大,并非凭空骂倒一切。我能努力做到这一点,完全靠忠实于客观事实。每当发表一个意见或一个论断时,我一定要看完手头所有的材料,并尽可能先把事实弄清楚,力求对得起自己的良心"。

他服膺马列主义,反对教条主义,善于从全方位多角度观察问题,勇于探索和思考。他的著作、文章,字里行间闪耀着思想者的真知灼见,体现着一个马克思主义者的执着追求。我们从他的身上,能够看到许许多多的共产党人的高风亮节在闪光。

百年树人

陈共存：校歌声中诞生的学村王子

陈新杰

1918年11月2日清晨，"5.5 5.5｜5.3｜1 3｜2……"集美学校校歌的铜管乐曲像往常一样在学村上空回响。这时校主厝二楼的房间里传出"哇哇"的婴儿啼叫声。端坐在中厅的陈敬贤与校医王镜如不约而同地站立起来。

"弄璋（男孩），弄璋！"王镜如的妻子高声地喊道。

"好！太好了！"陈敬贤喜上眉梢，左掌抱右拳，右掌抱左拳，连声说着。

王镜如也双手作揖，满脸笑容地向陈敬贤道贺："恭喜呀，二校主！恭喜呀，您真是双喜临门啊！"陈敬贤8月才乔迁新居，10月又喜得贵子，岂不是双喜临门吗？

孩儿出生后，陈敬贤夫妇便给孩儿取了个小名叫"阿舯"。因为闽南话中把船叫"舯"。先辈出洋要坐舯，番客返梓要搭舯，那维续亲情的"批"（信）更要舯来传递。舯在华侨的心目中占有重要的地位。给他起这个名字还有一个原因：孩子的外祖父是海军三品武官，与舯有难以割舍的情缘。

孩子满月了，学校大礼堂正好在此时落成。陈敬贤给陈嘉庚写信，提议把礼堂命名为"嘉庚堂"，同时请兄长为"阿舯"起个正名。陈嘉庚读信，甚是欣慰。对以他的名字命名礼堂一事，他回信说：绝不可取；而对新生的小侄儿小名叫"舯"，称贾小匕。陈嘉庚想，他兄弟同舟共济，出洋创业，回乡办学，可谓是"同舟共舯"；弟弟如此尊崇为兄的，是相依共存。"共舯"、"共存"、"舯""存"在闽南话中同音。"就叫'陈共存'吧！"陈嘉庚自语道，"'共存'一名双意，言简意赅。让陈共存随父辈的伟业成长。"陈敬贤夫妇接到陈嘉庚的复信，激动不已，因为"陈共存"道出了兄弟的共同志向，蕴含着他兄弟的手足深情。

陈共存出世后,母亲王碧莲不雇佣人也不请奶妈,一切家务仍自己扛着。她说:"二哥(因为陈嘉庚在诸兄弟中排行第二)兴学,处处需要钱,所以能省的就得省。"为了完成陈嘉庚交给她的筹办幼稚园的任务,阿舳一满月,王碧莲便把他背在背上,四处奔走,找园舍,备用具,走家串户招收孩子入园。1919年2月,我国第一所平民幼儿园开学。

集美学校学生由学校免费供给的制服、被帐,是王碧莲带领村里的妇女在家一针一线缝制而成的。

陈共存满4岁了,母亲带他来到渡头角向东祖厝的幼稚园注册。

幼稚园主任陈淑华说:"早该让小公子来了!"

"什么公子,我可不许他当公子!"王碧莲既严肃而又不失温和地回了陈淑华。

"好,不叫公子,那就叫王子吧!"陈淑华说。

"那更不行!"王碧莲提高声调说。

"呃,您王氏所生的儿子难道不是'王子'吗?"陈淑华狡黠地说。

"王子就王子吧!随你怎么叫。可不许给他任何特别照顾。渔家孩子四周岁入园,他同样等到四周岁才来注册。"王碧莲说。

站在一旁的陈共存抬着头,望着母亲和阿姨,虽然不知他们说些什么,但似乎已感觉到母亲要幼稚园老师严格管教他。殊不知就在王碧莲与幼儿园老师的笑谈中,"学村王子"这雅号就在学村传开了。

在浔江尽尾的高地上,留存着明末抗清复台的民族英雄郑成功的营寨遗址,名叫浔尾寨。集美幼稚园就在寨子北面的山坡下,老师常带小朋友到寨内的古榕下乘凉,讲延平故垒的故事。延平王的爱国义举使陈共存感动,延平王的威武使陈共存崇拜。打幼稚园大班起,放学后陈共存就经常约小伙伴到浔尾寨玩延平王杀敌的游戏。

1925年秋,陈共存该上小学了。8月28日是新生注册的日子。早晨,陈共存起床后,母亲已煮好"素蹄粥",正在炒"凤眼"。"凤眼"下"素蹄粥",是他们家的家常便饭,大伯陈嘉庚特别喜欢,"凤眼配素蹄粥"就是他先叫出来的。其实,所谓"凤眼"是海边滩涂上随处可捞到的形似凤眼的小海贝,味道鲜美,但个体很小,少有人食用;"素蹄粥"就是番薯粥,因番薯形似猪蹄,便称其为"素蹄"。

陈共存吃过早餐,便独自去学校报名注册。小学在浔尾寨内的延平楼。此时,底层的中厅,人头攒动,50多位新生,多数由家长带着,注册来了。陈共存与姐姐陈爱英,表兄王民兴、王高福一样,母亲没给他们另做衣服,都穿着学生制

百年树人

服。也许是因为陈共存穿的制服是米黄色的,那是老生的服装,负责注册的老师以为他是旧生,没理会他;或许是人多,老师忙不过来,根本没注意到他。陈共存在中厅徘徊了一阵子,便上楼来到主任(校长)室。

"哟,陈共存来了。那天听你妈说你要读一册了。你妈呢?"新调任的小学部主任叶维奏站起来说。

"我妈要我自己来报名,可没人理我。我要怎么报名呢?"

"来,跟我来。"叶维奏拉起陈共存的手,走出办公室。叶维奏边走边自语道:"这该是二校主娘在教子吧!"

叶维奏带着陈共存来到中厅报名处,此时孩子们已排成两列,逐个在办理手续。叶维奏带着陈共存,来到队伍的最后面,告诉他:"你跟着队伍向前移,一个接一个,轮到你,你就报名。"

陈共存点点头。报完名,就回家,一路走得特别轻快,他为自己独立办完一件大事而自豪。

王碧莲不让陈共存有特权,不让他有高人一等的思想,然而对这"学村王子"在图书馆享受的特权,却睁一眼闭一眼。学校图书馆规定,每生每次只能借出图书两册,可陈共存一借就是四五册,后来竟可以想借多少就借多少。因为自陈延庭当馆长起,不论是蔡斗垣还是黄村生都有这样一个想法——开卷有益。让"学村王子"有借书的特权,二校主娘不会有意见的。

陈共存酷爱读书,沉迷于书海之中。1935年,他以高分考入厦门大学,就读于历史系,是该系的优秀生。

1936年2月20日陈共存的父亲陈敬贤病逝。1937年金门沦陷。伯父陈嘉庚来信,要陈共存和母亲南渡新加坡和伯父一家一起生活。陈共存只好放弃厦大的学业,到新加坡。在新加坡,他在私人学校进修英文。1939年1月,陈共存前往昆明,先后在昆明联大和上海暨南大学继续深造。1940年回到新加坡,开始涉足商界,经营贸易。日寇进犯南洋,陈嘉庚一家仓促逃难,离开新加坡。陈共存随母亲到越南避难。日寇投降后,陈共存与母亲辗转上海,于1946年4月乘船返回新加坡。此后,他在堂姐夫李光前主持的华侨银行落脚,开始经营出口生意。

李光前对陈共存的经营才干甚为赏识,决定和他合作经营出口贸易。他以南益树胶有限公司名义参股60%,支持陈共存设立南亚有限公司,专营木材及橡胶出口。40年代中后期,陈共存在东京开设分行;新中国成立后,他于1950年代表南亚有限公司,到祖国与华北进出口公司接洽橡胶贸易,南亚公司是新加坡第一家与我国建立贸易关系的公司。此外,还在香港、韩国、越南等地经营进出口贸易,业务蒸蒸日上。

1957年,陈共存与李光前、李成义两父子合组炎方私人有限公司,专营橡胶生意,由陈共存全权负责,公司业务迅速扩展,年营业额达几千万新币。

60年代初,陈共存与星洲巨商陈六使的侄儿陈永裕合作,发动"打破航运垄断运动",这是他一生在公众事务方面的最大作为。

欧洲列强在东南亚建立殖民地后,用船把原料运回国内加工,航运是生命线。在英国的倡议下,航行于欧美航线上的欧美船队纷纷组织航运公会,垄断亚洲航业,一再提高运价。新加坡胶商极为不满,连美国的派士盾等大厂商也无法接受。于是,陈共存与陈永裕联袂,发起打破航运垄断运动,获得东南亚商家的普遍支持。各国商家纷纷组织配货人理事会,陈共存被推选为新加坡配货人理事会副主席。此后,航运公会就不敢再任意哄抬运价了。

1966年深秋,鳌园被砸的消息传到新加坡,陈共存怒不可遏,决意和母亲回国看看。

陈共存扶着母亲来到敬贤堂,抬头不见原来挂在堂里的敬贤校主的画像。

他们来到归来堂,在嘉庚石雕像前,肃立鞠躬。母子来到大门前,母亲说:"阿舢,我们在这里照个相,'归来堂'三个字一定要照进去! 这三个字是你伯父亲定的。"

他们来到鳌园,只见大门已被堵住。王碧莲和陈共存知道:周总理为保护鳌园下了封存令。

他们来到大祖厝前,祖厝门紧闭着。

母子怅然离开集美,在鹭江大厦过夜。

第二天,母子乘车上北京,去见敬爱的周总理。

在北京,周总理对他们说:我们深切怀念对中国人民革命胜利作出了重要贡献的陈老。陈老留下的事业就是国家的事业,不但要保护好,还要促进发展。现在出现一些问题是暂时的,一切都会变好。要继承父辈爱国爱乡的传统,关心祖国关心家乡。祖国是海外华侨的靠山,祖国不会亏待爱国侨胞。

后来,母亲王碧莲患肠癌,他亲自护送直飞北京。周总理安排她在协和医院就诊。名医会诊,多方照顾,唯恐不周。陈共存母子对此刻骨铭心。

1976年11月4日王碧莲逝世。临终,她交代陈共存:浔尾是我们的故乡,你和儿孙勿忘祖国,勿忘故乡的父老乡亲,要关心家乡的建设,要支持集美学校的发展。

此后,陈共存年年回中国,有时一次,有时两次,有时多次。陈共存倡议并带头捐款,重修了集美大宗祠;建塔安葬父母。以后,塔的周围建为敬贤公园。

陈共存关心家乡的建设和族亲的生活就业问题。1980年春,陈共存从旅居地新加坡回到故乡集美探亲,在和集美镇领导见面叙谈中,得知集美学村长期来没有兴办什么企业,每年待业青年多达五六百人,就业问题十分突出,他的神情顿时忧郁起来。临别,他对镇领导饱含深情地说:"回到星洲,我一定和旅星乡亲们磋商,争取在集美办家企业,以解决下乡回城青年的就业问题,促进家乡建设。"半个月后,一封从新加坡发来的信寄到集美镇政府,陈共存在信中说:伯父陈嘉庚先生一生倾资兴学,在集美创办了这么多学校,陈嘉庚的事业一定要继承,陈嘉庚的旗帜一定要高擎,陈嘉庚的精神一定要发扬。我和旅星的乡亲、集美校友商议过了,决定引进200台80年代最新制衣设备,在集美兴办一家制衣厂。不久,陈共存又决定将伯父陈嘉庚先生和父亲陈敬贤先生当年在集美购置的私人花园,无偿奉献出来,作为建厂用地。就这样,1981年3月,这家由陈共存等以补偿贸易形式共同投资创办的外向型企业,就在集美正式挂牌成立了。这时厦门经济特区还没建立,这家制衣厂可算是厦门引进的第一家外资企业。

1987年1月,工厂更名为中外合资厦门星集有限公司。为了办好星集,陈共存多次飞往北京,向经贸部申请产品出口美国的配额。星集公司每年创下的利润,陈共存一分钱也不曾拿过。公司提出建立陈嘉庚基金的设想,得到陈共存的赞许和支持。他说:"陈嘉庚先生一生倾资兴学,培育英才,为的是振兴中华,报效祖国。他在家乡创办的各类学校,不仅招收本族陈姓的青少年儿童入学,而且广纳外省各地的学生前来学习。陈嘉庚先生的精神遗产,不仅是集美的、厦门的,更是全中国乃至世界华族的。建立陈嘉庚基金,同样要发扬陈嘉庚先生为全民族、全社会兴办教育的精神,以振兴中华为宗旨,把目光投放在祖国科技教育事业的振兴上,这才是真正对陈嘉庚先生遗志的继承。"

1987年8月3日,陈共存致函中国科学院周光召院长,提出在中国设立陈嘉庚基金会,表彰在物资科学、地球科学、生命科学、技术科学、农业科学和医药科学6个领域获世界先进水平研究成果的中国科学家,激励他们勇攀高峰,振兴中华。

就这样,陈共存从星集公司盈利中提取一部分资金(每年不少于30万元),成立一个民间的、非盈利的组织——陈嘉庚基金会,并以陈嘉庚家族代表的身份,就聘中国科学院、中国科技大学、北京大学、清华大学、厦门大学、中山大学、复旦大学、国防科技大学的科学家和集美校委会的代表,于1988年1月组成理事会。1988年11月,首届陈嘉庚奖颁奖大会在北京隆重召开。出席大会、发表讲话和致信祝贺的党和国家领导人分别有江泽民、李瑞环、朱镕基、卢嘉锡等。杨振宁、李远哲、丁肇中等著名科学家、诺贝尔奖获奖得者也曾先后到会为获奖者颁奖。

自1988年至2000年陈嘉庚基金会进行了10次评奖工作,每次颁奖,陈共存都积极筹集资金,并亲临颁奖大会,还出面邀请获得诺贝尔奖的华裔科学家前来参加。

1986年,陈共存提议,组织了以新加坡魏维贤博士和中国侨联副主席庄明理为首的考察团,到云南会见南洋华侨技工在滇的幸存者,凭吊滇缅公路咽喉惠通桥,参拜抗日阵亡战士纪念碑,到达中缅边境瑞丽。返回新加坡后,陈共存于12月1日写了《考察滇缅公路报告书》,建议将这段历史编写成书,摄制电视剧或电影,启发青年一辈的爱国思想。

1993年10月,陈共存回乡参加纪念陈嘉庚创办集美学校80周年活动。那时,建立集美大学是热议的话题。陈共存得知这个消息,当即表示异议,说已经有了厦门大学,无需再办什么集美大学。当他听说他伯父陈嘉庚早在1923年就有这个设想的时候,他要求看原件。他给任镜波发了传真,要求把陈嘉庚三封信的原件传给他。看了原件的传真,陈共存改变了主意,积极支持创办集美大学。他建议要把集美大学办成规模宏大、在国内外有影响力的大学,并对大学的专业设置、学科建设、发展规划提出具体意见。他利用自己的特殊身份,积极向国家教委和国家最高领导人要求创办集美大学。他的努力对促成集美大学的组建起了推动作用。

陈共存还为华侨博物院的发展奔走呼号。他说:华博展览的内容要全面,要让海内外年轻一代了解海外华人艰辛的创业史。

1958年陈共存担任新加坡中华总商会董事,1973年至1977年、1983年至1987年两度担任会长。1987年他卸下会长职务,受邀担任名誉会长至今。

陈共存热心公益。他出任华中初级学院、华侨中学董事会主席,新加坡科学馆主席。1989年陈共存荣膺新加坡政府颁赐的"公共服务星章"(勋条)。

百年树人

庄重文的故事

陈章华

庄重文校友(1912—1993)是香港著名的企业家,是公认的香港工业领袖。他崇敬校主陈嘉庚先生,把"诚毅"二字当作一生为人处世的指南。他热爱母校,为母校的贡献良多。他一生留下许多传奇式的故事。

老蚌之珠　聪慧过人

1912年10月19日,庄重文诞生在福建省惠安县山腰乡后楼村一个乡绅之家。这一天是农历壬子年九月初十,正是辛亥革命第二年九九重阳节的第二天。这是个书香世家,父亲庄采芳是清末秀才,喜欢骑马射箭,好读诗书,学问渊博,又通岐黄医理。他在村里开设一中医店,号"存德堂",以悬壶为业,是远近闻名的儒医。庄老先生有15个孩子,重阳刚过,庄老先生娘又生下一男。老蚌生珠,实属难得,老人对这刚降生的小生命疼爱有加。按家族排行,这老蚌之珠属"荣"字辈,父亲给起名碧荣,全名庄碧荣。

小碧荣身体瘦小,单薄的双肩上却顶着个大脑袋。他格外好动,天真活泼,十分逗人喜爱。父亲经常外出行医。才四五岁,小碧荣就偷偷地在后面追父亲的轿子,有时竟跑出十里八里之外。父亲发现了,对重情的小儿子更是痛惜,便把他抱进轿子里,让他跟着到很远的地方去看病行医。小碧荣很小就走遍了山腰的三乡五里,有着同龄小孩所没有的阅历和勇气。

小碧荣小的时候,他家宽敞的后楼设有一所改良式的私塾,私塾所用的教材,除《四书》、《左传》、《诗经》、唐诗古文外,还有民国初期出版的教科书。小碧荣没到私塾读书,但天天能听到朗朗的读书声。他耳濡目染,受到潜移默化的熏陶,从小就喜文爱墨,有着一股儒雅之气。

小碧荣学龄已届,父亲让他跟着四哥福荣到乡中一所教会办的普化小学读书。1925年,庄碧荣13岁,父亲便让他离开家乡,入读惠安县立中学(即惠安公学)。1926年秋,庄碧荣初中毕业。父亲闻知陈嘉庚在集美创办的高级水产航海学校是一所培养水产航海专才的学府,学生不但不用交学费,连伙食费都可免。于是,他忍着骨肉分离之痛,鼓励年仅14岁的小儿子跋山涉水到集美读书。

迎接鲁迅　改名重文

庄碧荣是集美高级水产航海学校第七组的学生。

庄碧荣喜欢文墨,关心文坛风云。那时的集美学校,严肃而活泼的校风对学生起着陶冶情趣的巨大作用。学校有规模宏大的图书馆,学生可以读到各种期刊,思想异常活跃。学校的校长叶渊还邀请厦门大学国学院教授、学者到校演讲。来集美讲演的教授分为6组,每组2人。鲁迅和林语堂是第一组。

1926年11月27日清晨,刚入学两个月的庄碧荣与其他同学一起乘小火轮跨海去厦门大学接鲁迅到校讲演。船在海上航行,劈波斩浪,水花飞溅;海风习习,吹得衣衫猎猎作响;一群海鸥追逐着燕尾浪,鸣叫着,不时从头上掠过。学生们簇拥着鲁迅,心情激动,提出一个又一个问题请教鲁迅。庄碧荣那时年仅14岁,个子小小的,挤在最靠近鲁迅的地方翘首望着鲁迅,好奇地问道:"老师,你本姓周,你的笔名叫鲁迅。这个笔名有什么含义?"鲁迅微微一笑,回答道:"取这个笔名是受英语nothing的启发,nothing意即'没什么意思'、'没什么用处'。"鲁迅坦荡、幽默的回答在同学中激起一阵笑声。这笑声随着海风、伴着海浪飘散在海天之间,可是,在庄重文的心中却响起了一阵永不止息的雷鸣。

当天下午鲁迅在雷鸣般的掌声中开始了他题为《生活的意义与价值》的讲演。他结合集美学校当时学生自主意识的觉醒,谈了"五四"运动的伟大意义,抨击了北洋军阀及其走狗文人,指出这些"自以为聪明的人","把北方文化界弄得死气沉沉"。他指出,"聪明人不能做事",而被"聪明人"看成"傻子"的人才是真正能做事的。"世界是傻子的世界,由傻子去支持,由傻子去推动,由傻子去创造,最后是属于傻子的。"鲁迅的讲演使年轻的庄碧荣听到前所未闻的声音,使他懂得了从未读到过的道理。从此,他对中华文学事业产生了浓厚的兴趣和执着的追求。他以"重教育尚文明"为己任;为了明志,他把自己的名字改为"重文"。

从此,庄重文更加勤奋苦读,笔耕不辍,写出一篇篇的好诗文。虽然事业使他没有机会成为文学家,但他对文学热爱的初衷不改。他自己没能成为文学的大师巨匠,然而他希望别人能成为文学巨人。于是,1987年他提议并出资,由中华文学基金会主办一项青年文学奖"庄重文文学奖"。

百年树人

庄重文是海内外唯一见过鲁迅的企业家。他对中国文坛的大师巨匠有着特殊的感情。1949年，郭沫若、柳亚子等文化名人避居香港。庄重文时在香港经商，出于敬慕之情，他时常登门看望，悉心照料他们。1990年中国文坛大师夏衍、冰心九十高寿，巴金八十五高寿，艾青八十寿辰，庄重文特制数枚金盾，上刻"文坛泰斗"、"诗坛泰斗"，委托儿子庄绍绥从香港到北京、上海，登门拜谒几位文坛大师，将金盾奉赠给他们。

庄重文在集美见了鲁迅一面，开始了他一生与文学的不解情缘。作为一名企业家，庄重文对文学事业如此钟情，给中国文坛留下一段佳话。庄重文逝世时，全体获奖作家给他写了一副挽联：

慷慨一生千金轻掷培育天下英才不遗余力

峥嵘万代四海留名普惠八方文士永垂爱心

爱国遭难　鱼归大海

庄重文在学校读书用功，成绩好。他年龄最小，整天笑眯眯的，为人随和，又热心为同学服务。在老师和同学的心目中，他是一个品学兼优、讨人喜爱的学生。他关心时事，积极参加社会活动。

1928年5月3日，日本侵略军在济南制造了震惊中外的"济南惨案"，激起全国爱国群众的义愤。庄重文和其他许多集美同学放下课本，到厦门及农村开展反日宣传运动。他们所到之处，群情激奋，反日情绪高涨，团结御侮的决心空前坚决。

反日宣传告一段落后，庄重文和同学们回校继续学习，一切如常。没想到事隔一年后，学校当局突然宣布将积极参加救亡运动的学生，有的送厦门法办，有的开除学籍。庄重文也属被开除之列。

庄重文被开除，对他本人和全家，特别是他父母，都是沉重的打击。庄重文感到莫大的冤屈，十分痛苦，整天待在家里闷闷不乐。父亲庄采芳虽然感到儿子蒙受的是不白之冤，为儿子愤愤不平，但又觉得儿子招惹是非，自己无颜面见人。尽管如此，他对儿子没有指责，也不怨天尤人，而是勇敢地面对现实。他看出儿子不是等闲之辈，是干大事的人，便对儿子说："老五（庄重文小名）呀，你是一条人鱼，山腰这地方是个小池塘，不是你这条大鱼遨游的地方，你是匹野马，山腰是个小地方，不能任你驰骋。你还是到南洋去吧！"于是18岁的庄重文怀揣父亲交到他手心的两块银元，赊了一张船票，踏上"安庆号"货轮，拜别父母兄长，离乡背井闯南洋去了。

遭逢逆境　勇往直前

1930年，庄重文到新加坡。他本想投奔校主陈嘉庚，在校主的公司求得一份职务。不料，陈嘉庚的企业正处于风口浪尖上，一时受挫，许多分公司倒闭，根本没有他就业的机会。他无依无靠，流落街头，过着饥不果腹的生活。后来，他寄居在一位同乡的家里。寄人篱下，难免受人歧视，遭他人冷嘲热讽。

庄重文是一个自尊、自爱的人。他受不了这份气，毅然离开同乡的家。夜深人静，他沿着海滩漫无目的地走着。海涛汹涌，椰林茫茫。他在熙熙攘攘的街道走着，走着，更感到浪迹天涯的孤苦和凄凉。他又饿又困，终于支撑不住，一头栽倒在邮电大楼门前的石阶上。那正是现在新加坡最繁华的金融区。醒来，一群群毒蚊正围着他，嗡嗡乱叫。他无力地瘫卧在石板上，两行热泪不禁夺眶而出。"我，还不到20岁，怎能在异国他乡就这样无声无息地倒下去！"他举头望天，月亮格外地圆，格外地亮。远处的海水映着月光晶莹一片，发出阵阵涛声。他双眼直勾勾地望着月亮，想着他未来的路。他整整想了一夜，最后下定决心："即使遭逢逆境，亦必须勇往直前；即使穷途末路，亦不可心灰意懒。"

庄重文重新站立起来，开始他新的拼搏。他终于谋到职位，并在两年内发了点小财。在30年代初经济萧条时期，一个稚嫩的年轻人靠着自己的努力，不但弄到饭吃，而且还有一定的积蓄，这是一件近乎天方夜谭的事。

初见校主　积怨全消

庄重文在新加坡，终于在益励学社及彰德学校谋到一个教职。课余他参与福建会馆教育科组织的新加坡华校教育改革工作，因此有机会见到校主陈嘉庚。这时他才知道：1929年集美学校法办、开除学生一事，陈嘉庚全然不知情。"济南惨案"发生时，陈嘉庚在新加坡组织了山东惨祸筹赈会，募捐达数十万元，援助济南受害群众，并在华侨中开展抵制日货运动，其规模、声势要比厦门、集美大得多。集美学校以宣传反日为罪名惩处学生，是受当时厦门市政府当局逼迫所为，是背着校主陈嘉庚干的。闻此，庄重文一肚子怨气全消，顿时感到自己和校主陈嘉庚在思想上、感情上更贴近了。

新加坡的福建华校由福建会馆教育课领导，校主陈嘉庚是福建会馆主席，会馆是陈嘉庚的活动基地。编写新加坡华校教材的工作，是陈嘉庚亲自策划组织的。他每到福建会馆，都要亲自过问编辑工作进行情况及所选的内容。校主平易近人，和蔼可亲，不摆架子，这给庄重文他们留下了深刻印象。

百年树人

　　校主陈嘉庚非常关心学生的学习。他认真查看学生的作业，小学生上习字课，校主竟把住学生的手，一笔一画地教写，还讲自己学书法的心得。他给师生讲时事，对国际政治经济形势分析得头头是道。谈论国事，他爱国之情溢于言表。他"忠奸分明，疾恶如仇"。这更加深了庄重文对校主陈嘉庚的崇敬之情。

再见校主　终生难忘

　　1950年，校主陈嘉庚回新加坡途经香港，虽然酬酢甚忙，但还是拨冗会见在港的厦大、集大校友。会见在九龙亚皆老街校主次子陈厥祥家中举行。庄重文参加了这次令他终生难忘的聚会。

　　参加会见的校友有近百人。陈校主穿一身黑色西装，精神抖擞。睽违近二十年，庄重文高兴地看到校主还是那样的健康，那样的神采奕奕。陈嘉庚详细地介绍了回国的观感、出席全国政协和开国大典的情况。谈到审定国旗图案时，他说："五星红旗反映了祖国大团结的局面，也可看出中国民族资产阶级在新民主主义和社会主义建设中的地位。华侨要发扬爱国传统，支援国家建设。"他的讲话一次又一次地被掌声打断。

　　陈校主一向把集美和厦大同学看作自己的子侄。在和庄重文的交谈中，陈嘉庚还能叫出庄重文的名字，还记得他在新加坡工作过，也还记得他读的是航校。

　　庄重文对陈嘉庚说："校主，那时我是因为参加'济南惨案'反日宣传活动而被学校开除的。"

　　陈嘉庚说："还会有这种事？你为什么不和那些人讲理？"

　　当天，庄重文荣幸地参加了校友和校主陈嘉庚的合影。这幅照片始终伴随着庄重文。在香港他宽大雅致的书房里，在最显眼的位置上悬挂的就是这幅照片。他经常久久地凝望着这幅照片，回想当时的情景。年岁越大，越是如此。这次见面使他终生难忘。

感念校主　回报母校

　　庄重文与陈嘉庚的儿子陈国庆过往甚密，暮年更是成为极其亲密的朋友。陈国庆与父亲陈嘉庚长得十分相像，言谈举止颇有乃父之风。庄重文看到他就有面见老校主之感。陈国庆时常开着豪华的"奔驰"房车到庄重文家。两人亲近地坐在一起，仿佛是亲兄弟。他俩上至天文、下至地理，海阔天空，无所不谈，但最后话题总是落到陈国庆的老父亲、庄重文的老校主陈嘉庚身上。

76

陈嘉庚慷慨捐资创办集美学校和厦大,但对自己和家人则是省了又省,从不乱花一文钱。陈国庆说:"1929年父亲带全家到海滨游玩,破天荒第一次给每人买了一杯冰淇淋。这就是他给孩子们最奢侈的享受。"

庄重文感慨地说:"校主对自己也是这样,西服补了又补,布伞补丁摞补丁。为了支付集美、厦大的巨额费用,他节衣缩食,每月仅给自己留下十元的生活费!"

回忆使两位老人的感情更紧密地融合在一起。

1991年春天,正在养病的庄重文得知世界天文学会把一颗小行星命名为陈嘉庚星,激动得几夜没有睡好觉。他自豪地说:"广袤太空的星座里,也有了以中国人的名字命名的一颗星,这是我们中国人的荣耀啊!"而这个中国人就是他最崇敬的陈校主,这更使他激动不已。护士要求他静养,他只好乖乖地躺在床上紧闭双眼。待护士一离开,他就悄悄地溜进书房,用因中风而不灵便的手,写了一封又一封的邀请信,寄给香港要人。那年4月6日,他委托儿子代表他,在香港一家豪华大酒楼举行"庆祝陈嘉庚星荣获天文学会命名"酒会。香港逾百名知名人士参加。第二天一大早,他就醒来,躺在病床上,兴奋而不安地等待儿子关于酒会的消息。儿子终于打来电话,说酒会开得隆重、热烈而又成功。他高兴得难以自己,仿佛那颗星座就是为自己命名的一样,不,比为自己命名的还高兴。

庄重文情系母校,为母校的发展献计献策,筹划组织,出资出力。他对母校的贡献是多方面的,卓有成效。在他去世之后,他的子女继续关心集美学校的发展,捐资兴建集美大学国际学术交流中心的重文楼、集美大学庄重文夫人体育中心。庄重文感念校主,为母校作出贡献;母校记着庄重文,在母校校史上,留下庄重文这个金光闪闪的名字。

为港发展　功不可没

庄重文事业的发展几乎和香港经济的腾飞同步。

早在1951年,庄重文就预见到工业将成为香港未来经济的支柱,遂投资工业,创办香港味力厂。1953年,他出任香港厂商联合会董事,6月,即率团往新加坡、马来亚进行商务考察,举办香港工业展览会。60年代末,庄重文经营餐具业成功,成为香港举足轻重的大企业家、公认的餐具大王。1968年6月,他当选香港中华厂商联合会会长。从此,他以工业界领袖的姿态,活跃在香港经济舞台上。

他上任后的第一件事是竭尽全力拓展香港产品的市场。他倾力于工业展览

百年树人

之中,在世界各地展出香港的工业产品,增进海外及香港人对港货的认识,有效地促进了香港对外贸易的发展。

香港经济发展受到资源、电力、供水、用地等因素的制约。庄重文很早就敏锐地觉察到,必须将香港工业拓展到经济还处在初级阶段的东南亚各国,在那里投资设厂。他旋风般地组织了有近三十个香港厂商参加的东南亚考察团,亲任团长,为开拓香港产品的海外市场,谋求港商在港外办厂之路,踏上艰辛探索旅程。

庄重文心中的梦是让香港的工业产品深入到世界市场的每一角落。他的梦已经成真。为了这个梦,他每天的日程都安排得满满的。他参加多种多样的活动,会见各种各样的人物,解决层出不穷的难题,应付林林总总的挑战。他随时和伦敦、东京、吉隆坡通话,随时踏上飞机,飞往世界各地。

庄重文连续三届任香港中华厂商联合会会长,是任期最长的会长。他的后半生和香港工业的成长紧紧地联系在一起。他对香港发展各个阶段存在的问题都事先有所觉察,并写成文章,提出对策。晚年,他还根据自己的亲身经历,撰写出版《香港工业之成长》一书,全面总结香港的发展历程,勾画出香港广阔的发展前景。

他是公认的香港工业界领袖。

爱国爱港　尽心尽力

庄重文每次祈祷,都重复一句话:"主啊,请保佑我的祖国富强起来吧!"

他大半生旅居海外,目睹半个多世纪以来祖国所经历的沧桑,真切地希望祖国繁荣富强。

改革开放以后,庄重文十分振奋,时时关心、支持祖国的教育、文化建设。他创立的以其父大号命名的"庄采芳奖学金",既是他对社会的回报,也表达了他对父母的孝顺之心。

他为祖国经济的腾飞、统一做了大量卓有成效的工作。

庄重文是最早到大陆投资设厂的港澳地区大企业家之一。早在1978年,庄士集团便与上海、常州等内地工业城市有贸易往来,同时进行技术交流。

1979年,他从日本请来水产专家,并亲自陪同到福州,向福建水产部门无偿传授鳗鲡养殖技术,还提供优良的鳗苗。省里有关部门要请他做鳗鱼出口的永远代理商,并按销售额的5%付酬,但他不肯接受,说:"我回来是想为故乡做点贡献。家乡人民生活水平提高了,比我自己赚多少钱都好,更使我高兴。"

庄重文还以美中贸易资讯组织香港区主席的身份，亲率第一个由美国工商巨头组成的贸易考察团到中国大陆考察。他组织在北京、上海、广州等地举办了各类国际性大型展览会。此后，他还自己出资聘请英国工程师顾问团帮助规划厦门国际机场。他首先把庄士集团中规模较大的庄士餐具厂搬到上海。接着，他和儿子庄绍绥先后在上海、天津、四川、江苏、广东、福建等地投资，办厂，经营房地产，帮助振兴内地经济。

庄重文还不遗余力地为祖国的农业、交通运输业、旅游业的发展，特区的建设，香港问题的妥善解决等献计献策。1979年至1981年的两年间，他为祖国政府和有关部门撰写了许多文章，提出了许多有价值的意见和建议。

庄重文对祖国的和平统一大业十分关心，积极促进。他任香港厂商联合会会长后，从促进祖国统一的根本利益出发，力排众议，并取得同仁的理解和支持，把悬挂在厂商联合会会址上的国民党旗取下，换上鲜艳的五星红旗。

他还多次发表文章，呼吁海内外炎黄子孙共同努力，实现所有中国人和平统一祖国的愿望。

庄重文为祖国的繁荣富强祈祷，为祖国的建设出力，为祖国的和平统一大业献策。他为国不吝财力，不遗余力，其赤子之心为世人所景仰。

（本文资料主要来自《庄重文纪念集》）

汤晓丹：电影是我的生命

阮基成

"我爱我所选择的电影道路"、"电影是我的生命"，这是大导演汤晓丹一生的写照。

少年时代

汤晓丹，1910年农历二月二十二日出生在华安县仙都镇云山村。此时，他的父亲汤祥纯已经离开家乡，去了南洋。汤晓丹的母亲为了筹集经费到南洋，日夜忙碌，帮人做裁缝活。终于在汤晓丹6岁那年，攒足了经费。当时，出个远门极不容易。母亲带着他步行20公里，从华安新圩渡口登上汽船到浦南渡口，再换船到郭坑，转往龙海石码，到达厦门改登赴爪哇巴城的大轮船，在海上颠簸个把月。上岸后，还要坐一天火车到茂兀市，最后坐马车到基亚维镇，才找到父亲开设的杂货铺。父亲看见他们，吃了一惊，但十分冷淡。原来，在海外历尽艰辛，他为了站稳脚跟，被一位侨商招为女婿。汤晓丹的母亲没有大吵大闹，在附近租了间木屋，依然帮人做衣服，独自养活儿子。第二年，父亲将汤晓丹送进了一所基督小学。后来，父亲赌输了钱，又抽上鸦片，偷偷跑回老家躲避债务。在一位亲人的帮助下，10岁的汤晓丹才和母亲回到故乡。不久，父亲就去世了。

十三四岁时，一个木匠老板请汤晓丹为五斗橱作画，许多要添家具的大户人家都到店里订货。箱盖、椅背、桌面，都有画。老板收入猛增，十三四岁的汤晓丹也开始有了收入。族长获悉后，决定动用祠堂的钱，资助汤晓丹去厦门求学，让他学成后回乡办学。

1926年，16岁的汤晓丹再次踏上新圩渡口，乘船去了厦门，就读集美农林专科学校，课余喜欢写生，阅读文艺作品。因仇恨日寇在济南制造惨案害死无辜中国人，便与同学一起上街贴标语、漫画，宣泄抗日之情。几个当地的"小政客"到学校指责学生的爱国行动是"破坏治安"。1928年校方被迫登报开除了几个学生,汤晓丹也在其中。

独闯上海

1929年,汤晓丹只身一人来到上海,结识了沈西苓、田汉、阳翰笙等戏剧电影界有影响的人物。他经常在电影院里一待就是一天,观看不同风格的电影作品。此外,他还从报纸上学习了一些戏剧电影理论,丰富自己的电影艺术知识。1932年1月28日日本帝国主义发动"一·二八事变",他冒着敌人的炮火死里逃生。经沈西苓介绍,他进入上海天一影片公司任布景师。在拍摄《白金龙》时,导演生病,汤晓丹便顶替做导演工作。影片公映后,受到观众欢迎,汤晓丹因此一举成名。《白金龙》给了他做导演的机遇。两年不到,他共导演了《白金龙》、《飞絮》(编导)、《飘零》、《一个女明星的遭遇》等4部影片。舆论和观众都给予好评。

乱世香港

1934年的夏天,汤晓丹告别了挚友苏怡、司徒慧敏、沈西苓、许幸之等,独自踏上了由上海开往香港的客轮。

汤晓丹在自传写道:"呜……汽笛拉响,船慢慢离岸。此时,才感到生活了整整五年的上海,在心里占了多么重要的地位。伏在船栏边,凝视着飞溅的浪花。天边,电光闪烁。看样子,暴风雨将来临。不知道乱世香港会带来多少欢乐多少愁……到香港,我被安排在九龙的小公寓住下。两房一厅,比旅馆安静,就是一日三餐要凑合,好在附近大餐馆、小食店都有。邵仁枚开车到白帝街。他指着一间很大的破仓库,得意洋洋地表示用它作摄影棚。我顿时感到寒心,也后悔香港之行。他的话,我几乎全没听见。《并蒂莲》是我在香港放的第一炮,故事的大意是:一个嫌贫爱富的养母,怕受罪犯牵连而主动代养女撕毁婚约。故事陈旧,但带些反封建色彩。我只能勉强答应。邵仁枚不惜重金请香港名角新马师曾担纲;高价邀胡蝶、叶弗着领衔。使人哭笑不得的是放了哑炮。这主要是由于拍摄影片的技术条件太差,人物形象看不清,人物谈话听不清。我很难过。"

一天,上海艺华影片公司驻港代表毛裕茹兴冲冲地拿了个故事给汤晓丹看。它描写糊涂外祖父把自己从小带大的外孙女许配给让人讨厌的男人,引出许多笑话。汤晓丹认为《糊涂外祖父》视角确实新颖,不仅能让观众捧腹大笑,更能让观众分清哪些是存在于现实生活中的悲剧。他越看越喜欢,越喜欢就越觉得它

百年树人

具有现实意义。

《糊涂外祖父》收到了预期的银幕效果。观众在大笑中受到启发,大笑后有思索,有的观众看过十几次。它在南洋的发行收入甚至超过了票房价值奇高的《白金龙》。汤晓丹开始在香港站稳了脚跟。《糊涂外祖父》的成功,为他奠定了在粤语片摄制中的地位。

日本军国主义在1937年发动卢沟桥事变,香港人民心中复仇的怒火熊熊燃烧。汤晓丹是"华南电影赈灾会"发起人之一。这个自动组织的民众团体,展开了宣传、义卖、义演;还由在港的电影公司老板们出资、影人们义务劳动拍摄《最后关头》纪录片。《最后关头》是纪实性黑白片,描写一群大学生深感国家兴亡匹夫有责,到各阶层民众中宣传团结抗日的故事。这些都展现了香港影人巨大的抗日热情。

回忆抗日战争爆发后在香港电影界的所作所为时,汤晓丹感到特别兴奋、自豪的是,他和他的合作者们共同完成的《上海火线后》、《小广东》、《民族的吼声》三部影片(汤晓丹把这三部影片定为'抗日三部曲'),与蔡楚生和司徒慧敏拍摄的《血溅宝山城》一起,都载入了电影史册,为他赢得了"金牌导演"的美誉。

编剧蒋爱民根据汤晓丹的设想写出《上海火线后》电影剧本。《上海火线后》是以汤晓丹本人刻骨铭心的"一·二八事变"为背景展开的人物关系。影片描写一对表兄妹受到炮火袭击后,发生了思想变化。表妹到了护士训练班,在救护伤员时,爱上了受伤的抗日队长。但队长伤愈后仍旧奔赴前线。那位表兄,则沉醉于舞台,当他去一个舞女家,恰巧碰上日机的轰炸,人们在痛哭、责骂,那位表兄有所触动,折回自己家时,也碰上日寇飞机的轰炸。在残酷的现实面前,这位表兄终于受到教育,也投身抗日之中去了。

《上海火线后》投资较多,由于精心制作,它不仅在港、澳等粤语流行的地方大受欢迎,而且在南洋、北美的华侨集中地上座率也很高。这时,电影公司老板发现抗日题材同样可获高额利润,而且名利双收,所以又与汤晓丹签了新合同。

《小广东》是李枫和罗志雄合写的电影剧本,影片描写我国南方活跃着一支游击队,队长是威震远近的小广东,他机智勇敢地与敌人展开斗争,取得了胜利的故事。

香港报纸称赞《小广东》反映了游击战争的情况,对汤晓丹的创作激情更加推崇。在大观公司,他又导演了《民族的吼声》。影片描写香港奸商与内地武装司令勾结,偷运军需原料卖给日寇获暴利,最后被游击队截堵,受到惩罚的故事。它也表现了香港工人和劳苦大众团结对敌的高涨热情。

香港《华商》日报连续两天刊登《民族的吼声》广告：

  ……有弥天烽火，有惨痛流亡，有患难相助，有荒淫无耻，有贪污走私的败类，有慷慨起义的大众。

  发出全民族反侵略的吼声！昭示青年救国的光明路向！

著名电影导演蔡楚生在《华商日报》写文章说：

  在争民主的浪潮正在继续增长增高的今日，我们能看到像《民族的吼声》这样适应时事需要的制作，真不知该如何表示兴奋！

  ……

  在这戏里导演对这方面的努力算是做到了恰到好处的境地。

如果没有日本侵华，汤晓丹可能会长期在香港拍片。

然而，1941年12月7日深夜，日寇偷袭珍珠港后几小时，英国首相丘吉尔宣布对日作战。香港立即受到日军的狂轰滥炸。汤晓丹居住的九龙尖沙咀，房屋倒塌，血浸尸骨，伤者哭声揪心。后来，进攻和反击的拉锯战就在汤晓丹家所在地带展开。当英国驻军撤退到总督府高地时，日军丧心病狂地冲进医院，用机枪扫射病员，轮奸妇女……日军的大炮就安置在汤晓丹住屋楼下。他们处在双方火力夹击中。只有冲出火海，才能有生路。当他跑到制片人王鹏翼家时，他们全家都惊傻了，不相信汤晓丹能活着站在他们面前。战火持续了近20天，香港沦陷。

1942年夏天的一天，日军报道部邀汤晓丹去九龙半岛饭店赴宴，请客的是占领香港的日军最高统帅矶谷廉介。汤晓丹料到，这必定是一场鸿门宴。那天应邀赴会的有在港的二十几位演艺界名流，梅兰芳、胡蝶、王人美、金焰、高占非、薛觉仙、吴永刚、王元龙等均在座。矶谷廉介尽管脸上堆着狡黠的笑容，却难掩一身杀气。他神气活现地为客人敬酒，希望大家"安下心来"，"发展中日文化"。汤晓丹早已听出弦外之音，无非是让这些名流俯首帖耳，为他们奴役中国同胞作帮凶。

没出几天，矶谷廉介以喝茶的名义与汤晓丹约谈，表示要拍一部电影《香港攻略》，让汤晓丹当导演。汤晓丹心里一惊，知道这一关难过。他不卑不亢地说："让我先看看剧本吧，其他的事不急。"接下来，汤晓丹化装成难民，化名叶圣哲，先逃至桂林，然后到了重庆。

重庆三年

  来到重庆后，汤晓丹接到口头通知请他"进中国电影制片厂任编导委员"，仍

百年树人

搞《中国的防空》拍摄,苏怡留在桂林养病。他们只好先做些应该做的准备。底片冲洗后,没有做任何加工,等苏怡看了再说。内景戏还是照计划进行拍摄。苏怡回到重庆,但身体仍十分虚弱,主要工作继续由汤晓丹负责。《中国的防空》在1944年上映。观众争先恐后进电影院,主要是想从中学些防空知识。这也算是汤晓丹到抗战大后方后所做的一件有价值的事。

汤晓丹在重庆感到有一种特别的安全感,因为司徒慧敏非常关心他,还经常叫他去家里改善伙食。有一次,司徒慧敏把汤晓丹带到曾家岩八路军办事处去见周恩来。周恩来热情地握着汤晓丹的手说:"知道你在香港电影界很有影响,拍过好几部宣传抗战的好影片,这次,你能毅然拒绝日本人的邀请,回来参加抗战,我们欢迎你!……"

编导委员会办公室里有一台英文打字机一直空着,汤晓丹便到图书馆或美国新闻处去借了英文杂志或电影技术刊物,将其中可供日后参考的文章内容用打字机记录下来留好。这样,既可以积累知识,又有了精神寄托。那时,隔壁办公室是技术课,课里有位年轻的四川姑娘,刚出学校门,还带着些学生味,好学,也来学打字。不过她的目的不同,是想多一门本事以方便日后就业。有的文章,汤晓丹就由她代打。她打得慢,但不出错,因为她在校时也学过英语。她叫蓝为洁。他们接触逐渐增多,互相产生好感和信任。他们在一起,不是走街串巷或是逛商场,而是进电影院。近两年的交往时间,他们以英文打字机为媒,走到一起,从此走过相濡以沫的60多个春秋。汤晓丹在《难忘的回忆》中写到:我特别怀念那部旧打字机,后悔没有把它作价买下。

汤晓丹在重庆三年,除了协助苏怡完成《中国的防空》和导演影片《敢死警备队》外,还第一次导演了舞台名剧《原野》。《原野》轰动了山城,舆论好评不断,放映时场场爆满。观众随舞台活动深入剧中人物的思想感情中,与剧中人物同呼吸,共命运。

重返上海

抗战胜利后,山城重庆像开锅的沸水,热气直往上冲,人们纷纷去找交通工具,争相离川,有本事的人乘飞机,其次坐火车、汽车,没本事的人挤木船,真是八仙过海各显神通。都要有关系,没有关系,只能望路兴叹。汤晓丹不易求人,只能耐心等待。这时,正好国民党社会部请他拍《烽火幼苗》,讲抗战时候孤儿的生活。汤晓丹提出:"我不要酬劳,戏完了之后给我一张从重庆到上海的机票。"这才有机会于1946年盛夏两袖清风回到阔别整整12年的上海。回上海后,他拍摄了

《天堂春梦》、《甦凤记》、《失去的爱情》等影片,以电影为武器迎接新中国的诞生。

在阳光下

新中国成立后,汤晓丹任上海电影制片厂导演,他的艺术才能得以更充分的发挥,成为中国电影界以擅长拍摄战争题材影片而闻名的优秀导演。1950年至1965年,他导演了《钢铁世家》、《不夜城》、《卧龙湖》三部故事片,并相继完成了《胜利重逢》、《南征北战》、《渡江侦察记》、《怒海轻骑》、《沙漠里的战斗》、《红日》、《水手长的故事》七部战争题材影片。其中《南征北战》是新中国成立后第一部优秀军事影片,影片以磅礴的气势、宏大的场面、众多的人物关系表现了1942年人民解放军在华东战场的一次大规模歼灭战。汤晓丹不仅用丰富的艺术手法再现了当年宏伟的战争场面,而且还细腻地刻画了中国军队中的战士,歌颂了他们英勇作战的精神。1954年导演的《渡江侦察记》是另一部优秀的影片,情节曲折,引人入胜,开创了惊险样式题材影片拍摄之先河,获得中国文化部优秀影片一等奖,在捷克举办的国际电影节上也受到一致好评。《红日》是于1963年拍摄完成的,这部影片结构紧凑,有主有次,脉络清晰,公映后受到广大观众的欢迎。

"十年动乱"对电影人来说是一场特大灾难。《不夜城》、《红日》是被江青点名重点批判的"大毒草",汤晓丹作为导演受到非人的折磨,差点被活活打死。所幸,他挣扎活下来了。1975年后,他又导演了《难忘的战斗》、《祖国啊,母亲!》、《傲蕾·一兰》(上、下)、《南昌起义》等影片,1983年完成了传记片《廖仲恺》。

汤晓丹是一位艺术功底深厚的老艺术家,他拍摄影片时遵循严格的现实主义创作态度,将生活真实与艺术真实完美地结合起来。他的影片具有浓郁的民族特点,影片结构完整,故事性强,符合广大观众的欣赏水平和审美观点。在表现战争场面时,他还十分注重人物的塑造,突出了典型人物的思想活动,进一步深化主题。汤晓丹不是军人出身,却因导演《胜利重逢》、《南征北战》、《渡江侦察记》、《怒海轻骑》、《沙漠里的战斗》、《南昌起义》、《红日》、《难忘的战斗》、《傲蕾·一兰》等我国经典的战争片,被美誉为"银幕将军"和"中国战争电影之父"。

汤晓丹导演的影片多次荣获政府奖,他个人获得1949—1956年文化部颁发的导演一等奖,第四届金鸡奖荣获"最佳导演"奖。

2004年9月,第24届金鸡奖评选揭晓。这届金鸡奖特为导演汤晓丹设终身成就奖。颁奖典礼上,大屏幕上再现了汤导的多部优秀作品,现场3000多名电影人和观众用掌声表达了对这位艺术家的敬重。蓝为洁代替丈夫领取奖杯时转述汤晓丹导演的话:"即使我以后不能做电影导演了,在摄影棚做个场工还是可以的。"

2004年,恰逢汤晓丹95岁,央视名牌栏目《电影传奇》特地为他送来花篮,上书"九五之尊伴中国电影百年,甲申殊荣属金鸡大奖首座",道尽了汤晓丹对中国电影的巨大贡献。作为荣获"中国电影终身成就奖"的第一人,汤晓丹的名字将永远载入中国电影史册。

2011年12月19日,汤晓丹荣获首届"中华艺文奖终身成就奖"。该奖项是目前除中国政府设立的文艺奖项之外,由国家级学术机构主办的最高艺术奖,汤老是电影导演中唯一获此荣誉者。大儿子汤沐黎代父亲去领奖,他把父亲在病床上的速写带到了颁奖典礼上。

2012年1月21日,汤晓丹走完了102岁的人生旅程。

"回首我的一生,我自幸、自慰、自豪! 我无怨、无悔!""电影是我一生的事业和至爱。电影是我的生命。"这是汤晓丹导演在电影道路上跋涉长达70年之后,说出的无悔心声,也是他作为一个电影人的真实写照。

[阮基成根据《大导演汤晓丹传》(蓝为洁著)和汤晓丹《难忘的回忆》等整理]

黄薇:平凡中蕴含着伟大

张培春

一

黄薇,原名黄维英,曾用名南君,1912年2月出生于福建省龙岩市龙门镇赤水桥村。虽出身书香世家,但黄薇四五岁时便被许给了当时省议长郑丰稔的二公子。高小毕业,黄薇到厦门集美学校继续读书。她求知欲旺盛,在校成绩一直名列前茅。学习之余黄薇看了许多书报,开始接触到了进步思想。

期间,郑家要黄薇回乡完婚,但黄薇明确表示:这种封建的包办婚姻是不合理的,她希望解除婚约。郑议长恼羞成怒,派人对黄薇的母亲施加压力,而且要动用军队到学校将她强行抓回。黄薇在哥哥的帮助下逃离学校,到厦门的一位同窗好友家躲了起来。

抗婚终于成功了,但斗争并没有结束。一年之后,黄薇以优异的成绩从女子师范学校毕业了,集美女子小学要聘请她去任教,却遭到校董的否决,理由是解除婚约是对社会的叛逆,这样的人没有资格为人师表。

黄薇奋起抗争,她撰文控诉这种封建愚顽,呼吁社会支持妇女解放斗争,维护妇女的正当权利。这篇反对封建腐朽制度的檄文在《厦门日报》发表后,引起社会的广泛关注,各界人士的支持和鼓励使黄薇在受到极大鼓舞的同时,也深切地认识到报刊舆论的巨大作用,从而萌发了当新闻记者的念头。

从集美女子师范学校毕业后,为了进一步汲取革命思想,黄薇奔赴有"马克思主义东方图书馆"之誉的日本求学。她考入日本明治大学,除学习政治经济学外,还在新闻系旁听,并很快成为学生左翼团体的领导成员之一。在中共东京支部领导下,黄薇还参加发起了"留东妇女会",并加入"社会科学座谈会"等团体的革命活动。

二

1937年"七七事变"爆发后,中国大地燃起了抗战的烽火,黄薇怀着抗日救亡的满腔热情,和一大批留日学生一起回国参战。在中共党组织的建议下,黄薇转赴泰国、马来亚等地,从事抗日宣传工作。

1938年5月,黄薇重返国内,并以新加坡《星洲日报》特派记者身份,随武汉战地记者团赴徐州前线采访。作为唯一的女性,黄薇一身戎装,一头短发,不论是在艰难的行军中,还是在激烈的遭遇战中,她勇敢无畏,经受住了血与火的严峻考验。在此期间,黄薇撰写了大量战地通讯在海外发表,向世界传递了中国人民抗战的声音,唤起了众多华侨支援祖国抗战的热情。

从前线归来后,黄薇在武汉八路军办事处的安排下,随世界学联代表团赴延安访问。革命圣地延安的新气象,深深地打动和吸引着她,黄薇由衷地渴望能够留在延安学习和工作。

访延期间,毛泽东主席多次亲切地接见黄薇。针对她想留在延安的愿望,毛主席说:"你是回国参加抗战的唯一华侨女记者,把亲眼见到的听到的写出来,向海外宣传报道,这个工作更有意义。"毛泽东还邀请她到华北敌后去参观访问,黄薇遵照毛泽东的意见,随陕甘宁边区慰问团,开始了华北敌后参观采访的新历程。

在3个多月时间里,黄薇克服了常人难以想象的困难。她跋山涉水,一路奔波,即便是痛经时也没有掉过队。她的足迹遍及40多个县,先后采访了聂荣臻、贺龙、萧克、左权、周士第、甘泗淇、舒同、李达、孙志远、陈锡联等八路军著名将领,国际主义战士白求恩,以及地方政权负责人,抗战中涌现出来的许多英雄模范等。

她以自己的所见所闻写成了百余篇战地通讯,在《星洲日报》、《星洲晚报》等报刊发表,在海外读者中引起了极大反响,发挥了不可估量的作用。后来黄薇将这些通讯结集出版时,萧克将军为她写下了这样的题词:以笔为剑,当得三千毛瑟枪。

结束了华北敌后的采访,黄薇又接受延安的指示,辗转来到山城重庆,以华侨记者的特殊身份进行对敌斗争。当时的重庆作为战时陪都,不仅是人才荟萃之地,更是各派政治势力的较量之处,活泼干练的黄薇很快就引起了上层人士的关注。宋美龄曾在一次会上邀请她就华北敌后的情况作报告,听后感觉她口才好,"很会做宣传工作",特聘请她到"战时妇女干部训练班"讲课。国民政府主席林森也很欣赏她的才干,希望她能参加国民党,黄薇不为所动,婉言谢绝了。但她连续发表的那些有关延安和华北敌后的通讯,引起了国民党右派势力的反感,随即停了她的课。

1941年1月发生的"皖南事变"震惊世界,周恩来在重庆《新华日报》愤然写下"千古奇冤,江南一叶;同室操戈,相煎何急?!"的题词。黄薇不顾阻挠将事变真相及时向海外报道。陈嘉庚在新加坡闻讯后,当即痛斥蒋介石的倒行逆施。国民党当局恼羞成怒,欲拘捕黄薇。在危急关头,经周恩来安排,黄薇离开重庆到达香港。

三

1941年9月,黄薇经组织安排,由香港转道菲律宾从事抗日宣传工作,并于1941年12月光荣加入中国共产党。1942年1月,菲律宾首府马尼拉被日军占领。经党组织委派,黄薇担任了抗日地下报刊《华侨导报》的编辑工作。她以犀利的笔锋,在日占区与敌人作战,配合菲律宾人民和全世界反法西斯人民,为争取第二次世界大战的最后胜利而斗争。

当时敌人为了严格封锁消息,下令改装民间所有的短波收音机,凡胆敢收听英美广播者一律处决。黄薇和她的同仁们就在敌人的眼皮底下,冒着生命危险出版发行这份报纸,直到马尼拉光复,整整坚持了3年时间。

白天,他们以做杂货生意为掩护,夜晚躲在低矮的阁楼上,边用小小的收音机收听广播,边速记,然后编报、刻蜡纸、油印。阁楼不能站立,只能蹲着或席地而坐,时间久了腰酸腿麻自不必说,可他们就这样通宵达旦忘我地工作着。

《华侨导报》很快就受到爱国侨胞们的欢迎,拥有越来越多的读者。许多人认为正是这张地下小报,使人们增强了抗战必胜的信心,提高了对敌斗争的勇气。这样一张被读者视为指路明灯的报纸,自然会招致敌人的恐慌与仇恨,他们不遗余力地追查搜捕,企图扼杀它那深入人心的感召力。可是,无论形势多艰险,就是在发行站遭到破坏,一些同仁落入敌人手中的情况下,编辑部几经转移,克服重重困难,仍然保证了报纸如期出版。

马尼拉光复后,抗日反奸大同盟的总结性文件《三年奋斗史》中,有这样一段文字:"《华侨导报》的出版,使整个抗反同盟在宣传工作上,在组织的巩固和发展上,在同敌奸作各种斗争上,都起到了极其重大的作用。"

1945年8月15日,日本宣布无条件投降,马尼拉光复,《华侨导报》由黄薇任总编,走上了新的征程,为华侨社会的繁荣和进步,为增进中菲人民的友谊继续贡献力量。

1947年10月,由于政治形势的变化,《华侨导报》停刊,黄薇来到香港,并于1948年出任香港新华分社总编辑,向全世界报道即将诞生的人民民主的新中国,这也是黄薇作为国际记者在其新闻生涯的新高峰。

1949年年初,黄薇被选为华侨和新闻界代表,回到北京参加第一次全国妇女代表大会、第一次全国青年代表大会和亚洲妇女会议后,留任中共中央统战部研究员、中联部研究组组长等职务。虽然结束了记者生涯,但她对新闻工作始终眷恋不忘,晚年又撰写出版了《回到抗战中的祖国》,为国际新闻史留下了反法西斯战争的珍贵资料。她还和战友、老伴龚陶怡等合编了《菲律宾华侨抗日斗争纪实》,这是一部中菲人民友谊的史碑。

四

女人总是把爱情看得很重,需要有人呵护,有人疼爱。黄薇则不然,当年,她从集美女师毕业后,为了汲取革命思想,毅然割断初恋情丝赴日求学。以后的十几年中,从前线到后方,从国内到国外,她把青春、热情,完完全全地奉献给了祖国抗战和世界反法西斯斗争。虽然不断有人向她射出爱情之箭,却没有谁能够占据她的心,因为她的心里装满了国家的安危、民族的命运。直到35岁那一年,她才和一起在《华侨导报》工作的龚陶怡结成连理。但是,因形势紧迫,新婚的第二天,他们就被迫各奔东西。

那是1947年10月,菲律宾当局受国民党的挑拨和唆使,对华侨进步人士和进步报刊的迫害日益加剧,作为总编辑的黄薇被菲国家调查局传讯,《华侨导报》被迫停刊,组织上安排她紧急撤到香港,并提任她为新华社香港分社第一任总编辑。就在撤离菲律宾的前一天,黄薇和龚陶怡结了婚。这一晚她编完了最后一期报纸后,就转移到机场附近一个朋友家中。而龚陶怡作为总经理则必须留下,处理报馆的遗留问题。直到一个月后,这对新婚夫妇才得以在香港聚首,开始他们的共同生活。

第一个孩子出生后不久,黄薇作为华侨代表要到北京出席第一次全国妇女代表大会。只有5个月大的孩子就被表姐送到了新加坡的舅舅家。等到孩子重新回到妈妈身边,那已经是5年之后的事了。以后在中央机关工作的几十年里,黄薇仍然没因孩子和家务影响工作。孩子分别住在学校和幼儿园,夫妻俩平时大都是在食堂吃饭,晚饭后还要回到办公室继续工作。她一生不会烧菜煮饭,总是老伴儿做什么便吃什么。

黄薇和老伴都是中央机关的高级干部,但他们始终视自己为机关里的普通职员,从来不在子女面前讲自己的地位和工作情况,炫耀自己过去的辉煌。直到离休之后着手撰写回忆录,子女才知道她的经历也是多么不平凡。

黄薇从不溺爱孩子,而是对子女严格要求,重视他们的思想品德教育。她教育子女要做一个思想进步的好孩子,做一个热爱劳动的好孩子,做一个懂得勤俭节约的好孩子。她从不以自己为国家和民族作出的贡献当资本,为孩子谋取些什么,也不为他们的前途操心,一切全凭他们自己去努力。以常人的标准来衡量,黄薇或许不是一个好母亲,可是,她的孩子们却由衷地尊重她、爱戴她,把她视为自己的良师益友。

五

"十年动乱"中,由于康生一伙捏造罪名,黄薇遭到批判和审查。但她没有像有些人那样悲观失望寻短见,而是相信总有一天会真相大白。她在给子女的信中几次提到"要相信党,相信群众"。身处逆境中的人能有这样坚定的信念是何等的坚强啊!

"文革"后期,当年的战友从菲律宾回来找不到黄薇,打听到她和许多当年战斗在海外的老战友都背着"特务"的罪名而被关押审查,有的还被迫害致死,感到非常不平。他们通过联合国给周恩来写信:"黄薇出生入死,怎么可能是特务呢!"是周恩来的关怀,使此案得以全面审查,并被证明是冤假错案。后来,面对"政治历史清白,对敌斗争英勇"的结论,黄薇十分平静地说:"不过是还我原来的面目嘛。"

个人的功绩以及受到的不公平待遇,黄薇都看得很淡。回首往事,她说:"我一生没有什么大的建树,只是问心无愧,非常坦然。"对国家对社会,她却一如既往地关心,她说:"党风是生死存亡的大问题,党的干部一定要为老百姓干实事,作表率。"

晚年,黄薇虽早已离休却并未赋闲,除应报刊、中央文献研究室、中共南方局党史资料组之邀写些回忆录和史料外,还重新收集整理了过去发表的战地通讯,以满足出版社出书的要求。这是一个耗时费力的工程,全部稿子都是她的侄子黄清渠(原广东省副省长)从新加坡图书馆的当年报纸上翻拍后影印出来的,字迹小、清晰度差,又都是竖排的繁体字。她硬是一字字辨认,一句句订正誊清,整整用了一年的时间。这本由舒同题写书名、伍修权作序的《回到抗战中的祖国》,

既是很好的爱国主义读物，又有难得的史料价值。

人生最大的考验莫过于生死，黄薇一生中几经出生入死，都能以冷静、坦然、乐观的态度对待，从而一次次转危为安，化险为夷。20世纪60年代初，她以乐观的精神和坚强的毅力与癌症作斗争，积极配合医生完成了治疗，而且经历了"文革"多年的身心摧残也没有复发，这使许多关心黄薇的中央联络部的老同志都深为敬佩。

黄薇的儿子黄坚回忆说：逝世前几年，母亲因严重的骨质疏松症造成了生活中很大的不便，并引发了一系列病变的恶性循环。自知年龄太大不好医治，一生不愿给别人添麻烦的她，看着老伴为侍候自己劳累得筋疲力尽，看着儿子媳妇为抢救自己而紧张万分，费尽心力，她曾恳切地表示"不如不救，何必给大家添那么些麻烦……"。这就是母亲的本色，一辈子为党为革命奉献，临终还在为亲人和子女着想，从来不曾把自己放在首位。

一个革命者毕生都是"党的人"，同时也是群众的一分子，黄薇就是这样的一位革命者：在革命战争时期，她以自己的满腔热忱投身其中，出生入死，激扬文字，宣传真理，鼓舞民众；在和平建设时期，她在平凡的工作岗位上，在普通的家庭生活中则是一位好干部，一位好母亲。

黄薇于2000年3月16日在北京辞世，享年88岁。她的一生是平凡而伟大的一生。她那丰富的人生经历，崇高的思想境界，独特的人格魅力，永远值得人们敬重。

（本文根据传记作家朱晴女士发表在《中华儿女》杂志海外版1996年第11—12期的文章《记南洋华侨女杰黄薇》，以及黄薇的儿子黄坚在母亲去世后写的纪念文章《平平淡淡也是真——回忆我的母亲黄薇》等文章改写而成）

缅怀俞文农校长

陈祖霖

俞校长离开人世已40多年了。但他的音容笑貌，爱校如家、爱生如子的光辉范例，为祖国的航海水产事业呕心沥血，作出巨大贡献的不凡人生仍旧萦绕于人们的心中，真是：斯人已去，风范永存。

在我心目中，俞文农校长是一个光明磊落的人。他的一生是为弘扬嘉庚精神和为人民教育事业发展鞠躬尽瘁、艰苦奋斗的一生。

俞校长是福建莆田市人。毕业于集美水产航海职业学校（渔航第五组）和上海吴淞航海专科学校。留学日本养殖专业进修。毕业后就投身于航海事业，从驾驶轮船的三副、二副、大副直至远洋巨轮船长。

抗日战争爆发，集美学校搬迁安溪县续办。那里交通不便，生活艰苦，师资缺乏，尤其是水产航海学校的航海、渔捞专业教师更难找到。为此，陈嘉庚先生号召有实际航海经验的校友回校执教。当时，俞文农校友正在外轮任职，他响应校主的召唤，于1941年2月回校任教务主任兼航海系教师。当时学校教学设备很差，许多航海专业的课本是俞文农自己编写的，有的航海仪器也是他自己制作的。从1941年至1946年初的五年间，他一直跟学生生活、学习在一起，对学生的关心照顾是很到位的。据说有一次集美学校学生闹学潮，有几个学生被国民党的军队包围在广场里，准备要抓去严办。俞校长知道后，叫一个学生立即敲锣通知全校学生到广场去进行反包围，救出了这几位学生。事后，集美学校被国民党当局威逼开除、退学了几个学生。水产航海学校也有个别学生受到处分。身为学校教务主任的俞文农，对此极为愤慨，他说，我们不能眼睁睁看一个学生因此而毁掉自己的一生。于是在第二学期，他就把这个被处分的同学安排在集美中学复学。

百年树人

抗战胜利后的1945年下半年,集美各校由安溪搬回集美学村复学,俞文农被校主选聘为集美水产航海学校的校长。

我是1946年秋到水产航海学校工作的。我每周都要向他汇报学生的出勤情况和学科测试成绩。因为工作的关系,我俩接触多,直观的感受也是比较多的。

在我印象中,俞校长对学校的工作抓得很全面、很深入。他认为,办好学校,必须抓好校风、教风、学风建设这一根本。因为它是治校之本,治学之本,治才之本。而"三风"重中之重的工作,就是要健全教师队伍的素质问题。他说,一个名师的作用是无限量的,他可以带好一所学校。俞校长亲身挑选的航海、渔捞专业的教师,英语、语文、数学等主要学科的教师,业务水平高,教学能力强,思想品德好,足以为人师表。如航海专业的课程是由厦门引港员、航海专家刘双恩,当过多年轮船船长的刘崇基,上海吴淞航海专科学校毕业、留学日本的陈维风以及俞校长本人负责授课;渔捞专业的课程是由留学日本渔捞专科毕业的叶航民、林泉歧负责授课;英语由名师陈大弼授课;数学由林警民名师授课。俞校长自己上的课,更是认真清晰,他的教学水平和教学能力公认是一流的。

这些名师上课讲解都很认真,课文的分析也很透彻。学生反映说,只要我们上课注意听,作业认真做,就可以学到很多知识。教学为主,课堂为主,课本为主,是俞校长坚定不移的原则。他对每一个教师教学效果的检查是很认真的。当他知道某班级某学科的月考、半学期考,不及格的学生人数比较多,他会立即找不及格的学生或召开不及格的学生小型座谈会,了解情况,教育学生要树立刻苦学习的良好习惯。他自己还抽出时间进课堂听课,尔后,找学科的任课教师一起研究,要求教师对成绩较差的学生加强辅导,不让一个学生因某学科不及格而落伍。在这一点上,俞校长对教师的要求是很严格的。他坚决贯彻学校董事会的决定,学校教职员工的聘书是一年发一次,保证教师队伍的高素质。

另一方面,俞校长对教职员工的关心爱护,也是很感人的。俞校长经常说,办好学校是靠大家的积极努力,团结奋斗。在他眼里,每一个教职工都是会发光的金子,问题是学校如何去关心他们,发挥他们的潜力。例如,凡是学校聘请来的教职员工,他们的住宿问题,概由学校负责安排。有家属的住八音楼、岑东楼,单身的住单人宿舍。睡的床架、吃饭的桌椅、烧饭菜的炊具等等,都是学校统一安排,使新来学校工作的教职员工,一到学校就感到温暖如家,生活上极其方便。有子女的,该上幼儿园、上小学、上中学的,还可以享受学校的助学金,解除了他们的后顾之忧。教职员工的工资也是比较优厚的,专业课程的教师,还可以多领

94

技术津贴。货币贬值时,也保证教师的生活水平不受影响。许多教师到校后,情绪稳定,工作卖力,有不少人在学校干了一辈子。

俞校长把学校教职员工都当作一家人,节假日,他常到教师家里家访,全校几十个教职工的家庭生活情况,他了如指掌。不管是谁家遇到什么困难,他都会及时给予关心帮助、解决。他跟教师的关系很亲密,什么事都谈得来,即使是学校里的一个工人,也不例外。例如,学校里有个工人叫陈金聪,还有一个弟弟叫陈金良,是无父无母的孤儿。他们的父亲是学校的老工友,母亲早逝。不久,他们的父亲也因病死亡,留下了还未成年的兄弟俩。哥哥当时14岁,弟弟才11岁,怎么办?学校领导决定把他俩留在学校抚育成人。陈金聪小学毕业后,安排在学校里当工友,负责印刷和敲钟,陈金良被介绍到集美小学念书。俞校长对这两兄弟的关心是很具体的,经常检查他俩的生活、学习、工作的情况,多次送给他们衣服、鞋子,逢年过节给他们送年糕等等。他在辞去校长职务准备离校之前,还专门约我到两兄弟的宿舍里,当面交代我如何关照他俩。因为接任学校校长的刘崇基聘任我为学校的事务长,他俩今后的学习、工作、生活是归我管的。他亲切地抚摸着他俩的头,认真严肃地对我说,这两兄弟是无父无母的孤儿,他们很聪明,很听话,学习很自觉,工作很积极,你要好好地关心他们。教育要从严,如果他们万一出了什么差错,或是犯了什么错误,处理一定要从宽。意思是说,不得随意开除他们。这些饱含深情的话语,说得兄弟俩感动得泪流满面。

1951年,俞文农第二次回校接任校长的时候,我已经调离学校到厦门市教育工会任专职干部,负责集美学校教育工会办事处的工作。有一天,俞校长专程到工会办公室找我,提议要我出面,把这兄弟俩保送到学校去读书,哥哥陈金聪可以保送到集美财经学校念会计,弟弟陈金良保送到集美中学念初中。学杂费问题申请助学金解决,学校可以出具证明。就这样,兄弟俩如愿以偿地分别到财校、集美中学上学去了。我深知两兄弟在升学过程中,俞校长给了他们不少的经济支援。陈金聪财校毕业后,分配在福州市锅炉厂工作,入了党,成了家,还提升为厂的主管会计。弟弟陈金良集美中学高中毕业后,考上了华东化工学院,大学毕业后,分配在大连化工系统工作,成为工厂的工程师。两兄弟走上工作岗位后,经常给我来信,每封信都要我向尊敬的俞校长请安。

俞校长对学生的教育培养方面,可以说是耗尽心血。他认为,现在学校的每一个学生都是将来祖国航海界的栋梁之才,我们必须把他们培养好。首先,他抓文化科学知识的学习,帮助他们学好课程中的每一门知识,每一科的学习成绩一定要过关,一科不及格的,可以补考,两科不及格的,就得留级,保证学生的学习

百年树人

质量。其次,他抓的就是组织性、纪律性和思想品德的教育问题。俞校长经常对学生们说,当一个海员的首要条件就是一切行动听指挥,自觉地遵守各项规章制度。船上的各项规定,都是铁的纪律,不得违反。良好习惯必须在学校的日常生活、学习中培养。例如学校规定,早晨6时起床,6时半早操,中午12时至1时半午休,晚上7时至8时半晚自修,10时熄灯,三餐吃饭要排队进膳厅等等,都是纪律,每个学生都要遵守。对学生的约束,也是有效地帮助学生改掉自由散漫的坏习气,树立遵纪守法的好作风。刚来学校的新生,对学校这些规定很不适应。第一学期违规的很多,第二学期较少了,第三学期就适应了,这就是教育的效果。俞校长很有信心地说,我们一定要把"三风"的精神播撒到学校的每一个角落,乃至师生灵魂、骨髓深处,把学校办成育人的熔炉,经过熔炉培育出来的人,都是祖国航海界的优秀人才。

　　学校在俞校长的带领下,在全校师生的共同努力下,各项工作环环相扣,有条不紊。

　　从学校毕业出去的学生,专业水平高,航海技术过硬,成为航海、渔捞、水产、海洋及其他事业的各级领导干部和栋梁,在国内、国际的水产、航海界享有很高的声誉。我深深地体会到陈嘉庚先生说的,学校没有一个好的校长,就不可能有一批好的教师,没有一批好的教师,就不可能培养出一批好的学生的道理。

　　学校是知识分子汇集的地方,中国知识分子十分讲究人品、气节,讲究为人师表。俞校长深谙其中的道理,榜样的力量是无穷的,他言传身教,以务实的精神带动全校师生为办好学校而拼搏。我住在单身汉教师宿舍里,每天都跟学生一道起床、早操,经常看到早操前先到学校操场的,是俞校长,早晚参加升旗礼的,也是俞校长,夜间巡视学生晚自修、熄灯后才离校的,常常也是俞校长。他就是这样全身心地投入工作。

　　俞校长对学生生活上的关心是很深入细致的。开学前夕,他常常抽空到各学生宿舍去了解床位安排情况,找新来的学生聊天,了解来校后的思想反映,尔后通过座谈会、欢迎会,详细介绍学校的历史、环境、办学条件、规章制度,使学生能很快适应学校的学习和生活环境。有不少学生来自贫困的山区,他们学习刻苦,成绩优«,但家庭经济困难。如学生林武渊、胡作揖就是如此。俞校长看在眼里,急在心里,他多次对我说,我们一定要想法帮助他们渡过这个难关,在任何困难情况下,都要坚持下去,完成3年的学业任务,不得打退堂鼓。俞校长每个月都要从自己的工资额内拨一些钱支援他们。有个月他的工资只剩下几块钱,当我把这些余钱交给他的爱人叫秀彬的时候,她笑笑地说,老俞就是这样的一个人,家里有钱没钱他不过问,要是哪个学生没有钱,他会吃不下睡不着。这些学生就是在俞校长的悉心照顾下,茁壮成长。学生林武渊毕业后参加了解放军,当上了连长。有次我遇到他,说了俞校长的遭遇,他抱头大哭。胡作揖同学也参加解放军,当上了军官,后转业在福州晚报任编辑工作,成为国家栋梁之才。15组的学生吴国柱是一个品学兼优的学生,但家庭经济相当困难,多次想中途退学,也是在俞校长的关照下,才完成学业。他毕业后,俞校长介绍他上船实习,从三副升到大副。解放后,他从外轮回到上海,参加军管会接管外轮,之后在海岸部队工作10多年。转业后,他考入一所化工学院深造,后来成为安徽省建筑部门的总工程师。他多次对亲人们说,没有当年俞文农校长的亲切关怀和帮助,他是不会有今天的。他拿出衣袋中的旧怀表对我说,这是1948年和俞校长在太平洋航船上相遇时,俞校长送给他的纪念品。吴国柱一直把这只珍贵的怀表带在身上。见物如见人。他还告诉自己的孩子,这只怀表要好好保存,作为一家人永远的纪念。

我很钦佩俞校长的洞察力。有一天,他在运动场上看到一个学生没有穿鞋赤着脚在打篮球,这一小细节却让他意识到这个学生可能家里经济有困难,不穿鞋子进行这么激烈的运动是很容易受伤的。当晚,俞校长亲临宿舍找这个学生,经了解,情况果然如他所料。第二天,俞校长按照学生鞋码,亲自买了一双运动鞋送给他。这位学生感动得说不出话来。

俞校长对毕业出去的学生也十分牵挂。他经常为他们的前程操心,有时竟彻夜难眠。抗战前后兵荒马乱,学生毕业等于失业,为了解决学生的出路问题,学校在学生毕业的前一年就发函为他们找出路。俞校长也亲自发函,动用自己广泛的人脉关系,使出浑身解数为学生寻找就业门路。学生的来信,特别是待业在家的学生来信,他都亲笔做了详细的答复。信中既谈当前的形势,又分析今后的前途,以大量的事实和自身的感受,教育学生要继续刻苦学习,自强不息。他引用陈嘉庚的话"受得起打击,吃得了苦头,才是好汉"来勉励学生。俞校长的复信,都是我寄出的。每次他一写就是好几封。有的信他改了又改,然后才叫我誊写后寄出。他的每一封复信都写得很感人,字里行间洋溢着他对学生深切的关心和爱护。他说,只要你们的出路一天未解决,我就一天吃不好,睡不香。有个学生来信说他现在不仅没钱买书学习,连三餐都无着,生不如死。俞校长阅后,心情十分沉重,立即回信,以自身奋斗的历程勉励他。他写道:无论是成功的时候,还是处在挫折的境遇,人都应该向前看,锤炼意志,自强不息。俞校长将信封好后,又从口袋里拿出一些钱交给我,叫我一并寄出。他说,他决不能让学生感到绝望。

　　1948年的上半年,失业在家的学生越来越多,每天都有好几封信向学校诉苦,有的还直接从家里跑来。俞校长坐不住了,他心想,坐在学校办公室里,难以解决学生出路问题,唯有闯出去才行。于是他向学校董事会辞去校长的职位,重新出任远洋船长。他在当船长的两年多时间里,解决了几十个学生上船实习问题。这在当时的情况下,是十分不容易的事。

　　解放后,集美学校在陈嘉庚的亲自主持下,有了很大的发展。水产航海学校是发展的重点。集美校董会遵照陈嘉庚的意愿,决定再次聘请俞文农为集美水产航海学校校长。俞文农先生接到电报后,立即向船公司辞职返校。他在远洋轮任船长,月薪是1000多美元,而回来当校长月薪仅百元的人民币,但他心甘情愿地回校。他说,只要祖国、人民、学校需要我,我一定回来,为祖国培养优秀的航海人才出力。1951年9月,他接任集美水产航海学校校长。俞校长精神焕发、干劲冲天,几乎把全部心血都倾注在工作上,付出了超乎常人数倍的辛劳。后来,省水产学校划归集美水产航海学校,学校规模扩大,俞校长的工作更繁重了。他一方面,要跑上跑下向政府申请拨款,解决全校学生食宿费问题,另一方面,又要拟出详细计划呈报校董会,拨房子、拨经费、添购床架、课桌、课椅等等。同时,他狠抓学校教学质量,要求教师不但要教好学生知识,还要教会学生做人,教育他们懂得诚以待人、毅以处事的含义,培养他们成为德、智、体兼备的国家有用之才。他无私无求,无怨无悔,高擎着一颗燃烧着的"爱心",为共和国的教育事业奉献自己的一切。

　　俞校长由于工作出色,赢得了党内外群众一致赞扬,被厦门市农工民主党选为市委委员、集美支部负责人,被人民群众选为厦门市人民代表大会代表。然而,在1957年的"整风反右"政治运动中,他被打成右派分子,受尽磨难。

　　在"大鸣大放"阶段,我曾经遇到俞校长,我问他:你们学校运动开展得如何?你提过什么意见?他亲口对我说:新中国成立后不久,党能够把集美水产航海学校办成这么大的规模,又能调来一些党员干部充实加强学校的领导班子,我是很感动的,我还能提什么意见。开始学校党支部组织群众批斗他的时候,他心里很平静,认为这些诬陷终究是诬陷,总有一天事实会大白于天下,他相信党组织会给出正确结论的。当学校党支部代表党组织正式宣布撤销他的校长职务,清除出教师队伍、下放到厦门水产局渔捞队监督劳动时,他才感到问题的严重。他难过伤心到了极点。他怎么也不会想到,他今天会落到有冤无处诉、有泪也难弹的地步。由于这个右派分子的帽子,无休止的审查、批判,如影随形地折磨着他。

俞校长回到家里简单地向家人说了学校对他的处理情况以后,收拾了一些衣服,背上沉重的思想包袱,于第二天就到厦门水产局报到去了。

他只有一个信念:我要用实际表现来说明我不是右派分子。他坚持和渔民群众同吃、同住、同劳动。在行船捕鱼中,一是手把手教渔民驾驭机帆船的技术,帮助厦门渔捞公社提早实现渔船机帆化的任务。二是研究创新推广"灯光捕鱼"的技术,使渔捞捕鱼产量大增,渔捞公社获得国家科技技术进步奖。三是成功地带领船队的40多条渔船,1000多位渔民,穿过敌占岛的封锁线,直奔海南岛开发新的渔场,从此,捕鱼出路解决了。由于俞校长在实际劳动中表现好,引起了各级党组织的重视。市委统战部立即派人了解,水产局党委也详尽地把俞校长的表现作了汇报,统战部负责人之一张其华亲自执笔撰写他的上报材料,经上级组织批准,俞文农于1959年第一批摘去右派分子的帽子,并作为全市表现好的典型,其事迹在《厦门日报》全文登载。俞校长右派分子的帽子是摘了,而实际的情况跟摘帽前的情况差不多,只不过他现在算是一个摘帽的右派分子。他内心一直期望能让他回学校教书一事,仍成泡影。他没有想到,当他离开学校的时候,学校已经把他的工资关系、组织关系移到水产局所属的单位去了。

俞文农校长时时刻刻都注意用自己的言行去影响和教育子女。他说,不管我是在逆境里或是遇到什么灾难,我想的还是孩子们的前途。孩子们在他和他的爱人叶秀彬的高尚品德熏陶下,个个茁壮成长,聪明伶俐,正派诚实。孩子们对俞校长十分敬重,父亲被打成右派,"文革"中又遭受到残酷迫害,他们是看在眼里,痛在心里。在俞校长的平反昭雪工作中,在讨论撰写家属代表准备在追悼会上的发言稿时,一家人哭成一团。小女儿华萍在抄写发言稿时,几度哭得写不下去,真是字字血,声声泪。

"文化大革命"期间,俞文农校长被造反派揪去批斗,挂黑牌,戴高帽,下跪示众……折磨得死去活来。更令人难以置信的,就是在1969年,造反派平白无故地指斥俞文农校长参加黄文沣为首的黑会组织,对俞校长进行了残酷的刑讯逼供,迫害致死。俞校长爱人叶秀彬也被开除出教师队伍,子女全部被赶到永定县山区插队落户。俞校长一家人就此被从集美学村扫地出门。这种妻离子散、家破人亡的惨状,多久以来还令人痛心不已。

1979年11月4日,俞文农校长的平反追悼会在厦门政协大礼堂召开,时任厦门市委统战部副部长张其华、集美校董会董事长陈村牧亲临大会,闻讯而来的亲朋好友、渔民等近千人,悲恸泣泪。悼词说:俞文农同志是我国水产航海界的老前辈,杰出的航海家,俞文农同志的被迫害致死是我国水产航海事业的一大损失。党组织的"平反决定"写着:"现党委决定予以彻底平反、昭雪,恢复名誉,对俞文农同志的一切诬陷不实之词,应一律推倒,一切诬陷材料,一律彻底清理销毁。因此案而受株连的俞文农同志的子女、亲友,一律予以彻底平反,恢复名誉。"

然而,这一切都太迟了!我只能在心底深深呼唤:敬爱的俞文农校长,您在九泉之下好好安息吧,您毕生热爱、忧思的祖国和人民,经历了无数次的灾难,终究会稳步地走上康庄大道,您爱校如家、爱生如子的精神财富会永远留驻人间!

岁月的流逝不会使俞校长光彩失色,俞文农校长的风范叫人永世难忘。

蔡启瑞:学如流水行云　德比松劲柏青

蔡鹤影

中科院院士蔡启瑞先生出生于厦门翔安区马巷镇。这里是闽南金三角一个小有名气的古镇,地灵人杰,素有海滨邹鲁之称。在科技璀璨的群星中,蔡启瑞则是一颗灿烂的明星,闪烁着耀眼夺目的光芒。

我虽忝属蔡先生同乡,却是两代人。1947年春,他漂洋过海赴美国俄亥俄州立大学研究生院深造,那年我才8岁。1956年3月,他抛弃高薪职位和优越的科研环境,毅然回国受聘于厦门大学时,我已到外地念书了。蔡先生名闻遐迩,我却对他知之甚少。但从家乡人的口中,我听到不少关于他勤奋好学、聪慧过人的传闻,油然而生敬仰之情。我结婚后,岳父母家与蔡先生的旧居只有一巷之隔,门户相对。这时,我才在岳父家看到蔡先生回乡探望老母的匆匆身影,我的爱人也时不时对我提起他的为人。至此,我心仪已久的蔡先生才和科学家的现实渐渐融为一体。

1913年12月,蔡启瑞出生在一个华侨店员家里。他父亲背井离乡,先漂泊于越南东京,后谋生到安南,风里来,雨里去,积劳成疾。蔡启瑞仅18个月时,父亲便病逝他乡。像断了线的风筝一样,蔡先生的家庭顿时陷入困窘的境地。断瓦颓垣的危房,隔立于小巷的深处。每当夜阑人静,衰败的窗棂透出昏黄的煤油灯光,"滴答滴答"的缝纫机声,从幽暗的巷道轻轻地泻出,如泣如诉……那是他的母亲在替人做衣裳,靠针线活来哺育襁褓中的他。

小时候的蔡启瑞心怀高远,聪敏好学。可在风雨如晦的岁月里,古老小镇的教育非常滞后,虽有初级小学,但离家远,蔡先生年幼,母亲又不能接送他。好在他家附近有一间"育婴堂",内设小小的识字班。他的启蒙之航,就是从这简陋篑舍起锚的。后来为了求学,他辗转他乡异地;因手头拮据,求学时断时续,期间当过学徒,执过教鞭。1928年9月,他在嘉庚先生倾资兴办的集美初级中学就读,学校有科学楼,学生常做实验,这激起了他的求知欲望,渐渐地他痴迷上了化学。现在人称蔡老是催化泰斗,那么筑建催化化学学科宝塔的第一块基石就是在此奠基的。后来他就读于厦门大学化学系,毕业后留校任教。因成绩优异,校方选派他赴美深造。慈母在堂,本不宜远行。但为了报效祖国,他别母抛雏,求学异邦……

我曾经疑惑,出身寒门的蔡先生,在长夜难眠漫漫求学之路上,是谁支持他攻关不息的?母亲的针线活,微薄的工钱,够吗?究竟是谁给他无穷的动力源呢?

关于蔡先生的种种传闻,已使我约略能触摸到他那厚重的历史,可我一点也不敢轻易下论断。当他置身于悠悠岁月氤氲的浓厚氛围中时,我真想叩听他那律动的心声。

"文革"武斗期间,蔡启瑞在家乡待了将近半年,我也回乡避难。闲着无事,有时我也到他家聊聊。

那时,蔡启瑞五十几岁,儒雅的外表,让人一点也看不出留洋的大学者。他长年在外头,偶尔回乡,当他穿街过巷时,有人说他是穷教书匠,有人说他是下乡的小干部,只因他那白皙的脸,那瘦挑微驼的身材,那朴素的衣衫。乡亲们唯独没有想到,这是名闻海内外的科学家蔡启瑞回乡来了。

面对可亲可敬的蔡先生,我的紧张情绪顿时释然。于是,平时的疑惑,我坦然相陈:"是谁支撑您攀越科学高峰?"他深情地说:"我有今天,全靠校主陈嘉庚先生的支持。你想想,一个穷苦孩子要学有所成,需付出比一般人更多的艰辛。单讲学费,家里的补贴仅仅是一小部分,更多的是嘉庚先生的助学。我读小学时受嘉庚先生的资助,学费比较省。上集美中学时,甚至不要交学费。上厦门大学,我得到嘉庚先生的奖学金。可以说,陈校主富有前瞻思想,他懂得科教兴国,倾资办教育,培养众多人才,我仅仅是其中一个吧。滴水之恩,当涌泉相报……"

正缘于此,蔡启瑞身在异乡,心系祖国。1950年4月6日,正当母校厦门大学29周年校庆,他发来越洋电报祝贺:"祖国大地皆春,我怀念您啊,祖国!"寥寥数语,拳拳爱国情溢于言表。当五星红旗飘扬在祖国上空,他的报国之心更为迫切。然而抗美援朝的战争爆发,中美对峙,在美国的中国专家学者不准回国。他有家归不得,国有难不能效劳。他心急如焚,望穿秋水,年年坚持递交回国申请。盼啊盼,盼到1955年底,才等到离境签证。可是还要办业务的移交手续,不能马上走。

为了赶最近一班船,蔡启瑞日夜打点行装。他懂得新中国百业待兴,科研成果比什么都重要。他自己的私事一点也没有办,却争分夺秒地收集资料,整理科研成果,把几年来实验的数据一页页拍成照片,准备统统带回祖国。到了1956年3月,船期已定了,个人该办的私事却没有办。朋友劝他等下班船再走,他头一摆,义无反顾地说:"我一天也不能等了。"

其实,蔡启瑞并不富裕,但是为了早一天回到祖国,他——

再等两天就能领到一个月的薪俸,放弃了;

保险金手续没时间办理,不要了;

小汽车来不及处理,扔下了;

不便携带的东西,全丢了;

……

他原想绕道新加坡看望堂叔,也不能成行。他放弃的东西太多了,唯独对祖国执著追求的赤诚之心不可丢!他曾在一篇《祖国颂》文章中抒发了这种爱国情怀:"我们的祖国,好比是我们的母亲,在她的怀抱里,我们永远感到温暖。而且无论我们走到哪里,走到天涯海角,我们也永远与她同命运、共荣辱。"

蔡启瑞把名利看得非常淡。1956年,厦门大学根据蔡启瑞的才学和资历,准备把他的职称定为二级教授。他知道后找到系领导,要求降级。到系里请求未果,他又找到当时的校长王亚南教授。王亚南看到蔡启瑞那一脸认真、执着的表情,笑着说:"这是领导集体评议的,定你二级教授完全应该。""不行。有的先生资历比我高,才三级,我也只能定三级。"

几天后,在校长办公室布告栏上,一份蔡启瑞要求降低职称的申请报告在全校引起轰动。他也成为厦大有史以来第一个自请降级的人。

1977年提职称时,僧多粥少,他坚持把名额让给系里其他教师。直到1978年,系里老师一致公认蔡启瑞评为一级教授当之无愧,硬将他评为一级教授。但是,提级时补发的工资蔡启瑞却一直不肯接收,只好被保存在化学系。

回国之后,蔡启瑞凭着这颗炽热的心,全身心地投入教学与科研工作之中。他急国家之所急,想人民之所想,只要社会主义建设所需要的,牺牲个人的利益在所不惜。上个世纪50年代末的一天,当蔡启瑞听到中央人民广播电台播出一则消息——在我国的松辽平原发现储藏丰厚的石油时,心情激动万分:祖国刚刚获得新生,可是化学工业和炼油工业还十分落后,要改变这一现状,催化科学基本上还是一项空白,需要有人去填补。

国家的需要,就是科学家责无旁贷的职责。蔡启瑞回国后,正潜心研究离子晶体极化现象等系统理论,又初见成效。如果改行转向催化科学研究,一切要从零开始,而手头上呕心沥血研究的课题即将获得的成果却要弃而不顾,这对于一个科学家来说比割心头肉还痛呵!但蔡启瑞为了国家的利益,民族的振兴,义无反顾地中途改行,无怨无悔。

在校领导和时任厦门大学理学院院长、化学系系主任卢嘉锡先生的支持下,1958年秋天,蔡启瑞和他的助手们在厦门大学建立了我国高校中第一个催化教研室,并从此成为我国催化科学研究的基地之一。

几经探索,多次研究,硕果累累,蔡启瑞成为中国催化化学学科奠基人。国际上先后用来做催化剂的汞、铅、砷和镉等元素均有剧毒,严重损害人们的健康。他意识到这问题的严重,凭借自己深厚的理论基础,勇于实践,终于制成无毒催化剂。他勇攀高峰,自强不息,攻克一道道科学难关,在科研方面取得了突出成就,在人才培养方面桃李满门,其师德人品同样为国内外同行所称道。中国化学界大师唐敖庆称赞他"学如流水行云,德比松劲柏青";美国驻华使馆前科技文化参赞施呢泼教授认为蔡启瑞是中国几位了不起的教育家之一。

在科研生涯中,蔡启瑞对化学模拟生物固氮酶的研究是他与卢嘉锡先生和唐敖庆先生等协作攻关的一个新课题。上个世纪30年代,他与卢嘉锡同在厦门大学化学系就读。卢嘉锡出国留学时,蔡启瑞毕业留校正是接替卢嘉锡的助教工作。1945年,卢嘉锡学成回国后担任厦大理学院院长兼化学系系主任,他十分赞赏蔡启瑞,全力推荐蔡启瑞赴美留学。回国后他们又并肩攻关。上个世纪70年代初,在中国科学院的主持下,蔡启瑞与唐敖庆先生、卢嘉锡先生联袂参加化学模拟生物固氮的研究方略。为了探索出酶活性中心固氮模型,蔡启瑞与卢嘉锡分别在厦门和福州,从略微不同的角度在国际上最早提出了原子簇结构的固氮酶活性中心模型。但名师们都淡泊名利、胸怀博大、精神境界崇高。每当人们议论这一成果时,蔡启瑞总是先讲卢先生,而对自己却从不张扬。1986年11月,中国化学会、福建省化学会、中国科学院福建物质结构研究所、厦门大学、福州大学和厦门市人民政府联合举办祝贺卢嘉锡、蔡启瑞从事化学工作50周年学术讨论会。鹭岛之滨云集了全国各地的200多位教授、专家、学者。当记者争先恐后地采访两位被誉为"化学泰斗、士林师表"的老师时,蔡启瑞总是谦让地说:"我能取得一点点成绩,也是前人种树,后人乘凉。我在厦大的早期工作,都是得到卢先生支持的。"而卢嘉锡对蔡启瑞努力求学却作了生动概括:"探赜索隐老而弥笃,立志创新志且益坚。"两位化学大师的高尚情操在科学界留下了一段佳话。

回国近半个世纪,蔡启瑞付出的实在太多了。他勤耕苦砺,呕心沥血,发愤图强地遨游在知识海洋,孜孜求索,奋斗不息。他羸弱的身躯有着旺盛的活力,一次又一次地战胜病魔的吞噬。1979年他胃切除四分之三,术后严重低血糖,经常头晕目眩。1982年夏天,有一天,他突然晕倒在地。送到医院抢救,诊断为脾拉裂,大量内出血,不得不又要切除脾。那是风雨交加的日子,手术一动,大量出血,血库没有血,暴风骤雨的恶劣天气,血浆调不来。蔡启瑞病情恶化,危在旦夕。血!血!血!血就是生命,不能及时输血,生命之火就会熄灭。厦门市委、市政府的领导高度重视,坐镇指挥,人民子弟兵奋勇献血,挽救蔡启瑞于危亡之中。两次腹腔手术,引起肠粘连,1984年又做了第三次大手术。党和人民对科学家关怀备至,蔡启瑞无恙了。他又身先士卒,带领这支被誉为"国家登山队"的催化战斗集体勇攀高峰……

蔡先生重任在肩,工作繁忙,我也不便多去打搅。从那次在他旧居叙谈之后,他有时还是回家看看,却是悄悄来,静静走,不声张,难得见上一面。直到我退休寓居市区,偶尔在路上碰到,见他行色匆匆,也只是颔之而已。2002年3月间,《集美校友》编辑部知道我与蔡先生同乡,便嘱咐我去采访他。

有一天清晨,我和老伴步入厦门大学的菁菁校园,因从未到过他府上,只得七转八拐地找到敬贤楼。我轻按门铃,门开了,和蔼慈祥的蔡先生把我们让进客厅。"老邻居了,坐,坐。"蔡先生忙着沏茶,保姆连忙接过手去,边斟茶边说:"蔡先生知道你们要来,早早吃完饭等着。要是平时,他现在还在忙哩,饭都顾不得吃。"他已是望九之年了,身材高挑,有点瘦,白发萧萧。但他目光炯炯,神采奕奕,走路、说话都快,做事还很利索。我庆幸动过几次手术的蔡先生,身体还硬朗得很。

置身于朴实无华的客厅,我仿佛又走进陈嘉庚先生的故居,两者何其相似啊。没有刻意的装饰,只求天然的本色。木的窗棂,塑料的地板。环顾四周,没有气派豪华的真皮沙发,只有陈旧简易的藤条靠背椅,一张茶几再普通不过了,一台25寸的彩电,也许就是这简朴客厅里唯一的高档品。斯是陋室,简朴而温馨。

我说明了来意,蔡先生马上接着说:"我对集美有不解的情结。陈嘉庚先生在社会黯淡、长夜漫漫中,看到开发智力资源的重要性,倾资兴学,在政治、经济、人文、科技各领域培养出如此众多出类拔萃的人才,实在功不可没;他亲手制定的校训'诚毅'是我们立身之本,那自强不息的奋斗精神,激励着我们每个校友。我回国不久,到祖国各地参观考察,领略多娇的河山。北京、上海等地的大学再好,我也不受聘,偏选在厦门大学从教,这是我对校主的情缘,因为厦门大学是校主创办的。当年新加坡的经济受到战事的冲击,校主生意萧条,政府接办厦门大

百年树人

学,拟改为福建大学。为了发扬光大陈校主的精神,萨本栋校长竭力主张不改校名……"

蔡先生沉浸在对往事的回忆之中,粗黑的双眉镌刻着岁月的艰辛,胸中舒展着世纪的情怀。他深情地缅怀萨本栋校长,用浓浓的乡音叙述萨校长的高风亮节——

萨本栋是清华大学的名教授,蜚声海内外。"七七"卢沟桥事变后,厦门大学由政府接办,为了将陈嘉庚创办的大学办得更好,年方35岁的他,便临危受任校长,至1945年应邀赴美讲学为止,前后八年。这八年是炮声隆隆的八年,是学校内迁长汀的八年。在极端艰难困苦的环境里,萨本栋校长以陈校主的精神办学,创建基业,声誉大振,厦门大学被称为加尔各答以东最佳学府。

"萨本栋校长为弘扬嘉庚精神,鞠躬尽瘁,日夜操劳。他初来厦大,身体挺好的,常跟员工打网球。在八年的日日夜夜里,他除了肩负繁重的校务,还教了数门的学科,终于积劳成疾,离开厦大时是拄着拐杖走的。"蔡先生赞叹不已,"萨本栋校长是我的楷模。我开了几次刀,还能工作,完全是陈校主自强不息的精神所激励,也是受萨本栋校长的感染啊!科学技术是第一生产力,这是我等毕生所要为之奋斗的啊!"

人总要有点精神的。蔡启瑞正是这样,虽被"文革"耽误了十年,却犹如伏枥之骥,终于等到扫清阴霾的日子,迎来了科学的春天。此时,他虽已到耄耋之年,却不待扬鞭自奋蹄,不仅为我国催化科学的创立和发展作出了卓越的贡献,而且在人才培养方面也取得了突出成绩。1984年2月9日,邓小平同志视察厦门经济特区时,蔡启瑞等教授受到他的亲切接见。

院士是没有退休的,但是为了响应国家号召,推动干部退休制度,也为了让年轻人有更多的机会,蔡先生带头办了退休,成为厦大唯一退休的院士。但实际上,他是"退而不休",望九之年了,他还经常到实验室,指导着博士生。他活到老学到老,80岁才学计算机,用计算机处理文章、画图……

东隅虽已逝,莫道桑榆晚,蔡启瑞仍孜孜不倦地搞科研。深夜,他家书房的灯常亮着,映着他那微驼的身影。同事劝他注意身体时,他却说:"生我育我的家园,还待我们去开发,科学上的难题,还要我们去攻克。敢将衰朽惜残年?只要我有一口气,我还要工作!"

告别蔡老,徜徉在花红柳绿的人流中,我心想,在物欲横流的今天,蔡老生活上毫不奢求,却执着地追求人生最美好的价值——自己的理想,他的人品宛如一块未经雕琢的璞玉啊!

黄克立:以"校主千千万万学生之一"为荣

林知建

享寿九十有四,遗体覆盖国旗,极尽哀荣

2004年5月1日,著名社会活动家和爱国人士、香港知名实业家、中华海外联谊会副会长、香港大紫荆勋章首批勋贤、原香港特别行政区推委会委员、国务院任命的首批港事顾问、原全国政协常委黄克立先生与世长辞,积闰享寿九十有四。

悲耗传出,香港各界同表哀痛惋惜,成立以中联办主任高祀仁为主任委员,李嘉诚、范徐丽泰、唐英年、徐四民、梁爱诗、吕振万、曾宪梓、郑立中等为委员的治丧委员会。公祭仪式于5月12日在香港殡仪馆举行。参加吊唁的各界人士及黄老先生生前同仁好友坐满了吊唁大厅。高祀仁、董建华、李嘉诚、曾荫权等亲临吊唁。在哀乐声中,年老体弱的香港《镜报》社长徐四民先生坐着轮椅也亲临现场,令人潸然。中央领导贾庆林、王兆国等,原香港新华社社长周南,以及中央有关部门的领导献上花圈并致唁电;香港及海外各界人士,福建、浙江、湖南、湖北等省的领导,厦门市、泉州市、厦大、集大的领导,黄老先生生前的故交同仁均以同样方式致哀。

花圈布满殡仪馆偌大的吊唁大厅的四周,排满电梯门前的过道,延至楼下出口处的两旁,延至殡仪馆大门两侧的人行道上。

中央驻港联办副主任邹哲开,长江集团主席李嘉诚,中华总商会会长曾宪梓,福建省委统战部部长陈营官,特区财政司司长唐英年,东华三院主席李东海,著名医生庄善春,为黄克立先生扶柩。

为表彰黄克立先生一生致力于维护国家民族利益和祖国和平统一大业,长期坚持爱国爱乡爱港,为香港的回归和"一国两制"方针的贯彻落实,为祖国的改革开放作出的重要贡献,中央特准在其遗体上覆盖国旗。极尽哀荣!

"亲中爱国是永远无法改变的"

黄克立先生生于1910年农历八月十五日,祖籍泉州后城。青少年时代在厦门度过,曾先后就读于集美和厦大。1935年毕业于厦大经济系。因校主垂爱和校长的赏识,毕业后的他,旋即应聘担任厦大会计主任。1936年与同窗林金华女士结为伉俪。

抗战期间,曾任泉州、福州等地税务局局长,集美实业有限公司总经理,大力抢运物资、药品支援抗日前线。

抗战胜利后,参与接收台湾省工作并出任台中市市长,为战后台湾重建做了一些有益的工作。"二二八事变"后,调任福建同安县长。不久辞职,赋闲厦门一段时日。1948年携眷赴港走弃政从商之路。经原集美学校老校长叶渊先生向陈嘉庚先生之公子、时任香港集友银行总经理陈厥祥先生举荐进入集友银行。校主对黄克立加盟集友深表赞同。而黄克立对能直接为校主的事业经营尽力,倍感欣慰和振奋。在此期间,他不断提起自己年轻求学时代所钦佩景仰的校主爱国爱乡、倾资兴学的精神风范。

上世纪50年代后,黄克立先生历任香港集友银行董事、海外信托银行副董事长、香港工商银行副董事长。60年代后创办了永固纸业有限公司和香港大正国际集团有限公司。就这样,他进入金融界,一干数十年,如新星擢起,颇受香港金融实业界瞩目。

上世纪70年代末80年代初,祖国实行改革开放政策,大地一派生机。身居境外,一心系念祖国的黄克立先生得到激励,受到鼓舞。他爱国主义精神进一步升华。他说:"亲中、爱国是没有办法改变的。国家任何时候都比家庭重要。国家是永远的,家庭则可能会慢慢散开。"

他应邀赴北京、上海、湖南、湖北和福建等地考察,亲眼目睹各地改革开放的盛况。在屡次接受中央领导的接见以及与省市领导的恳谈中,老人每每喜不自禁。他深切感到祖国改革开放势头不可逆转,国家的强盛指日可待。在与故交新友的促膝交谈中,他更感到改革开放确实得到老百姓的真心拥戴。他感到衷心的喜悦……

鉴于黄克立先生具有矢志不移的爱国情操和报国志向,在香港金融界的实力地位以及在港台方面的影响力,加之他个人的卓越才华,处事低调、恪守诚信的独特人格魅力,他先后受聘为福建省人民政府金融顾问、湖南省人民政府顾问、湖北省人民政府顾问。他系第六届全国政协委员,第七、八、九届全国政协常委。

"我只是校主陈嘉庚先生千千万万学生之一"

在屡次回母校——集美与厦大参观访问中,黄克立先生一次又一次深深领略校主陈嘉庚精神之伟大,并在一次又一次的演讲中加以弘扬宣示。为了响应中央教育兴国战略的号召,以实际行动弘扬校主爱国爱乡、兴办教育的精神,上世纪90年代初,他捐资四百余万元参与兴建厦大国际会议中心(克立楼)。2002年他又捐资350万元参与兴建集美大学信息工程学院大楼(克立楼)。他对教育的热心无处不在。无论是故友同窗的后代,或亲朋好友有求于他,老人对这些有志报国的莘莘学子,均能伸出援手,欣然襄助,或慷慨解囊,或出面推荐。在捐资助学上,老人确实做了不少好事,可谓有口皆碑。然而面对迎面而来的诸多赞誉,他的回答总是谦逊的。他常说:"我捐钱不多,只有校主的万分之一,我是在弘扬校主的伟大精神。我手头的钱不多,但我有心联络海内外志同道合的友人。在这方面多出点力,多做贡献。"黄老先生这样说的,确实也这样做了。厦门市第一个教育基金"王淑景、王文斗教育基金",由二王嫡属王灿云女士捐献。王家与黄家来往密切,对黄克立先生资助教育的理念感同身受。厦门一中振万楼献主吕振万先生乃黄克立先生数十年的挚友。对厦门双十中学有巨大贡献的知名企业家林华国,对黄克立敬佩有加,其父林梦飞先生早年就是黄克立志同道合的诤友。在与集美大学辜建德校长的会见中,黄老先生语重心长地对辜校长说:"我只是校主陈嘉庚先生千千万万学生之一。"以后老人时常对周围人说:"我喜欢这句话。"就让这句话作为黄克立先生的墓志铭吧!

"为祖国奉献,是我最大的志向"

谈起黄克立先生,人们不能不提及老人在维护"一国两制"方面所作出的杰出贡献。作为一名港事顾问、基本法咨询委员会委员、推委会委员,他不顾年事已高,为香港的顺利回归,支持香港特区政府依法施政,维护香港的繁荣稳定做了大量卓有成效的工作。多年来黄克立先生念念不忘早日实现国家完全统一大业。老人在海峡两岸政商界有诸多朋友。他经常利用各种机会,呼吁台湾当局面对现实,认清形势,为台湾同胞的根本利益着想,以民族大义为重,回到"一个中国"的原则立场上来。

2003年10月间,以胡锦涛为总书记的新一代中央领导集体接见了在港的知名人士。已是耄耋之年的他,也十分荣幸地在应邀之列。老人铭感于心,激动不已。他对中央领导诉说衷情,感人肺腑。他说:"虽然我已经93岁了,但爱国的激情绝不亚于年轻人,为祖国奉献,不但是我最大的志向,也是我教导子孙的家训。我最大的愿望就是在有生之年,能看到祖国统一,台湾回归,让中国能再次版图完整,国力富强。那时我一定再到北京来与大家一起庆祝。"

博爱、为人处世低调的伴侣

2009年6月5日,黄克立先生的伴侣林金华女士在香港谢世,享年九十有六。按老人一贯的低调作风,逝世后不张扬,不登报,仅在教会会堂开追思会。即便如此,亲朋好友依然到会瞻仰遗像,向老人告别。香港知名大企业家李嘉诚先生也拨冗前往追思。人们缅怀林金华女士为人处世低调,胸襟坦荡、助人为乐、幽默风趣。会后,李嘉诚先生深有感触对人说:"黄老太太人好,很幽默,品格高尚。"

林金华年少时先后就读于集美中学、毓德女中。1932年以优异成绩考上厦门大学数理系。她生性活泼开朗,谈话幽默,酷爱篮球运动,广交朋友。卢嘉锡、蔡启瑞、黄望青(曾任新加坡驻日大使)、施玉珍、黄文敏、王绍兴、邱永和(中共地下党员,后被国民党杀害)都是她志同道合的学友。他们风华正茂时是无话不说的学友,到了耄耋之年依然相互怀念。每当出国探亲旅游,她总要打听寻觅当年学友的踪迹。见面后喜不自禁,重拾年少求学时期的趣事。改革开放后,她年年回厦,为其胞姐林金风祝寿。自然免不了要探视当年的学友蔡启瑞,故友林梦飞伉俪,前辈老友张圣才等。

这里要特别提到鲜为人知的事:林金华与谢雪红的友谊。谢雪红是当年中共地下党员,台湾民主自治同盟的创始人。1949年9月,应中共中央之邀参加中国政治协商会议。人们赞扬她是台湾"二二八"起义的巾帼英雄。

1946年,台湾光复后,谢雪红以民主人士姿态应对国民党中上层人物。公开职务是国民党台湾妇女运动委员会委员,台中市建国工业学校校长。一向对数学教学极有兴趣的林金华也在该校担任数学教员。谢与林,性格有相似之处,故而两人相处十分融洽,成为好友。不久,谢雪红即搬到市长官邸居住(时黄克立任台中市市长)。在市长官邸期间,谢雪红得以更从容地开展中共地下组织布置的任务。

提起林金华的博爱、幽默,亲近的人会娓娓道来,俯拾即是,限于篇幅,不能赘述。说到她的为人处世低调,不妨举一个实例加以佐证。她曾获选香港集美校友会常务理事,香港毓德校友会常务理事,香港福建中学校董,香港厦门大学校友会副理事长。过了不久,她谦和地辞去这些职务。她自认年事已高,跟不上形势,应当将位置留给年富力强的校友。她诚恳地说:"克立已挂名,事情他在做,我在内部做做推手即可。"她的谦虚、低调,由此可见一斑。

　　黄克立、林金华伉俪生有两子一女。长子黄宜弘系香港中华总商会副会长,曾是港区全国人民代表,香港立法会议员,香港永固纸业有限公司董事长;次子黄宜丕为美国加州名医;女儿黄宜正曾任香港联合交易所理事,今为大正国际有限公司实际负责人,按克立先生的遗愿,将班接好。

百年树人

我心中的辛仁

晓 植

我在凄风苦雨中痛别辛仁已近三年了,今天,我含着心酸的泪水为他留下的回忆录写些我的感受,就作为我对他的终生怀念吧!

少年有志革命

辛仁的生平永远像一颗白玉,不时地在我心中闪光,他从童年时就如饥似渴地阅读留在家中的各种旧书和古书。

大革命时期,辛仁已是一个13岁的孩子了,他在厦门集美中学得到一位叫郑训正的同学悄悄送给他的一本共青团的小册子,如获至宝地细读起来,十分兴奋。不久,他就在进步同学的帮助下参加了共青团组织。他的活动更加频繁,夜间散发传单,组织同学阅读"禁书"。但由于他的革命活动,早就被国民党派到学校的"训育处"盯上了。借机说他们搞赤化活动,开除他和郑国书的学籍,并通知县党部通缉他们。当时情况十分紧急,进步教师和同学都急切地劝他们赶快到外地去躲藏起来,否则就有生命危险。辛仁先是躲到汕头的礐光中学;后又转到广东的四中(高中)就读,算是躲过了这一险。

在东京"左联"干事

辛仁在日本东京左联干事会工作期间,从办《杂文》刊物到参与各种宣传事件等活动,每天都有可能遇到危险。在日本特务的眼皮下,虽然环境十分险恶,但他们所办的刊物,在鲁迅和郭沫若这两面大旗暗地指点和支持下,却办得很好,在日本东京的进步人士中很受欢迎,很有影响。可惜的是,这个刊物只办了3期就被禁止出版了。后来由郭沫若先生将《杂文》改名《质文》,继续出版,但至

1936年只出版了8期,由于《质文》社的许多骨干被日本法西斯"驱逐"回国而再次停刊。

辛仁在《杂文》社时期,正值苏联作家协会召开第一次会议,提出了"社会主义的现实主义"和"革命浪漫主义"的口号作为创作指导思想,东京左联和《杂文》社的同事,感到这对中国新兴文艺是很好的借鉴,因此在1935年下半年,就决定翻译一系列马列主义的和当代苏联文艺理论的丛书,郭沫若不但极力支持此事,还决定自己承担马克思文艺论《艺术作品之真实性》的翻译。

这套《文艺理论丛书》共10册,除了郭沫若的译作,还有《现实与典型》(罗森达尔著,张香山译)、《现实主义论》[吉尔波丁著,辛人(辛仁)译]、《世界观与创作方法》(罗森达尔著,孟克译)、《文学论》(高尔基著,林林译)、《作家论》(恩格斯著,陈北鸥译)、《批评论》[倍斯巴洛夫著,辛人(辛仁)译]、《科学的世界文学观》(西尔列尔著,任白戈译)、《艺术史的问题》(高濑、甘柏著,辛苑译)、《文化拥护》(纪德等著,邢桐华译)。这套《文艺理论丛书》编译成功后,大家都很高兴,因为这是东京"左联"干事会完成的一件卓有成效的工作。这套书,后来在辛仁回到上海后,到处奔波,托有关组织和朋友相助出版了,有的还再版。此间辛仁还翻译了一本《德国宗教和古典哲学》(英译本),也在国内出版了。

辛仁在东京"左联"干事会时渴望回国到苏区去参加实际斗争。第一次由于没有交通未去成。后来,辛仁到了香港,在梅龚彬处做些编辑刊物等文化工作,他也是在此认识潘汉年和叶挺的。

急切到苏区参加战斗

在香港做了一段工作,辛仁和丘东平又回到上海,急切地想到苏区去参加战斗。此时他得知郭沫若已从日本秘密回到上海,就急忙跑到他的住处,把自己的急切心情告诉他。郭老非常支持他的设想,并随手拿出他回上海后所写的一本书《在轰炸中来去》,用毛笔签上自己的名,送给辛仁留作纪念。

就在上海"八一三"抗战后不久,辛仁受重伤刚刚恢复,梅龚彬告诉他,陈铭枢(十九路军军长)有一辆小轿车要到南京去。辛仁便搭上陈铭枢的小轿车出发了。辛仁在南京八路军办事处会见了董必武同志和新四军军长叶挺。在南京住了几天,他就和董老、叶挺军长一起乘船到湖北去了。辛仁就住在新四军办事处。

一天,他到安仁里去找董老,董老对他说:为我党的将来培育各种干部,陶铸在汤池创办了一个农村训练班。董老介绍辛仁去汤池农训班工作。可惜的是这

百年树人

个训练班只办两期就被迫停止了。辛仁在这种情况下，只得又急忙回到新四军办事处，办事处的秘书吴奚如说：现在叶挺军长已在军部，可以到新四军去了。接着他就为辛仁领取了路费，替他写了行政介绍信。一切都就绪后，辛仁就满怀激情地上路了。

到新四军参加抗日

辛仁到了云岭（军部的驻处），叶军长很高兴，军政治部组织部长张凯当天会见辛仁，告诉他组织上已决定他为敌工科科长。当晚，敌工部部长林植夫向辛仁介绍了敌工科的一些情况和当前工作上的一些问题。

辛仁第二天就上任了。到前线教战士学简易日语，培训对敌喊话。他白天在前线奔忙，夜晚忙于起草对敌宣传和材料，他还要经常到前线去接收俘虏，对他们宣传我党的俘虏政策。第一次接收到的俘虏名字叫田畑作造，被俘时一只手受伤，子弹在手腕里，流血不止，辛仁送他到云岭医院，请崔义田大夫给他动了手术。以后辛仁又不断抽空去看他，对他讲我军对俘虏的政策，讲日本侵华战争注定要失败，等等。久而久之，田畑作造醒悟到日本发起的侵华战争是一种法西斯行为，并对辛仁表示他将为唤醒日本士兵，反对侵华战争而奋斗。此人后来在前线喊话时中弹牺牲了。

辛仁到前线接回的另一位俘虏名叫香河正男，在回后方的途中受到辛仁的教育后觉悟起来，表示自己坚决反对日本军阀的侵华战争，并将为此而努力奋斗。

有一天，梅龚彬和一位民主人士来云岭访问叶军长。军部为他们举行了一个欢迎晚会，叶军长致了欢迎词，晚会演出一些小节目，还特地邀请香河正男上台演讲，辛仁为他翻译。他激动得泪流满面。演讲中，他那反对侵华战争的激情一阵比一阵强烈，台下的听众不断地为他欢呼，新四军在敌后作战的影响扩大，香河正男后来成为"华中日本人反战同盟"的委员长。

辛仁从缴获的敌伪军文件中了解敌情。一天，他在前线缴获的日本遗物中发现一本日本士兵的日记，这个日本士兵在日记里暴露了侵华日军士兵的厌战心情，他就立刻把它翻成中文。这时，美国记者史沫特莱到军部来找敌军材料，她特地来找辛仁，正好，辛仁把这本日记的中译稿给了她，同时把日记的原稿也给了她。史沫特莱对此很感兴趣，她用照相机把原日记拍了几页。后来，《一个日本士兵的日记》由新知书店出版了。

114

在敌占区战斗

辛仁在皖南工作了半年,就随张云逸副军长渡江到江北部队(新四军四支队)。这里是敌占区,在这里过的完全是战斗部队的生活。辛仁在这支部队中担任过特务营的助理、十四团的政治处主任等职。他参加过历次反扫荡、反摩擦的斗争,在枪林弹雨中昼夜急行军,和部队战士同甘共苦。他常在内心默默地向这些指挥人员和战斗员学习,他们那种不怕艰难困苦、不畏流血牺牲的革命品质和为民除害的决战精神是书本上找不到的,他为此而感到愉快和豪迈。

辛仁在四支队,了解一些真实情况后,曾化装成农民深入到日伪内部,把持有二三十条枪的伪军争取过来,并为我军做了很多事情。另外,辛仁在开明地主和士绅中为筹备军粮也费尽心神。有时,他还为指挥人员出谋划策,攻打日军的碉堡,受到叶挺军长的表扬。

有一次,张云逸副军长交代辛仁完成一项对敌(地方武装)的策反任务。回程中飘起漫天大雪,找不到归路,在雪深没膝的大地上转了一夜。当他转回到自己住地时,和前来迎接他的人未说几句话就昏倒在地不省人事了,这一昏倒就是两个星期。其间,张副军长到医院看他,身边的人喊着叫着,他都毫无反应。这使我联想到他在上海"八一三"战争的第一天由于日机轰炸扫射,被大卡车摔到10多米远的荒郊野外不省人事地躺了一天,仍然昏迷不醒。两次,生命都危在旦夕。

日本宣布投降后,蒋介石又掀起内战。辛仁带着我和孩子也随军北上山东。

南下进军福建

淮海战役后,辛仁调任中共中央华东局宣传部副部长。1949年4月,上海解放,辛仁随军进入上海,在上海做军管工作。不久,福建解放,张鼎丞在上海组织进军福建的领导班子,点名要辛仁同去。

进军福建后,辛仁被任命为省委宣传部部长,张老手头上许多要起草的重要文件都落在他的肩上,连初创《福建日报》的发刊词都是他在一夜之间赶出来的。

刚解放的福州市,情况很复杂,远山有土匪,市内有隐藏的特务,建设人民民主的政权机构困难重重。以后的"三反五反"、土地改革等许多工作都不是十分顺手的。白天各处奔波,夜间常常无睡眠,经常晕倒在办公桌上或地上,一年后他的头发脱落了,眉毛也渐渐没有了。

1952年,张老上调中央,福建省委和省府的工作,就由福建军区司令员叶飞同志兼任。辛仁此时被任命为省委副书记和省府副主席,他的担子更重了,此时中央在北京召开全国第一次财经工作会议,但叶飞让辛仁去了。北京的朋友见到他大吃一惊,就托人在北京找了个有名的老中医为辛仁诊断和治疗,说:"他是劳累过度、内虚过重所造成的病况。"说着就为他开了药方,当晚就给他服了第一次药,不到一年的样子他开始长头发了,眉毛也开始长了。

调任江苏省委工作

1954年春,辛仁被调任江苏省省委书记处书记,此时适逢江苏暴雨季节,洪水泛滥成灾,辛仁又开始忙碌不堪。他除了做好书记处的正常工作,每天都到涨水区域去巡视汛情,并和当地群众一起挖坑放水,抢救秧苗。他每次从汛区回到家都是满脸泥水,全身透湿。有一次,他在汛区往回赶的时候,在机关门口碰到省委书记江渭清,他看到辛仁如此模样心情大为不安,他对辛仁说:"老陈啊,你在福建挑了5年重担子,现在在我这里可不能再这样疲于奔命了!"辛仁在江苏不到半年,就接到中央发来电报,说是要调他到国外工作,此时正是周总理在全国各地向外交部调集外交干部的时期,真是军令如山,马上上任。辛仁接到电报的第二天什么准备都没有做就要离开江苏。省委要为他举行一个欢送晚宴都来不及。他临走那天早晨亲亲两个孩子,声音十分低沉地对我说:"你把孩子安排好就快来,我在北京等你!"

奉命出使芬兰

我离开江苏到达北京后,就和辛仁一起忙着出国的一切准备工作。

1954年10月27日辛仁和我从北京乘机到达芬兰。这是一个和平中立的国家,对我国很友好。辛仁到达后,即在和平共处五项原则的基础上做些友好工作。芬兰是1956年冬加入联合国的,从那时起,它每年在联合国都投票支持我国恢复在联合国的合法席位。

1955年6月,芬兰被定为召开世界和平大会的地点,当时已被选任世界和平理事会副会长的全国人大常委会副委员长郭沫若率领中国代表团(包括副团长茅盾等人)到达赫尔辛基参加大会。辛仁为此也忙了一阵子。

1956年8月,辛仁和我曾配合我国人大常委会派赴芬兰的代表,为争取我国人大代表团参加"各国议会联盟"展开了一场比较激烈的外交斗争。指责美国无理阻挠,宣传台湾只是中国的一个省等,得到了各国朋友的同情和支持。

直到1984年,在国际局势和客观条件成熟的情况下,"各国议会联盟"通过了中国进入"各国议会联盟"的章程,成为成员国。

辛仁在芬兰忙了3年的友好工作,于1958年1月被外交部电召回国。

培育外交干部人才

辛仁回到北京后立即被任命为外交学院院长,

他到外交学院大礼堂、办公地点、各教研室等处转了一遍,那时学生都在搞大炼钢铁,没人读书。他觉得外交学院根本不像是个大学,对这样的烂摊子,如何开展工作？辛仁和一些讲师、教授交换了一些意见,提出了对学校进行改进的某些方案。设想很快就被学校的极"左"分子知道了,紧接着就有人向北京市委和大学部上万言书,说陈辛仁是张闻天派到学校来"压制革命群众运动、专搞白专道路"的右倾分子。学校开始乱起来了,迫使辛仁无法工作。

外交学院有个调干学员班,学员大都是外交部的干部,他们把情况捅给了外交部,组织上派人来学院了解"万言书"的来历,弄清了情况。也找辛仁谈了话,告诉辛仁组织上很了解他,叫他放心地抓好学院的教学任务。紧接着,外交部又派出了曾涌泉等副部长,到北京市委和大学部去为辛仁解围,说明陈辛仁是外交部组织上派到外交学院来抓教学的,与张闻天无关。

未过多久,大学部派彭珮云同志来学院了解情况,找一些人谈话、召集会议、听取汇报。那教授和学生们,此时也开始活跃起来了。辛仁的心情也开始放宽了,他默默地在考虑如何进行教学改革的问题。

此前,陈毅副总理为提出国家向科学进军,到多处做报告和讲话。有一天,他到外交学院来做报告。他大声疾呼外交学院一定要努力培养出有真才实学的外交干部。不久以后,他便自兼院长,改任辛仁为副院长兼党委书记,并提出了对学院改革的方案。陈毅同志说:调干学习班,这些同志曾在国外任过大使、参赞,对他们的学习重点应放在学外语上,其他课程不必去多占他们的时间。

外交学院有英、法、俄、西班牙四门外语。辛仁与这些外语教授们商量,首先要加长学生学外语的时间,缩短学校里其他活动时间,要让学生在不太长的时间里就能提高在外语方面的听、读、讲和写的(四会)水平。另外,每个教研室都配备了一部录音机为学生使用。

辛仁在搞教学改革时,决定重新编写一些对我国比较适用的教材。如世界史、民族解放运动史、中国对外关系史、世界经济等,都是原来没有的教材。民族解放运动史是辛仁专调当时的教研室主任石磊同志负责,集中了十几位教员赶写出来的。

我后来被调到资本主义国家政治制度教研室任副主任,和孙承谷、杨柏华两位同志合写成这本原来没有的教材。这本教材写好后,经辛仁审查出版了。其他一些教材也都写起来了,这些教材都对学生讲过课,学生都有受益。

辛仁在指导各教研室重写各种教材时,自己也用刚写好的业务教材在学校的大礼堂给学生上大课,受到学校师生们的欢迎。

在外语教学方面,辛仁也督促各教研室写出一套由浅入深的外语教材,还请了英、法、西班牙三个方面的外语专家,使学生一步步提高。

除了教学上的改革,辛仁也很细心地对校园环境进行了改进,使校园变成清洁而又安静的学生早读的园地。

辛仁从1958年调进外交学院,进行了七八年的教学改革工作,使外交学院改变了模样,外语、业务各种教材都成套有序,培养出来的学生都有很大的长进,出了不少人才。他们从外交学院毕业后分配到使馆工作都很得力,他们在各个使馆有的当翻译,有的当秘书等各类外交官,也有不少人当大使,例如黄桂芳同志就是人才难得的外交干部。

在外交战线奋斗终生

1971年,辛仁和我都从"干校"调回外交部。不到半年工夫,他就被先后调任驻伊朗、荷兰、菲律宾的大使。1981年辛仁又奉调回国,紧接着就被调任由黄镇同志任主任的对外文委常务副主任。1982年下旬,由朱穆之为团长、辛仁为副团长率领的代表团出席了在墨西哥召开的联合国教科文组织第二次世界文化政策大会,会议结束后,辛仁出访了美国、加拿大。与此同时,他又访问了10多个非洲国家,拜访了这些国家的总统等领导人,并与之签订了文化交流协定,建立了友好的情谊。

辛仁从少年时代就认定了他一心向往的理想和他所追求、终生不变的马列主义信仰,他的一生,经历过数不清的工作岗位,他默默地展露才华,在他所经历过的岗位上,都留下了他辉煌的业绩。

他一生高风亮节,他那从不计较个人得失的情操和饱含素养、谦虚谨慎的情怀,在人们心中留下了永远不灭的光辉形象。

我和辛仁风雨同舟61年,我对他的感情无比深切,这其中有说不尽的思念和为此自豪的情怀。他生平的经历和人品,是他给我和儿孙们留下的最珍贵的精神财富,这种精神财富是无比的,永恒不朽的!

林连玉：集美校友的骄傲

陈毅明

一 马华的自豪

1993年12月，我和厦门市委统战部吴在庆副部长及同事丁秋来应邀赴马来西亚访问。在吉隆坡，接待我们的大马华人大会堂等社团的领导人，还处在一年一度全国华文教育节成功举办的兴奋之中。他们为华族普遍认同华语、华文和华人传统文化并同心同德为之付出努力感到自豪。丹斯里黄琢齐、丹斯里林玉静都不无骄傲地对我说了同样的话：我们马来西亚华人保持和传承中华文化，要归功于华族英雄林连玉。

当时，我对林连玉知之甚少，大马华人文化协会热情地为我安排了以"华人的当地意识及其发展趋势"为题的讲演，我也未能结合当地的实际给出更有价值的诠释。文化协会秘书郭仁德先生很快带我们去福建义山瞻仰林连玉陵园。凝视着墓碑上"族魂"两个大字和墓主人慈祥而清瘦的遗像，聆听着郭先生深情的讲述，琢磨着墓碑两边的铭文"横挥铁腕批龙甲，怒奋空拳搏虎头"，我心潮澎湃，想得很多。千百年来走出国门的中国人，谋生海外，奋斗，立足，发展与繁衍，由侨居而世居，是多么不容易啊！他们承先启后地持守和丰富来自故乡的语文、风俗、习惯和人文精神，创造出独具特色的马华文化，是多么了不起啊！"诚毅二字中心藏"，集美学校的学子林连玉，我的前辈，更是我们集美校友的骄傲！

在那之后，我五次去吉隆坡，每次都怀着感佩马来西亚华社的心情，前往福建义山瞻仰他们的"族魂"林连玉，每次都会勾起我对飘落在世界各地的华夏子孙的绵绵悠思。

百年树人

二 集美"九十生"

林连玉(1901—1985),原名林采居,福建永春县蓬壶西昌乡人。1919年,他报考集美师范学校,被录取在第五组数理化系,入学后他申请转文史地系。1924年,他以每科90分以上的优异成绩毕业,成为受师生称羡的"九十生",被破格留校任国文教员。他怀揣"淘金"养家的梦想和播撒中华文化种子的大志,于1927年走出国门,"下南洋"去。相继在马来半岛和爪哇岛的多所华侨学校任教,之后在吉隆坡尊孔中学执教26年。

世界各地的华侨学校,都是由华侨捐款兴办、维持和发展的。尊孔中学的前身是1906年由吉隆坡华侨陆佑捐三万元倡办的尊孔学堂,1926年增设初中,1935年再办高中成为六年制完全中学时,林连玉应聘执教,直至1961年8月。

林连玉有家学渊源,文字功底扎实,中国人的心智也在家庭和社会的潜移默化中扎下了根。成年后勤于自修,对启蒙大师梁启超的著述,爱不释手。他在集美读书时,认真诵读了《饮冰室文集》,使自己的学识大为增进,一生受用无穷。他教课之余勤于撰稿,30年代初曾在陈嘉庚创办的南洋商报副刊《狮声》发表了一百余篇杂文,战后也有二百余篇文章刊载在报纸上。

1941年12月,太平洋战争爆发,日军南进占领马来亚,大批曾经参与筹款支持祖国抗战的爱国侨胞惨遭杀害。这期间,林连玉参加雪兰莪医药辅助队,两度受伤,几乎丧命;后避难巴生山芭,养猪为生。1945年日本投降后,他回到尊孔,校舍已成了破烂的空壳。他卖掉自家的猪,把所得的几千元全部用作复校基金,顺利复校。

经过日军占领空前浩劫的马来亚华侨社会,百业凋敝,触目皆贫。1946年,林连玉在尊孔中学的同事郑兼三(北京大学毕业)不幸去世后,其家人的生计随即难以为继。无独有偶,霹雳州安顺华侨小学教师黄云河因贫病交迫,投河自杀,撇下几个子女,生活无着。林连玉回忆说:"华校教师待遇十分菲薄,我老早就打算退出教育界了。可是,我始终没有这么做,这是因为良心不许我这么做。"

教师的穷困潦倒和传承民族文化的强烈责任感,使林连玉萌生了把教师组织起来的强烈意愿。在他的努力下,1946年成立了吉隆坡华校教师福利基金,1949年成立了吉隆坡华校教师公会,他自任秘书,于1950—1960年连任主席。

林连玉筹组和主持吉隆坡华校教师公会的初衷是"以教师的力量创造教师的福利",但他不囿于此。他在马来亚独立建国的最初阶段,就发出了争取公民权、争取民族平等的最强音。

三 灵魂的抗争

日本败退后,英国殖民者重返马来亚。1946年1月,英国政府公布了关于马来亚联邦新政制白皮书,将新加坡和马来亚分别进行直接统治:新加坡(总人口94万,其中华侨73万)成为英国直辖殖民地;马来亚联邦(总人口490万,其中华侨185万)则由英国派总督统治。他们的如意算盘一曝光,立即引起激烈的反弹。新、马各族人民经过战争的磨难已经觉醒,反对殖民统治,争取马来亚统一、自治和独立的正义要求,已成共同意志。

华侨人口众多,是马来亚人民反对殖民统治、争取国家独立运动中最活跃的政治力量。1949年2月马华公会成立。它是华侨社会和其他民族共同参与斗争的唯一合法的政党,但因没有明确的政治纲领,而被视为福利组织。真英雄是众多华侨社团的领导者,其代表人物是林连玉。他以一介教书先生地位,以其胆识和卓越的辩才,站在斗争的风口浪尖。

那是一个世界风云变幻的年代。穷兵黩武不可一世的日本成了战败国。中华人民共和国成立,中国人民从此站起来了。民族解放运动席卷亚非拉,西方老牌殖民主义者英国在马来亚逾一个半世纪的殖民统治已日暮途穷,但他们是不甘愿退出的。他们把华侨视为对新、马实现直接统治的最大障碍,蓄意除之,手段狡诈。

其一是,以"共产党威胁"为借口,实行"紧急状态",出动大批军警,逮捕民主人士,屠杀无辜百姓。整个华侨社会被白色恐怖所笼罩。据1948年6月至1950年8月的不完全统计,遭马来亚英国殖民当局杀害的华侨有542人,关入集中营的有15000多人,驱逐出境的有35000余人,近50万华侨山芭居民被强制迁入"新村"。陈六使、林连玉都是英美"冷战"黑幕下要动手搞掉的"共党分子"。

其二是,摧残华侨学校,从文化堡垒上开刀。1951年6月公布的"巴恩报告书",是由英国政府组织、制订的国民教育法,1952年颁布实施。规定各籍学生家长必须把孩子送入指定的、以英文和马来文为教学媒介语的"国民学校",其他的语文(包括华文、印文)学校在六年内逐步取消。这部教育法的"最后目标"是:华文学校、印文学校必须"绝迹"。完成过渡之前要受多达20项苛刻条件的约束。

其三是,英国政府在人民反抗和当地政党出现的情况下,被迫同意独立,但却紧紧抓住宪法起草工作,以确保他们对独立后的马来亚能够施加影响。1957

年8月31日,马来亚联合邦宣布独立,规定马来语为国语和马来人保有特权。占人口1/3的华人,实际上成了另类。

面对殖民者的阴险狡诈和华侨社会的困境,林连玉以建设巫、华、印共同的和谐安宁的家园为号召,以"横挥铁腕披龙甲骨,怒奋空拳搏虎头"的气势,高扬"民族平等、语言平等"的大旗,走在230多万(1957年数字)华族同胞的最前头。

1950年4月27日,林连玉在《全马华团代表大会争取公民权宣言》中写出了华人参与马来亚独立建国的理想:各民族友好合作、共存共荣。1951年9月,他通过申请,正式成为马来亚联合邦公民。行使公民职责,真诚地效忠于即将独立的国家(1963年9月16日,沙捞越、沙巴也摆脱英国殖民统治,并入马来亚联合邦,正式成立马来西亚)。

他从两个方面开展工作:一是维护华校、华语、华文的合法地位;二是争取华人应享有的公民权。

1951年12月25日,林连玉领导的吉隆坡华校教师公会,召集全马华校教师公会代表大会,宣布成立马来亚联合邦华校教师公会总会(教总),以公意反对"巴恩报告书",提出三大要求(也即教总的三大目标):各民族教育待遇平等;初级教育免费,各以本民族母语为主要媒介;华文列为官方语文之一。

1952年11月,他率领教总代表团谒见英殖民当局副钦差大臣麦基里莱,表示反对拟议中的教育法令(当时未公开,但事前被林连玉知道了)。他说:"我们所争的是整个民族的权利,并不是个人的饭碗。"

"民族文化是民族灵魂。"这九个字是他的行动纲领的概括。他的决心、热情、勇气和执着,发端于此。他把这九个字写进了全国华校董教代表大会的宣言中,宣示于天下,引领华社的奋斗方向。

1954年8月和11月,他以教总名义先后发表宣言和《告全马华校教师暨学生家长书》,向英殖民者宣战,再次强调教总的三大目标。

1960年8月4日,政府公布拉曼达立教育报告书,规定华文中学必须改制成为英文中学,否则取消津贴。林连玉立即作出反应:号召举华社之力开办独立的华文中学,保卫民族文化堡垒。

1956年4月27日、7月20日,两次召开的全马华人注册社团争取公民权大会,由林连玉率教总带头发起。其中第二次有1096个社团的代表到会,一致通过四项要求:(1)当地出世即为当然公民;(2)在本邦居留满五年者,得申请为公民,免受语言考试;(3)凡公民权利与义务一律平等;(4)列巫、华、印义为官方语文。会后,向马政府、英国殖民部和联合国人权委员会呈备忘录。华社的这两次大会气势之大、公众意志之鲜明,前所未有。

四　林连玉的价值

　　林连玉是马来西亚走上独立的真英雄,真功臣,但在英、美的政策干预下,1961 年 8 月 12 日,林连玉被马来亚联邦内政部告知,将要褫夺他的公民权。8 月 22 日,被通知教育部长已取消他的教师注册证。从此,他开始被监视,电话被安装了窃听器;他的文章、著作被查禁。他受迫害的消息传出后,引起马华社会极大的震惊和同情,有很多人或组团或发函慰问他,或为他筹募生活费和诉讼费。为他筹款最多的是南大学生,有 10 多位尊孔学生因为他筹款而被逮捕。

　　林连玉为保护自己的公民权,被迫打了三年官司。最后由内政部长于 1964 年 10 月 23 日宣布正式取消他的公民权,控状是:歪曲政府的教育政策;有极端种族性质。

　　其实,对林连玉的两条控状是借口,而无理的剥夺,却是早已有安排。

　　美国国务院于 1956 年 9 月 6 日制定的文件《海外华人与美国政策》,1992 年 5 月 14 日正式解密。从中可以得知,美国出于建立世界霸权、反共反华的需要,硬是把华侨和华文学校视为敌对势力,也在马来亚插上一脚。

　　1961 年 12 月 7 日,林连玉在教总大会上正式辞去主席职位,发表了《告别教总同仁》的演说。他对采访的记者说:"为华文教育而牺牲,永不后悔。"

　　林连玉带领马华奋斗,使华校绝路逢生。当局最终没有把"以国语(巫语)作为所有学校主要教学媒介语"列入教育法令,没有使华文学校"绝迹"。

　　据 2009 年统计,马来西亚有华文小学 1292 所(学生 62.8 万)、独立中学 60 所(独立以来培养毕业生 6 万余)及大专院校 3 所,虽都被纳入国家教育体系内,但华校发展的机会和条件是受限制的。

　　马来西亚华人的社会生态环境很特殊,能在教育和文化方面创造辉煌,主要依靠两个全国性的民间组织。教总(马来西亚华校教师会总会),可说是民间"教育部";董总(马来西亚华校董事会总会)主要负责办学的资金保障。

　　在教总董总的领导下,马华社会坚持捍卫母语教育,支持华小和独中,形成风气,世人瞩目。马华民间组织起来、动员起来的基础是英雄林连玉打下的。林连玉"族魂"是鼓舞马华社会进步发展的精神力量。

　　1985 年 12 月 18 日,林连玉在吉隆坡病逝,享年 84 岁。由教总、董总、各州大会堂等十五个华团为他组成了一个治丧委员会。遗灵在大会堂停放的三天里,每天都有大批群众前往瞻仰致敬。21 日下午,林连玉的灵柩在万人陪送下,环绕吉隆坡市区游行五公里后,在福建义山安葬。

1987年董教总确定:每年12月18日林连玉忌日为"华文教育节"。

林连玉的发妻1934年在家乡去世后,育有的三男寄养在胞弟家。在吉隆坡的续弦叶丽珍1991年去世,留下养女林达,与其夫婿朱治平育有两儿。

1972年陈六使去世时,新加坡一家英文报纸有文章说"陈嘉庚的时代结束了"。林连玉对此曾有过议论:那个英文撰稿人认定陈六使兴办教育是陈嘉庚的继承者,他去世,后继无人,当属陈嘉庚时代结束。再则,英化新加坡,当然也是陈嘉庚的时代结束了。因为陈嘉庚兴办的是华文教育、民族教育。不过,陈嘉庚的影响,却是无穷无尽的。全马各地,兴办教育的热诚,有增无减,领导者多数是陈嘉庚的旧人,可见他的时代没有结束。

陈嘉庚是"华侨时代"的杰出代表人物。自20世纪中期起,为适应国际形势的变化和广大华侨生存发展的实际,中国不承认双重国籍,"华人时代"从此开启。绝大多数华侨入籍成为住在国公民,效忠各自的国家。作为华裔公民,他们与中国人是中华血源根脉相连。林连玉与陈六使都被当局以涉嫌共产党吊销了公民权,但实际上都与共产党无关。他们都是陈嘉庚的集美学子,都以陈嘉庚为榜样,为兴学办教育、传承中华文化而无私奉献,终不言悔。这与陈嘉庚精神是一脉相承的,都体现了一身民族正气。

"族魂"林连玉,是马来西亚华族生存发展的教育之魂,文化之魂。

林连玉的"族魂",是中华文化在人类走向地球村征程中,集聚多元文化的正能量,必将不断地放射出色彩斑斓的光芒。

(本文主要参考资料:林远辉、张应龙《新加坡马来西亚华侨史》部分章节;林忠强、庄国土等主编的《东南亚的福建人》有关篇章;吕风整理的《族魂——林连玉先生传略》、林连玉基金《林连玉简介》及王琛发《纪念林连玉先生的奋斗》等网络资料)

叶振汉：育才振校　善体下情　垂名竹帛

吴天赐

叶振汉，1931—1937年分别就读于集美商业学校和集美高级师范学校，接受陈嘉庚爱国思想的熏陶。

他是一个充满革命激情的志士。1938年考入广西大学文史地专修科，开始接受马克思主义思想，积极参加学校地下党领导的抗日救亡运动；1940年春当选广西大学学生自治会常务干事，经常为《救亡日报》撰文；1941年国民党掀起反共高潮，准备在桂林实行大逮捕，得教授通知，叶振汉离开桂林回福建，分别在大田、安溪陈嘉庚创办的学校任教，参加安溪地下党工作，在学生中进行马列主义思想启蒙教育，主编《安溪日报》，宣传共产党"坚持抗战，坚持团结，坚持进步"的政治主张；1943年8月，因受国民党的监视与威胁，被迫离开学校前往广西，叶振汉9月任集友银行办事处主任兼集美实业公司秘书；1944年8月日寇进犯广西，随集美实业公司逃难到贵州；1945年离开贵州后到重庆，与中共代表团工作人员取得联系，对国民党政府公务员进行工作；1947年在厦门加入中国共产党，任中共闽浙赣地下党第二届厦门工委负责人，后因叛徒出卖，被迫转移香港，从事统战工作；1948年转移越南，继续从事地下党工作，1949年被法国殖民政府逮捕，被武装押送出境到香港；同年在香港参加中共组织的"归国华侨青年回闽工作队"，任队长；几经周折，历时两月，到达福州。

叶振汉是一位治校有方的好校长。1950—1978年先后担任惠安中学校长、福州二中副校长、福州一中校长、福州师范学校副校长、集美中学校长兼党支部书记、厦门市第五中学校长、厦门第六中学校长。

他是一位为祖国造就了一代优秀航海人才，"为我国航海教育事业作出了积极的贡献"的好领导。1978—1983年担任集美航海学校、集美航海专科学校校长兼党委书记。

他受人爱戴和感念,被集美学村莘莘学子尊称为"我们的老校长"。

侨生的良师和慈父

清明时节思故人,朵朵鲜花祭先贤。每年清明时节,总有教师、学生来到薛岭公墓叶振汉校长陵墓前敬献花圈,默哀鞠躬,缅怀为教育事业积劳成疾已故的叶校长,表达对校长的感激之情,回忆校长生前对他们慈父般的关心和体贴的情景。

嘉庚慧眼识英才。1953年,经嘉庚先生向福建省人民政府力荐请调,博学多才的叶振汉来到集美中学担任校长,至1973年期间,创造了集美中学的辉煌。在他主持校务的十几年里,正是集美中学自1918年建校以来无论在数量还是在质量上都发展到最为鼎盛的时期。

到校初期,学校侨生多,几近一半,他们大多来自东南亚各地,不同的生活习俗、文化程度、家庭社会背景,形成他们不同的个性和生活习惯。一部分侨生不遵守校规,天天闹事,违法乱纪事件纷至沓来。

有个侨生因受不了纪律的约束,向他大发雷霆,戟指怒目,拍桌责问,气氛紧张。

一位沾染坏习气的学生,为了一件不如意的事,冲进校长室,拔出刀子插在他的桌上,气势汹汹,横眉怒视,逼他当场表态,"满腔怒火向你诉,了结我的心愿事"。

有五位侨生自称"五虎",强占学校一间宿舍,房门口贴上"五虎办公室,非请勿入",他们目空四海,飞扬跋扈,为所欲为。上课高兴就去,不高兴时就在宿舍胡闹;午休,在宿舍高歌,晚上熄灯钟敲了,他们不熄灯,敲脸盆狂舞,狂放不羁,老师、同学不得安睡。好言相劝者,或遭围攻辱骂,或遭挥拳恐吓……

面对部分侨生的不良习气,叶校长神闲气静,心平气和,"诚以待人,毅以处事",与他们促膝谈心,拉家常,从家庭谈到他们的侨居地,从生活谈到他们的学习。交谈中,和风细雨,劝善规过。气氛安适如常,或消除了对方顾虑,或化解对方敌意。违规同学在叶校长面前,或羞愧内疚,缩颈而退,或辗然而笑,心悦诚服;或自怨自艾,革心易行。

关心学生,解决困难,叶校长"索用心机,搜寻百谋千计"。他设立侨生辅导研,配备专职干部,"加工补课",根据程度采取集中编班与分散编班相结合,集中授课与个别辅导相结合等办法因材施教;办起"侨生之家",扩建课室,满足侨生冲凉习惯；设立"侨生服务部"，让食堂尽量多做适合侨生口味的饭菜；发挥侨生能歌善舞、会弹会唱和喜欢体育的特长，成立文艺队和体育队；对贫困侨生按月发放助学金和补助金；"独在异乡为异客，每逢佳节倍思亲"，逢年过节，尤其是除夕夜和大年除一，叶校长放弃与家人团聚的时光，和侨生共吃年夜饭，席间，欢歌喜舞，其乐融融，侨生们感受到祖国大家庭的温馨。

生活上的关心关爱，心灵的感化，使学生翻然悔悟，进步了，成长了，大发雷霆的学生当上了班干部，后来成为国家级运动员；"五虎将"成了好学生，有三"虎"考上大学，一"虎"在海外当了船长。

几十年了，学生们始终忘不了校长对他们慈父般的关怀，总是充满着感激之情。

王德明，来自印尼的侨生。回国不久，一次不幸折断左手关节，在集美医院治疗一个多月，叶校长多次到医院探望，要分管侨生的老师找最好的医生治疗。

谢致和，侨生。叶校长知道他家祖辈是医生，希望他放弃报考海洋生物系，继承父业，报考医学系。高考前，致和病了，产生了不参加高考的念头。叶校长得知后看望他，要他安心养病，鼓励他一定要参加考试，相信他一定会考上大学，并交代食堂三餐给予照顾。长时间离开父母的致和第一次感动得哭了。校长的鼓励和关爱激励着致和，他如愿以偿地考取福建医学院。他第一时间到叶校长家报喜，感谢校长的关照。叶校长语重心长，送他两句话："医生是救人的菩萨，又是杀人不见血的刽子手。"意思是医生要有医德，要有高超的医术，如果能全心全意为人民服务，就是救人的菩萨；如果缺乏医术，没有医德，没有为人民服务的责任心，延误病情，就是杀人不见血的刽子手。叶校长为要走出校门的学生指明做人的道路，致和始终牢记在心。

侨生杜成国，"微不足道的'吊儿郎当'的学生"（杜成国自语）。一谈及母校，一说到叶校长，成国非常动情。1954年，他患阑尾炎到鼓浪屿第二医院做手术，1958年"大炼钢铁"，不幸因开柴油机被手把打中额头住院，叶校长亲自到医院探望、慰问。母校的读书生活、叶校长的关怀，为他的人生奠定了坚实的基础，"在集美中学的求学时代是我人生最重要的时期，集美中学这个'华侨子弟的大家庭'，有父母般的老师对我们的关怀爱护和教导，叶校长是这个大家庭的家长。集美中学是我生命的一部分。我感激集美中学，感激老校长，没有他们就没有我的今天"。

为感谢母校的培育之恩，为感激"我们的老校长"的关怀，杜成国毅然将北京的四合院卖掉，所得钱款捐献给母校新高中部。一座以他父亲杜丕林命名，尽自己的一片孝心；一座命名"叶振汉楼"，并另为叶振汉校长塑一尊半身铜像，表达他对老校长的感恩之情。

"汗水浇开桃李蕊，心血育出栋梁材"，叶校长执校期间，没有一个侨生弃学。到1957年8月，四年时间，学校发展到76个班级，3600多名学生，其中侨生1700多名。集美中学成为全国规模最大、学生数最多的中学之一，成为全省的重点中学，成为名副其实的"侨生的摇篮"，声名远播海内外。时任福建省教育厅厅长的王于耕几次到校督教，赞扬集美中学"规模在全国有数，却管理得井井有条，实在不容易"；在为悼念叶校长逝世致李永裕、谢高明的信中，王厅长一片深情："福建省教育落后帽子的丢掉，其中有广大教育工作者的努力，而叶振汉同志是突出的一位。在集美中学里，面对国内和国外归来的学生，他不仅深入教学第一线，而且在加强侨生思想教育工作方面，都取得了显著的成绩。在所有的中学校长中，他是最辛苦操劳的一位，因为他日日夜夜的奋战，集美中学驰名中外……"

善体下情、关怀教师的好领导

叶振汉校长治校有方，在教育界、在集美学村传为佳话。与集美中学、航海专科学校老教师们聊天，谈到学校，无不对叶校长善体下情，对教师体恤关怀交口赞誉。

1953年，叶校长履任集美中学校长。刚解放，百废待兴，教师队伍参差不齐，教师配备不足，有的"半路出家"，有的"以工代教"。陈嘉庚先生看在眼里，急在心里，多次对叶校长提及要多向政府提议调派第一流的教员，语重心长地说："选聘教师必须有真才实学，又能为人师表。集美学校的教师是要一流的。"叶校长听在耳里，记在心头。他遵照嘉庚指示，抓紧教师队伍建设，重视师资质量的提高。一方面到处物色有较高水平的教师来校任教，招聘优秀师大毕业生；一方面通过各种途径，加强教师的培训。对学生有所反映的教师，他亲自听一段时间的课，听取有关方面的意见，而后根据他们的实际水平，安排或调任到一个最合适的工作岗位，使其学用一致，人尽其才。在较短的时间里，集美中学就有了一支觉悟高、思想好、道德高尚、业务过硬、团结一致、忠心耿耿为祖国乐育英才的教师队伍，有效地稳定了校园教学秩序。加强教师队伍建设，健全一支强有力的教师队伍，这样一支队伍成为他办学的主要依靠，也正因为紧紧依靠这支教师队伍，成就了叶校长当第一把手的集美中学的辉煌。

人生总有烦恼、忧伤和困难，需要别人给予相应的理解和关心。叶振汉校长不论在集美中学,还是在集美航海(专科)学校担任领导,都是这样一位善解人意,对教师体恤爱护的好领导。哪一位教职工有困难,他就帮助解决;哪一位教职工生病,他就到身边看望关心。

他关心教工,经常为他们排忧解难。叶校长刚到集美中学时,住在尚忠楼单身教工宿舍,和教师生活、工作在一起。星期天,他放弃休息,走家串门,到住校外的教工家里,了解教师的实际困难,及时排忧解难,解除教师的后顾之忧。

陈崇光、刘玉康等六位教师,夫妻分居两地,但都不敢提出申请照顾。叶校长主动跑市委、找市教育局帮忙,并派人事干部到龙岩、南平和邵武等地与有关部门商调。那时人事政策是沿海照顾山区,叶校长强调侨生工作特殊,请他们照顾。不到半年就把这些教师家属都调来学校工作。

他不为个人和亲属谋私利,对自己的亲人要求特别严格。他担任航海学校校长,他的一个儿媳妇在一家集体所有制的印刷厂当工人。这家印刷厂效益不好,儿媳妇一个月只领十几元工资。刚好那时航海学校印刷厂缺技术工,校有关部门及一些好心的同志几次向校党委和叶校长提出将他儿媳妇调到校印刷厂工作。叶校长不同意这样做。当子女不理解时,他耐心地教育:"我是一个国家干部,不能利用职务搞特权。"他一再交代子女,不要为个人的私事去找学校有关部门的领导。当叶校长病危住院,学校的有关同志去医院探望时,出于关心,再次提及此事。叶校长仍然态度鲜明地回答说:这事我已讲过,为什么还提?有我一天在,提一百次也不行。他就是这样一位胸怀坦荡、严于律己的真正的共产党人。但对于周围的同志,他却很宽厚,乐于帮助。"文革"后期,柯文呈一家五口,仅靠他每月不到 50 元的工资维持,还要供三个小孩上学,生活困难。担任航海学校领导的叶校长知道后,经常到其家中,关心询问,告诉他开支上有困难的话不要客气,只管说,一定帮助解决。态度之诚恳,令柯文呈夫妇非常感动。为帮助柯文呈的妻子重新就业,叶校长亲自写信给市教育局负责人和柯文呈妻子原工作单位——市教育工会的领导,向他们反映情况。在叶校长的直接帮助下,柯文呈妻子终于重新恢复了工作。

航海(专科)学校一位职员,患神经分裂症,不幸坠楼身亡,留下一家五口人都没工作,而且户口都在农村,生活无着落。叶校长在党委会上多次讨论这一家人的生活困难问题;为了帮助其家属解决生活出路问题,叶校长专程跑市民政局、劳动局 10 多次,帮助迁移户口,安排就业。在此事未落实前,叶校长责成总务处先安排家属做临时工。

一位普普通通的在集美中学干了 30 多年收发工作的职员,其妻身患重病,想把在龙岩煤矿当工人的儿子调回来，跑了多个单位，终无结果。失望、痛苦之际，突然想到叶校长，不妨试试看，于是抱着一丝希望，到航海学校找叶校长。叶校长热情地接待了他，听完他的诉说，马上叫来人事干部"尽力帮助解决"，并说道："一位为嘉庚事业辛辛苦苦、勤勤恳恳工作了一辈子的老同志，有困难，我们理应帮助解决。"肺腑之言，令这位职员当即流下感动的眼泪。不到两个月的时间，将其儿子调到航海学校后勤部门工作。在参加叶校长逝世追悼大会时，这位职员潸然泪下，泪流满面。

教工患病，叶校长体贴备至。叶振汉在集美中学当校长时，有一年深冬季节，黄万良老师病在宿舍里，叶校长闻讯立即放下手中的工作活儿去看望。看到黄老师床上铺的还只是一条未加垫褥的薄草席，棉被也只有五六斤重，他当即叫在场的校级干部找总务处，马上去买副草垫以解燃眉之急。有一位原本身体不好的女教师难产，流血过多，昏迷不醒，需要输血。叶校长闻讯，半夜起来，赶往医院，带头献血，并迅速组织起一支献血队。这位教师终于转危为安，平安生下一对双胞胎。江金来，一个普通的厨房师傅，胃穿孔出血，叶校长得知，立即赶往医院探望，详细听取医生对病情的分析。当发现医疗有问题时，当机立断，派人送到福州省立医院治疗。此事令江厨师感动不已。1984年，叶校长患重病，江厨师去看望他，在叶校长病床前，江厨师谈及此事，声泪俱下，充满感激之情。

60年代初的那几年，市场供应匮乏，学校在天马山下办了一个农场，种了一些花生、甘薯，养了几头奶牛和一些鸡鸭。叶校长特别交代后勤部门，要将牛奶、鸡蛋、花生给几位重点照顾的病号，让他们补充一点营养。

在航海（专科）学校当校长期间，有次校团委的巫立东突发病毒性脑炎。去医院时，叶校长和司机将他从床上扶起，巫老师的手脚不听使唤，连鞋都不会穿，叶校长亲自帮他穿好鞋子，扶着他下楼上车。后来，叶校长又亲自找集美医院和郊区卫生科的领导商量，把巫老师转到福州治疗。还有两个老师患危重病，一个是病毒性心肌炎，一个是胃手术后穿孔，均在他亲自过问下，及时采取果断的抢救治疗措施，才得以转危为安，恢复健康的。

极"左"思潮风浪尖，挺身而出护教师。在那政治运动连续不断的年代，叶校长冒着"包庇重用坏人"的风险，保护了许多受到冲击的中老年教师。他满腔热情地关心、爱护他们，发挥他们的专能。有位语文教师被打成右派并下放劳动，叶校长经常给予关心，听说他表现很好，就及时提请党支部研究并报请上级摘掉他的右派帽子，返校后依旧让他搞教学，还发挥他擅长画画的特长，请他画了几幅画挂在学校会议室，以此来消除他的自卑心理。有位老教师平时教学认真，业务水平高,但因历史问题被打成"反革命",叶校长不仅对此事没有公开宣布,而且照旧安排他在高中毕业班把关。有两个教师出身地主家庭,其家乡的贫农协会来函要把他们遣送回乡交农民群众监督劳动。叶校长认为他们解放前还是学生,没有参加父母的剥削活动,解放后表现很好,应把地主分子与他们的子女区别对待,决定不把他们遣送回乡。后来这两个教师,一个当上一所中学的政教处副主任,另一个落实政策后,还是离休干部。1966年,一场突如其来的风暴改变了学校的一切,叶校长一夜之间成了"走资派"、"反革命修正主义分子",他身陷逆境,被批斗,被关进"黑帮室",精神和肉体都受到严重的摧残,但他从没说过一句假话,或提供过一份假材料,更没有推卸责任,嫁祸于人。那时,学校许多党员干部、教学骨干、积极分子被打成"牛鬼蛇神"、"保皇派"、"走狗",当造反派头头逐一点名要他表态时,他总是说:"×××是好同志。""××是好人。""有错误应由我承担责任。"造反派对他用尽威胁和刑讯逼供的手段,均未能从他嘴里撬出丝毫"尖端"的材料,为此他被戴上"包庇坏人"的帽子,被禁闭六年。

每一个人都是一个太阳,你的生命照亮和温暖着别人,同时也被人温暖和照亮。敬人者,人恒敬之;爱人者,人恒爱之。在叶校长"文革"中被揪斗期间,许多教职工看在眼里,痛在心里,他们用各种各样的形式去保护他。每次群众大会"揪斗"叶校长时,有的教职工就赶紧戴上纠察队的红袖章站在其身旁,要是哪个学生对其推搡,他们就挺身把学生推开,教育他们要文斗,不要武斗;有的教职工看到叶校长进"牛棚"后,身体一天天消瘦,就趁叶校长排队买饭时,偷偷把煮熟的鸡蛋塞进他的饭底。"文革"后期,虽然给他平了反,但没有落实政策。1972年秋季,市委将叶振汉安排在厦门五中协助党支部工作,他提出切实可行的教改计划和措施,深得广大师生拥护。1974年春,批林批孔运动开始,五中校园内突然大字报铺天盖地,都是批判叶振汉校长教改计划和措施的,说这是"修正主义货色"、"反毛泽东思想、复辟资本主义的大毒草"等等。那时他已调到厦门六中工作,五中派人到六中抓叶校长回去批斗,幸好六中同志保护,才免遭再次劫难。叶校长就是在广大教职工的精心掩护下,渡过了难关。

热情的关心温暖人心,真诚的情感感动他人。无论在哪所学校,叶振汉校长心中有教师,教职工深受感动。他们潜心工作,把学校视为自己的家,把校长视为家长、兄长,齐心协力办好学校。

鞠躬尽瘁 死而后已

粉碎"四人帮"后,叶校长重新走上工作岗位,担任集美航海学校领导。他工作更忙了,夜以继日,废寝忘食。子女劝他不要太拼,身体要紧,他说:"我要把被'文革'耽误的时间要回来,把'文革'所失去的损失夺回来。"他为集美航海学校的升格东奔西跑,为筹组集美学区教育工委竭尽全力,为创造更好的教学环境呕心沥血。长期的劳累拖垮了叶校长的身体,"十年动乱"摧残了叶校长的身心,他病倒了。在治病的四个多月里,动了两次手术,经历六次抢救,每天都是处在病危之中。但是,他非常坚强,忍受着疼痛的折磨,一直挂念着工作:航海(专科)学校发展的前景;海外招生工作的进程;集美校友会工作;海外校友的情况;厦门市和集美学区的长远规划……他在病骨支离、生命垂危时刻,交代家属要把埋植在体内的进口心脏起搏器取出,奉献给厦门市第一医院作为科研用。

1984年6月25日,叶振汉校长溘然长逝。哲人已远,芳德千秋。叶振汉校长育才振校、鞠躬尽瘁、死而后已的精神长存天地之间,他毕生所全力以赴的教育事业,正在蓬勃发展,他毕生所辛勤浇灌的万千桃李,正在开花结果。

王友钊：台湾著名农经专家

任镜波

台湾财团法人，农村发展基金会原董事长王友钊先生，祖籍福建晋江，出生于1925年农历七月初二，1944年毕业于集美高级商业职业学校第八组，是台湾著名的农业经济学家，也是集美学校的著名校友。20年前，我有幸第一次见到他，后来又见过几次，还通过多次电话，从亲见和耳闻中，对他的学问和为人，留下了深刻的印象。

从小酷爱读书

王友钊出身书香门第，但是，在他两三岁时，父亲就去世了，家里只剩祖母、母亲、哥哥和他4个人。

他的母亲是位小学教师，对儿子的教育十分严格。在他读到小学五年级时，由于日军侵华，社会混乱，他家便从晋江县城迁到乡下去住。他每天为了上学，要从乡下到城里往返地跑，他的外婆、祖母和亲戚们都不放心，都对他母亲说："世道这么乱，不要让小孩往城里跑，迟几年念书，也无所谓。"但他的母亲还是很有见地地要求他在家里读书，然后回校参加毕业考。就这样，王友钊就在逃难的环境中完成了小学教育，拿到了衮绣小学的毕业证书，并考上了私立泉州中学。

入读泉州中学不到一年，学校又迁往内地。从家里去学校，没有汽车，坐船加上走路，需要半天的时间。他祖母舍不得，说不要去那么远的地方，就在家里看看书罢了。但他母亲还是坚持要他去读，住在学校，一个学期回家一次。入学后，因为水土不服，他经常生病，加上学校及周边常有人染上"打摆子"，所以，不仅家里很不放心，王友钊也很想家。每当想家的时候，他就看书，一拿起书本，就什么都忘了，书本成了他最好的朋友。

初中毕业后，他考上陈嘉庚创办的集美高级商业职业学校。那时，由于抗战

百年树人

的原因,集美高商已从集美迁至山区,在大田县城郊的玉田乡办学。王友钊从家里打赤脚走了3天的山路,才到达学校。3年的寒假,他都留在学校没有回家。学校的图书馆,成了他最常去的地方,严复先生的译著《块肉余生记》《双城记》,他看得津津有味。3年下来,馆藏的世界名著,几乎被他看了个遍。他还同一个也爱看书的管理员,结成了忘年之交。至今,他还不时提起在集美高商3年,不仅增进了对经济学的兴趣,同时还通过博览群书扩大了眼界,培养了他宽阔的胸怀。

矢志不移的成才之路

从集美高商毕业后,他考进省直税局,在厦门、龙溪(今漳州市)等地干了两年。当时社会上对税务人员印象不好,他总觉得干这行不是滋味。心里就盘算着一定要继续升学,争取学习他喜爱的经济学专业。1946年,他辞去工作,从厦门坐船去台北投奔哥哥王友焕,并找到了一份比较如意的工作,在农业试验所会计股当股长。但他并不以此为满足,依然憧憬着继续升学。于是,他以惊人的毅力,用了整整两年的工余时间,刻苦自学,竟然把以前从没念过的物理、化学、高数,以及史地等课程,通通补上了。

报考大学的时候,他填报了3所学校。一是台湾大学,但由于考试中途生病,结果没有考完。二是厦门大学,他是托亲友报名的,等他从台湾赶到厦门应考时,才知道必须亲自报名,但报名的时限已经过去了。幸好在他重返台湾时,还能够赶上参加中兴大学农学院的考试,终于,中兴大学农业经济系录取了他。

一年后,他申请转学台湾大学。当时申请转学去台大的学生,仅各校农业经济系的就有上千人,初试后还有300多人。由于他对《经济学》《农业概论》等考试科目做了充分准备,所以在考场上妙笔生花,顺利地通过了复试。发榜时,望着录取榜上只有他一人时,他十分激动,并产生了更大的冲动。

他在集美高商就立志将来要攻读经济学。所以他在台大3年,便一边到农业经济系上课,一边自修经济系的课程。他把图书馆所有经济类的书本都借出来看,结果他在这方面所读的书,远远超过了经济系学生的必读书,实际上,在台大3年,他是既读了农经系又读了经济系。按照当今培养模式的说法,就是双专业双学位的毕业生。

他说过:"读书,一定要养成主动进修的习惯,如果单纯依赖老师在课堂上所授的,或为应付考试而做的小幅度的攫取,那是绝对太狭隘的。多看书就会发现,不同的书本对同一个问题,往往有不同角度的解释,经过比较印证,就会有所发现,从中获益。"后来,他对学生、对孩子也是这样要求,要他们"多看书,多思考,不要尽信书中所说的"。

1952年,他大学毕业后,被分配到"台湾省物资局"企划室工作。在一般人看来这是很好的位置了,但是他还是比较喜欢学术性的研究工作。不久,在他的大学老师张德粹先生(台湾农业经济学家、农业教育学家,中国农业经济学的奠基人之一)的推荐下,他回到台湾大学农经系担任助教。之后,他申请到洛克基金会的全额助学金,于1956年到美国爱荷华州立大学修读硕士学位。在美国,他的恩师 Earl O. Heady 是生产经济学的权威,启发了他对数学与统计的兴趣,也为他日后从事计量经济学和统计分析的教学与研究奠定了基础。

获得硕士学位后,他又回到台湾大学农经系担任讲师、副教授。他一边教学,一边搜集博士论文的资料。1962年,他再度到美国爱荷华州立大学攻读博士学位。仅两年,就获得了博士候选人资格,并于1965年取得博士学位后,回到台湾大学农经系,继续当了14年教授。

王友钊这种渴求知识、刻苦攻读和立定志愿、矢志追求的精神,令人钦敬,尤其值得后生们仿效。

台湾农业复兴的一员干将

1955年,王友钊还在台湾大学当助教的时候,就被聘兼任"中美合作农村发展委员会"(简称"农复会")技正。他在技正岗位工作得很出色,做了很多非常实际的工作。1966年,他正式调入"农复会"工作,担任专职的领导,从组长、处长做到秘书长。以后"农复会"更名为"农业发展委员会",他先后担任秘书长、副主任委员、主任委员。1988年8月至1990年6月,他先后任"行政院政务委员"、"行政院农委会主任",卸任后于1990年6月被聘为"总统府国策顾问"至1993年5月。从1993年起至今,他先后担任"财团法人农村发展基金会"执行长、董事长、名誉董事长。

王友钊做了官员,却没有官架子,是一位专家型、学者型的官员。他几十次参加国际性的农业会议,几乎每次都提交论文或作专题报告。其中最重要的如1970年在荷兰参加第二届国际粮食会议,1974年在英国参加第二届国际农业演变研讨会,1979年在加拿大参加国际农经学者会议。因此,他在国际上也是一位知名度很高的农业经济学者。

他的著作《农业生产经济学》,曾被台湾教育部门定为大学的教科书。他的译作《计量经济学》、《总体经济学》,以及他有关农业方面的数十篇论文、评论,也

百年树人

都深受专业和研究人士的好评。

他在"农复会"工作期间,经常与农业技术人员一起深入农村,做实地调查,帮助农民总结经验,改良品种,推广新技术,改善经营管理,把农民生产、生活中遇到的问题带回去研究,有了结果再去告诉农民,或让农民再去做试验,反复进行。从1955年受聘到1990年卸任,他在"农复会"一干35年,经常参与农业政策的制定和提出农业改进的意见,为推动农业技术发展,帮助农民解决实际问题发挥了突出的作用,是促进台湾地区农业复兴、经济发展的一员干将。

谦和质朴富有人情味

在台湾,王友钊有很多集美学校和台湾大学的校友,他给大家的印象是:虽潜心学术研究却不是个书呆子,从事公职身居高位却毫无官僚习气。他一直保持着谦和质朴、内诚外毅的可贵品质。

王友钊对母亲非常孝顺。上世纪50年代初,他大学毕业不久,生活刚安定下来,便通过第三地把留在泉州老家的母亲接到台湾。在那两岸全然隔绝、国民党管制甚严的年代,他居然能把母亲平平安安地接到台湾,细心侍奉,实属不易。他母亲慈善宽厚,他对母亲更是大孝尊亲,仿佛做任何事都想博得母亲的欢心。

他对同学也很关爱。他在集美、台大的同学苏炳炎曾经对人说过:"我年青时常批评当局,又不愿加入国民党,被列为不良分子,其时很多同学对我敬而远之,可是友钊校友却对我毫不弃嫌,因此我仍时相过从,我也常到他家串门。"在台湾,集美校友甚至是闽南的同学经常相约聚会,他虽公务繁忙,应酬也多,但他从不缺席,而且毫无架子,同大家谈笑风生。

他很想念在大陆的同学。在两岸还不能互相往来的年代,他只能看看旧时的照片。他时常怀念起当年在集美高商的情景。学校在大田的玉田村,那是一个面对公路,背靠高山的小村子。在这个小村里,还有集美水产航海学校、集美农林学校,三个学校的师生有上千人,把穷乡僻壤的地方,变成了熙熙攘攘的学村。他还有印象,有一年寒假,没有回家的十几个同学,自己办伙食,谁家里先寄钱来就先入账开支,俨然像一个大家庭。正月初三那天,大家都起得很早,屋外是一片白茫茫的雪地,大家高兴得蹦蹦跳跳,跑到屋外打起雪球战。玩了大半天,余兴未尽,竟有人打赌要到学校附近的小溪游泳。当时年青,血气方刚,谁也不认输,十几个都下水了,直到被冻得嘴唇发紫,全身哆嗦才爬上岸。这些往事,经常在他的脑海中像放电影似的一幕一幕地掠过。想到深处,他便情不自禁地叹道:"兄弟啊,你们现在那里?"

到了两岸能够暗中互传信息的时候,他收到了一份由大陆同学寄的《248窗友》特刊("248"是集美商校24组和高8组同学的简称,这里的"组"就是通常的"班",24组和高8组都是1944年毕业的)。他所在的高8组,入学时有50人,到毕业时只剩下30多人。《248窗友》特刊是高8组的同学郑克成(时任厦门鹭江职业大学副校长)一个人利用工余时间办的,从征稿到编辑、出版、发行,全由他一个人承担。

这份特刊,报道了1989年有二十几个同学在集美母校聚会,会后重返玉田村,寻访旧校址的情况。当他看到郑克成写的散记《再结玉田未了缘》时,一种强烈的思念之情油然而生。他仿佛看到了当年在校学习、生活的许多情景,包括和同学们在一起"闹番癫"的场面。这份由同学自编的刊物就像一种相思物,令王友钊越看越想看,越看越相思,他巴不得立即飞越海峡,回到家乡,回到同学之间。

1992年,他因公前往蒙古人民共和国,在回程途中,他取道大陆,赶回泉州探望离别40多年的老家。在厦门作短期停留时,他还私下到集美拜访原集美学校董事长陈村牧先生。以后他每次来大陆,都要沿途看望老同学。1994年10月28日,他还偕太太、大公子一起到泉州参加集美高商24组、高8组毕业50周年联欢会。在宴会上,他向到场的44位同学和家属,赠送了由他和太太精心设计、订制的纪念章和他们的"全家福"。在"老番癫晚会"上,大家把酒持螯,互相戏谑,且歌且舞,极尽欢乐。第二天,他一家三人还同23个同学、家属一起去玉田村重访旧校址。

推动两岸农业交流合作的先驱人

从1992年起,他先后来大陆二十几次,其中大多数都是以"台湾财团法人农村发展基金会"执行长、董事长、名誉董事长的身份,接受中国农科院海峡两岸农业研究中心邀请的。他先后到过北京、上海、重庆三大城市和四川、陕西、新疆、云南、江苏、辽宁、黑龙江、海南等省的主要城市和农村,进行参观考察,并参加各种学术交流活动。每次活动,他都真诚地发表了自己的意见。

2004年9月9日,他一行3人到中科院农业经济研究所参观访问,受到钱克明所长、任爱荣书记的热情接待。在座谈会上,围绕着中国农业政策调整、粮食安全和农民收入等问题,他毫无保留地发表了自己的看法。同时,他还介绍了上世纪70年代初期台湾农业政策调整的经验和教训。他着重谈了加强公共投资尤其是农村基础设施建设是台湾小农成功发展的关键。他的发言深受重视。

2010年6月17日，他又一次被邀请到海峡两岸农业研究中心作学术交流。在交流会上，双方对共同关心的大陆农户耕地规模和农民收益、政府扶持政策的方式和有效性，以及农村金融、农民组织化等农业、农村、农民问题进行研讨、交换意见。在会上，他便详细地介绍了台湾农业几十年来变迁的历程。他说："台湾农业以小农经营为主，发展精致农业主要靠小农，小农（家庭农场）是社会稳定的重要基础。政府的农业政策和措施既要考虑宏观，又要关注微观；既要考虑经济面，也要兼顾社会面，经济问题和社会问题要有机结合，统筹兼顾经济效益和社会的公平正义。"农经所党委书记、海峡两岸农业研究中心主任任爱荣对他真诚的发言表示感谢。她说，王友钊是台湾农经界资深专家，也是两岸农业交流与合作务实推动的开创者和见证者之一。他不仅熟悉台湾农业的发展历程，对大陆农业和农村经济的发展也十分关注。多年来，他为推动海峡两岸农业交流与合作、增进两岸的互信与融合作出了积极贡献。

他来大陆，也非常关心福建家乡。1998年12月，他应福建省有关部门的邀请来闽参观访问。为了促进闽台的农业交流与合作，他还请了"台湾财团法人农村发展基金会"的执行长涂勋和芦柑专家吕明雄教授、香蕉专家陈志宏教授一起来闽。期间，他们还应厦门市政府的邀请，同市的有关领导见面，商谈厦台的农业交流与合作。市有关领导要我跟北京来的任爱荣主任一起陪同他们。在参观市郊农村的路上，他给我们讲了一个故事，他说："有一次，我在漳州看到果农都是用竹枝作三脚架，给香蕉作支架。我便向他们提出用单枝作扶杆更好，可大部分果农都不信，结果台风来了，用单枝作扶杆被吹倒的，比用三脚架作扶架的少很多。后来，果农还发现采用单枝扶杆的，老鼠也不容易爬上去偷吃香蕉。"他还说："福建的农户，每户的农田面积都不大，跟台湾很相似，都是'小农'经济，这有别于欧美的'大农'（农场主）经济。农业技术固然重要，但田间管理经验更重要，而且推广经验必须耐心。这方面，台湾有值得福建学习的地方。"这次，他们还去了永春、福清、福州琅岐、武夷山等地参观、考察。

1999年10月19日，我应李尚大先生的邀请，一起陪王友钊到安溪考察。一到虎丘镇，他便翻山越岭，看了好多茶园。他的知识非常渊博，针对一些茶叶的生长现象，他不仅作了分析，还讲了许多科学的道理。看过茶园和几家茶厂后，他非常坦率地对镇领导说．"我们研究每一个问题，推行每一项政策，首先要想到农民利益，他们能得到什么好处。茶业生产要加强和改进茶园管理，引进品种要慎重，要通过试验。制茶不要一味追求机械化，要发挥我们劳动力多的优势。要向有经验、有技术的茶农学习，使人家都能掌握他教的技术。专家、技术人员要同茶农一起研究。茶农提出的问题,回答不了的,要带回去研究,有了办法,再来教给茶农。改良制茶技术,不是光靠办大工厂,而是要先几家几户在一块经营、试验,然后慢慢扩大,优胜劣汰,保证茶农增产增收。不要单纯靠茶商来办大厂,由他们收购原料,由他们定价,说一不二,其结果一定是偏利于茶商和参与办厂的。有的茶商把机器运来,在这里办厂,可为什么他不把控制温度的部件一起带进来呢?他是怕你们学到技术。对茶商要坚持互利、公平,不能让茶农吃亏!"他的这番话,在场人听了都深受感动。一位镇领导十分感慨地说:"王先生讲的,与其他专家讲的就不同。王先生想的、讲的,都是站在农民的立场,维护农民的利益。所讲的都非常实在,非常客观,非常公正,不偏向茶商。"

2001年7月21日,王友钊校友在香港接受了集美大学辜建德校长的聘请,担任集美大学名誉教授。他给集美大学赠送了《农业生产经济学》、《计量经济学》等著作和译作。

20多年来,他在台湾经常接待来自大陆的亲友和农业参访团。大陆的许多农业专家、学者都是他的朋友。2010年8月,集美校友总会参访团到台湾访问老校友时,他虽然走路不很方便,但还是由太太送到酒店和大家见面,并在宴席上讲了许多热情洋溢的话。

20多年来,他一次又一次地往返两岸,不仅担当了推动两岸农业领域交流合作先驱者的角色,而且,所做的工作,实实在在地推动了两岸同胞的合作,增进了两岸同胞的福祉。他的成就和贡献,是值得母校和校友们为之自豪、为之喝彩的!

百年树人

鲁藜：从集美学村启程的红色诗人

蔡鹤影

一

1932年初春，一辆破旧的牛车行走在逶迤曲折的山路上，发出"咿咿哑哑"的声响。寒风冷冽，车上躺着一位瘦骨伶仃的老人，盖着一条破棉絮，那张露出的脸苍白苍白的，冻紫的嘴唇一直在发抖。车上还坐着一位年轻小伙子，约莫十七八岁，一头黑发微微卷曲着。年轻人一会儿安慰车上的老人，一会儿用拗口的闽南话问车夫："许厝村快到了吗？"看来心事重重，似乎头一次出远门。"瞧，就在那山脚下。"车夫用牛鞭一指，紧拉牛绳，一甩牛鞭，吆喝一声"驾！"牛便冒着严寒，鼻子喷着雾气，"吭哧，吭哧"地拉向许厝村。

许厝村属于翔安区内厝镇，就在香山北侧的山脚下。翻开许厝的历史，是一部风的历史。风，孕育了许厝人与大地搏斗的全部生命力；风，磨炼了许厝人漂洋过海的勇气和毅力。

这位年轻人，名叫鲁藜，三岁就被父母抱出洋到南越谋生。鲁藜流落在越南湄公河畔，改名为"徒弟"。他从小失学，只读完高小一年级，就在西贡堤岸华侨聚居的街头巷尾，沿街叫卖；他在面铺里当过学徒，在喧闹的码头做过磅手，小小年纪就在社会的最底层讨生活。

这一年，鲁藜18岁了，父亲年老力衰。为了逃避交纳"人头税"和了却父亲"落叶归根"的夙愿，他独自陪伴病重的老父回国。此时，他们终于回到久别的故乡。

回乡不久，父亲就病逝了。鲁藜料理好后事，原想去广东报考黄埔军校，但路费没有着落不能成行。后来他听说著名爱国华侨陈嘉庚在集美创办试验乡村师范学校,便兴致勃勃前去报考。

这是一所以陶行知社会教育思想体系(生活即教育、社会即学校和教学做合一)为核心的新型学校,创办于1931年初,坐落于集美凤林,校长张宗麟。

在这种新型的学校里,鲁藜如鱼得水,在知识的海洋里自由自在地游弋。学校一切事务都由师生自己动手做,种地、下厨、办民校、搞娱乐、写日记,师生会农友,农友找教师,学习和劳动风气很好,使整个乡村都成为学校,成为南中国生活教育的基地。

每天,拂晓,篁竹里的小鸟争先恐后一展歌喉,宛啭啼鸣时,同学们便从宿舍里汇合到榕坛前,举行寅会,由师生轮流主持,约半小时左右。会后,有的打扫院落,有的打水砍柴烧饭,有的挑粪施肥,各司其职。

有一次寅会,轮到鲁藜主持。他迎着熹微晨光,站在榕坛上,精神抖擞地指挥同学们唱完《锄头舞歌》。此时,山冈白露,嫩草青芽,空气是醉人的清新馥郁。

"同学们,老师们,"鲁藜深深吸了口新鲜的空气,镇静自若地慷慨陈词,"大家都知道,在到处充满压迫、剥削腐败没落的黑暗社会里,一个人要去谋生,要去做一个真正的人,要去寻找真正人生的道路是很不容易的。乡师却像屹立在海上的一柱小小的航标灯,在暴风雨里照耀着我们这一群时代的青年走向为祖国为人民正义事业献身的道路……"话音一落,四处响起了热烈的掌声。此时,有一位同学注视着他,暗暗为他鼓劲。这就是与他晨夕共窗、家在马巷山亭村的陈剑旋,地下共青团员。

有一次,陈剑旋和鲁藜结伴到村里"会农友"。这是乡师一门课,每周半天,还要至少结交两个知心农友。

访问完后,时间还早,他们两人就沿着海边散步。

徐徐的海风轻轻地吹着,鲁藜望着广邈的海面,一群海鸥在欢悦戏水,远处的村落里飘来袅袅的南音,缠绵悱恻、清越悠扬,勾起他对远方亲人的思绪……

"想家吗?"身后传来关切的问话,打断了鲁藜的遐思。他转过头一看,见剑旋在问自己,便坦诚地说:

"是的,想家。但何以为家?父亲死了,国内只剩下我孤零零的一个。我的亲人——母亲,在水一方。她倚着柴扉,含着老泪,正翘首盼望儿子归还。"

陈剑旋见鲁藜敦厚朴直,是位有正义感的热血青年,就经常送些进步的刊物给他看,启发他。鲁藜不再彷徨与徘徊,开始参加革命斗争。

鲁藜接过陈剑旋给的红色传单,意识到这是宣传反帝抗日的,周身顿时热血沸腾,郑重地握着剑旋的手,两人的目光凝视在一起,彼此沉默相对,似乎可听到对方的心在胸腔里跳动。于是,他跑到集美街上散发传单,张贴标语。后来,剑旋又介绍他参加当地反帝大同盟、互济会。

1933年1月,国民党命令同安公安局出动军警包围学校,逮捕共产党人,封闭这所"赤色"学校。鲁藜又一次失学了,再也无法在窗明几净的课堂里学习。但他在乡师遇到了革命引路人陈剑旋,使他走上革命道路,奔赴革命圣地——延安。

后来,陈剑旋化名"田犁",到黄浦滩头参加抗日斗争,于1939年不幸被捕,在上海日本监狱里壮烈牺牲,成为一名抗日烈士,彪炳千秋。

二

1932年5月,鲁藜受中共闽南特委的指派,以小学教师的名义,负责组织同安县潘涂乡的秘密农会。他奉地下党的指示,在所在村子里的秘密地下室里,油印由他起草的纪念"五卅"运动的反帝救亡宣言。"五卅"这一天,他带领潘涂乡小学的一部分学生到附近各乡游行,后与朱秀三一起被国民党保安队逮捕,送到同安城关警察局关押数日。两人义正词严,抗议保安队无理拘人,后被释放。

1934年夏天,鲁藜乘坐英商轮船从厦门到达上海。在上海这个纸醉金迷的十里洋场,要混碗饭吃谈何容易。正当彷徨无计时,幸遇原在集美乡师任教的王瑞符老师,介绍他到上海郊区宝山县乡村一所"山海工学团"分团教书。他给郊区青年农民上政治文化课。

上海自从"一·二八"战役以来,抗日救亡运动日益高涨起来。鲁藜像一团火参加了地下党的外围组织——上海文总劳动者教育联盟,简称"左翼教联"。

鲁藜一边认真读文学作品,像海绵似的吸收文学养分,一边埋头创作,在实践中自学写作。他用鲁藜、鲁加、奴隶、小犁等笔名,在邹韬奋主编的《生活星期刊》、李公朴主编的《读书生活》、生活教育出版社出版的《生活教育》,以及当时"左联"主办的《光明》《播火》等文艺刊物发表作品,在上海文坛崭露头角。

同年秋天,司马文森和潘大流介绍鲁藜加入"左联"。

1936年年初,在英租界里的莫斯科影院,上海各界举行普希金逝世一百周年纪念大会。那天,国民党政府如临大敌,绨骑遍地,鹰犬四窜。但许多社会名流如陶行知、邹韬奋、李公朴、艾思奇等先生却置生死于度外,冒着生命危险出席大会。

在会场上,鲁藜见邹先生也平赴会,便趋前拜见,邹先生紧握他的手,高高举起,向朋友介绍说:"他就是诗人鲁藜啊!"霎时,一股暖流流遍鲁藜的全身,他觉得肩上的担子更重了。

1936年6月19日,鲁藜正式加入中国共产党。

1937年,党组织派遣他前往安徽工作,先后辗转于凤台、安庆、芜湖一带,担任民众教育馆职员、《皖江日报》副刊编辑等职。在安庆他写了《淮河船夫曲》(歌词),反映当时风云密布的时局,表现了中华民族勇于抗争的光荣传统。歌词经青年音乐家杜矢甲配曲后,流传于大后方,成为最流行的抗战歌曲之一。

三

延安,巍峨的宝塔耸立于南门外的山峦上,直薄云天。它像一块大磁铁,吸引着千千万万的热血青年奔向这革命圣地。

1938年秋天,西北高原苞米黄了的季节。鲁藜从皖北去郑州,然后乘火车到西安八路军办事处联系工作,再和几位同志结伴奔赴延安,走上了"壮丽的人生"大道。

延安,给鲁藜的印象是崭新的天地,充满了阳光和歌声。面对山山水水、红红火火的画面,他胸中的诗情又在激荡,便积极参加延安著名的诗社——军内组织的"山脉诗歌社"。他用清新优美的诗篇讴歌革命圣地——延安,写下了《延河散歌》。

在《延河散歌》中,诗人流露了对延安的无限深情。第一首《星》,以"星"来比喻抗日战争的策源地——延安:

　　星
　　各种各样的星
　　分布在延河上
　　没有星的夜是沉黑的
　　然而,星将会出来
　　星在永远引导我们前进

他的《延河散歌》,由延安作家李又然代寄给远在重庆的《七月》主编胡风发表,一炮打响,饮誉诗坛。从此,鲁藜与诗结下了不解之缘,成为一名诗人。诗是一把双刃剑,给他带来"有幸也不幸"的双面命运。1941年,从未与鲁藜谋面的胡风出于提携新生力量,先后为他编选诗集《锻炼》、《醒来的时候》,收入《七月诗丛》出版。

在"星"的引导下,千千万万的热血青年奔赴延安;海纳百川,成千上万的革

百年树人

命青年像无数的涓涓细流,汇入延安这波澜壮阔的大海。

可是,后来国民党胡宗南千方百计限制青年和文化人到延安,严格而周密地封锁陕甘宁边区,给根据地军民造成了极大的困难。

困难压不倒共产党人和人民,毛泽东在陕甘宁边区第一届参议会上提出"开展全边区人民的生产运动"。

响应毛泽东同志的号召,军民用自己顽强的意志,将以生产自救为目的的大生产运动推向了高潮。于是,纺纱织布,开荒种地,生产运动搞得热火朝天。鲁藜他们扛着镢头,披着淡淡的晨光,吃力地向对面山上爬去。上了半山腰,在稍微平整一点的坡地停了下来,用围在脖子上的雪白毛巾,拭去满头满脸的汗。这时,有人拉歌,歌声此起彼伏,激发大家生产的热情。唱了歌后,便分组在指定山坡开荒,一镢头又一镢头把土块打碎,成块的泥土就变得松碎了,开完了一片,又开另一片。此时,鲁藜指点黄土高原,得意地笑着说:这是一首美妙的诗歌,是一幅生动的图画,是高原上的晨曲!

鲁藜经过"整风"后,创作了一首著名的哲理诗,迄今称得上妇孺皆知了。这首小诗仅有四行:

老是把自己当作珍珠

就时时有被埋没的痛苦

把自己当作泥土吧

让众人把你踩成一条道路

这是一首脍炙人口的格言式的抒情短诗。这首诗是"延安情结"爆闪的诗之花,它突破了小诗写景抒情的旧窠臼,其历史价值远远超过创作的一般意义,是诗中的思想珍珠,睿智的花蕾。它至今仍为许多人所传诵,影响过几代人,青年烈士张志新和公朴楷模孔繁森都将它奉为座右铭。可见这首小诗影响之广、之深远。

抗战胜利后,鲁藜到中央党校学习一段时间后,便奉命参加南方工作团,待福建解放后才返回去开辟新工作。但到了山西太行山根据地后,他却被时任晋鲁豫边区文委领导的陶铸留下,在边区文联任职。不久,他又被调到范文澜任校长的北方大学文学系执教。

1947年冬,鲁藜参加冀鲁豫解放区土改运动。次年,土改结束后,他赴河北石家庄任文协秘书。一年后,他随着解放战争隆隆的炮声,与部队一起进驻天津西郊。

四

新中国成立时,鲁藜才35岁,风华正茂。他任天津市文联副主席、市作协主席等要职,工作繁忙,但仍然不忘写作,满腔激情讴歌新生的共和国。可是,命运多舛。1955年一场批判"胡风反革命集团"的政治风暴,把他卷入旋涡。不久,鲁藜被定为"骨干分子"锒铛入狱,备受铁窗之苦。

鲁藜被关押了一年,查无实据,又无其他政治历史问题,被释放了。出狱后鲁藜不服,写了申诉材料,送交主管部门。那时,正是1957年春天,鲁藜涉嫌为胡风翻案而被打成"右派",遣送到板桥农场劳改。

"文革"中,刚正不阿的鲁藜又再向上申诉,岂知在四害横行的日子里,鲁藜不但申冤无门,还再次惨遭迫害。

直到粉碎"四人帮",党的十一届三中全会召开后,1980年2月,他在《诗刊》发表《云之歌》,宣告重返诗坛,重新歌唱!

五

党的十一届三中全会后,鲁藜获得"平反"。

鲁藜复出后担任天津市文联、市作协副主席、市侨联顾问,兼任北京《诗刊》编委。"诗人老去诗情在",鲁藜虽然头上飞霜,但他始终热爱祖国、热爱党——"啊,谢谢阳春/——谢谢党的三中全会/还我灵感/还我生命的彩色"(引自《春》)。

这里值得一提的是,诗人鲁藜平反后重返阔别半个多世纪的故乡。

那是1984年4月,火红火红的凤凰花在鹭岛盛开时,鲁藜偕夫人刘颖西趁来厦门大学参加学术讨论会之便,回到梦魂萦绕的故乡。近乡情更怯,故居今安在?亲朋故友可好吗?鲁藜风尘仆仆,来不及洗去车旅的劳累,就到田间地头走亲访友。一批批记者、作家、文学青年慕名而至。

在返回厦门市区途中,鲁藜与夫人特地在集美逗留,去拜谒鳌园。

他们沿着龙舟池畔的林荫小径,迎着海风,满怀崇敬之情,朝着鳌园走去,因为园中安息着一个伟大的灵魂,安息着诗人终生难忘的一位爱国老人……

他伫立在陈嘉庚先生墓前,倾注了不尽的情思。当年正是这位伟大的爱国者创办了乡村师范实验学校,为穷苦子弟提供免费膳宿,鲁藜才得以在这里接受了短暂的正规化教育。想到这里,他心潮澎湃,化成洋洋洒洒的长诗《在陈嘉庚先生墓前》,倾吐了无限的崇敬之情——

百年树人

　　每当我肃立在我的校主之墓前
　　心中百感交集如同鹭江滔滔
　　先生富敌古代帝王
　　却不去营造海外天堂地下宫殿
　　先生却爱故乡的青山绿水
　　装饰你那简朴安卧的区区小丘
　　棺椁玉枕金袍珠衣
　　也克服不了腐朽
　　而那覆盖于青石板下的人格
　　却亘古常青
　　……

　　先生,我也是东南亚归来的漂泊者
　　也是你的一个学子
　　在你的广阔学林的一角
　　获得了革命的火种;知识的金钥
　　在你的"诚毅"的校训上
　　毅然投身于祖国神圣事业的斗争
　　经历了半个多世纪的风风雨雨
　　今天我回到母校,来到您的墓前
　　向您默默垂下我的银发
　　但,没有垂下你赋予我的金色双翼
　　我听见大地里有一颗伟大心灵在呼唤
　　……

　　诗人以朴素无华的语言抒写出陈嘉庚先生的高尚品格、烨然风采,把怀念的绵绵之思与敬仰的赤热之情糅合在一起,每一行诗都发自真情,每一句诗都感人肺腑。

　　1994年10月,天津市委和市作协为这位著名诗人举行80寿辰的庆祝大会。会上致答谢辞时,鲁藜不由得激动万分地表示:"我是写诗的,今生仍然要为亲爱的祖国做贡献,仍然要为诗而燃烧!"

　　但天不假以年,1999年1月13日,饱经沧桑的诗人鲁藜走完了坎坷而伟大的一生,在天津病逝了。

146

李林:华侨抗日女英雄

王宝国

"……她不到后方做官,坚持前线抗战。她是我们的民族英雄。要好好宣传李林,为她写好传记。"——周恩来

李林,南洋归侨,集美校友,中国历史上罕有的女游击队长。她驰骋前线,威震晋绥,中国名将贺龙称她为"我们的女英雄";周恩来、薄一波、胡乔木等均对宣传李林给予高度关注。李林英雄而又特别的身份,她丰富的传奇,都使她成为中国历史上的罕见人物。

一、集美女生

1915年12月下旬的一个上午,李林被生父母遗弃于福建省漳州芝山的塔口庵前。前来敬香的龙溪侨眷陈茶将其收养,取名翠英。由盛放她的竹篮里的纸条推知,其生日为1915年11月15日。

陈茶之夫李瑞奇,又名李华林,本是官宦世家。瑞奇祖父是清末的"蓝顶花翎",父亲李亚仙是有名的地理师。李瑞奇在石码镇当铺做会计。所憾陈茶婚后多年不育,李瑞奇于1898年到印尼去经商了。

1919年的春节,陈茶即带天花刚愈的小翠英,到印尼寻夫。李瑞奇带头集资兴办爪哇"中华学校",并任董事长。在翠英幼小的年月,爹爹主张又收养了两弟一妹,共两男两女,分由母亲和庶母高容各养一男一女。翠英改名李秀若,与幼弟李永成由陈茶分养。

秀若就读中华学校,方寅老师在讲地理课时,在世界地图下翻出一张中国地图说:"同学们!这就是我们的祖国!我们中国有960多万平方公里的面积,占地球总面积的6.44%……"正讲着,驻校荷兰官员破门而入,一把扯下中国地图,践踏在地,斥辱道:"你们的国家已经一败涂地了!你们是东亚病夫,劣等民族!"秀若联想到爹爹讲过的陈嘉庚先生。不!我们中华民族既然有一个陈嘉庚,就会有很多优秀的人。

荷兰官员扬长而去。秀若上前拾起地图,用手绢擦去皮鞋印,双手捧给方老师。

1929年冬,15岁(虚龄)的李秀若高小毕业,乃母陈茶带着她和弟弟先期回国。

1930年秋,回国的李秀若考入了陈嘉庚先生创办的集美学校,先读幼稚师范学校6组,1932年9月转入女子初级中学10组续学。

此期间,由于世界经济危机,陈嘉庚先生正值商业最困难时期,但他却竭尽全力维持和巩固集美学校和厦门大学两校的运转,且保持给学生们的几项免费待遇。李秀若为人憨直,心存民族大事,她受嘉庚精神的影响尤为至深至大。

李秀若之读集美学校,又有两层幸运。一是于精神层面,更加贴近地学习和体验着嘉庚先生的诚毅精神;二是于学业层面,有陈嘉庚先生创建的集美学校博文楼图书馆,且开办有丰富的体育活动,集美学校为她奠基和发展了两大素质——文学和体育。这两点,都对她日后的战斗生涯,甚至对她的个人命运,发生了至关重要的影响。

1931年,日本侵略军发动了"九一八事变",侵占了整个东北,进逼华北。中华民族到了生死存亡的关头,集美学校抗日救国会又组成抗日义勇队,李秀若等19人当选为代表,组成了学生自治代表会。1932年1月28日,日军入侵上海,发生了淞沪会战。为了支援参加上海抗战的19路军,集美校主陈嘉庚先生与胞弟陈敬贤在新加坡迅即募集巨款,汇往上海。3月6日,陈嘉庚先生给全体学生与校友发来电报:"时至今日,任何人皆应抱牺牲精神,各尽所能,以与暴日抗!"校主一呼,全体俱鼓,集美学校展开抗日宣传与募捐,秀若捐献银圆1元。

1933年,秀若进入实践毕业班。2月24日,在集美女中学生代表会上,当选为学生自治会文书股长。3月,集美学校创办20周年典礼(4月1日)之前,集美各校为检阅军训成果,举行了一次抗日义勇队员联合演习,秀若为演习分队长。

1933年12月,18岁的李秀若毕业于集美女中。

翌年春,因仰慕长眠于西湖畔的民族英雄岳飞和女革命家秋瑾,秀若与同窗好友刘銮英选择了到杭州女中读高中。但为了寻找抗日路径,她们又于次年春转学到上海爱国女中。

上海爱国女中的课堂,李秀若成就了一篇著名作文。那天,作文课之前,是绘画课。同学们的绘画本刚刚展开,一阵日军演习的枪炮声把教室墙泥震落下来,秀若把爱国女中的教室当作了她的"平倭寇"的战场,在作文中写下"甘愿征战血染衣,不平倭寇誓不休"的名句。作文老师李天行为此打分 105 分。

二、平民教育实验

从这篇作文开始,李秀若受到中共地下组织的发现、引导。直接联系李秀若的人,是领导沪上学生运动的 4 位中共成员陈处泰、李凡夫、胡乔木、陈延庆。在他们与李秀若之间,秀若的同学兼好友方铭(胡乔木的妹妹,原名胡文新)曾介绍李秀若加入地下组织社联(社会科学者联盟),被秀若拒绝了。她对好友贾唯英说:"我不是'者'"。

不是"者"的李秀若,其目光与精力正投注于平民身上。眼望着这些挣扎在生存线上,也挣扎在懦弱的人格底线上的同胞们,秀若发现贫穷夺去了同胞们的文化权,也就夺走了他们的思考权,他们的精神是萎缩的……这,不正是我们遭受外侮的根源吗?

1935 年秋季开学后,李秀若当选爱国女中学生会干事,她把母亲留给她的 1200 元光洋和约一斤重的黄金首饰带到学校,效仿集美校主陈嘉庚兴办集美学村的壮举,在爱国女中开办了晏阳初平民夜校。这一计划得到校方的支持与合作。她们招生不分男女,专招穷人免费读书。秀若在上海晏阳初平民学会的支持和帮助下,终于招到每期 30 人以上的学生。一个激进的时代,各种政治诉求纷呈杂陈,动员民众和改造民众,一介书生李秀若的平民实践,实在是一段别有昭示意义的平民实验。

三、寻找抗日组织与加入中国共产党

1935 年,北平爆发了震动全国的"一二·九"学生爱国运动,上海举行大中学生声援北平"一二·九"的大规模游行示威。这时,秀若被选入爱国女中的学生自治会,参加 12 月 19 日向市政府的请愿,12 月 24 日的大游行,次年"三·八"妇女节大游行,全市大中学生暑期环县区抗日宣传团等。秀若是活动主角,她因此被学校当局发出开除暗示。

1936 年 7 月,李秀若改名李林,9 月,李林入读北平私立民国学院政治系。1936 年 11 月 22 日发生了"七君子"事件——当局以"危害民国罪"在上海逮捕沈钧儒等 7 位抗日救国会领袖,北平中共组织了一场大规模游行示威,李林担当游行总旗手。李林为护旗而被警察打伤,鲜血洒在红旗上。12 月 18 日,李林加入中国共产党。数日后,李林被中共组织派往山西太原,参加国共合作山西省牺牲救国同盟会(简称牺盟会)的工作。山西国共合作抗日事业,由老同盟会员阎锡山肇始,中共人士薄一波参加。

李林参加了牺盟会的军政训练班,她先被编入男女混合的12连。1937年3月5日专门编了一个女兵连——第11连,李林亦随之转到11连,担任11连中共支部书记。但她在此期间热衷军事,主动练武,练就一副好身手,为日后正面作战奠定了基础。

四、转战晋绥

1937年"七七"卢沟桥事变,中国抗日战争全面爆发。已分配到牺盟会机关的李林,经反复要求,以牺盟会大同中心区领导成员、中共雁北工委领导成员之一的双重身份,直奔前线大同。大同在抗日前夕即已汉奸如云,李林和她的伙伴们经过了一段激烈争夺人心的斗争,组织起一支120多人的"大同农民抗日自卫队"。9月12日,李林等一行人带领队伍出大同,至怀仁,但在日军飞机轰炸中,训练尚未成熟的队伍跑散了。这次虽然失败了,却磨炼了她的军事意志。

李林与一行人南退至雁门关内的阳明堡。在这里,他们遇到被牺盟会和中共山西工委共同派遣、来到雁北敌后的赵仲池一行人,李林强烈要求随队北上,赵仲池等坚决不同意:"你是女同志,应当南下,不得随队。"李林和赵仲池等反复"交锋",最终获准同行,重出雁门关。

1937年9月20日上午,李林一行人进入平鲁县城。在平鲁,他们组成了冠以牺盟会帽子的组织机构,同时组成中共晋绥边特委,也称雁北特委。大同日军逼近平鲁,有人提出南撤,李林提出:"坚持晋绥,誓死不撤!"组织决定全体西下偏关。

陈嘉庚于10月份联络南洋各地华侨代表,在新加坡成立"马来亚新加坡华侨筹赈祖国伤兵难民大会委员会"(俗称"南侨总会")时期,李林在偏关担当起培训干部和组建游击队的双重职责,组建成216人的雁北游击司令部偏关抗日游击支队,李林担任政治主任(民间惯称李政委),负责领导和训练,她通过开展肃匪保民的活动,获得了枪弹,训练和发展了队伍,成了晋绥地区主要模范支队。练兵过程中,李林学会了骑马,还将刘华香将军送她的无人敢碰的烈马菊花青驯服为她的终生坐骑。

伪蒙古联合自治政府成立,伪政府主席兼政务院长蒙奸德王(德穆楚克栋鲁普)的势力,与大同故军后昌师团一道进犯李林与梁雷所经营的偏关县,李林率部转移至邻近平鲁的老营城,与敌打起遭遇战,李林冲在最前面,一颗冒烟的手榴弹突然落在她的马前。千钧一发之际,李林翻身下马,拾起手榴弹向敌阵扔还。她在瞬间完成一个生死攸关的系列动作,保护了身后的战士。

不久,年方 23 岁的李林被任命为晋绥边区第八游击支队队长,并兼任政治主任,成为近代以来中国北方第一个女游击队长。

1938 年 4 月,为执行护送工作团北上绥南的任务,李林率领八支队北上。发现威远堡村外有敌屯藏军火的小据点,便率部突袭,夺取了枪支弹药。至绥远天成村,发现敌伪马队,即发起攻击,斩敌 26 人,夺马 87 匹,队伍一下子变成一支新生的骑兵部队。

这支半路新生的骑兵部队,锐不可当。除此之外,他们一路不停地查恶霸、杀汉奸,斩断了地方汉奸网。他们大造抗日的社会氛围,安定抗日的社会秩序,配合了晋绥边区开辟绥南根据地的宏观大政。

1938 年 5 月中旬,李林驰骋晋绥初战大捷之际,中共晋绥边特委决定,雁北独立支队由晋绥边地方领导。部队作为正规军,改属军地双重领导。李林任骑兵营教导员。

7 月上旬,李林率骑兵营二次北上,突破封锁线,打袭击战,拔掉大同长流水敌据点。大同是华北煤电重镇。此一役引起大同日军总部的大震动,对国共两方更是意义重大,各方称庆,李林的威名由此大成。

在护送绥南工作团南返途中,李林部队一路寻机作战,出奇兵猛袭目标,斩获甚丰。鉴于骑兵营完成任务很出色,中共晋绥边特委予以嘉奖。

五、晋绥调动与秋林会议

1938 年春夏,女游击队长李林名震晋绥,在敌友我三方掀起巨澜。日军悬赏 5000 元大洋捉拿李林;友方——国民政府第二战区长官公署主任、山西首脑阎锡山——以爱惜之意密切关注,并提出调她到长官公署工作;"我方"——中共晋西北党委——则一再要调李林到后方。李林为抗日而坚决不到后方,终被调离战场,于 1938 年 7 月下旬安排到晋绥地方工作。

在地方工作中,李林与民众结下深厚情感,培养了一大批女兵或女干部。在她殉国后,中共《新西北报》发表社论,称其是晋绥边区人民"最亲热的保姆"和"光明的灯塔"。

这一时期中的 1938 年 10 月,李林与同在晋绥的屈健结婚。

李林在晋绥地方的主要任务是训练干部,她先后主持训练了 260 余名边区干部。而她的职务是管军事的宣传委员。李林把上级安排给晋绥边的一个排兵力的政卫排，再练兵、再夺马、再扩军，三个月时间发展而为一支包括一个骑兵排的120人之众的小部队——边委政卫连。她率领这支小部队，除配合地方工作的日常性袭扰战之外，打了"奇袭岱岳"之著名一战，也打了"东平太突围"之最后一战。

李林被分配到地方后8个月，1939年3月25日，山西首脑阎锡山在陕西宜川县秋林镇召开"晋绥军政民高级干部会议"——史称"秋林会议"，李林受阎方破例特邀与会。会议提出"五统一"方案，也就是将国共合作管理的新军的指挥、管理权归并到统一的晋绥军体制中来。这是针对合作者中共方面的举措，中共指其为摩擦。继薄一波、续范亭及纪雨秀等中共方面重量级人物斗争发言后，李林以其亲身经历二度发言，为中共方面提供了有力支持。

秋林会议以排共限共为目的，却还特邀了李林；李林与会反击了邀请者，邀请者阎锡山还于会后在其官庄村住所接见了李林，并在此后持续关注。山西官方的《牺牲救国》报和《阵中日报》分别推出女英雄李林专版。李林的影响，突破政党之限，扩展到了整个山西军政界以及文艺界，甚至全国。

六、最后一战

1939年年底，山西发生"十二月事变"和"反顽固"斗争，山西的国共合作完全破裂，光荣而辉煌的牺盟会告终。李林奉命指挥了"反顽固"战斗——夺取区域内阎锡山政府基层政权的统一行动。中共"反顽"获胜，1月下旬至2月上旬，李林分别被选为中共晋西北第11行政督察专员公署秘书主任和晋西北行署委员。在晋西北军政民代表大会上，李林受到贺龙的赏识和挽留。李林最终选择了回到雁北前线。贺龙恳切嘱咐她要提高警惕，注意防身，并赠送李林一枝八音手枪。

在抗战最艰苦的1940年年关前后，中共"反顽固"胜利，独掌晋西北，同时也陷入维持政权的艰难，因而埋下隐患。日军对中共晋绥政权区域接连发起第八次、第九次大"围剿"，先后造成晋绥边妇救会秘书李桂芳等牺牲的"张崖沟事件"和李林殉国的"东平太事件"。

1940年4月25日，日伪出兵12000人将晋绥边区洪涛山铁桶般包围，李林出山参加实施第九次反"围剿"之战。按照突围会议部署，包括300人的步二营、120人的政卫连、580余人的团体机关人员非战斗队伍的千人大队在平鲁东南部的乱道沟村出发，向西北部平鲁县城方向转移。途中，日军炮声一响，前部的步三营突围而出,而 700 人后部陷入重围。李林在马上挥动驳壳枪,发布训令:"我们的行动是要吸引敌人的火力,掩护大队伍同志们突围。"

　　李林一马当先,驰返东大沟,杀声震天,一场 36 骑人马对 12000 之众的日军的惨烈战争开始了。李林带队向敌火力的中心冲锋,日军赶忙将火力集中到这条狭长的东大沟。一时间,以小钢炮、机枪为固定封锁火力,强大火网漫布于前后三山两河之间,李林左右两支枪的子弹都打光了,她就投一个手榴弹,趁着手榴弹爆炸时机换梭子再打。在敌人包围到里外四层时,李林一抖双缰,双脚站在了脚蹬上,高姿势猛烈还击。七八位骑兵兄弟倒下了,敌阵最前面两挺机枪的火力封锁住前进之路,李林用手势按下部队,隐身马腹之下观察了地形和小径,单马独骑飞跃而出,猛然出现在敌背后,从马腹之下钻身出来,一手一枪,敌两挺机枪顿时哑了。李林高喊一声,片刻之机,率所余骑兵全力冲杀,冲出了敌人第二层包围圈,静静地站立在战阵之外的西短川村岔道口。李林用无比的勇武打出危局中的黄金机会,700 人大队伍突围得救。

　　掩护任务已经完成,安全脱身近在眼前,但是,李林担心姜胜和机关人员尚未全部撤出,她毅然马头西掉,带着所余的十几名骑兵更猛烈地向西边山上冲杀而回。又是一场激烈战斗,又有 3 名战士倒下。李林的警卫员王海林的战马中弹倒地,李林解下随身文件包塞进附近的岩石缝,叮嘱王海林:"记住这个地方,队伍回来了,把文件交给专署。"王海林闻言,哭了。

　　但李林笑了。她掩埋了文件包,从衣袋里取出自己从集美珍藏至今的一支钢笔,递给王海林,拍着他的肩膀轻声说:"做个纪念吧。"

　　当再也听不到西山梁的枪声时,李林回身招呼战士复东转突围。她的战马菊花青被敌手榴弹炸伤嘴骨,骤然摆道。已多处受伤的李林因双枪射击以掩护战士,瞬间之差,滚落下马。她命令所余战士突围而出,自己孤身一人战至最后,把最后一粒子弹射入自己的颌下。

百年树人

吴文季:《康定情歌》采编者

陈励雄

"跑马溜溜的山上,一朵溜溜的云哟,端端溜溜地照在,康定溜溜的城哟……"集美大学90周年校庆庆典上,播放着旋律优美、节奏明快、雅俗共赏的《康定情歌》,歌声在集美的上空久久萦绕。

这首中国四川民歌《康定情歌》曾于20世纪70年代,被美国国家太空局作为世界10首最具代表性歌曲的"宇宙之音",放置在"旅行者二号"航天器,在太空遨游,寻找外太空中人类的知音。《康定情歌》是唯一入选的中国歌曲。90年代末,该曲又作为唯一的一首中国民歌,被联合国教科文组织列入全球最具影响力的10首民歌。2001年5月29日,世界歌王普拉西多·多明戈在北京人民大会堂也深情演绎了这首曲子。集美大学90周年校庆庆典为什么要选播这首民歌呢? 它与集美有什么关系呢?

《康定情歌》,又名《跑马溜溜的山上》,已传唱了数十年。多年来有关这首歌的记录改编者一直有不同的说法。1996年4月30日,四川省的《甘孜日报》称《康定情歌》的作者是"世界音乐史上的难解之谜",并悬赏一万元人民币找寻谜底,开始了一场沸沸扬扬的找寻《康定情歌》作者的揭秘行动。2001年中国西部康定情歌节组委会更是悬赏五万元,寻找《康定情歌》作者。有关歌曲作者,传闻多种多样,有说是舞蹈家戴爱莲,有说是西部歌王王洛宾等,执不同意见的人都纷纷摆出各种推理,一时间众说纷纭,扑朔迷离。然而历史的真实只有一个。经过大量细致深入严谨的查访,2002年年底终于有了权威部门认定的结果,并解开了尘封多年的谜底:《康定情歌》是泉州惠安洛阳人吴文季采编的。

20世纪40年代中期,就读于重庆青木关国立音乐学院(中央音乐学院前身)的泉州惠安籍学生吴文季,曾在四川省泸县国民党青年远征军中担任音乐教

154

官,他采撷了这首并不起眼儿的源于康巴文化"溜溜调"的《跑马溜溜的山上》,并加以改编整理成《康定情歌》。《康定情歌》采编者之谜终于真相大白。当时,采编者吴文季已经长眠地下26年了,但他的名字却随着这首世界级经典民歌的传唱而永载音乐史册。

一

吴文季,惠安县洛阳镇人,出生于1918年。有一文章说他曾就读于集美农林高中,还说"这集美农林高中"是美国人办的。这显然是不对的。上世纪30年代,集美没有美国人办的学校。所谓"集美农林高中"只能是陈嘉庚先生创办的集美学校属下的农林学校专科。1925年5月,集美学校增设农林部,1926年6月正式开学。1927年,集美学校变更组织,改部为校,农林部即改为农林学校;1929年,农林学校增设农林科,8月,开办农林专科。1937年抗战爆发后,该校迁至安溪同美乡。吴文季在1935年前就读的,只能是这所学校。吴文季是集美校友的推测终于在他侄女吴弦晖和学生吴振聪处得到证实。吴文季故居门前至今还栽种着来自集美的梧桐树。

惠安自古是农业县。虽然惠安人具有勤劳刻苦的品格,无奈土地贫瘠,满山顽石,只有种地瓜和花生能够有点收成。乡亲们一辈辈辛苦劳作,但生活仍然十分贫苦。吴文季想为种田人找一条出路。当得知有一所陈嘉庚先生办的集美农林学校时,吴文季便不顾路途遥远,到集美求学。学习课余,从小喜欢唱歌的吴文季常常哼哼小曲,给紧张的学习生活增添了无限乐趣。17岁时即1935年,父亲不幸去世,他不得不中途辍学,回老家当了小学教员。

据网上资料,抗战爆发后的1938年,年仅20岁的吴文季毅然放下教鞭,告别家乡北上寻求抗日救国之路。在武汉,他经过重重考试,被选拔进入"战时干部训练团"。这是抗日战争时期国民党中央所开办的一个大型军事、政治训练机构。不久武汉沦陷,训练团被迫辗转湖南、贵州,往重庆转移。1941年,吴文季报考了重庆中央训练团音乐干部班,1943年考取了现北京中央音乐学院的前身——重庆青木关音乐学院声乐系,开始系统学习音乐,从事他热爱的事业。吴文季热爱音乐,热爱民族文化,每到一个地方,采集民歌便是他业余时间的首件大事。他一生共采编了200多首民歌,其中一半以上是在这时期采集的,而最著名的就是这首脍炙人口的《康定情歌》。

二

上世纪40年代初,抗日战争如火如荼。日本占领了南亚许多地区,缅甸和中国的云南西部成了抗日的战场,国民党远征军从这里开赴缅甸作战。1945年,原来驻扎在四川甘孜准备到前线打仗的国民党远征军203师因抗战结束,无仗可打,便在泸县驻扎训练。部队不但有军事课,还有文化课。部队便外聘音乐教官教唱歌,给士兵们单调的训练生活增添一抹生气。1946年正值学校放暑假,生活拮据的吴文季便和同学许光灿一道,来到了泸县的青年远征军203师中当音乐教官。他的工作就是教部队官兵认字、唱歌,不是很忙。平日里就喜欢搜集民歌的他,在教士兵唱爱国歌曲的同时,也从不同民族、不同地域的士兵处搜集到各式民歌,新疆的、西藏的,等等。他还上集市,下村寨,逛骡马会,搜集整理民歌。

空闲时,他常到西康省康定城里的市场上走走看看。康定地处汉藏文化的交接带,是康巴地区政治、文化的中心,也是汉藏茶马互市的中心。敦厚的汉文化与豪放的藏文化,使得康巴更显个性。

康定城是一个货物集散中心,进藏的物资大多从那里通过马帮分送到各地。城中有一座不高的山,那些马夫不运货时就在这山上的斜坡上跑马、打闹、休息,因此这山就叫"跑马山"。那也是汉藏同胞,特别是青年男女节日里跑马对歌的地方。

一天吴文季来到跑马山下,一个骑马的汉子在那坡上随口唱出一首歌,旋律非常明快悦耳,吴文季赶忙拿出纸笔记了下来。这是一种叫"溜溜调"的民歌。溜溜调是流传于康定本地的一种民间小调,是比较固定的一种旋律,可以即兴填词,见山唱山,见水唱水。"李家溜溜的大姐,人才溜溜的好哟,张家溜溜的大哥,看上溜溜的她哟,月亮弯弯,看上溜溜的她哟!"这首纯朴的原生态的民歌轻快简洁、热情奔放、朗朗上口,其中对爱情大胆泼辣的表露,更令吴文季感到新奇与兴奋。

现在传唱的《康定情歌》共4段,比最早的《康定情歌》多了一段,这多出来的一段也是整首歌曲的精华部分。吴文季在整理"溜溜调"时,总感觉歌词在表达男女相恋的情调还不够充分,于是诗人吴方杰"世间女子任我爱,世间男子随你求"的诗句瞬间涌上心头。他把这段歌词添了上去。有了这两句,这首歌的思想突破了传统的父母之命、媒妁之言,和男子对女子的单方面追求的老套,升华到世间男女都可自由追求爱情的境界。之后,他又对曲调和歌词加以整理和改编,取名《跑马溜溜的山上》。

暑期结束,吴文季回到学校,继续潜心学习音乐。1947年学校办师生联欢会,吴文季便将整理的这首歌,请他的老师、国立音乐学院作曲系主任江定仙教授配乐,江教授用风琴把曲子编排成了钢琴伴奏五线谱,并由武定谦老师在联欢会上演唱。吴文季当年的同学,德高望重的作曲家王震亚教授亲眼目睹了当时的情景。他证实这曲是吴文季收集后交请江定仙老师编排伴奏的。

1947年,著名花腔女高音歌唱家俞宜萱到南京开独唱音乐会,邀请在上海音专的同窗江定仙为音乐会伴奏。江定仙送给喻宜萱一本薄薄的民歌集,最后一首就是《康定情歌》。这首民歌引起了她极大的兴趣。

4月19日,在喻宜萱的管夫人独唱会上,节目单上的第二首曲目就是《跑马溜溜的山上》。演出当晚突然停电,喻宜萱在高脚烛光下,首唱这首《康定情歌》,大获成功。

喻宜萱非常喜欢这首歌。以后,她在西北多地巡演,这首西康民歌一直是她必唱的曲目。这歌风靡一时,以后又流传到台湾、东南亚。1948年上海大中华唱片公司录制了《康定情歌》,括号中加《跑马溜溜的山上》,标明江定仙编曲,喻宜萱演唱。

解放初,喻宜萱作为联合国教科文组织的声乐考察专使到欧洲考察音乐,并到欧洲各国举办独唱音乐会。《康定情歌》作为她节目单中的保留曲目,被带到法国、英国、意大利等国。这首来自四川深山里的民歌就这样登堂入室,进入高雅的艺术殿堂,从中国走向世界。上世纪80年代,中国轻音乐团、中国民族乐团的众多艺术家再次为《康定情歌》编曲、配器、演唱并传承,使《康定情歌》在国内家喻户晓,再掀高潮,再次成为中国民歌经典。

吴文季是让《康定情歌》走出深山的第一人。他怎么也不会想到,他采撷的几百首民歌中,居然有一首《小荷已露尖尖角》,日后成为百花之中的奇葩。生活还是一样平静,他继续从事着他喜爱的音乐事业,并取得不俗的成绩。

三

南京解放后,吴文季投笔从戎参加中国人民解放军,跟随二野战斗文工团和西南军区战斗文工团转战大西南。他是新中国乐坛初创时期为数不多的著名男高音歌唱家,他在西南军区文工团参加全军文艺会演时,领唱并灌录的著名歌曲《英雄们战胜了大渡河》,把人民解放军抢渡大渡河的英雄气概演绎得淋漓尽致。吴文季作为领唱,以火热的激情和高亢的歌声震动了共和国初期的乐坛,受到贺龙亲切的接见。之后,吴文季调入解放军总政文工团,到过战火纷飞的朝鲜前线为将士们演出,还有幸随周恩来等中央首长出访东欧6国。

命运总是喜欢与人开玩笑。1953年,正值音乐事业高峰的吴文季遭遇当头一棒。因为他参加过"战时干部训练团",曾到国民党军中教过音乐,被认为不宜在总政文工团工作。这一决定如同晴天霹雳,一下子扰乱了他平静的生活。他不得不告别了他钟爱的音乐事业,带着简单的行囊,被遣送回到阔别15年的故乡——惠安县洛阳镇。他原以为这是回乡劳动锻炼,磨炼一段时间后就返回,因此把大批凝聚着昔日创作心血的乐谱寄存在朋友处。没想到这竟是一条不归路。回到家乡,他过着与过去截然不同的生活,简陋的民房,冰冷的床铺,墙角的农具就是他生活的全部。只有在劳累一天之后,他才能在煤油灯下与音符对话。

逆境没有打垮他。吴文季坚强地面对生活。他白天下地劳动,耕田种地,夜里仍在思索着如何用音乐艺术服务人民。他把自己的陋屋当作音乐教室,每到礼拜天,附近的小学老师都到家里向他学习音乐,他教他们唱《在那遥远的地方》、《康定情歌》等歌曲。

1958年,惠安县文化部门看中他的才华,专门组织了惠安文工团,由他执导。文工团成立后,吴文季自己动手创作剧本,一人身兼数职,既是导演,又是服装设计,还兼乐队指挥。在他的带领下,文工团自力更生,不但解决了经费问题,还成功地创作出了《崇武民兵》、《渔蚌嬉舞》、《丰收之夜》等音乐、舞蹈、戏曲作品。他的代表作《丰收之夜》还进京参加国庆十周年献礼。该剧以上世纪50年代末惠东渔民生活为题材,表现惠安女在丰收之后的欢乐场景。黄斗笠、花头巾、青色短襟窄袖上衣,蓝色阔腿裤的裤头上,一条五股的银裤链让姑娘们的身影更加摇曳多姿。这是惠安女的形象第一次被搬上艺术舞台。

《丰收之夜》的惠女们美丽、幸福,而舞剧《阿兰》诉说着惠女的悲惨遭遇。

《阿兰》是以惠安妇女为题材的舞剧。新中国成立前甚至以后的很长时间里,惠安盛行童养媳、童子婚。婚后未生育的新媳妇长年住在娘家,一年只有过年等大节日才能在夫家住上三两天。这陋习引起了许多不幸、痛苦和灾难。女子吃尽苦头,有苦无处申诉,常常五七成群集体投海,演出叫人撕心裂肺的人间悲剧。舞剧《阿兰》以凄厉哀婉的旋律,令人泣血的歌词,反映了新中国成立前后惠安妇女的悲惨命运。大幕打开,舞台上白浪翻滚的大海,海鸥声声哀鸣。音乐渐起,由七名美丽少女扮演的七只海鸥翩翩起舞。后台悲歌如泣如诉:"大海终年滚波浪,七只海鸥恋家乡;声音悲鸣不忍去,道是当年七女郎。"这七女郎就是许多以集体跳海自杀与封建婚姻进行抗争的惠安苦命女子的艺术再现。演出时,台下多少观众泪流满面,泣不成声。吴文季以其才华为故乡苦难的姐妹鸣了冤,叫了屈;故乡的父老乡亲也认识了吴文季。该剧塑造的"惠安女"的舞台形象,引起了全国文艺界的关注。

这段时间,吴文季创作了不少优秀作品。虽然他艺术创作硕果累累,但他的生活却是孤苦伶仃,穷极潦倒,一贫如洗。受审查遣送回惠安老家时,他正和一位叫阮菠的姑娘热恋。为了不连累心上人,身心受极大伤害的他不得不与她分手。命运就是这样开他的玩笑。采撷创作中国第一情歌的人,感情却一片苍白,终生未婚。精神的无助、病弱的身躯、纯朴黝黑的脸孔和那一双布满被茅草割破留下伤痕的手,年仅 48 岁的天才音乐家吴文季在凄风苦雨中含冤离开了人世。

四

1986 年,吴文季逝世 20 周年之际,泉州市人民政府正式发文为他落实政策,恢复名誉,但吴文季仍不为外人所知。直至《康定情歌》采编者之谜的大讨论,吴文季才慢慢地走进人们的视线。

2003 年,根据《康定情歌》改编的 30 集电视连续剧《康定情歌》搬上银屏,在央视一套黄金时段首播。这是一部表现藏汉青年男女浪漫而曲折爱情故事的电视剧,歌曲《康定情歌》作为音乐背景贯穿全剧。《康定情歌》的发掘整理者吴文季,再次成为人们关注的焦点。《泉州晚报》先后于 2003 年 9 月和 2005 年 2 月,报道了泉州籍已故音乐家吴文季是《康定情歌》采编者一事。这个说法再次引起音乐界的关注,也得到了我国许多著名音乐家的肯定和证明。

2002 年 9 月 10 日,四川省甘孜州康定地区派人千里迢迢来到惠安县洛阳镇,向吴文季先生墓敬献鲜花。感谢他让《康定情歌》走出深山,感谢他为康巴地区带来的变化,感谢他为康定和中华民族取得世界性的荣誉。半个多世纪的尘埃终于落定。吴文季一生坎坷,至死蒙污。他没料到他所采编创作的《康定情歌》会在世界上产生如此巨大的反响。虽然这份"荣誉证书"迟到了半个多世纪,但是,吴文季有知,知道他所采编的《康定情歌》愈久弥香,红遍全世界,也会含笑九泉的。

吴文季是集美校友。这位"终生坎坷,却始终为光明歌唱"的校友,以其独特的方式影响着中国,影响着世界。作为集美校友,我们为他坎坷的一生惋惜,也为他的成就骄傲。他不朽的业绩是集美学校历史上一个夺目的亮点。

百年树人

我的堂叔林诚致

林清明

我的堂叔林诚致，1917年5月1日出生在安溪县官桥镇，兄弟四人，长兄林树彦读过私塾，出洋新加坡，其余三位均就读于集美学校。

林诚致集美农校毕业后，转读商校，1936年往印尼谋生。抗日战争爆发后，他移居新加坡，投入抗日救国运动的洪流中。他走遍东南亚，宣传抗日救国，参加筹集募捐活动。1940年定居香港，继续从事抗日活动。

1941年日本占领香港，在港的中国左派民主人士，时刻有遭受迫害的危险。林诚致为他们提供方便，保护他们的安全。当他们遇到港英政府警察、国民党特务或日本汉奸的查询、追问或无故抓捕时，诚致就以香港福建同乡会或香港福建体育会等社团单位或个人名义出面，和香港各方面人士联络，与其交涉、抗争，保护这些抗日精英。他还联络、发动香港同胞及社会贤达筹款筹药筹日用品，并想方设法输送到抗日战争前线。

1946年诚致在港创办侨通行，经营华侨侨汇结算业务，并与新加坡胞兄林树彦的侨通行联营，业务迅速发展，遍布东南亚各城市及祖国内地上海、广州、汕头、厦门、泉州、福州、莆田等地，分设支行，办理海外华侨及港澳同胞的汇款业务。当时因国民政府腐败，中央银行及四大家族的银行操纵银行业，整个经济崩溃，通货膨胀，货币严重贬值，国民党发行的金圆券、银元券、法币等贬值后就成废纸，海外华侨汇入外汇如不及时结汇，及时递送，侨属就要受到惨重损失。林诚致秉承诚信经营，对侨汇（包括港、澳币）做到不拖延时间，不压汇。他宁可自己少赚或亏损，也要坚持将华侨汇入之款，及时结汇并派专人将汇款送达侨眷手中，颇得海内外华侨侨属的赞誉。他还将募捐款通过汇兑的渠道汇给游击队，支援解放战争。侨通行经营10多年,为国家争取了大量外汇,支援国家建设。

侨通行的店址,位于香港中环繁华地段,便于爱国民主人士、左派领袖、文化界名人等来往联络,传递信息。洪丝丝、方方、庄希泉、庄明理、庄炎林、张殊明、张兆汉等老侨领,都曾在那里"歇过脚"。此外,林诚致还为这些民主人士、中共派驻香港人员提供活动费用。李尚大校友到港后,曾到侨通行联系过业务。

新加坡沦陷后,校主被迫逃往印尼避难,集美学校经费困难。此时,诚致在香港鼎力协助校主二公子陈厥祥筹措学校经费。他把校友、侨亲的捐款存入香港集友银行,作为集美学校经费,帮助学校渡过难关。

抗战胜利后,国民党掀起内战,派了很多特务入港,香港处于白色恐怖之中。林诚致联络香港知名人士黄长水、庄成宗、曾家庆、王少平等几十人秘密组织"福建建设促进会",筹款筹药支援闽粤赣边区司令部,支援解放战争。

1949年10月1日,中华人民共和国成立。这一天,林诚致特别兴奋和激动,他提前到侨通行,叫一位员工拿出一面早已准备好的、崭新的五星红旗,将其挂到二楼阳台上。这是中环地段升起的第一面五星红旗。五星红旗迎风飘扬,街道市民昂首观赏,欢呼新中国诞生。

新中国成立后,诚致坚持爱国、爱港路线,密切与国家和家乡的联系,致力于社团会务的发展和旅港福建乡亲的团结,维护海外同胞的合法权益,做了许多工作。他先后被推任香港中华总商会常务会董,香港福建同乡会副会长、理事长(连任两届)、永远名誉理事长,香港福建旅港商会常务会董兼教育主任。他是香港福建中学筹委会委员,也是董事局主席、副董事长。他除了带头捐资外,还四处奔走,向香港福建乡亲、闽商、热心教育的仁人志士募集资金。他将侨通行所赚的几十万港币都捐给福建中学,保证福建中学正常运转,缓解了旅港闽籍同胞子女读书难的问题。为支持社团和教育,诚致甚至卖掉自家位于香港半山的高级住宅。

1950年10月,美帝国主义发动侵略朝鲜战争,林诚致积极联络、发动香港同胞筹款、筹药支援赴朝作战的中国人民志愿军。

上世纪50年代初期,林诚致受中央外贸部长叶季壮委托,组织内地柑橘销往香港和国际市场。由于运输耽误交货时间,加上天气闷热,柑橘霉烂,只得削价处理,原计划可赚港币10万元,结果反而亏损30多万元。他没有向外贸部或商业部提出索赔或补贴。

外贸部每年春、秋两季在广州召开对外贸易交流会,俗称广交会,会期15天。林诚致每年至少要应邀参加一届。1976年5月我出差到广州,在白云宾馆见到他。他非常高兴地告诉我：他应邀参加广交会不是来做生意，而是前来协调接待港、澳、台、侨胞及海外商人和祖国内地的贸易伙伴。因为那时很多国家没有和我国建交，没有直航广州的航班，商人一般都要经过香港中转，加上港英政府设置障碍，万般刁难，所以他要往返于香港和广州之间，帮助取道香港中转的海外客商解决困难，一届要跑好多趟。他还直接向港英政府交涉，让台、港、澳、侨胞能顺利地参会并返回原地。

1956年国庆节，林诚致应邀参加赴北京国庆观礼团，感到无限光荣和鼓舞。这是中央人民政府对他在海外20年工作的肯定，也是对他的一种鼓励。在这期间，他和港澳其他应邀的观礼团成员建议恢复香港福建体育会。他先后被推任副理事长、理事长、永远名誉理事长。他经常组织篮球、羽毛球、乒乓球队到福州、厦门、泉州等地交流比赛，还特别组织南音表演队到泉州参加演出交流。

林诚致对陈嘉庚校主无限敬仰。他多次幸会校主，亲聆教诲。校主爱憎分明的政治立场是林诚致终身受益的座右铭，使他在极其复杂危险的环境中，始终坚信自己的信仰与追求而不懈努力去做。1956年诚致在香港集友银行工作，因公出差北京，拜访住在北京的陈校主。校主一见面就问起他胞兄林树彦的近况，这使他惊奇和感动。

1958年6月校主病重，在上海华东新华医院治疗，诚致专程陪陈校主二公子陈厥祥夫妇赴沪探望。校主要他带陈厥祥夫妇到北京参观，然后去家乡看看，还吩咐要认认真真地看集美学校。陈厥祥夫妇想多陪校主几天，校主却很认真地说："你们又不是医生，留在这里有什么用呢？"陈校主希望儿媳多了解祖国，多了解集美家乡学校的情况。林诚致陪陈厥祥夫妇在北京参观，受到何香凝主任的宴请。席间，廖承志副主任问他们三人到北京打算参观什么？他们说希望参观一些比较特别的项目。廖副主任答应第二天回复。次日廖承志回电话：让他们去参观原子能反应堆。此时林诚致和陈厥祥夫妇都非常高兴和激动。因为这是国家绝密的军事工程，能让他们参观是最高规格的接待。他们回上海时，正好周恩来总理专程到上海探望陈校主。当他知道他们在北京参观这个工程时，周总理说："你们真福气，我做总理的都还没有时间去看呢！"这是党和国家领导人对校主的高度尊重。

1961年8月陈校主的病情恶化，在北京治疗，他又陪陈厥祥夫妇到北京看望校主，此时校主已处于半昏迷状态。8月12号陈校主在北京逝世，8月15日在北京中山纪念堂举行公祭仪式。林诚致陪陈厥祥夫妇为校主守灵并护送灵柩由北京专列运到厦门集美安葬。

陈嘉庚校主的"教育为立国之本，兴学乃国民天职"的爱国思想，教育了林诚致。他尽自己之所能，带头捐资，带动朋友、校友，支持教育事业。

抗日战争胜利后，内迁安溪等地的集美学校陆续搬回集美复办。为改善安溪教育落后状态，林诚致鼓励胞兄林树彦慷慨捐资，在家乡安溪创办一所初级中学，填补了安溪县 10 多个乡镇没有中学的空白。学校聘请叶道渊为接任董事长。黄清益、李尚大、谢高明、廖祖勋、李陆大、赵玉茂、谢金谷、林泗泰、廖祖烈、林扬勋等一大批集美校友，相继到该校担任校长和教师。该校也是闽西南地下党的活动据点。张克辉、张其华、谢高明、王新整、林崇理等曾在那里领导安溪的革命斗争。

改革开放后，林诚致、林成章兄弟为了蓝溪中学的发展，向海外侨亲、校友筹款新盖两层楼宿舍一座（约 300 平方），改善教师住房问题，还将旧校舍重新拆建，所需近百万资金，也由林诚致向海外侨亲筹募。

1993 年初，林诚致与其嫂、弟、侄和妹夫李陆大等亲属集资 60 多万元，捐建蓝溪中学综合办公楼。落成剪彩时，李尚大校友专程应邀参加，并与其弟李陆大各捐 50 万元新建教师宿舍一幢（和声楼），解决 30 户教职工住房问题。以后，又筹集资金 1000 多万元先后盖起教学楼、办公楼、科学楼、图书馆、校友楼、教师学生宿舍楼等 10 多幢崭新的校舍，改变了校园的面貌（校园 150 多亩），师生 2400 多人。在政府的关心支持和老师敬业爱岗的哺育下，蓝溪中学成为省二级达标中学，60 多年来培养了近 5 万名学子，还筹集 70 万港币重建赤岭小学，为社会作出了贡献。

上世纪 50 年代，林诚致为家乡父老新建赤岭芦汀大桥，亲自和林英亮、林炳灯、林玉质、林甘露等侨亲到东南亚多国向侨亲筹集港币 40 多万元，建成一座长约 100 米单车道的水泥大桥。后来又建一座花岗石砌体、能容纳近千人的戏院。

1979 年，在极"左"路线的危害下，许集美、高景春夫妇遭受迫害，被判刑 17 年。林诚致和香港进步社团、民主人士、菲律宾侨领及亲属上诉中央，呼吁释放许集美等人。以后在胡耀邦总书记、项南书记等领导的关怀下，许、高获得平反、释放。许集美夫妇对诚致校友这种伸张正义、为友请命的义举深为感激。

1988 年 8 月，宁德地区发生特大自然灾害，林诚致时任香港福建同乡会理事长，发动各界人士捐赠 600 多万元港币支援灾区。

林诚致的生活很俭朴。他住在香港最繁华的中环，住房面积 40 m^2 左右。1994 年 10 月 14 日，安溪县七八位领导到香港考察，到他家拜访，要分批到客厅与诚致校友及亲属会面。很多亲朋好友都不敢相信他的住房竟然这样地小，而他却在那里安然舒适地生活了几十年。

他来厦门，一般都由我或陈纹藻老师代订普通招待所。如果婶婶没有跟着来，就由我陪住，照顾他起居。如果有人来拜访他，我们建议调换到宾馆或酒店，但他都婉言拒绝。请朋友吃饭，也就在附近的安溪茶行楼上的小吃部，吃安溪风味的湖头米粉、豆干、青菜，外加一盘荤菜。他请客，以茶代酒，绝不浪费。记得有次他和市统战部几位领导去看望陈应龙老医生夫妇，事后就在吴再添小吃店请吃扁食、拌面、芋包等。吃完，他对他们说："很不好意思，太小气，不好吃，不要吃不饱，反正算是我请客吧！"说得大家哈哈大笑。陈洛副部长却笑着说："心意诚，赛过'吃好料'"。

有一次，他在鹭江宾馆招待北京大学教授、书法家虞愚先生，同时，请来几位离退休的市领导和虞愚见面，共进宴会，但也不摆阔。

1982年8月，集美学校校友会为了联络香港及海外校友，派出以陈村牧理事长为团长的访港代表团，访问期间，林诚致和庄重文、黄克立、钟正文、曾星如、陈学英、吴镜秋、吴济民、李陆大等校友热情接待。大家在一起交谈如何联络、团结香港校友，酝酿成立香港集美校友会事宜。香港集美校友会按陈村牧老董事长的要求于1982年底成立。

"文革"后，政协恢复活动。林诚致是福建省政协首批邀请的港澳政协委员。他多次赴福州、厦门、泉州等地视察，关心国家建设和家乡教育事业的发展。他如实反映港澳台胞和海外华侨对祖国的希望和要求。他对招商引资和侨务工作提出过很多建设性意见和建议。

林诚致邀请香港长城电影公司到福建内地拍摄《武夷山下风光好》新闻专题片，亲自和摄制人员深入到三明、永安、南平等地的钢铁厂、水泥厂、化工厂、汽车制造厂等企业，还到农村、医院、学校、旅游风景区拍摄，收集资料，对外宣传福建30多年的经济建设、社会发展取得的喜人成就。香港福建同乡会成立50周年时，他积极筹资庆祝，并将有关资料编入《福建》特刊。

改革开放后，省委统战部根据中央有关落实华侨房产政策的精神，同意退还林诚致要求退还的一幢两层楼房。这楼位于厦门海后路与中山路交界处，是黄金地段，他想在香港邀请有经济实力的财团、实业界朋友来厦拆建大型的综合商场和酒店，为厦门特区建设服务。厦门市商业局也看中此地段，委托张其华出面与林诚致洽谈。林诚致为支援厦门特区建设，二话没说，便同意调换。此后，厦门市中山路口新增了华联商业大厦及东海酒店。安溪县人民政府要在厦门设办事处，林诚致拿出两套房子，以象征性房价"卖"给安溪县驻厦办，这是他对故乡的捐赠和贡献。

1982年,我国政府和英国政府谈判签署"中英联合声明",解决香港回归的问题。林诚致积极投入香港回归前的工作,他被推任"香港东区庆祝国庆筹备委员会"召集人等职。从此,每年国庆之日,他都要召集该区的同胞开会,升国旗,庆祝祖国的国庆节,表示对祖国的热爱之情。

20世纪80年代,台湾开放台胞回大陆探亲,但因没有直航大陆航班,要经香港中转,为解决探亲人数不断增多住宿困难,林诚致建议,将香港福建同乡会会馆的部分房子,改为接待回乡探亲台胞的住所,为其提供方便。

林诚致有四女三男,他对子女要求严格,要求他们学习上要努力上进,生活上要学会勤俭。他只给他们路费和一些必要的生活费,学费和其他费用都要他们自己靠勤工俭学挣钱解决。1993年3月,他在加拿大定居,1994年10月21日在加拿大多伦多逝世,享年77岁。

他逝世以后,家属遵照他的遗愿,将他的骨灰安葬在香港。虽然他不能见到香港回归祖国的那一激动人心的时刻,但他一定会为自己努力过的这一时刻的到来,含笑九泉。

为了表达对林诚致深切的怀念和崇高的敬意,香港中华总商会、香港福建同乡会、香港福建体育会、香港集美校友会、香港安溪同乡会、台湾安溪同乡会和东南亚闽籍同乡会等22个单位,联合于1994年11月13日,于香港福建同乡会会所举行追悼会。

林诚致逝世后,新华社香港分社,福建省、厦门市、泉州市、安溪县政府、政协、统战、侨办等单位,香港及海内外闽籍社团,亲戚朋友发寄唁电,敬送花篮、挽联等,沉痛悼念林诚致先生。新华社香港分社副社长张浚生、香港福建社团及闽籍有关单位、台湾和东南亚同乡会及林诚致生前亲朋好友200多人参加了追悼会。

我的堂叔林诚致一生爱国、爱港、爱乡,热心公益,为创立和发展福建社团、团结乡亲、联络海内外港澳台侨胞、发展教育事业呕心沥血,他无私奉献的精神和高贵品德,深受海内外乡亲、朋友、校友的敬仰。

百年树人

林有声：悠悠游子情　拳拳报国心

陈幸福

1920年7月，林有声出生在厦门市翔安区内厝镇美山村。7岁时随在南洋做工的父亲去马来西亚，1936年回国就读厦门集美学校。1938年秋参加革命，1942年5月加入中国共产党。参加过百团大战、上甘岭战役等。荣获三级八一勋章、二级独立自由勋章、二级解放勋章和朝鲜二级国旗勋章、朝鲜一级独立自由勋章。

1983年10月，集美学校庆祝建校70周年时，林有声和另两位鬓发斑白的老人，重新在学校里相聚，唱起了45年前老师为他们壮行而填写的歌："丈夫非无泪，不为别离伤，风萧萧兮水潺潺，祝君此去，深入民间。干戈立志斩楼兰。"

他们的传奇经历为集美校史书写了光辉的一笔，也引起了传媒的广泛关注。

一、读书救国

20世纪20年代初，林有声的父亲背井离乡下南洋，只身先到南洋，在马六甲市码头当工人，到1927年为避家乡匪患，才回国把妻子儿女接来。1931年"九一八事变"，日本帝国主义侵吞东三省，不仅震动了全国，对南洋的震动也同样强烈。

11岁的林有声永远不会忘记"九一八事变"后的一堂历史课。老师把一张画着中国地图的人画挂在黑板上。那是一片桑叶，一条毛虫正爬在桑叶上凶残地啃吃，东北边好大一块已被它吃掉了。老师悲愤地讲述了日本帝国主义侵占我东三省，国民党卖国不抵抗、拱手相让的惨痛事实后，眼噙泪水望着大家。顿时，教室里的空气像凝固了一样，同学们眼里也有了泪花。林有声似乎听到了毒

166

虫喳喳的啁啾声,像在啁啾着他的心,他感到了真切的痛。老师最后满含期望地说:"国家兴亡,匹夫有责。同学们,你们要好好读书,长大了要用你们的知识去唤醒民众,拯救祖国!"

这段话像烙印印在林有声的心上。

林有声发奋读书期间,另一件事更把他的民族尊严点燃。

一天放晚学后,天快黑了,他才推着他的自行车走出校门。作为英国殖民地的马来亚,在行车规章中规定:没有灯的自行车晚上不准骑。他的旧车没有车灯,性格内向、谨慎细心的林有声,就推着车慢慢地在马路上走着。突然一个英国警察拦住了他,说他没有灯骑车,违章了。他明明没有骑,就据理力争。可警察竟蛮横地硬说他骑了,强行将他带到警察局,扣押在那里,通知家里来人。

三天后开庭,硬是被无缘无故地罚了五元钱。

这件事,在他心上留下了深深的伤痛,让他看到了华侨的悲哀,引起他深沉的思考:就在小小的马来亚,英国殖民者是太上皇,中国移民是最底层被压迫剥削的对象……

林有声说:"我实在不能在这种屈辱中生活下去,我一定要离开。回国读书。"

当时,他们一家七口,全靠父亲一个人在码头做工维持生活,日子很艰苦。但父亲深感自己没有文化的苦楚,见儿子去意已定,就想方设法为他凑足了30元学杂费。于是,16岁的林有声在1936年的夏天回到厦门,进入了集美学校读书。

二、心向延安

林有声在集美学校安心地读了一年书。1937年7月,"七七"卢沟桥事变爆发,日本帝国主义发动了全面的侵华战争,平津沦陷;"八一三"又在上海燃起侵略战火;同年10月,日军就侵占了厦门的前沿海岛金门。集美学校被迫疏散到闽南山区。到1937年放寒假,学生纷纷离校回家,只剩下五六十人,这些无家可归的大都是海外侨生。

学校组织抗日救亡的宣传活动,林有声全身心投入其中。安溪地方偏僻,消息闭塞,他和几个同学在物理老师指导下安装矿石收音机,收听、记录抗战消息,刻印散发。他还和同学们一起高唱《义勇军进行曲》、《松花江上》等抗战歌曲,到城乡广泛宣传、发动群众,自编自演抗日戏剧。

一天,他在安溪街上一家小书店,突然发现一本抗日小册子,上面介绍八路军东渡黄河,开赴前线和日寇浴血奋战的情况,还登载了延安抗日军政大学在全国招生的消息。他如获至宝,如饥似渴地读了一遍又一遍,不禁心驰神往。最后,他下定决心:到八路军中去,上前线抗战救国去。

他的想法首先得到了同班好友陈耕国的支持,又秘密联系了李金发、林步梯,加上内地学生刘两全等总共七人。经多次商议,决定由厦门乘船赴香港,再转广州,去找当地的八路军办事处,请他们帮助北上抗战。同时,大家立即写家信,以要下学期学费为由,让家里寄钱来作为北上路费。钱到后,他们不顾学校的劝阻,提出回家的申请,开了转学证书,于1938年年初,开始了他们新的征程。

三、百折不回

这是一次充满豪情与理想,而前途却未卜的大胆行动。从安溪来到厦门,准备买船票去香港时,有两位同学就动摇了。剩下五人一同乘船到了香港。

当时,广州正遭到日本飞机的狂轰滥炸。他们决定暂住香港,由陈耕国和刘两全先去广州寻找八路军办事处。哪知二人一去,有两个月不见回来。他们带的钱本来就不多,只得再次向家里写信说明已经离校,并要钱。家里的钱是寄来了,但却要求他们立即回家。有的甚至以脱离家庭关系相威胁。后来,陈、刘二人终于回来了,但带回来的却是八路军办事处不同意他们去延安的消息。

林有声横下一条心:"既然找到了八路军办事处,我们就一起去广州再找他们。"

广州市东山百子路八路军办事处,楼下一间小办公室里,一位20多岁的女同志接待了他们。只是一再劝他们不要去延安:一来是华侨,家居海外,亲人思念;二是北方天气很冷,环境艰苦,难以适应;三是你们年纪还小,战争中危险很大。

几个青年学生有些茫然。就在这时,陈耕国突然病了,上吐下泻,送医院一检查是霍乱。林有声又发了疟疾,寒热交替、战栗不已。在困难与疾病中多么需要关爱和照护,他们感到前所未有的孤独与无助。这时,刘两全坚持不住,提出要回家了。

四个人为了坚持下来,找了间空楼住下。一天,林有声上街买豆腐,巧遇集美的同学王寄生(后来成为著名作家的白刃),他是菲律宾华侨,在校听到有同学走了,特地赶来广州寻找,要与他们同行。大家喜出望外,也增添了他们投笔从戎的信心,决定第三次再上八路军办事处。

这次,还是原先那位女同志接待了他们。这次,她被他们的坚定决心感动了,没费什么口舌就同意他们去延安。她还为每一个人开了一张去延安抗大的介绍信,让他们去西安集贤庄八路军办事处报到。还仔细地介绍了一路的注意事项,叫他们注意躲开国民党的盘查。

1938年夏秋之交,他们终于成行了。他们好不容易买到了去西安的火车票。后来得知这竟是最后一趟火车,好险!

火车从武汉开出,挤得人无插足之地,甚至在车顶上、行李架上也趴着人,日本飞机又常常来扫射、轰炸,在煎熬中,他们终于带着满身疲惫到达西安。此后,果然又听说平汉路被日军切断了,他们又幸运地闯过了一关。

当夜他们就近找了个旅店住下,第二天一早,他们立即找到集贤庄八路军办事处报到。

报到后,林有声等人被编入学兵队,领到了一套灰色棉军装,左胸上戴着"八路军学兵队"的队章,踏上了去延安的徒步行军路程。

那时没有方便的交通工具,他们就各自雇头西北的小毛驴驮东西。越往前去,毛驴越少,他们这才意识到应该轻装,扔掉一些不必要的东西。他们走了整整一个星期,才走到延安。

时值金秋,延安这座西北古城:脚下是清澈的延河流水,面对高耸的宝塔山,那黄土坡上一眼眼奇特的窑洞,那漫山遍野、金灿灿、沉甸甸的谷穗,还有身着灰军装奔忙的人群,一切都充满着欢快和生机。这时的林有声感到从未有过的轻松。经过8个月的艰苦跋涉,终于来到了向往的延安。他满怀信心,去迎接新的抗战生活。

四、浴血太行

林有声进入抗大一分校不久,学校搬到敌后,他们东渡黄河,越过敌占区同浦铁路到达敌后根据地。1939年9月正式调入由刘伯承、邓小平率领的129师。林有声先被分到师部队训科当防化干事,第二年调到第385旅当参谋,实现了他上前线抗击日寇的真正愿望。在太行山,他一直在129师的385旅,先后参加过百团大战等战役。1943年鬼子进行大扫荡,他在襄垣村带一组民兵,跟鬼子打游击,牵制敌人。一次,鬼子进驻了一个村庄。第二天,游击队来到村子发现,30多名老人和小孩都被鬼子绑在一座庙里的柱子上,用军刀残忍地杀害,现场惨不忍睹。

从那以后,林有声在刘邓指挥下,参加了浴血太行驱日寇、逐鹿中原、挺进大别山、渡长江直捣蒋家王朝、进军大西南等战斗。

五、入朝作战

朝鲜战争爆发后,林有声所在部队奉命入朝作战。当时他任第 12 军第 31 师(辖第 91、92、93 团)参谋长。在敌人拥有绝对空中优势和强大炮火的情况下,他们提出了"以坑道为骨干,结合野战工事,构成支撑点的环形防御阵地"的阵地定位,采取小兵群、大预备队的战术,这样不仅可以坚持时间长,而且可减少伤亡,取得大的胜利。另外,组织有利的对敌炮群的炮战。

1952 年 6 月 13 日,美军第 40 师出动坦克 24 辆,进攻古直木里我反坦克阵地,企图从侧后迂回割裂我官贷里西山前沿和主阵地的联系。战斗中,按照战前预案,第 2 连班长汪明山带领反坦克小组适时离开隐蔽地坑道,利用交通沟作进入阵地,让敌先头第一辆坦克进入我反坦克阵地后,用 90 火箭筒迅速将随后的第二辆坦克击毁。接着,他们又利用交通沟隐蔽接连击毁两辆敌坦克,击伤一辆,给敌以沉重打击。此次战斗,历经三个小时,共击毁敌坦克 7 辆,其中 4 辆被敌救援坦克拖回,我缴获 3 辆(其中 1 辆曾在北京中国军事博物馆展出),毙敌坦克乘员 2 人,俘敌坦克副连长及其乘员 1 人,粉碎了敌人的企图。

1952 年 10 月 25 日,奉三兵团首长命令,正由金城阵地撤下向休整地开进的林有声所部第 31 师及 34 师之 102 团作为兵团预备队暂不去休整地,改为掉转方向向上甘岭,参加上甘岭战役。

1952 年 11 月 8 日,第 92 团接受攻歼 537.7 高地北山的任务。该高地被南朝鲜军第二师把守,周围架设铁丝网,并埋设地雷,已构成较坚固的防御阵地。第 92 团于 1952 年 11 月 11 日 15 时 45 分,在我部野、榴、火箭炮 70 门,发射万余发炮弹的支援下,歼灭守敌南朝鲜第二师。

第 92 团在执行进攻得手后,又转入防御,连续击退敌之反扑,伤亡较大。

1952 年 11 月 25 日,上甘岭战役胜利结束,第 31 师撤出上甘岭调至谷山休整。

1952 年 10—11 月,部队由向休整地行军改为参加激烈的战斗,作战形式,有现代的阵地防御(91 团 597.9 高地)和现代的阵地进攻(92 团 537.7 高地北山)以及阵地防御和阵地进攻的反复进行,共击退敌大、小 300 余次的激烈进攻。后来,林有声以自己的亲身经历和感受主编了《鏖兵上甘岭》一书。将军在回忆起那场战争时说,这充分说明了人民的军队在党的领导下,在人民群众的大力支持下,可以发挥聪明才智,战胜困难,取得最终的胜利。

六、终生不悔

新中国诞生后,林有声将军又为部队的建设和祖国的安全而勤恳操劳,直到离休。改革开放后,他终于和阔别数十年、远在马来西亚的家人相见了。他们总要问:"你在国内经历了这么多危险,吃了这么多苦,不后悔吗?"

林有声想想,严肃地回答他们:"我参加了粉碎日本帝国主义对中华民族侵略的战争,打败了蒋家王朝,解放了全中国,扑灭了美帝国主义在朝鲜燃起的侵略战火,保卫了祖国的安全和东方的和平,我的生活很有意义,终生无悔!"

七、发挥余热

南京鼓楼区颐和路社区占地面积只有0.45平方公里,却生活着30多位共和国老将军,他们都是"老将军讲师团"成员。林老离休后,是个"一直没闲着的人",他和"老将军讲师团"的其他成员结合自己的成长过程,带着对青少年的关怀和期望,或深入社区,或通过担任中小学校校外辅导员,指导学生们制订学习计划,对社区青少年进行革命传统教育等活动。他以亲身经历,给孩子们讲小米加步枪打败反动派、侵略者的故事。他还赠送一些革命故事书给孩子们,有时还会亲笔题上对下一代殷切期望的词句。

1983年10月,爱国侨领陈嘉庚先生创办的厦门集美学校庆祝建校70周年的日子里,将军回到母校参加校庆,看望当年的老师。将军了解到翔安设区之后,面貌发生了很大变化,内心非常高兴。当他知道正在修建的福厦高速铁路从他的家乡内厝美山村经过时,更是非常的激动。他说,等通车的时候,他要乘上列车回到自己魂牵梦萦阔别多年的家乡,亲眼看看翔安这片充满生机与活力的热土。

著名军旅作家白刃的传奇人生

张培春

白刃,原名王寄生,笔名王爽、蓝默。1918年生于福建晋江县永宁镇一个华侨小商人家庭。1932年去菲律宾谋生,当过学徒店员,在马尼拉半工半读。1936年参加革命,1937年春回国,1938年去延安抗大学习,参加八路军。1939年加入中国共产党。历任八路军115师参谋、干事、连指导员,《战士报》报社主编,安东(今丹东)广播电台台长,西满军区、东北后勤宣传科长、教育科长,并兼《反攻报》、《后勤报》主编,新华社前线分社记者,第四野战军编辑科长等职。参加过辽沈、平津两大战役。1952年起专事文学创作,1985年离休。

从南洋谋生到集美求学

白刃的故乡永宁,历史上是东南沿海重要港口和海防重地。白刃幼年失母,8岁起在老家永宁读过两三年私塾。1932年,14岁的白刃随叔父去菲律宾谋生。在马尼拉,他当过学徒,烧柴火、买菜、擦玻璃,什么都干。他也卖过报纸,卖过蚊香。卖报纸时,天不亮就得到报馆拿了报纸跑着出去,一份报纸只能赚一分钱。

1935年白刃到菲律宾马尼拉华侨中学半工半读,曾任《华侨商报》、《新中国报》译员。1936年,白刃在马尼拉参加学生抗日救国会和民族武装自卫会等救亡团体,参与编辑《救亡月刊》,开始学习写作诗歌、小说和散文,使用笔名王爽。

1937年春天,日寇的铁蹄越过长城,在华北平原横冲直撞!眼看山河破碎,祖国危在旦夕,国内人民掀起了抗日怒潮,海外华侨也奋起响应。白刃决心回国参加抗战。他辞别第二故乡,途经香港回到厦门,遇到几位华侨青年,结伴北上到了南京。

几位年轻人血气方刚,一脑子幻想,以为到了南京,立刻可以加入抗战行列。为了能直接与日寇作战,他们幻想着"航空救国",投考了航空学校,但没有被录取。卢沟桥事变以后,他们又去报名参加战地服务团,也因为没有商家担保而不被接收。回到厦门,几个同伴返南洋去了。白刃不死心,准备找机会再行北上,于是考入集美中学,在初中46组念书。

集美本是求学的好地方,但因战事日趋紧张,集美中学内迁安溪办学。当时集美学校的抗日后援会工作很活跃,白刃参加了集美联合中学战时青年后援服务团,担任第八区队区队长。还担任进步师生创办的《血花日报》(油印刊物)的收音员和编辑。他白天参加宣传、演出,晚上收听南京电台的广播,记录前方抗战的消息,编成稿件给《血花日报》刊用。他还经常参加学校组织的各种演讲比赛、街头表演、戏剧晚会,控诉日寇的暴行,激发民众的爱国热情。

1937年寒假,白刃回家乡探亲,耳闻泉州驻军旅长钱东亮在泉州地区鱼肉乡民、胡作非为的诸多劣迹,非常气愤,于是以"王爽"为笔名,写了一篇长篇通讯《国难深重下的泉州军政》,揭露国民党驻军的罪行。他把文章寄给汉口李公朴主编的《全民周刊》,并于1938年5月发表。钱东亮旅长看了文章,暴跳如雷,下令追查。

故乡不能久留了,在原南洋中学的老师董冰如(时在郭沫若领导下的国民政府军事委员会第三厅工作)的鼓舞下,白刃抱着北上参加抗战的愿望,去了延安。在途经广州时,白刃碰到了林有声和陈耕国两位集美同学。10月初,东山百子路八路军办事处为他们开了介绍信,3人几经辗转,终于到达了仰望已久的革命圣地——延安,白刃也开始了他几十年的军旅生涯。

从战地记者到职业作家

1938年到达延安后,白刃上了抗日军政大学学防毒化学。1939年白刃加入了中国共产党,被分配到山东115师司令部当参谋。组织上从表格里发现了他在《华侨商报》当过员工,写过文章,就把他从司令部调到政治部,参与《战士报》和《时事通讯》的采编工作。1940年6月,他被任命为《时事通讯》的总编辑,年仅22岁。他当记者、做主编,打仗时下部队,采写新闻通讯,报道指战员的英雄事迹。并结合采编中获得的"灵感",不断写点小说、诗歌发表。

1940年,八路军115师在山东白彦和日本侵略者展开了一场惊心动魄的肉搏战。白刃当时正是随军的新闻干事,战斗结束后,他写了一篇通讯《在观察所》,发表在《时事通讯》上,署名白刃。从此,白刃这个名字被沿用下来,成了当今中国文坛上一位部队作家独具特色的富有战斗性、传奇性的笔名。

1943年,部队"精兵简政",《战士报》停刊,白刃给肖华主任打报告要求下连队锻炼,申请得到批准,他下到连队当指导员,和日伪军打了几仗。不到一年,他又被调任海滨军区主编《民兵报》,不久,调回山东军区编《山东画报》。日本投降后,他随军到东北,奉命接管安东(今丹东)日伪放送局,担任安东广播电台台长,以后又担任西满军区和东北后勤部宣传科长兼《后勤报》主编。

在哈尔滨,白刃看了许多苏联卫国战争的电影和小说,深感中国共产党自1925年大革命参加北伐战争以来,经过10年内战、8年抗战,及正在进行的解放战争,产生过无数英雄人物和可歌可泣的故事,却很少通过文学艺术反映出来。年轻气盛的他,觉得自己经历10年战争生活,亲自打过仗,可以试试。于是在访问了俘虏营的"解放战士"以后,一晚上写了一万来字的短篇小说《谁是敌人》,寄给严文井同志,很快在《东北日报》刊登,接着又发表了《桥》和《小周也要当英雄》等小说。

小说见报,颇受欢迎,白刃增强了信心,要求到前方部队当记者。总政宣传部肖向荣部长同意他上前方,调他到6纵队当记者。白刃争分夺秒深入连队,在行军的马背上构思,在战斗的间隙中创作,不断在《东北日报》上发表小说。他相继参加了辽沈、平津两大战役,写了大量新闻报道和战地通讯,也写诗歌和短篇小说,并构思反映抗日战争的长篇小说。北平和平解放后,白刃把在东北写的短篇小说汇编成册,以《生死一条心》为书名,交由新华书店出版,这是他进关以后出版的第一本书。

解放后,中南军区要复办1943年停刊的《战士报》,调白刃做筹备工作,并任命他为编辑科科长。编辑科负责选编《部队文艺丛书》和《战士生活丛书》,人员比较多,除了要帮助几个新参军的北平大学生学习业务,还要为一个作家组服务,其中有著名作家蒋牧良、刘白羽、陈荒煤和西虹等六七人。任务不轻,工作量大,他只好把写作放在业余时间。在写完长篇小说《战斗到明天》第一部后,又接着写话剧《糖衣炮弹》。话剧由中南军区文工团排演,参加中南军区汇演,得了优秀奖。但长篇小说命运不佳,出版后遭到《解放军文艺》、《人民日报》等报刊的批判,说他歌颂小资产阶级,歪曲工农兵形象,违背毛主席的文艺方向。

"三反"、"五反"期间,白刃成了批判对象。说他写了坏书,既毒害青年,又浪费国家财产。他不得已作了检讨。还好没戴什么帽子,没给什么处分,但科长当不成了,改任创作员。

因祸得福，正合他意。从此，白刃当了几十年的创作员，除了"文革"后期在长沙警备区挂了个顾问，1963年回部队授了个上校军衔以外，便向"官"字告别，一心一意从事文学创作。

笔耕不辍 硕果累累

1955年白刃转业到北京市文联工作，他响应中国作协的号召，当了一名没有编制、不拿工资、差旅费自理、以稿费为生的职业作家。为了养家糊口，他拼命写作。虽然在8年的职业化中，白刃曾被诬为漏网右派，下放到湖北荆江分洪，到京郊官厅水库和北京顺义县农村改造思想，生活也全无着落。但这一时期也是他创作的高峰期，他写了长篇小说《战斗到最后》和话剧《糖衣炮弹》（更名《后方的前线》），还为青年艺术剧院写了话剧《白鹭》，为沈阳话剧团写了《兵临城下》和《战火纷飞》，为辽宁人艺写了《踏遍青山》等。这期间，他还出版了短篇小说集《平常人的故事》、《镇海石》及诗集《前进的回声》等书。话剧《兵临城下》，后来和导演林农合作，改编拍成了电影。

1958年炮击金门时，白刃两次到厦门前线采访，他几乎跑遍厦门周边的大小岛屿，写了大量诗歌、特写和战地通讯，在各地报刊发表。那时白刃刚到不惑之年，精力充沛，他不停地跑工地、下部队、上前线，体验采访，产生了持久的创作冲动，似乎有写不完的素材，用不尽的干劲。

1962年，白刃的冤案得到平反，他的话剧《兵临城下》在纪念《在延安文艺座谈会上的讲话》发表20周年之际，先后在全国许多城市公演，获得了极大成功，也奠定了他在当代文学史上的地位。《兵临城下》进京上演时，得到好评，周总理连看3遍，每次看完都提出修改意见，改编电影前还专门找他到中南海谈了两小时。

1963年，白刃重新穿上了军装，调回了解放军总政治部，被授予上校军衔，恢复了工资，专业从事文学创作。

可惜好景不长，1966年，江青勾结林彪在上海和张春桥等人，炮制了《林彪同志委托江青同志召开的部队文艺工作座谈会纪要》，点了《兵临城下》的名。4月间在全军创作会议上，《兵临城下》被当成大毒草批判，作为发动"文革"的开场锣鼓。《人民日报》发表《社论》，《解放军报》整版刊登部队作家的发言，全国大小报刊群起围攻。一时间，白刃的名字家喻户晓，远扬海外。

《兵临城下》给白刃带来了盛誉，也给他招来了厄运。白刃在盛誉面前没有居傲躺下，在厄运之中也没有畏缩不前。他曾下放到甘肃、湖南长达10年之久，

百年树人

尽管有迫害,有干扰,但他对党的信念,始终如一,从不气馁!

粉碎"四人帮"后,曾出演《兵临城下》的剧团,又重新排演此剧,影片拷贝也重新放映。观众踊跃观看,好评如潮。

"文化大革命"后,白刃于1979年调北京解放军艺术学院工作。为了夺回失去的光阴,白刃加倍努力地工作。他为少年儿童出版社写了《罗荣桓的故事》,又参加《罗荣桓传》的编写,还出版了《罗荣桓元帅记事》等书。80年代初,白刃去菲律宾探亲,因办手续滞留香港,写了《南洋漂流记》和《龙真人出山》两部长篇小说,先由香港报刊连载,后结集出书。从香港和菲律宾回京,他又写了《香港见闻》和《永不凋谢的花》两部文集。

改革开放以来,白刃经常来往于香港、深圳,为香港《文汇报》、《大公报》、《镜报》等报刊写文章,还写了《好梦难圆》和《蓝色海洋》两部电视剧。90年代初,他集中精力创作长篇小说《战斗到明天》续集,并于1996年出版。

在近一个世纪的生涯中,白刃扛过枪,打过仗,不过他人生最辉煌的还是从事文学创作。自1936年开始在菲律宾华文报刊上发表作品起,70多年来,白刃在国内外各大出版社出版小说、剧本、诗歌、散文30余种,茅盾先生和丁玲女士都曾为其作品写过序。

白刃于1949年加入中国作家协会。历任中国戏剧家协会第三、四届理事,中国电影基金会名誉理事,中华归国华侨文艺协会顾问,中国作家协会第四届理事、第五届名誉委员。曾获中国人民解放军红军二级红星功勋荣誉奖章,享受政府特殊津贴。

2002年,中国戏剧出版社出版了7卷本的《白刃文集》,共收集白刃六十多年里创作的各种文艺作品,计400多万字。《白刃文集》出版后,白刃将书大部分赠送给曾经战斗过的部队、家乡的大中小学和北京、广州、厦门等地的大图书馆,以及海内外的诸多亲友。

2009年7月17日,白刃与邓友梅、李希凡、李瑛、屠岸、朱寨、袁鹰、高莽、玛拉沁夫、张炯等十位老作家,代表从事文学创作60年的会员接受了中国作家协会颁发的荣誉奖章证书。

年逾九旬的白刃同志,身体依然健壮,精神依然开朗,情绪依然乐观。他还在不停地写作着,《战斗到明天》正是他一生的光辉写照。

(本文根据白刃的《白刃全集·自序》、《忆集美》、《故乡·母校》、石狮侨报《记蜚声文坛的石狮归侨军旅作家白刃》等文章改写而成。小标题是编辑加的。)

黄永玉:示朴琐记

黄永玉

老了,才晓得世界真大。

我一辈子都忙。为吃饭穿衣;为自己艺术的长进;为自己教育自己;没有空干别的了。人家问我为甚么那么多同班同学?因为初中三年总共六学期,我留了五次级;五五二十五,五四二十,起码五三一十五,一百五十个老同学总是有的。几十年后回到厦门,集美的老同学聚在一配,有时也开玩笑地帮我计算老同学的名字,现在在哪里?当什么大医师、院长、教授、将领、各类专家……

我书读得所谓的"坏",是因为学校不好吗?不是的;集美学校在全国论师资,论设备,论风水,不是第一也是第一。是我不好吗?不是的,只不过那些国文课本都是我小时候念过的;另一些数、理、化、英文,费那么多脑子去记,而我长大以后肯定用不上。

一开学,我便把领来的新书卖了,换钱买袜子、肥皂。一头钻进图书馆去,懂的也看,不懂的也看。

"书读成这副样子!留这么多级!你每回还有脸借这么多书,不觉羞耻?……"

这是管图书出纳的婶娘骂我的话。

有时她干脆就说"不准借!"

我间或故意从她办公桌边走过假装到报章杂志桌子那头去,让她看到我,如果她微微笑了一笑,这说明她一早起床情绪好,我马上进书库乘机抱一堆书到她面前。她会摇摇头,再笑一笑,留下了书卡,叹口气,暗示我无可救药,而她慈祥无边。

我甚至计算着叔叔、婶婶哪天寿诞、结婚日、孩子生日之类的喜庆日子去借书,钻个吉利的空子。

是的,留那么多级还借那么多课外书羞不羞耻？唔！不要紧的!

我只是烦！那些数、理、化、英文课本让我烦！不借书给我也烦！有没有脸借书这句话我至今好笑,借书还要脸吗?

集美学校我第一个美术老师是郭应麟,他是真正正式的法国巴黎美术学院毕业(有的人不是),油画人物和风景都行。我敬畏他是因为我不懂油画,他提到的一些外国画家我大部分不认识。他原是集美毕业才去巴黎的。他说话喉音、鼻音都重,带点洋味,穿着又很潇洒。跟在他后面去美术馆,穿过油咖喱树和合欢树林荫,心里很神气。走廊里挂着大幅大幅他从巴黎摹回来的油画,装在金框子里。其中一个老头子在钢琴边教一个漂亮之极的女孩子弹钢琴的画,让人心跳,仿佛她是郭应麟先生的亲生女儿,怕郭先生生气,只好偷偷多看了几眼。

郭先生后来到印尼去了。几十年后我们又见过一次面,不赘叙。

郭先生走后,来了也是集美校友的朱成淦先生,听说他念过中大美术系。教务处有位教务员吴廷标先生,也是位美术家,会剪影、雕塑、漫画。

劳作教员任其骏先生是日本留学生,也画画,竹器编织真是了不得;编出的竹器像九层象牙那样,玲珑剔透,完全看不出所以然;一经他点化,只要细心却又人人会做。我佩服、欣赏这手艺却是不耐烦专心破那些根根一样齐整的篾片,所以我也少跟许先生亲近。几十年后他老了,我去拜望他,还给他画了张速写。

后来又来了施游艺先生和也是集美出去的黄羲先生。

施先生教音乐也教美术,教了两下子美术见到我们这帮学生可能心里有点虚,便专门教音乐。他歌唱得真好,嗓子抖得听来舒服之极,对艺术十足真诚,不知怎地却萧然地隐去。

黄羲先生在杭州专教过国画,我们一听就佩服立正。他瘦而黑,留微微上竖的西式长头发,声音温婉,约带点福建仙游地区腔调的普通话让人听来舒服。

他用了不少课时讲笔墨。铺张纸在桌上,又是墨又是水的讲笔墨浓淡交错效果,浓先淡后如何,淡先浓后又如何,很抽象。除了我和另一个高师姓郑的同学听了入味之外,别的同学都希望他马上画个美人、雀鸟看看,有点等得不耐烦了。他不急,周围的人也不敢开口。

他让我们照着他的办法做,品味品味自己做不做得来。他说,凭这些笔墨水份在纸上来来去去,甚么具体东西都不画,懂得到它的妙处,就算是悟得笔墨了。到时候你再写山水花鸟人物时一定就快乐得多。

他画了一些山水花鸟让那些同学去临,单叫我和姓郑的同学到他屋子里去看他画人物。

福建仙游这地方非常了不起，出了许多大画家，李霞、李洁、李耕、黄羲，以后还陆续地一辈又一辈的年轻画家出现。

这一帮画家都是把纸绷在墙上画画的。李耕老头用左手画画，手指夹缝里夹几管不同颜色的笔，可以随意地换来换去。他那时怕六十多了吧，一撮又硬又短胡子，一顶毡帽，不按季节换长袍子，趿拉着布鞋走四五里长街吃去云吞，后头跟一串小孩……

李耕是我至今还很佩服景仰的人，我暗暗受着他的影响，他的佛，他的胖弥勒，他的岩洞、山脉有很渊雅的法度。

能说黄羲先生和他有很好的关系，论年龄，该是个忘年交或是学生，我不敢说。

黄羲先生给我们两个人讲了些人物画规律的问题。头发、胡子、衣褶、面容染色步骤……我记得点滴不漏。

我叔叔知道黄羲先生给我开"小灶"，当着许多同事说："你们这样搞是大学专科水平了！"

他是董事长，可以打官腔：

"怎么？你画屈原？你懂得甚么屈原？"

在校展上，我画了张在江边的屈原，黄羲先生给题了两句鲁迅的诗句：

"泽畔有人吟不得，秋波渺渺失离骚。"

旁边的芦苇和江波都是黄先生帮着加添的，胡子上他也做了些工夫。像爹妈在客人面前小儿子唱歌表演时忘形的帮腔。

我胆子来得很大，冲着叔叔说：

"我当然懂！不懂就不画！"

"喔！你讲讲看，屈原是做甚么的？……"

"……悲时俗之迫阨兮，愿轻举而远游，质菲薄而无因兮，焉託乘而上浮？遭沈汙而浊秽兮，独郁结其谁语？……"

"你晤哩晤噜甚么？"训育主任王某人说。

我看到叔叔轻轻对王某人说："屈原的《远游》篇……"又转过来对我："你不好好读书，几时去啃这些东西？"

"我小学时候啃的！"

黄羲先生为这件事偷偷得意，他怕我的叔叔，我表面怕心里不怕，我怕他干甚么？有时是可以这样气气这些人的。

百年树人

　　高中国文教员包树棠先生在场,后来他老是跟我套近乎。他是个有学问的胖老头,除了旧诗还会做白话新诗,他写了一首追悼英年早逝的国文教员温伯夏先生的诗我还记得:
　　"……这薄薄的桐棺一具,留给我伤痕深深……"
　　有一回他问我:
　　"你上回吟诵的《远游》,说是你小学读的,那时候你真懂吗!"
　　"小时不懂,大了就懂!"
　　黄羲先生的宿舍在膳厅右侧,每次排队用餐总要经过他的门口。跟他同住一房的图书馆的管理员徐甚么衡先生。徐先生是江浙人,很和气,走起路来自我得意,摇着右手,心里想着什么诗句的神气。后来黄羲先生把他打了一顿,打得很厉害,黄羲先生被叫到校董办公室去挨训。我去看慰他,他说这徐某人话多讨嫌!看起来,这是"好人打好人,误会!"黄羲先生打了人心里仍然不好过,后来就走了。我可以证明是他自己要走而不是给学校赶走的。打完了人仍然不好过的事是常有的,我清楚,我特别清楚。这么好,这么温和的黄羲先生悄然而去,使我难过得也想打人,后来多吃了几碗饭,总算平息好过下来。

　　朱先生住在一间小屋子里,他画油画,也跟我们大讲高剑父、高奇峰。经他这么一讲,看着几本高氏的画册,一页又一页地翻了又翻,毛笔在纸上梯梯突突,有种拳打脚踢的印象。朱先生喜欢得不得了。他宗的就是高剑父,画和字走高剑父的路子;要说岭南派,他应该也是一份子,是不是一定要广东人才算岭南派?
　　朱先生参加学校的一切可爱的活动,他衷心热爱周围的日子,他不太按照常规控制自己情绪。比如打篮球,跑来跑去发出怪声叫好,惹得观众跟他一起起哄,这一来,又反馈给他自己,就闹得更起劲,几乎把篮球赛变成另一种性质的节日。
　　朱先生心地纯良,两只眼睛像母鹿一样看着你,对你说话。又心甘情愿地为学校剧团画布景、编壁报。我们的壁报可不是普通孩子们玩的壁报。每晚有专人收听国际和国内无线广播新闻,第二天这些新闻和有趣的图画穿插便出现在专门的壁报墙上。轮班戴上耳机收听广播,画插图和军事进展形势图,朱先生都有份的。有时作一些有趣的漫画则是由姓郑的高师同学和吴廷标先生担任。
　　他们那时都是青年,究竟有多大年纪,如今我老了之后实在也算不上来。我十二或十三四或十四五的时候,起码他们也有二十几二十了。如今我七十岁,他们呢?谁爱算就自己算去吧!

有一天在朱先生家,他正在画贝多芬的油画像,他说,贝多芬是一个伟大的、强烈的音乐家,我要把他画成一团火焰。

我没想到画家想怎么画就怎么画。

"过两天你看吧!"

过两天我去看,他不画了。他说"难",不满意,画不下去。

一个画家什么都能画,哪有画不下去的道理?爱画不就画了?他真的不再画下去了。

"咦?——你怎么不参加木刻协会?要参加我给你介绍……"朱先生说。

"不参加!我不晓得木刻是什么?"

"不晓得?从血花日报上照着临摹的那些不就是木刻?"

"不就是画报上的一种画吗?"

"是画,是木刻画,是用刀子刻好再拓印出来的。"

"没见人刻过。"

"我也没见过,不过,我认识他们的一些人,我认识郑诚之,又叫野夫,是个有名的木刻家,他和别一个木刻家金逢孙在浙江金华、丽水一带办了个东南木刻协会,你可以参加做会员。以后,你也可以用板子刻真的木刻,不用再临摹别人的木刻画了……"

"参加了我也不会!"

"哪!参加了,你是会员,他们会寄东西给你,学习木刻的方法啦,消息啦,说不定有一天会登你的画咧!"

"晤!那倒是可以试试。我一个人不行,我要拉林振成、叶国美一起参加!"

"是你同班罢?他们也爱画画?"

"不太爱——我们是好朋友。——底下怎么办我不懂……"

"我今晚就写信给野夫,要他们寄简章和入会手续来!"

"你讲的那个会,有没有黄新波、温涛在里头?我从血花日报上临摹的木刻是他们的。"

"我晓得黄新波和温涛,不过我不知道他们在哪里,也不认得他们,我看我们先办这件事罢!"

过了一个多月,朱先生很机密地拉我到石牌坊底下,口袋里掏出个厚信封:

"来了!"

一大叠油印文件,重要的是要交一块二角钱。

"完了!"我想,好处没到手,先要我一块二角钱,我哪来一块二角钱?我身边要真有一块二角钱,用处可大了,入会才怪!

林振成急着想做不明不白的会员,叶国美不想,后来就不要他;林振成沾我的光参加了东南木刻协会做了会员,我的会费是林振成出的,他父亲做过团长,有钱。

填表,亲属那一栏,朱先生说:

"……你祖母黄邓氏就不要写了。"

寄出林振成和我贴了照片的入会表,不久就收到寄来一包包的材料,有会员通讯,活动情况,最让人心跳的是上面印有一朵小桐花的铜徽章。这要紧得很,尤其是林振成,他出出进进都把这小徽章挂在童军服左胸袋上头,真像是一个人物了。有时问我:

"是什么会?我忘记了,你讲!是什么会?"

跟着来的麻烦事很多,东南木刻协会代售木刻刀。做一个木刻协会的会员没有木刻刀怎么行?林振成想想也是,于是又邮购了两盒木刻刀,一盒送我。

讲到这个林振成,他一幅木刻也没有刻过,刀子呢?

拿回乡里老家书桌上供着。暑假,我陪他去永春县考中央军校,他数学、理化都好就是国文不行,第二天让我混进去帮他做了作文枪手,考上了。1948年他到香港时来看我:

"你看,你害我进了中央军校!"

"你还刻木刻吗?"我问他。

"一辈子没摸过!"

后来想必是到台湾去了。

我认为木刻刀是一种精密的机器,尤其是三角刀,看来看去不懂得怎么用:大概不至于仅仅为了在木板上挖一道细沟吧?其实就是拿来挖一条细沟的。

我按照野夫写的一本《怎样学习木刻》的书开始行动起来。

我还不懂得木刻工作的意义,只浅尝到它的快乐和兴奋。爱默生就说过:

"在年轻人的心里,每一件东西都是个别的。"

我一边做一边惴惴不安,这行动会不会是一个岔道?万一一直这么做下去,一年、十年,结果根本不是这么一回事。就好像古埃及人按照正确的图纸盖一座金字塔,塔倒是盖好了;只因为颠倒了图纸,尖朝下,底座在上地完成了……

朱先生似乎也是很有把握。"管它,刻了再说。"

好的油墨是石印铺讨来的。我试着一幅幅刻下去,刻了就拓印。在周围人的眼睛里我开始威风起来。

朱先生像只老母鸡带着身边刚出壳的唯一的小鸡,四处显颜色给人看,还把我的第七、第八或第九幅作品寄到沙县宋秉恒的《大众木刻》杂志去，发表了！

《大众木刻》有宋秉恒、荒烟、耳氏、朱鸣冈……这些专家的木刻，我能夹在他们行列中。想想看！你想吧！我是什么吧？

从此我知道世界上有一种艺术叫做木刻，木刻界有许多杰出的木刻家——野夫、陈烟桥、李桦、黄新波、罗清桢、万湜思、宋秉恒、荒烟、章西崖、朱鸣冈、耳氏……连同我知道的漫画界的张光宇、张正宇、张乐平、陆志庠、叶浅予、华君武、张仃、高龙生、汪子美、黄文农、丁聪、郁风、黄苗子、黄尧……我觉得肚子里的知识学问饱和得不得了了。

我在一些记者访问中提到我第一次拿稿费是五块钱，现在想想未必可靠；大概没有这么多。叔叔每月才给我一块钱零用；可能是两块多钱稿费吧？何况对待初出茅庐的人，《大众木刻》不这么大方。

不管多少，反正给我以很大震动。不怕见笑，甚至我约了几位铁哥儿们一起才敢上的邮局。我要他们在门口等着，一旦出事别撒开我跑了。

我心跳不止，递上了汇款单、图章和学生证。里头的老家伙慢吞吞，好像要断气的神气，又咳嗽，又吐痰，又拿一块垃圾似的手巾擦鼻子，休息喘气，这老狗日真的给了我一叠钱。"你数数！"

那还用说！老子会轻易放过你？

数完钱昂然走出邮局。那帮家伙一个个居然都健在，一拥而上，其实不一拥而上也没什么大不了！一哄而散也没什么大不了！不就是上邮局取钱吗？

请大家到中正街粥铺一人一碗牡蛎稀饭，多加胡椒多加葱姜，吃得大家像群打败了的强盗。

侯宝林有一段相声，讲到旧社会国民党的伤兵常常为非作歹，吃东西看戏不给钱，甚至身边还带了小孩子。小孩子动不动也学着伤兵的口气撒泼，遇到戏院查票不让进场的时候，小孩子就会提着嗓子学着伤兵口气大叫：

"妈拉巴子！老子抗战八年……"

我其实跟那个看白戏的小孩子差不多，我的木刻生涯就是那么糊里糊涂开始的，有时候，免不了也叫这么一声：

"妈拉巴子！老子抗战八年……"

（原载1999年5月19日《文汇报·笔会》）

《文汇报》编者注：标题"示朴"，据古籍记载，器之不成曰朴。《汉书·马援传》记载，马援长兄以"良工不示人以朴"勉励马援。作者用示朴为题，是自谦也。

百年树人

李尚大：微笑、汗水、家国

黄永玉

你必汗流满面才得糊口，直到你归了土，因为你是从土而出的。你本是尘土，仍要归于尘土。

（《创世记》三·十九）

李尚大从小就是个胖子，老了还是个胖子。1937年我们在集美中学同学，他念高中，我念初中，大我三岁，是好朋友。

为什么这么好？用现代的话说，他是我的偶像。

说偶像是因为他力气大，能拉六根"先道"（是一个发明扩胸器的英国人，用他的名字做这玩意的名字）。我先只能拉两根，跟他在一起之后能拉三根，并且准备明年向四根前进。

有一段时间他不在学校，后来回来了。说是去考"航空"，因为眼睛太小，不合格，只好又转回来读书。这让我很开心，要是眼睛长得大，我的世界就没有李尚大了。论"航空"，这是多高的境界，考不考得上根本算不得什么。

我大概是1937年四五月间或是更早一点在集美入学的。7月间就抗战了，厦门胡里山炮台跟日本军舰对打起来，隆隆震地而响，每轰一声，人就跳一次，很怕人。学校就搬到山区安溪县的文庙来了。

尚大是安溪湖头村人，离县城一百多里。湖头是康熙年间宰相李光地的家乡，图书馆藏有一部李光地写的书，名叫《榕村语录》和《榕村续语录》，用的是讲白话的文言体，味道像《聊斋》，我在图书馆借来看过，很好懂。书封底的借书套里卡片上没有别人填过名字，我算是第一个。安溪县宰相写的书，居然我是第一个签上借书卡，你说我神不神气？他是个有见识的人，我欣赏他跟我的看法一样，他说，小孩子背书懂不懂不要紧，是为长大以后预备的。后来晓得少年时代的辜鸿铭的英国养父布朗先生也是用我们的观点教辜鸿铭，"只要求他读熟，并不要求他是否听得懂。"布朗说："听懂再背，心就乱了，反倒背不熟了。"辜鸿铭背过六千五百多行密尔顿的《失乐园》，三十七部莎士比亚戏剧，德文的歌德的《浮士德》。引海天？萧炜著《沉重的转身》

尚大是高中生，到底有多少学问我不清楚，我只佩服他念遍了厦门（除女子中学以外）所有的中学；要不是开除就是退学，最后才来到集美。（当时厦门有多少中学我不知道。）

他有很多长处，一是胖得可爱，二是和气，三是力气大，四是沉着讲理，五是有钱，六是慧眼识英雄，把我当他的朋友；怪不得接着有几个跟我差不多同龄的人巴结我，想我介绍入伙。

那时的集美学校有个特点，到放暑假，南洋群岛的学生都坐船回家等开学之前再赶回来。本土的学生回本土，少数一二十个各有各的道理的学生留在学校。

尚大这时候带着二三十个年纪大的高中同学回湖头去了。住在他家，吃在他家，不晓得这些大同学在他家里吃些什么，玩些什么，只听说他妈从不另给他开偏食。

我们小一辈的人也想去，他眯着小眼睛说："一百多里，抱你去还是背你去？"所以我们从未有过能去一次湖头的幻想。

若是哪一年暑假他不回湖头，那我们就过年了。

空荡荡的一座大文庙剩下我们这一点点人，号兵不再吹号，连号兵传达都成为密友。大厨房伙食照开，进出校门自由，图书馆正常开放，固然，有时候校长或先生不定期巡查一番，李尚大端坐读书的神气，简直就像个活孔子，一定感动得校长和先生要死。

也有三五个南洋学生没有回去的，他们见闻广，夹在我们里头想贡献点外国的下流习俗见闻的时候，他就会走到跟前左手捏着他的脖颈，右手抠着他的屁股眼扔出屋去。

"贱！"他说。这点功夫我练了好多年都没有学会。

午觉醒来，他令我们其中的人说："你、你，到厨房去煮绿豆沙！""你、你，出去买五斤开花蚕豆，花生，你，泡茶……""走！上街吃'蚵呀没'（小生蚝粥）。""上午扫地，下午到河边吃龙眼！"

河边几里长的沙地上长着百多棵龙眼树，有主的。他教我们神不知鬼不觉地上树的勾当。头一个人上树，树底下的第二个人用带叶的树枝扫掉脚印；第二个人上树，第三个人扫掉脚印。第五个，第八个……树周围都是细沙。

晚上,在"大成至圣文宣王"殿前石台子前练武功。

他一用劲,手腕上有鹅蛋大的两个硬球。每人脱光了衣裤只留下一条"沙波德"(带橡皮筋的极窄的短裤),真像家练武艺的什么堂口。还特别让我表演家乡带来的"翻筋斗"、"扯旗"、"地滚螺"、"少林拳"、"对打"……

有时大家围着他讲闲话,忽然有人提出来要他请客,他硬是不请,于是大家一拥而上呵他的痒。于是他就像希腊神话中的那个"安泰"离开了土地一样,大叫一声:"好,投降!'赛你凉'(粗话)。"叹着气掏出钱来。胖子最怕的就是呵痒。

我是湘西人,原不搞这种赖皮事,怎么样也卷进去了,七八个人滚在一起,压在竹床上,然后坍塌于地,尚大糊里糊涂顺手抓掉我一把头发,我一口咬在他左边大腿上。就这么一口,我满嘴血,他伤得很重,送到医院。(60多年后的某个场合在印尼谈起这些事,我要他亮左腿给老同学们看看那伤疤还在不在,他不肯,下意识地隔着裤子捂住旧疤遗迹。)

过几天他一拐一拐地说:"你真毒!"

"你晓得我不是故意的。"我说,心里也实在不好过。千年后的考古学家在尚大木乃伊上发现了那块大伤疤一定很费研究。咬他的那一口上,我又没有签字,是查不出罪踪的。

有人说他母亲在黄梅天过后好太阳的时候,会叫人搬几百个大葫芦出来晾在晒谷子的石板广场。葫芦竖着破开成两半、中间捆着绳子,打开葫芦都是钞票。

她老人家在晒钞票。

尚大眼泪都笑出来了。可见是没有这回事。不过觉得有趣,当然也得意。

不管晒钞票是真是假,他父亲当过混成旅长却是事实,并且是个做好事的人家,从尚大的坦荡格局是看得出来的。

秋季开学不久,有一位让高中同学(或是水产航海、师范、农林、商科同学)讨厌的姓孙的训育主任(名字我就不说了,我们初中生好像并不觉得他特别讨厌),那一帮高年级同学让尚大找我带木刻刀跟他去办一件事,我不敢不办,就跟着他到厕所后头小树丛里在他们捉到的一只面盆大的乌龟背上刻了原来写好的三个大字"乌龟孙",另一个同学染上鲜红的油漆,偷偷放进了文庙的大池塘里。

在龟甲上刻字我明白古时候是有过的,叫做甲骨文,刻得也很顺手流畅。说是要我绝对保密,我也算是做到了(70多年后的今天我才向世界解密)。

没想到后果是如此精妙,这只乌龟几乎像个准确的晴雨表,每逢阴天将要下雨或清晨黄昏，它老人家便会冉冉地浮游逡巡于池塘四周，那耀目之极的三个大字不免吸引几百名等候集合进膳堂用餐的同学及先生们的密切注视甚至欢呼。

乌龟这活物跟名人不同，面对欢呼它一贯谦虚沉默，退隐于水底，不作任何回应答谢。

校长和孙先生的反应虽然昂扬，偌大池塘深约2米，正所谓"难淘尽西江之水"，曾动员过全校工人用了一个星期宝贵时间打捞这只冤家总是毫无结果。

那池塘是座活泉，时光倏忽，孙先生和校长都已作古，听说乌龟是长寿的，70多年来，怕会长得有簸箕般大了吧！

大约是9月间，县城里某个地方唱戏，学校里新来的一位教员去看戏，挨了警察局局长带领的人一顿臭打，说是我们这位教员调戏了坐在旁边的他的夫人。这绝不可能！

为什么不可能呢？连我们这帮小孩子都明白，集美学校的声誉这么神圣，聘请老师从来非常严格，道德、学识都经过慎重考察，难以想象会让浮浪人物混进教师队伍里来。

事情已经发生了，学校领导马上知会政府如何处理这桩严重事件……

说时迟，那时快，当晚李尚大已经带领一帮大同学把警察局砸得稀烂，局长、股长们一个个收拾得像僵蚕模样……

三天之后，全校师生在广场开了一个旷古未有、别开生面的"欢送开除同学大会"。（我忘了，除尚大之外还有哪几位同学？）

这恐怕是解决政治和文化矛盾的最爽脆的范例，既照顾政府的面子又维护了陈嘉庚先生的集美学校的尊严和声誉。那个为看戏而闯祸的教员也悄然蒸发于"大会"之外。

这事发生在1938年的秋天，和尚大兄再一次见面是在1949年夏天的香港了。我不明白他怎么晓得我在香港的地址。哎！我们都已经长大了。

那一次晤面，他详细地叙述别后11年的情况。

被开除以后，在闽南东混西闯了一阵，流落到福建战时省会永安。永安这地主我去过，在山洼洼里，传说伸个懒腰都会碰到山巅。其实，地方不小。

熟人没碰到，便去找省国立音专的校长蔡继琨先生。

蔡继琨先生是集美的老校友，是位大人物，早年留学日本，作品《浔江渔火》交响乐抗战前在日本得过很辉煌的、我说不上来的大奖。抗战后每创作一首歌曲马上全省传唱，比如《保卫大福建》我至今还能一字一调不漏热血沸腾地唱出来：

百年树人

"福建是我们的家乡,一千三百万的斗士,守着这十二万方公里的地方。敌人来吧!杀吧!铁血保卫我闽疆。看那蜿蜒的江水,崎岖的山脉,可别想在这里有半点的猖狂……"

他还是我远房叔叔黄洪焘的亲舅,身材魁梧,潇洒漂亮。他弟弟蔡继标(彪?)是学航空的,个子黑兼胖。听说年轻时谈恋爱追求女朋友的时候,驾一架双翼机在女朋友房顶上反复打圈表演技巧,兴奋过度,几个筋斗掉进厦门鼓浪屿之间的海里,幸好人机无恙……

别扯远,咱们还是回说李尚大和蔡继琨吧!

尚大见到蔡继琨,想上国立音专找个事干。"你会干什么?"蔡问。"什么事也没干过。"李答。蔡上下打量他一番说:"那,给我提皮包吧!"其实就是今天所谓的"生活秘书"或警卫员的意思。

永安是战时省会,难免政府机关和其附属单位就多。日本飞机常来轰炸,机关单位人员下班之后都分散回乡下住宿。大点的乡下还有公共汽车,蔡继琨虽然是校长,下班也得搭公共汽车回家。李尚大的首要任务是在公共汽车上给校长占个好座位,也就是挨着司机旁边的那个单独的座位,这已经成为惯例。不料有一天,这位置让别人抢先坐了。

看这人来头和年龄都不小,黑呢子中山装,金丝边眼镜,五十来岁。

"起来!"尚大说。

"你叫谁!"那人问。

"你!"

"为什么要起来?"

"这是我们校长的位子。"

"什么校长不校长?哈!要耍派头坐小包车嘛!怎么挤公共汽车?"

"你起不起来?"尚大还想发点威风。

那人从口袋里取出包香烟,倒出一根点着了,跷起二郎腿晃着晃着,慢慢抽将起来。

蔡继琨这时上车了,"咦,位子呢?"

尚大说:"这人占了!"

"那,你?你是干什么的?"蔡继琨问。

"他告诉我,这是公共汽车,谁先到先坐。"尚大把皮包塞给蔡继琨说:"你自己找地方坐吧,我不干了!"

尚大跳下车,到重庆去了。

重庆这个战时首都是随便可以来的吗？他提着那口小破藤箱，坐在朝天门码头石阶上看天想事。

口袋里有个小本本，写着飘流各地的同学名字；里头有个初中四十六组的陈其准，他在重庆。早就听说陈其准在重庆的"军之友社"混得挺不错。"军之友社"是搞什么的？他怎么个混法？

他终于找到了陈其准，陈其准晚上在"军之友社"跳南洋土风舞，简直红了半边天。

陈其准是马来西亚的侨生，他爹是福建南安人，妈是地地道道的黝黑皮肤的马来土人。一生下来样子偏妈不偏爹，除眼白之外，全身黑中透蓝；他若是闭了眼睛，晚上谁也摸不着他。矮胖，凸脑门，厚嘴唇，一口好的英语和马来语。

他在学校游艺晚会上经常表演草裙舞，全身赤裸只穿一条黑色紧身三角裤，上千彩色细纸条围在腰上算是草裙，吉他和手风琴伴奏，合作拍子。你看他全身抖动，手脚浮游，真可谓有绝世的天分。

"军之友社"的头头黄仁霖将军，他一辈子的最高理想就是努力和钻研如何把宋美龄跟美国大兵侍候好。陈其准的确让他看准了，眼前他要做的工作是别让那些唱歌和伴舞的女人们过分地对他忌妒。

陈其准第一次把尚大带去看演出，几乎吓傻了。那么大的场面，乐声响亮，那么多的美国佬怎么会如此疯狂地拜倒在陈其准脚下？他真担心这些傻美国佬会把陈其准当做美国下一届总统候选人。

演出完毕，陈其准开回满满一吉普车的面包、黄油、奶粉、火腿、香肠、巧克力、骆驼牌香烟……他说："这东西可以进黑市，好多穷朋友等着我……""你不是说可以给我找个工作？"

"工作？你英文怎么样？"

"英文？二十四个英文字母我都搞不清。"

"怎么英文变成二十四个字母了？你高中怎么念的？在这种地方，连 Boy 侍候人都会两句……"

回到宿舍，尚大站着发愁，其准电灯下看着他，忽然蹦起来：

"你跟我一起跳双人舞！你看你一身白肉，一黑一白，要乐死他们……"

"'赛你凉'！你把我当什么人？"尚大举起拳头。

"你说你是什么人？我是什么人？土风舞是什么舞？那一夜一车东西是什么东西？我'赛你凉'，我'赛你凉'！"其准也生气了："你讲，我跳舞是下贱工作吗？"

百年树人

……
"可我不会怎么办?"
……
"你不会我能让你上台吗？教你三天！"
这三天,尚大认为比当年练拳击还累,手、脚、脖子,连头发都痛,但总算勉强过了关。

两位宝贝第一次登台,那种黑白反差引起的大轰动,真的难以描写,街上行人不知今晚"军之友社"美国佬里头又发生什么事,《中央日报》登了个特写辟栏新闻,黄仁霖还把这件盛事第二天早上在老蒋夫妇用早餐的时候,轻言细语地作了汇报。平日不爱大笑的蒋介石也哈哈笑了三秒半钟。(末段是玄想,顺便加上好玩。)

没在那时代亲眼见过的人也可以想象嘛！一黑一白两个胖墩,白的小眼睛,黑的鼓眼睛,穿着草裙在台上配合着南洋群岛音乐跳土风舞。是一种什么梦境？

尚大跟陈其准就这样跳了两个多月,赚到进大学的学费。其中,由于每天把昨晚跳出来的美国物质报酬到黑市上去,还学会了狠心看人的本领。又不知他使了什么神通,正式考上了在重庆的朝阳法学院。

不过,我总觉得尚大跟上学这档子事一点缘分也没有。这有点像钱锺书先生的那本《围城》的含义,在城外的想攻进去,城内的想突围而出。何必那么忙地进进出出呢？活像一只从不酿蜜的孤独"雄蜂",跟着蜜蜂在花丛中瞎起哄。它根本不具备采花和酿蜜的生理结构。

不出所料,上学没多久,尚大又坐不住了。他忽然萌发了思乡之情,一路迎着轰炸回到闽南。

这一次决定是他一生中的大转折,既干脆而又正确。使出浑身解数办了两件大事：一是全力整顿了故乡安溪湖头慈山小学。二是跟一位当年厦门双十中学的同班同学,学医的好女子吴灿英结婚。半年后真心实意地上福州福建学院法学系,一口气读到1946年毕业。领了文凭。抗战胜利已经一年,在厦门鹭江道64号跟好友和同学开了一间天平行贸易公司。这公司除了他之外都是共产党,我不相信他不清楚。他像对待以前好玩的事情一样,潇洒自如,眼开眼闭地做着掩护工作。1949年,国民党特务头子毛森在厦门搞大屠杀,天平行成为目标,被彻底砸掉。尚大父亲的老部下帮助他秘密地只身逃到香港,几经艰难来到印尼。

我80年代回到香港,生活了近十年。尚大在香港也有企业,由大儿子川羽照料。时不时尚大来香港，或经香港回闽南圆他永远圆不完的帮助家乡建设的梦，我们见面时就会没完没了回忆过去，有时候也谈些正经事。

我是一直感激闽南人的恩情。他们慷慨、好客，有同情心，宽容，在那片土地我才能勉强长大成人。

我们也谈起人世间好多解不开的谜团和矛盾。比如陈仪这个人，他当时是福建主席。我们心目中伟大的圣贤，集美学校的校主陈嘉庚就十分不满意他。蒋介石也尊敬嘉庚先生，听了他的理由就把陈仪调走了，换来个不三不四毫无分量的刘建绪。

陈仪实际上是位很有厚度、很有远见、胸怀宽广的人。他是鲁迅先生的老朋友。

主政福建的时候，部下的质量也很高。后来在台湾当过"总统"的严家淦，就是他当时的建设厅长，科学家（生物学家？）郑贞文是他的教育厅长。……

郁达夫好像在那里做过嘉宾，著名的作家黎烈文给他主持文化出版活动工作，于是一大串左派作家也微妙地来到永安。陈仪知道吗？知道的。黎烈文三两天要到他那儿去汇报工作。他们有私交情谊，所以汇报工作之外当然也说点别的东西，这种情况之下，先来了左派文人王西彦，接着来了重要的共产党人邵荃麟、葛琴，做了福建省官办的主要杂志《改进》的负责人。所以福建全省的进步文化活动开展得十分活跃，陈仪暗中庇护着许多进步人士是肯定的。

解放前夕，陈仪策动他的老部下汤恩伯起义，忘恩负义的汤恩伯马上向蒋介石报告。蒋介石到台湾后枪毙了陈仪。

这样看来，陈仪到底是好人还是坏人？暗中他跟谁有过联系？总不至于要汤恩伯阵前起义是个个人兴之所至的"行为艺术"罢？今天，我真希望有良知的历史学家为他说个公道话，纪念他。

我们集美的校主陈嘉庚当然是个好人，陈仪看来也是个好人；用最高指示检验："好人打好人，误会！"

在福建待过的共产党员邵荃麟、葛琴夫妇"文化大革命"中死得好惨！我们素来敬仰的这两位高尚的共产党人居然也困死在自己的囚牢里！唉！

这一切怕都堪称为历史伟大悲剧罢！悲剧的特征是自我矛盾。

李尚大49年只身来到印尼干什么呢？

印尼有许多他爸爸的朋友、老部下，受恩惠者要帮助他，他真诚地多谢这些阿伯、阿叔说：

"让我先在印尼码头上混三两年吧！眼前我什么都不懂怎么做事情？"

百年树人

　　于是在一个陈姓名人码头上找到一个扛生橡胶块的工作。每块生胶重108公斤，体积是一米乘一米乘一米，正方体。从这个地方的码头仓库里扛出来，过码头，上跳板，进船舱，入舱底，堆叠整齐；随船开出到另一个地方，再把生胶扛上肩膀，上船面，过跳板，到码头，进仓库，一块块码齐。苏门答腊、巨港、楠榜、雅加达……真的足足玩命地干了三年。从苦力，提升工头到仓库管理。让老板发现了：

　　"你是个大学生！你玩得还真像那么回事！"

　　"不是玩，是上学。"

　　"码头有什么好学？"

　　"它是本大辞典、大百科全书的第一页！我从码头学起……"

　　"你别走，我提升你，把好的位置给你……"

　　"我三年流汗吃苦不是为你，是为我自己。从今天起我要忙自己的事情了。"他微笑点头告别。

　　1949年到他2008年逝世，六十年过去了。

　　一开始，他在各岛跑些橡胶、咖啡、椰干散碎生意，越做越大，加进了木材厂、夹板厂（森林开发，动不动就一百八、两百公里直径的大森林）、瓷砖厂、轧钢厂、酒店、房地产、石油……六十年，公然变成印尼几大财主之一。

　　上头这段话不到一百字，读起来连气都不用换，可知道？这就是尚大忙碌一生的时间。

　　回头讲讲尊敬的大嫂吴灿英。

　　尚大去印尼之后，灿英带着两男一女三个孩子侍候着尚大的母亲——她的婆婆。

　　这位婆婆，丈夫去世多年，她从来就是全家的舵手，并且还是个百分之百的大地主婆。1949年土改开始，首先遭受反手吊打的就是她。七十多岁的人，还是个缠脚老太太，每天灿英背去背回到广场接受批斗，老太太居然神志清爽，说自己的确是"一种阶级的代表"，要孩子们记得人生的基本态度，"记得朋友的好处，忘记朋友的过失"，活下来了。

　　全家"扫地出门"，老小五个人，住在一间小破屋里。灿英一个人砍柴、挑水，山上开荒种白薯，养活这五张嘴巴。后来见面，她对我说："想到印尼的尚大，什么折磨都忍受了。"每天做完家务，还要去义务夜校教课，上医疗站为人打防疫针。

　　看样子是尚大的祖上积德，湖头乡政府正确的掌握政策，土改过后，得到"宽大处理"。

1953年老同学集美医院的护士长，非常需要一位正式学校毕业的专业人员当护士，正好把灿英大嫂拉了过去。54年灿英大嫂想办法把婆婆和三个孩子也一齐弄到集美学村居住。56年灿英带着小儿子龙羽先申请出国到香港。两年后得到印尼政府批准，五八年四月间，夫妇分别了漫长的九年时间，得到团圆。

老太太和大孙子川羽、孙女雪蕾住在厦门尚大弟弟陆大的家里。老太太1972年阴历五月初一日去世，川羽插队。73年与雪蕾申请出国得到批准，全家在印尼见面。唉！川羽和雪蕾与父亲已经分别了24年……

我这个人总是动不动就感恩，尤其是牵挂闽南那一边，这一边……许许多多温暖信任的笑容和温暖的手……少年的漂泊是一只无助的、纸折的小船。

旧时代闽南的妇女伟大之极，她们意志的坚韧真是世纪绝响。她们长年迎染过海风的肤色、眉毛、眼睛、身材、穿着的一切美丽……也是世纪的绝响。你怀疑我是不是在讨她们的好？是的，惟愿她们能看到我的赞美。你知不知道？闽南的妇女是怎样杀出那苛难的深渊的？

她们跟男人一样的劳动，挑担子、开山、敲石头、出海，甚至做轿夫抬轿……结了婚，丈夫远渡南洋谋生创业，她们在家乡苦守等待，十年、二十年、三十年……数不尽白发的期盼。惠安县年轻悲伤的妇女们，受不住活寡煎熬，成群结伴用绳子捆成一线，跳鱼塘自杀宣叙她们的凄苦，成为当时一种风气。

灿英大嫂运气好，带着孩子只等了九年。要是没有高堂婆婆和孩子，没有对尚大的坚定信心……我想，她未许没有跳鱼塘的念头。

闽南人把"下南洋"称做"过番"。数百年来，"过番"后有成就如尚大者，真像恒河沙冲筛下来的金屑那么稀奇！

尚大老年后曾告诉我：他一生有两个知已，一个是吴师摩（我听龙羽讲过），吴师摩这位重道义、学行严肃的好人，这里就不详论了。一个是我。

我们交往分三个阶段，一、集美两年多；二、1949年香港一晤，大概一个小时；三、上世纪80年代后香港国内间歇地来往。也就是说，1937年到2008年11月2日他逝世为止，一共七十一年。我们在漫长的生活中都有过交谈和深深的想念。

前几年，他到万荷堂来参加我的生日餐会，他说："你这些房子盖得太差，你到印尼去，自己随便选个地方，我给你盖一套比这个好得多的房子！"

"你'扯校'！（音，这两个字是我们七十多年前在集美学校时常用的闽南下流至极的骂人话。）我三十、四十岁的时候你不盖，到我八十岁的时候你才说！"我

百年树人

骂他,他眯着一对小眼睛裂开嘴巴大笑。

其实说出这番话之后,自己心里头又作了纠正。我三十、四十的时候,不正是一个百分之百的共产党狂热的追随者吗?什么房子能留得住我不回北京呢?

他那一次参加生日晚餐会还带来了90多岁的蔡继琨先生,他答应蔡先生在福建福州创建一座宏大的蔡继琨音乐学院。(一两年后已经成为现实。听人说蔡老先生搭了一间小帐篷在工地天天督工,直到完成。前些年蔡先生已先尚大兄去世。)

1994年8月,尚大兄邀请我全家到印尼雅加达参加一个有点意思的聚会。

科学家李远哲在美国柏克莱大学计划盖一幢化学大楼,需要1000万美元,想到印尼慷慨好义的李尚大,便去求他帮忙,果然一口答应。条件是大楼要用"陈嘉庚"的名字,也得到同意。于是尚大找了几位印尼富豪好友一齐助就了这个善举。

在印尼雅加达他的香格里拉酒店举行了一个盛大酒会,来了各界名人。李远哲上台,李尚大也上台,完成交接1000万美元支票的典礼。

1000万美元买一个陈嘉庚的名字。

尚大在祖国只花钱不赚钱,把自己故乡安溪县和湖头乡彻底翻了个"个"。开辟205国道,建厦大医学院,开办集美大学,厦门中山医学院心血管研究中心,泉州黎明大学拓建八幢大楼,福州医学院(医生国外聘请,每月月薪由尚大支付),蔡继琨音乐学院……

他两个儿子龙羽和川羽对我说:"我们在印尼努力赚钱好让他在祖国办这办那。"

女儿雪蕾在香港按月提着大包小包钞票往回跑。

先到印尼的儿子龙羽,安排在一两百公里直径的加里曼丹森林里搞开发,与蛇蝎、猛兽、蚊蚋朝夕相处。1966年去,71年底才让回来;然后上日本进早稻田大学商科,东京农大木材加工专业学习。川羽先在香港大楼建筑工地当泥水工人,再才进香港树仁学院工科学习,后在林场、夹板场做小工头,对儿子们的安排好像报仇一样,先让他们受尽人世煎熬。

尚大在印尼搞政治吗?搞的。

印尼政府在1965年开始,在二十年或更长的时间里,跟我们中国政府的关系弄得很僵,在印尼世代生活的中国人也受到痛苦牵累,这方面尚大做了很多富有成效的协调工作,了解当时真实历史情况的人就会明白,这工作做到今天的地步,真是不简单。

194

在印尼，有18万户世代遗留下来的中国穷人和在印尼出生的孩子们得不到印尼正式国籍，在印尼生活的华人得不到和印尼人同等的法律保护，尚大费尽了移山心力，争取到印尼国会通过两个法令，2006年7月12日的《国籍法》，和2008年的《反歧视法》。

尚大兄一生到老无病痛，饭量很大，爱好运动，于2008年11月2日安睡中逝世于新加坡家中，足足活了八十九岁。

印尼总统特派专使把国会刚通过的两份法令——《国籍法》和《反歧视法》文件安放在棺木内尚大兄遗体两旁，一齐入土。因为这是他为印尼华人二百余年来争取到的权利的珍宝。

尚大兄！精彩！

2009.9.12.

（本文原载于《收获》杂志2009年第9期）

百年树人

李陆大:留给人间都是爱

李慧东

陆峰眼界,大海胸怀。他,一生奉献,心系故园,倾尽财力,造福社会,贡献巨大,成效卓著。他,就是安溪籍著名侨亲、新加坡著名实业家、慈善家李陆大先生。

李陆大(1923—2007),祖籍安溪县湖头镇湖二村。小学在其父李瑶悌(号和声)创办的慈山小学读书,后就读厦门双十中学和集美中学,深受陈嘉庚先生爱国兴学精神的影响。1946年,李陆大厦门大学法学院政治系毕业后,在安溪蓝溪中学任教,后又受聘于集美财经学校执教。1957年,李陆大前往香港投资创业,与胞兄李尚大并肩驰骋商海,创办和声公司,在香港、台湾、印尼、新加坡等地从事木材加工、房地产开发、金融投资等商务。他经过数十年的艰难打拼,"擘画懋迁,大业已成",成为大名鼎鼎的实业家。事业有成后,爱国爱乡的李陆大不忘故土养育恩,与胞兄李尚大携手回馈社会,回报桑梓,办教育,建医院,造桥建路修古迹,为家乡发展作出了突出贡献。

我是安溪县湖头镇美溪村人,安溪县凤城中学的一名老师,从小就对李陆大爱国爱乡的事迹耳闻目染,深为敬佩。2002年9月,我响应政府"西部大开发"号召,奔赴宁夏同心县支教,有幸成为安溪县教育史上第一位赴西部支教的教师。因为赴西部支教,我幸运地获得李老的关心与厚爱,他还帮助宁夏同心县建设希望小学、添置教学设备和发放助学助教金。李老寄来的书信、贺卡、名片等,我一直珍藏着,如数家珍。虽然李老离开我们六年多了,但他老人家的言行风范一直留在我们的脑海中。

亲人、员工心中的"仁者"

李陆大一生艰苦,7岁丧父,由慈母姚闸(卡)教养成人。他十分敬重母亲,从小就孝顺母亲,铭记母亲的教诲。无奈天各一方,只能常常用书信对母亲嘘寒问暖。

"真正影响我最大的是我的母亲,讲到做人啊,那是身教,她用自己的言行来感化孩子,她说一个人肚子饿了很痛苦,一个人没有衣服穿,很冷、受冻也很痛苦。她常常教我们要把爱给周围的人。她自己没有受教育,但是她有这样的心胸,所以我觉得对我的教育很大。"母亲逝世后,李陆大在香港铜锣湾豪园里特地挂上她的遗像,逢年过节,必烧香祈祷。每趟回国,他必到景新堂和李氏家庙,在父母和先祖李森塑像前上香鞠躬,尽表孝敬。

在儿女的心目中,李陆大是一位平易近人的慈父。"敬爱的父亲:父亲节快来临了,我和华羽妹在美,希望佳儿、宗儿和霖儿能使您度过一个快乐的父亲节。我虽然不在,青也定能恪尽孝道,尽儿媳妇的本份替您庆祝。希望亚婶或青代为翻译(注:贺卡上的英文祝福语)为荷。父亲节快乐!振儿叩禀。""亲爱的爸爸:祝您身体健康,万事如意!女儿华羽贺"。"敬爱的爸爸:多谢您这么多年来对我的爱及关怀。我很想我能够替您做些什么,以表示我对您的爱。可是,我除了增加您的负担外,毫无用处。我唯一能做的是尽力而为,以良好的成绩来报答您!爸爸,祝您身体健康,凡事如意!女儿丹羽敬上"。"送给二位小孙子的生日礼物,你们是未来的主人翁,所以应该念好书、练好身体,这是阿公对你们最大、最好的祝福。"这一封封家书、一张张贺卡、一句句箴言,字里行间,洋溢着温情,流淌着无私的爱。

陆大先生给儿孙的,永远是慈祥的微笑。生日庆祝会上、毕业典礼上、圣诞晚会上、婚礼宴会上、率家人回厦门与胞姐瑞楚欢度春节等等,随处可见李老脸上那慈祥的微笑。在美国洛杉矶、在加拿大温哥华、在澳大利亚悉尼、在英国伦敦、在新加坡、在印度尼西亚、在香港、在厦门、在北京,他背着挎包,拿着相机,挂着望远镜,与家人同享天伦之乐。那一张张相片:情深意长,爱在鲜花里,爱在笑声里。那一缕缕足迹:山花烂漫,笑语萦绕,亲情地久天长。微笑,凝成永远的回忆。"爸爸,我们永远记住您的微笑,您的叮咛。女儿题记"。

"伯父生前非常平易近人,对待亲朋好友非常友善,虽然他平日工作非常忙,但是只要听说谁家有困难,他一定不由分说地尽全力帮忙。"侄女李丽哽咽道。李丽的女儿得了淋巴瘤需要手术时,伯父不仅寄来钱,还再三委托在厦门中山医院的好朋友关照,不间断从新加坡打来电话,询问病情。

　　李陆大看待员工就像自己的家人。员工阿龙说,自己的命是李先生给的。原来阿龙曾身患癌症,是在李陆大全额资助下才治好病的。在印尼几次"排华"风波中,李陆大的工厂都没有受到任何冲击,就是因为他平时对员工、对当地人非常友善。在动乱中,都是本地籍的工人联合起来保护他的工厂,没有造成经济损失。

　　电视纪录片《闽南人》摄制组在李陆大公司采访时,发现公司员工有的已经70多岁了还没有退休,而且特别惊奇的是,他的员工大多数都不称呼他"老板"或"董事长",而是亲切地称他"陆大伯"。

　　"讲我做人,在这边管理公司,我的优点是人情味很重,我的缺点也是人情味很重。我大概从开始做生意到现在,请的员工,如果自己出去做,我不会因为他出去做老板,就发脾气;如果做不好又跑回来,工资照常领取。我总是感觉,在不景气的时候,个人的困难比公司的困难更大,公司把员工辞退以后,他的生活,他的辛苦的程度,会比公司更大,所以我的员工不管是男的、女的,大概有的在公司都三十年了。所以有人批评我说,我用的都是老弱残兵,其实,假使说我今天能够喘口气,也是员工他们整体做出来的,不是我一个人的力量,所以我很少在困难的时候来裁员。"李陆大如是说。他就是这样一位仁厚的长者。

同学、朋友眼中的当代"平原君"

　　李陆大曾经为了向银行贷款而找一位朋友帮忙。银行负责人问那位朋友:"李陆大这个人的人品、信用怎么样?"那位朋友说:"这样说吧,我这一生中如果有个三长两短,我可以放心地把妻子儿女托付给李陆大,他一定会不负所托,他就是这么一个人。"银行负责人马上答应:"可以,可以,不用再说了。"

　　抗日战争爆发时,集美中学内迁安溪,李陆大进入集美中学读书,当时因为太平洋战争爆发,南洋侨汇断绝,集美学校的财务出现危机,全靠当时集美学校董事长陈村牧先生惨淡经营,维持学校的运转。因此,李陆大从心底里崇敬陈村牧。改革开放后,李陆大还特意邀请陈村牧到香港和新加坡访问,每天早上都到宾馆去向他请安,和他共进早餐。

　　旅居海外的王瑞璧先生,也是李陆大的老师。王先生回家乡安溪期间,承诺捐赠家乡一笔款项办公益,后因遇到困难未能兑现。李陆大得悉后,即代王先生兑现捐款,王先生感动地说:"有这样的学生,是老师的福气。"

　　2002年5月,李陆大先生来厦门时,专程拜访了自己当年就读的双十中学老校长张圣才,老先生刚好100岁,已经卧病在床。李陆大先生决定在厦门海景酒店为老人家摆宴祝寿,300多位来自海内外的学生、亲友欢聚一堂,百岁宴连请了三天。张圣才非常高兴,说这是他一生最大的福气。一个多星期后,张老就去世了,这次寿宴可以说为老校长的百岁人生画了个完满的句号。后来,李陆大还出资在香港出版了张老所著书籍《百年守望》。

林序珠是李陆大夫人吴圣君当年的班长。"李陆大有一种爱屋及乌的情怀,他对吴圣君的母校、老师和同学都非常关心和照顾。""李陆大不仅是一位爱国爱乡的慈善家,而且生活中的他十分幽默,每次聚会上他总能把大家逗得乐呵呵的。"林序珠说。

吴圣君在厦门女中读书时,班主任张玉姐在生活、学习上非常关心她,吴圣君一直心怀感激,经常问候。李陆大也把张玉姐当作自己的老师一样尊重,张玉姐七十大寿和八十大寿都是李陆大一手操办的。"说起李陆大夫妇俩,我母亲总是赞不绝口。他给我的印象太深刻了,他对家乡有着深厚的情感,特别关心教育事业。"张玉姐的儿子董启龙回忆说。

一位集美财经学院校友的儿子在美国留学,大学本科毕业后在美国找不到工作,还生了场大病。李陆大听说后马上为这个孩子在美国租了一套房子,为他治病,并供其读研究生。李陆大的大学同学柯栋梁如是说。

2006年,李陆大回到厦门,得知自己就读集美中学时的戴校长家人还在南安,就特意请人找到戴校长的8个孩子。了解到他们处境比较困难后,扶助8个人每人10万元。同学高墀岩生病,用的药都是上万元,李陆大一直在帮;朋友周天祥儿子生病,李陆大一下子给了5万元;有些朋友家没有浴霸,他给30个朋友家装上了浴霸……"类似这样的例子很多很多,每年仅这些零散的捐助,就高达数百万元之多。"其外甥苏黎堂这样说。

大爱无声,大德无言,李先生的爱就这么无声无息地播撒着。同学、朋友们为李陆大取的美名——当代"平原君",就这样传播开了……

乡亲们尊称他"陆叔"

"他一生以行善为乐,家乡亲友无论是患病还是求学遇到困难时向他求助,他都会很热心地帮忙。"吴圣君女士回忆说,"有一次回安溪探亲,一位老人家在人群中拼命挤上前,非要追上先生说话。和这位老人家交谈后才知道,他是要向先生道谢,因为他的膝盖曾经受伤,是先生默默地伸出援手,资助他治好了病。""这件事,此前连我们家人都不知情。"

李陆大每次回厦门,都会不断地有人来找。他和一群人坐在一起,讨论修路、建学校、办刊物的事情。每次都安排和客人在酒店见面,让酒店的人好生招待。"来找李先生的,大都是请李先生帮忙的,但他招待的礼仪,在很多人眼里,却仿佛他在求着别人办事。"外甥苏黎堂说。

1988年起,李陆大顾念父老乡亲,每年辞旧迎新之际,都在安溪县城举办迎春敬老宴会,宴请男60周岁、女55周岁的离退休干部、职工和老年乡亲。举办范围从县城扩大到城郊,人数和资金逐年增加。2006年1月,李陆大在县城举办第18次迎春敬老宴会,宴请安溪县城的2720多名老年乡亲。李陆大在家乡营造了敬老惜老、爱老护老的社会氛围。

1996年起,每年春节前夕,李陆大都在家乡湖头镇李氏宗祠举办一年一度的敬老宴会。在专门为宴会而建的大厅里,共有1000多位60岁以上的李氏家族老人赴宴,另外有1000多名老年妇女及行动不便的老人,则按不同年龄领到30元到300元不等的红包。

李陆大宴请家乡老年乡亲的时间之长和人数之多,在国内外都是罕见的。李陆大对老人细致入微的关爱,深深地感动着家乡的父老乡亲。他除了宴请老人外,还曾经发给这些老人每人一件冬衣。

从1980年开始,凡是家乡人民有困难,例如升学、毕业找工作、做生意亏本、天灾人祸、没钱治病、生老病死等等,只要一经核实,他都是有求必应。

2007年2月16日,李陆大在新加坡仙逝。"慈祥一老人,爱心播四方,可记九九当年,风衣御严寒。初受不以为意,为人父方了然,慈爱记心间。哪有赠衣人,分明是慈颜。忆昔日,思来年,念悠长。事无巨细,纵如赠衣御寒。事无轻重急缓,心无忽冷忽暖,教育永不忘。但愿天有眼,擢夫晋仙班。"一位老教师深情缅怀。

"为善最乐!你能够帮忙人家就是好事,你在内心上、在精神上,都会感到很舒服的!"这是李陆大2006年12月23日写给子孙的题训。

李陆大虽然走了,但他的爱还在延续着。他的迎春敬老宴会由安溪(香港)李和声慈善基金会在湖头续办,一年一届。2012年龙年春节,李鸣羽女士专程回到家乡参加宴会。宴会上,她饱含深情地说:"我是李陆大先生的大女儿,此次秉承母亲之意,沿着父亲的足迹,回到家乡拜见长辈老人,祝愿老年乡亲们新春愉快,健康长寿。""我们会继承父辈遗志,继续关心家乡的老年乡亲!"

"李陆大星"在星空永恒

1996年4月16日,"李陆大星"命名典礼在北京隆重举行。当时,李老74岁。在一个人还健在时,中国政府就以他的名字来命名一颗行星,这样的表彰方式是极为罕见的!可见李陆大精神之高尚、贡献之卓越,其慈善行为必定影响深远、家喻户晓、广获赞誉!

1978年,中国实行改革开放后,政府落实侨务政策,温暖了李陆大的心。1985年后,李陆大以独资或与胞兄李尚人等其他爱心人士合资的方式,承办或助办了许多公益事业。

重建湖头慈山学校(增设初中部),兴建慈山幼儿园,创建泉州市慈山财经学校;捐建俊民中学(原安溪三中)学生教室"振羽楼"、教师宿舍"和声楼"、学生宿舍、膳厅和图书综合楼等;捐建蓝溪中学(原安溪二中)"金乌科学楼"、师生餐厅"振羽楼"、教师宿舍"和声楼"、"瑶闸楼"、学生宿舍"林配楼"、"锦山楼"等;捐建安溪一中"景昀科学楼"、"吴思敏图书馆"、"吴伯桢电教馆"、"李振羽艺术馆"、"吴伯桢教学楼"、学生宿舍"瑞璧楼"、"昆祝楼"、"炳悌楼"、学生食堂"吾文楼"等;捐资修建湖头镇湖二小学、慈恩小学(原湖三小学)、湖四小学、长坑乡衡阳学校、西溪小学、湖上乡飞新小学、安溪县第三实验幼儿园等;捐资给集美大学(建设今"陆大楼"和"集美校友总会会馆")、集美财经学校、厦门双十中学、厦门建筑技工学校等;资助福建师范大学200名贫困生;捐建宁夏回族自治区固原县一幢学生宿舍楼、同心县一所希望小学。

捐赠湖头医院医疗设备,捐建官桥医院门诊楼"侨光大厦",捐资筹建"湖头振羽医院"(今"安溪陆大医院");助建厦门中山医院"振羽制剂中心",每年收益用于改善该院职工福利和捐助福建省血液中心等。

捐建湖头"和声大桥"、"振羽大桥",安溪县城"颖如大桥",湖头镇区"瑶闸路"、长坑乡"衡南路"、"振羽路"、湖上乡"飞新桥"、"慈恩桥"等;捐资修缮"安溪文庙"、"明伦堂"、湖头"贤良祠"、"李光地故居(新衙)"等。

一幢幢大楼、一座座桥梁、一条条道路,李陆大从不以自己的名字冠名,而是以他的老师、亲人等的名字来命名,寄托着李老对家乡的热爱、对老师的敬重、对亲人的怀念,更展示了李老爱之博大、爱之无私、爱之高尚。

1994年,李陆大得知中国内地还有8000万人尚待解决温饱问题时,慷慨解囊,并派他的公子李振羽专程赴北京,为中国扶贫基金会捐款100万美元,帮助贫困地区发展经济和文化教育事业,帮助民众脱贫致富。当年7月,著名书法家赵朴初特地为李陆大题词："扶贫济困,功在千秋。"中国扶贫基金会会长项南将题词匾额授予李陆大的公子李振羽。

　　为表彰他对中国扶贫事业作出的巨大贡献,中国扶贫基金会于1996年4月特向中国科学院紫金山天文台郑重推荐,并经国际小行星中心批准,将该台首先发现的编号为"3609"号的小行星命名为"李陆大星"。在命名典礼上,全国人大常委会副委员长雷洁琼向李陆大颁发了小行星命名证书;全国政协副主席万国权向李陆大颁赠小行星命名铜匾;全国人大常委会副委员长王光英向"李陆大星"命名典礼发来了贺信,向李陆大表示热烈的祝贺!

　　在"李陆大星"命名典礼上,李陆大说:"小行星命名是一项崇高的荣誉,获此殊荣的全是留芳千古、享誉世界的人和科学家。今天,虽然李陆大星作为一个星体列身其间,同享荣耀,但我自知不及那些先辈伟人之万一,实不敢与之比肩。因此,这项荣誉不仅仅是我个人所得,而且是我们数千万心系故土为桑梓做出奉献的海外华人共同的荣誉,是世界上所有炎黄子孙的共同荣誉。""我所做的微不足道,但我希望以自己的努力为故乡的发展助一臂之力,为造就更多的栋梁之材,为即将走入新世纪的中国添一抹光彩。""我感谢故乡给予我的厚爱,我衷心地祝福中国富强昌盛!"

　　赤子情怀,长留天地。2012年7月29日,由李陆大生前无偿提供土地并捐资900万元,安溪县政府投入1500万元共同建设的安溪陆大医院,一期工程举行落成典礼暨李陆大铜像揭幕仪式。"捐建这所医院,是先父的最后遗愿,在大家的共同努力下,今天这个心愿圆满了。"李鸣羽几度哽咽。"海外游子不管走了多远、离开了多久,根还是在故乡。父亲李陆大虽然离开了,但是后辈仍会继续父辈生前关注的公益事业,为家乡及乡亲们多做有益的事。"

　　李老的精神在传承着,爱在延续着……

王毅林：艰辛与幸福的历程

阿 卢

2011年12月26日，集美校友总会举行年会，其中有一个重要议程，祝贺王毅林90华诞。王毅林校友是集美校友总会上一届理事长。为理事长祝寿，这是总会自1980年恢复活动以来前所未有的。这表达了总会对这位为革命奋斗了几十年，为弘扬嘉庚精神作出不懈努力的校友的崇敬之情。总会副理事长、集美大学党委副书记叶美萍致祝词，她说："王毅林同志一生和集美紧密相连，和陈嘉庚的事业紧密相连。1941年，他是在陈嘉庚先生创办的集美中学入党的；在他一生革命生涯中，他对陈嘉庚先生和陈嘉庚的事业有深厚的感情。他为集美学校的发展献计献策，奔走呼号，作出了重要贡献，为弘扬嘉庚精神做了十分宝贵的工作。"

道路坎坷　意志坚定

1922年12月11日，王毅林出生于福建省南安市仑仓镇一个侨属家庭。青少年时期，他就读于集美中学初中50组、高中17组；19岁时在内迁南安诗山的集美中学加入中国共产党，1942年任高中部党支部书记。他对党忠诚，表现突出，1942年冬，受党组织通报表扬，被授予"列宁党员"的光荣称号。

1944年8月，王毅林经好友霍胤光（湖南人，1939年参加革命的老党员）介绍，到永安东南出版社发行部当职员兼函购科科员。通过函购的渠道，向当时内迁闽北建阳的暨南大学、内迁闽西长汀的厦门大学、侨民师范和泉州的海疆学校邮寄抗日宣传刊物，并将一些名家名作、抗战和反法西斯战斗的喉舌《国际时事研究》周刊，邮寄到我省的闽西、闽北和广东、浙江、湖南、江西甚至新疆、青海等地，在东南游击区、革命老根据地，撒播了抗日的火种。1945年9月，王毅林到福州私立福建学院政治系学习,并于1949年7月毕业于厦门大学福建学院政治系(当时福建学院合并到厦门大学)。1946年1月,王毅林与中共闽浙赣省委闽江工委福州学委接上党的组织关系,先任国立福建音乐专科学校党支部书记,后转任中共闽江工委福州市学委委员兼福建音乐专科学校支部书记(中共福建省委闽江工委系闽浙赣区党委城市工作部前身)。

  1947年2月,在中共福建省委城工部"龙山"会议上,王毅林受党组织通报表扬,并作为开展外省外地工作的模范。同月,王毅林出任中共福建省安南永(安溪、南安、永春)临时工委书记。1947年4月,转任中共漳泉厦(漳州、泉州、厦门)临时工委书记。1948年2月以后,城工部厦门党组织与上级联系中断,进入一个独立战斗的艰苦时期。1948年5月,城工部厦门市委在鼓浪屿内厝澳229号2楼成立,年仅26岁的王毅林出任中共福建省委城市工作部厦门市委书记兼中共厦门大学第二届总支书记。由于福建城工部事件,厦门城工部被迫停止组织活动,使工作受到影响。随后,厦门城工部党组织采取保留党籍的措施,号召党员通过乡亲、校友中的可靠人员寻找当地党组织关系,下乡参加游击战争。王毅林离开厦门经香港到北平向中共中央组织部提出申诉,后经党中央安排,到上海华东局南下福建参加解放福建工作。1949年8月17日,随省公安厅在福州参加接管工作。1955年党中央为福建城工部平反昭雪。同年王毅林恢复党籍,并任中共福建省委组织部第二办公室副主任。1957年春调厦门,先后任厦门一中校长、书记,集美中学校长,厦门市教育局党委副书记,市文教办副主任、副书记兼市卫生局党组书记,市政协委员、常委秘书长、副主席,福建省政协委员。

为教育尽力 "红楼育红人"

  1957年9月,王毅林被任命为厦门一中党支部书记兼校长。从此,王毅林与教育结下不解之缘。王毅林担任厦门一中党政主要领导七年,他实事求是地对待知识分子的历史问题。教师的历史问题是当时比较敏感的问题,他主张不要把问题复杂化,尽量让他们放下包袱,轻装上阵,把心放在教学上。他的做法调动了教师的积极性,在教学质量上,取得了明显成效。1959年之后,学校教育质量逐年有较大幅度的提高。1960年学校高考成绩突出,优秀毕业生陈慧贞高考理科总分全省第一,有6名应届毕业生高分考上中国科技大学。这在当时的历史条件下是非常不容易的。1959年之后至"文革"前这段时间,是厦门一中的黄金时期之一。省教育厅厅长王于耕赞扬厦门一中是"红楼育红人"。在其任期内,厦门一中始终以德育为首,培养德、智、体、美、劳全面发展的教育者和受教育者。

1957年"反右派"斗争之后,党内"左"的浪潮一浪高过一浪,在当时的历史条件下,要正确贯彻党的知识分子政策和全面贯彻党的教育方针,是件十分不容易的事,而且还是有风险的。王毅林坚持正确的方针政策,对学生不搞"唯成分论",而是重在表现,使一大批有海外关系的学生或者父母有"历史问题"的学生轻装上阵,以优异的成绩考上大学,为国家造就了大批优秀人才。国务委员陈至立、著名诗人舒婷、革命烈士黄美妙、企业家李川羽、体育明星倪志钦、杰出教师纪亚木等许多社会英才和领导干部都是这个时期一中的学生。

1973年2月王毅林调任集美中学校长,主持日常工作,至1975年4月离开。此时"文革"动乱尚未结束,教育荒废,学校荒芜,学生思想混乱。王毅林上任后就刻意地要恢复集美中学的优良传统。首先,他做了四件事:(1)重新悬挂校主陈嘉庚先生的遗像。此举除了有对校主的深厚感情外,还需要有敢于担当的勇气。(2)集美学校原董事长陈村牧,是一位受海内外集美校友尊敬的老前辈,运动中受到不公正的待遇,王毅林向市革委会领导反映,并与学校各方人物商议,把陈村牧解脱出来。(3)1973年至1974年间,在集美中学及集美侨校工作的教职工"上山下乡、下放劳动"后,一批又一批获准回到学校,为解决他们的食宿、工作问题,学校拨出延平楼、黎明楼和其他一些地方,安置他们的生活。(4)当时学校有57名侨生,虽然已经毕业,但找不到工作,侨汇又断绝,生活十分困难。王毅林深入了解情况后,当即向厦门市革委会外事处作了反映,并与集美学校委员会等单位联系,想方设法解决这些侨生的生活和工作问题。

1983年后,王毅林调任厦门市政协常委、秘书长、副主席,省政协委员,分管市政协海外"三胞"联谊工作。

王毅林分管政协"三胞"联谊工作后,建议创建厦门市政协"三胞"联谊工作委员会,倡议成立厦、漳、泉三个地区的"三胞"联谊会,建立市各校校友联络处,发挥其民间桥梁的特殊作用。我曾多次参加当时王毅林主持的政协"三胞"联谊会的会议,他对厦门各院校校友会的工作抓得紧、抓得细,每次开会他的讲话言之有物,任务明确,使人获益匪浅。他说,做"三胞"工作、做校友会工作必须带着感情和亲情,要持之以恒,不能做表面文章,不能只顾及眼前的利益。此话,让人至今记忆犹新。

"诚毅"二字中心藏　笔耕不辍谱新篇

"诚毅"是陈嘉庚昆仲亲自为集美学校制定的校训。王毅林把这一校训作为一生的座右铭，他对教育的热爱除了自身的经历使然外，更是受校主陈嘉庚先生精神的熏陶和影响。1937年9月，日舰袭击厦门，虎视眈眈，蠢蠢欲动。考虑到集美已处国防最前线，为了学校师生的安全，当时刚履任的董事长陈村牧经请示嘉庚校主同意，决定将集美中等各校内迁安溪、大田等地。1940年3月，陈嘉庚先生率南洋华侨慰劳团回国慰劳抗日将士后，于1940年10月返闽，10月27日在安溪文庙集美师生欢迎大会上发表讲话。王毅林亲自聆听了陈校主的教诲，终生难忘。校主语重心长的训导至今言犹在耳，校主说："我希望于你们的，只是要你们依照'诚毅'的校训，努力地读书，好好做人，好好地替国家、民族做事。"翻出当年那张集体与陈嘉庚先生合影的珍贵照片，王毅林感慨万千地说："校主的谆谆教诲让我受益匪浅。年轻时踏踏实实地为国家做事，现在离休了，更深刻体会到'做人比做官更重要'的真正含义。"

1987年12月离休后，王毅林更加关心和支持集美校友总会的工作。作为退下来的老革命、市老领导，他顾全大局，在1992年间，接受集美校友总会这样一个民间社团的负责人的职位，这是难能可贵的。集美校友总会理事长这一职务历来都是只做奉献，不取酬劳的。他在一次常务理事扩大会上说："谢高明理事长因为身体不很好，需要继续疗养，他希望我出来帮他做些工作。我作为一个集美校友，是义不容辞的。"

这段时间，他坚持每周二到集美校友总会主事。为了更好地发挥民间社团对海外联谊的独特作用，1992年12月26日，王毅林理事长以集美校友总会的名义邀请来自内地及港、澳、台、新加坡、印尼等地的300多名集美校友到集美母校参观访问，28日前往安溪，在抗战期间被誉为"第二个集美学村"的安溪县城，隆重举行了集美学校抗战内迁55周年纪念活动。参观校友李尚大、李陆大昆仲在安溪创办的慈山学园施金城校友创办的培文师范，钟铭选校友创办的铭选中学，曾星如校友创办的安星藤器企业等。这次活动为安溪引进外资，提高安溪在国际上的知名度起了积极的作用。集美中学、集美小学和集美医院的楼房历经风雨，多数为危房。他了解后，多方奔走，反映情况，争取厦门市委、市政府的支持。经多方努力、协商，最后由厦门市政府财政拨专款，加上集友银行的股息，共1.5亿元人民币，重建了集美小学和集美医院，新建了集美中学科学楼，维修、加固并改造了集美中学南薰楼、延平楼、黎明楼、道南楼四幢教学楼。这些都是陈嘉庚先生当年亲自监督设计、建造起来的著名历史建筑。此举大大改善了集美学校的办学条件,同时保护了风格独特的嘉庚建筑,在海内外起到了良好的社会影响。此外,王毅林还兼任《集美中学》校报编辑部顾问。

王毅林写过一篇《留得光辉照人间》的文章,宣扬陈嘉庚先生捐资办学的伟大功绩,文中提到香港知名企业家吕振万先生,高度评价他热心家乡教育事业,称其是继陈嘉庚、李光前之后为教育作贡献的后起之秀。因这篇文章,王毅林认识了吕振万,并经他牵线搭桥,吕先生乐捐120万建设厦门一中"振万教学楼"。之后,也是经王毅林推介,党和国家领导人了解了吕振万捐资兴学的善举,接见了吕振万先生。这大大地激励了吕振万的爱国兴教热情。

为更好地弘扬陈嘉庚精神,宣扬嘉庚精神的内涵,让国人世代熟知并加以传承,王毅林离休后,顾不得安享晚年,笔耕不辍,潜心研究陈嘉庚的人生,启迪后人。期间,他先后编辑出版六部文集。他任《风雨征程》一书编委会主任,该书为厦门城工部地下党研究提供了丰富的史料。王毅林编写的《中华英杰华侨领袖陈嘉庚》被厦门市教育局列为"爱国主义教材",连续印刷四次近两万册。原中共福建省委第一书记项南是个胸襟宽广、勇于探索、力主改革开放、敢于创新的好领导,调离福建后,深受八闽百姓的怀念。王毅林写了15篇文章,讴歌这位深受人民爱戴、为海峡两岸和平发展作出重要贡献的开拓者。

王毅林还先后在上海《文汇报》、香港《文汇报》等16种报刊上发表了61篇文章,宣传陈嘉庚,其中《留得光辉在人间》、《陈嘉庚论教育为立国之本》、《陈嘉庚是科教兴国的先行者》、《陈嘉庚办学育人的丰碑》等文章在全国乃至东南亚地区都产生了一定影响。

王毅林还主编了《陈嘉庚丛书》和《陈嘉庚研究丛书》。1998年集美中学80周年校庆之际,王毅林推动的电视专题片《陈嘉庚与集美中学》在集美中学礼堂举行首映式后,时任厦门市市长的洪永世为《陈嘉庚与集美中学》电视专题片写了观后感,文章说:《陈嘉庚与集美中学》电视片较好地反映了华侨领袖陈嘉庚爱国爱乡、倾资办学、教育立国的爱国主义精神,主题突出,结构严谨,立意深远,是进行爱国主义教育的好教材。

2006年王毅林完成了自传性的新著《追求与奉献》,先后再版四次,销量近两万册。原全国政协妇女部主任郑晶莹在读后感里说:"王毅林同志是厦门城工部组织成员中的杰出代表。衡量一个共产党员的可贵品质不在看他们的官阶之高低,掌握的权力之大小,而是看他对党、对革命事业的忠诚与奉献。这种难能可贵的共产党员的高尚品质对有些虽居高官地位,却不光明磊落的腐败分子来说是一块正面的镜子。"厦门大学校长朱崇实在给王毅林的信中写道:"《追求与奉献》字数虽不多,但内容丰富,精神宏伟,令后学获益良多。"集美校友总会现任理事长任镜波在他的文章中写道:"1956年,我还在省教育厅工作,曾经听过省委关于审查城工部案件的经过情况和为城工部公开平反的报告,对城工部的情况有所了解,对城工部同志忍辱负重、无怨无悔的精神十分理解,也十分钦佩。重读王老的《追求与奉献》,一种更加敬重老同志的感情油然而生。""这确实是一本展现老同志革命精神,足以激励后人的好书,值得我们认真学习,用心体味。"

做好海外联谊　热心公益事业

王毅林担任厦门一中校友总会理事长、集美校友总会理事长期间,曾多次到香港做联络校友的工作。一次偶然的机会,他得知侨胞、校友陈仲昇的弟弟陈仲宣人在香港,而家属与孩子都还在老家晋江乡下,虽申请多年仍无法到香港定居团圆,思想上颇不理解。从做好统战工作立场出发,王毅林亲自到福州找省委政法委秘书长、省委统战部代部长,到泉州找泉州市委统战部部长反映情况,协调工作,终于使问题得到圆满解决。

陈仲昇和他弟弟一家从王毅林身上认识到统一战线的宗旨及祖国对侨胞的关切之情,改变了他原本一心只关注经商的思想。此后,陈仲昇在厦门一中校长黄种祥和陈金烈校友的动员下,热心参与家乡的公益事业,毅然回家乡投资,捐助教育;他担任香港厦门联谊总会理事长,积极参加政协工作,担任福建省厦门市政协常委和泉州华侨大学校董会副秘书长等职务,参政议政,建言献策,为祖国的经济建设、社会发展和统一大业做贡献。

离休后,老当益壮、身体硬朗的王毅林乐此不疲地为社会工作,但亦十分注意养生之道。每天,他都到公园散步,锻炼身体。工作之余,他喜欢上图书馆看书,充电的劲头不输年轻人。他有时会会老友,一起谈天说地,享受友情;有时在家欣赏音乐,陶冶情操。生活过得丰富多彩,充实有味。他十分关心国家大事,经常到图书馆阅读刊物,摘抄主要内容、做读书笔记,并邮寄给市领导或相关部门参考。

人的一生会有许多不同的阶段,稚气的孩童、轻狂的少年、蓬勃的青年、稳重的中年、睿智的老年。王毅林以一个老革命者的宽大胸怀,坦然面对生活的转变,离而不休,发挥其丰富人生阅历的智慧所长,继续做些有利于党、有利于国家和人民的事情。伏枥不言老,耕耘若后牛。下面援引郑板桥的对联一副,略加改动,赠与王毅林老学长:

五官灵活胜百官,寿过九旬犹少;

一日勤奋似两日,算来两百已临。

王老,您是好人！我们为您寄上最美好的祝愿:祝您健康,愿您长寿!

百年树人

李景昀：钻探医学锲而不舍 声名远播后人景仰

吴天赐

1983年10月，集美中学建校65周年之际，学校团结楼前座无虚席，与会校友和全校师生全场起立，用经久不息的掌声欢迎美籍华人、世界医学界著名解剖学、神经系统学专家、高中13组校友李景昀博士回母校参加校庆庆典。这位花甲老人身着黑色西装，精神干练地走向台上，用温和慈祥的笑脸，挥手感谢校友和母校师生的热情。

安溪素有"龙凤名区"之称，自古名人辈出，著名的有清代康熙年间文渊阁大学士兼吏部尚书李光地、明代刑部侍郎詹仰庇、清代大数学家陈万策、现代医学家李景昀。

李景昀，1922年2月25日出生于福建省安溪县湖头镇下东二村。其父李法寿曾前往新加坡谋生，1948年回国定居，1958年10月2日在家乡湖头病故。李景昀小时在家乡湖头读小学，他自小天资聪颖，通达聪慧，颖悟绝伦，再加上刻苦勤奋，学习成绩一贯优秀，后进入厦门双十中学读初中。他景仰陈嘉庚先生，1938年，进入集美中学读高中，1941年毕业。在学期间，"他学识超人，足智多谋，善断难事，大伙给他一顶'小诸葛'的桂冠"（陈炳煌《悼念李景昀校友》）。他喜欢看《三国志》，文中曹操请华佗为他治疗"头风"顽症的情节吸引了他，华佗用针扎胭俞穴位，手到病除，效果很好，"佗针鬲，随手而差"。后来，随着政务和军务的日益繁忙，曹操的"头风"病加重了，于是，他想让华佗专门为他治疗"头风"病。华佗说："此近难济，恒事攻治，可延岁月。"意思是说，你的病在短期内很难彻底治好，即使长期治疗，也只能苟延岁月。景昀有些不解，曹操的病果真那么严重吗？从那以后，他开始阅览医学书籍，像武侠迷看金庸小说一样把枯燥无味难懂的医书当《葵花宝典》，沉迷于古今中外之医学经典当中，心里发誓，将来当

210

个医学家。学习、兴趣两不误,他以优异的成绩一举考上厦门大学、福州协和大学、国立上海音专,"在同时代人中被视为佼佼者"(陈炳煌《悼念李景昀校友》)。他选择了厦门大学,后转入广州岭南大学,1947年毕业,荣获岭南大学理学士学位,留校任岭南大学医学院解剖学助教,1951年起升任讲师。

　　成功的科学家往往是兴趣广泛的人,他们的独创精神来自他们的博学。这座具有世界医学高水平研究型高等学府的大门向这个阅历丰富、品格坚韧的他敞开大门,命运也在这里转弯,指引给他更新、更广阔的世界,在学术之路上收获颇丰。他参与多项医学重点课题和医学上世界性难题研究,白天工作劳顿,奔波于研究室、化验室;夜晚,台灯下博览古今中外医学书刊,潜心解剖学的临床研究工作,深宵灯火是他的伴侣。天天读,夜夜看,时时想,悄悄记,宵衣旰食,兀兀穷年,励志攻克医学上的世界性难题,为他以后成为声名远播的解剖学专家打下坚实的基础。心无旁骛,钻探医学锲而不舍的他用了6年的时间攻克神经解剖难关,并把研究成果编写成医学论著。1954年他在国内编著的《人类解剖学课本》,被定为大学的课本;1957年在国外编著的《神经解剖学》,被出版作为大学教材。

　　人体解剖学是一门研究正常人体形态和构造的科学,隶属于生物科学的形态学范畴。在医学领域,它是一门重要的基础课程,其任务是揭示人体各系统器官的形态和结构特征,各器官、结构间的毗邻和连属,为进一步学习后续的医学基础课程和临床医学课程奠定基础。人体解剖学也是美术、音乐、体育等学科的必修科目;神经解剖学是人体解剖学和神经生物学的重要组成部分,是神经生理、神经化学、神经药理、神经免疫、神经病理及临床神经、精神病学的基础。在神经生物学的发展过程中,神经解剖学起到了重要作用。在揭开人脑奥秘长河中发展起来的神经生物学,成为21世纪的前沿科学。两书鞭辟入里的分析和严谨有力的论证,具有创新性、科学性、实用性和可读性,受到国内外学术界的推重,成为全球的畅销书。

　　1955年,景昀前往香港,在香港大学医学院从事解剖演示教学工作;1957年往加拿大,就任加拿大萨斯喀彻温大学医学院神经病科助理研究员,1958年任该院解剖学助理教授。1961年获理学博士学位,1962年获医学博士学位。1963年前往美国,在美国布法罗纽约州立大学神经外科任研究助理教授及解剖学临床助理教授,1965年起任该大学副教授,1968年升任解剖学教授兼布法罗总医院神经外科研究副教授。1976年起任美国俄克拉何马大学中心解剖学教授及解剖学系主任兼皮肤科名誉教授、纽约州立大学医院名誉教授和解剖学客座教授。在他领导下的解剖学系中,有教授十余人,设备现代化,仅电子显微镜就有三架,其中一架可放大 100 万倍。

"自由王国"没有止境,科学家的探索也不会停步。"伟大的事业根源于坚韧不断的工作,以全副精神去从事,不避艰苦。"(罗素语)丰硕成果的背后,是他无数个不眠之夜的辛勤付出。医学的大道上荆棘丛生,常人望而却步,只有意志坚强的人例外。李景昀筚路蓝缕,每一步前进,都付出了通宵达旦的艰苦劳动和霜晨雨夜的冥思苦想。1980 年 5 月回国讲学,在和老友陈炳煌见面中,谈到从事科研经历,他告诉炳煌,在美国,他一次上街就买了三四双皮鞋。炳煌惊讶,问他为什么,他说,整天关在实验室,埋头科学研究,直到皮鞋穿破了,穿完了,才能够再上街购买,这就是说"时间非常宝贵,时间就是科学成果"。李景昀不是一个好高骛远在文献夹缝中找课题、脱离实际的空洞理论家,也不是一个墨守成规、蹈袭前人的医学家,而是密切地将研究工作与实际工作中的问题相结合,大胆创新,善于从理论上分析和指导临床实际问题的解决,走出自己的路子。在他身上,总有一股不满足的韧劲,在不断超越自己。作为论著甚丰的医学专家、他年年有新的研究成果面世,作为蜚声遐迩的医学权威,他要为人类的健康与福祉贡献自己的研究成果。带着奉献医学事业的追求,他陆续编著出版的医学及科学研究的英文书籍共有 14 种,发表了关于正常病理的神经解剖、脑血屏障、脑缺血、脑缺氧、脑水肿、脑震荡、脑瘤等科学论文 90 多篇,刊载于世界各国的各种著名刊物。他被人们认为是美国著名解剖学专家、神经系统专家、神经系统超微结构学权威,受到世界医学界著名人士、专家、科学家的赞誉。

李景昀博士多项成果受到国际医学界的关注,在医学界取得了重大成就,作出了杰出的贡献,荣获了许多奖励和荣誉。在国内岭南大学就学期间,荣获岭南大学应届毕业奖。出国以后,1961 年至 1963 年获美国医学教授及奖金;1962 年至 1979 年荣获 10 种科学研究奖金;1968 年至 1979 年被选为布法罗市中国同学会会长;1972 年荣获科学展览会一等奖和杰出教授金质奖章;1972 年至 1976 年被选为纽约布法罗国际事务会理事及顾问;1976 年当选为该年度最佳教授。他培养的学生"桃李盈门"。学生们忘不了李景昀授课、作学术报告的情景:在教室授课,学生屏息凝神,专心致志;作学术报告,场内座无虚席,鸦雀无声。教授谈吐文雅,深入浅出,引经据典,言简意赅;在实验室,指导学生,要求严格,一丝不苟;他十分注意启发诱导,培养研究生的独立科研能力。不论选题、实验操作,还是撰写论文,他均要求研究生独立思考、独立工作,在办公室,批改学生论文句斟字琢,至纤至悉。他经常对学生说,生命诚宝贵,医学须严谨,须谨本详始,慎始慎终,钻探学术要有朝乾夕惕、学如穿井的态度,从事医学工作要有甘之若饴、尽瘁鞠躬的精神。并以亲身的体会告诉学生:"摆在科学家面前的,不一定是一条康庄大道,而可能有无数艰难险阻。但只要下定决心,向既定目标努力前进,一定可以取得最后胜利。""桃李之教花争妍",许多学生受到良师的谆谆教诲,神醉心往,卧薪尝胆,镞砺括羽,成为医学领域的知名专家。其子李金景,就是其中一位,现为美国的药物博士。李景昀治教有方,并以严谨的治学态度和严格的科学作风,1979年被选为全美国最佳教授,荣获金质奖牌。而且被拥有七万余人的医学生协会推选为全美荣誉教授,被俄克拉荷马大学聘为终身教授。

臣心一片磁针石,今朝一举收满仓,李景昀在医学界作出的重大贡献,在世界医学产生了很大影响,引起了各国医学界的重视,世界医学界的各种协会都争取他加入其组织。他是美国解剖家协会、美国细胞生物学学会、美国电子显微镜协会、英国皇家疗学会、加拿大解剖学家协会、美国神经病理学家协会、Sigmaxi学会、美国神经外科医生协会、美中医学会等9个学会委员以及由美国、加拿大、墨西哥、英国等8个国家所组织的科学学会员。李景昀还担任香港大学校外考试委员会委员、美国三大出版公司审评委员等职务。

"宝剑锋从磨砺出,梅花香自苦寒来",成就的取得都凝聚着他的心血,更是他在科研上坚定求索、辛勤耕耘、不断积累的结果。80年代时,李景昀已经成为美国和世界名人,他的名字被载入各种世界名人录。其中有1966年至1972年的《美国科学家》,1968年的《古今世界科学家名人录》,1970年至1972年的《国际人物词典》,1970年至1976年的《美国社会团体领袖》,1971年的《在美国的亚洲名人录》,1973年的《国际学者词典》和《国际社会服务名录》,1975年的《美国名人录》和《美国男女科学家(医学)》,1974年至1975年的《科学成就名人录》,1978年的《国际知识分子名人录》等,成为世界有影响的重要人物之一。

李景昀对祖国有着深厚的感情,为加强与国内的学术交流贡献力量。中美建立邦交后,多次应中国卫生部及中华医学总会及有关高等院校的邀请回国讲学。在广州暨南大学讲学,四天里共作了七个专题报告,并与暨大医学院、中山医学院和省内外兄弟院校的教师、医生举行座谈会。着重介绍了当前医学的动态和研究方向,并结合他本人的研究成果来阐明医学方面的一些重要问题。1980年5月,他在北京作学术活动后回到安溪家乡探亲谒祖,并应县科学协会和医学协会之邀,作了题为"关于脑水肿问题"的学术报告,并回答了医务人员提出的问题,而后访问厦门大学并作学术报告。这之前,在给好友陈炳煌的信中说道:"……在厦门市除了讲学访问之外,我希望有机会去参观双十及集美母校的校园。得便请先向陈村牧和陈延庭二老师致敬。我这次回国虽然是应教育部、中华全国医学会、研究院、解剖学会及数所大学的邀请去讲学,但我准备全部自费,以表我对祖国的点点贡献。"他还积极为海峡两岸的亲人、同学沟通信息,他从祖国回美国后,不久又到台湾讲学,带去了在母校拍摄的照片,出示传观给在台的校友。台湾校友泪盈于眶,扼腕长叹,盼望有一天两岸拆掉人为藩篱,能有重逢之日。他十分怀念当年在母校学习、生活的日子,"多谢母校教给我多方面的知识。当我夜以继日地工作,精力极度疲惫时,走出实验室,唱几句当年学的歌或朗诵一首小诗,对我来说,真是最好的生活调节,驱赶精神疲劳的良药"。李景昀博士对家乡厦门十分眷恋,他告诉过炳煌友,退休后,拿美国工薪,回到祖国鼓浪屿定居,安度晚年,和亲朋故旧促膝谈心,是"我一生的最大希望"。他的诗《夏之忆》正是表达他的心意:"在我小的时候/我爱躺在松树下/倾听大自然的交响乐/和夏天的微风和谐一致……"

1987年6月3日,景昀病逝于美国,享年66岁。一生中,他把自己的爱完全倾注给了所钟爱的医学事业,他把对医学事业的执着化成一曲属于自己的生命之歌,他留下了人民需要的科学遗产。他的研究成果,在今天乃至今后,在医学应用和医学实验中都会长久地放出光彩。

钻探医学,锲而不舍,声名远播,后人景仰。上善若水,怀德抱补。李景昀为世界医学作出的巨大贡献为后人所敬佩,他的医学论著是一笔巨大的医学科研财富。厦门中山医院复办伊始,印尼爱国侨领李尚大先生为帮助中国提高医学水平,不辞辛苦,特地将其堂叔李景昀先生的数千部医学藏书从美国运抵厦门,捐赠给厦门中山医院,让医院的青年医师能够汲取到国际医学界的养分。上世纪90年代,李尚大还捐资60万元人民币在中山医院建造特需病房"景昀苑"。与此同时,李尚大先生的胞弟李陆大捐资,为安溪一中兴建以李景昀名字命名的"景昀科学楼"。

怀念谢高明

高云飞

1921年1月16日,谢高明出生于安溪砖文村一个贫苦农民的家庭,当他还在襁褓之中时父亲就已去世。母亲含辛茹苦把他养大,不幸的是在他12岁时,母亲撇下他和哥哥与世长辞。少年失双亲,生活全赖叔父母,并送他进学校学习。高明十分珍惜来之不易的学习机会,他克勤克俭,学习用功,所以一贯成绩优秀,终于考上了国立暨南大学文学院教育系。1947年3月毕业分配到龙溪中学任教。

1948年8月,谢高明参加中国共产党,积极投身革命,出入安溪、厦门、内地,跋山涉水,深入虎穴,不计安危。为搞好赤岑交通联络站的战斗物资供应,他神机妙算设法蒙蔽了国民党,培养保护和输送大批革命干部。在游击战争时期,他夜以继日地为民主建设和生产建设努力,工作卓有成效。1949年8月安溪解放,他被任命为安溪县第一任县长。

1951年1月他被调参加省委党校学习,实际上是因"陈华问题",张连、王新正等10人接受对闽西南地下组织的审查。年底审查得到结论后,调福建省工农速成中学任副校长,我在那时认识了他。

1952年调任厦门师范任校长,1953年9月调任厦门市文教局副局长,分管工农教育、业余教育,他经常到区街、村基层了解情况,帮助指导工作,晚上还经常写调查报告、发言稿、工作计划等直到深夜,作风认真踏实。

省教育厅厅长王于畊到厦门八中蹲点,搞教学改革试点,抽调谢高明代表教育局深入班级,参加听课,参加教研组活动,总结典型经验。

1960年6月,省委许彧青部长调1000多个有教育经验的教师和干部到福州师范大学编写中小学教材,又把谢高明调去参加领导小组,他负责中小学教材组,要在3个月内完成85种教材,时间紧、任务紧,他领导编辑组成员审稿、改稿、发稿,日夜赶编教材。那时正值困难时期,每月定量供应21斤粮票,3两油票,他脚开始肿,以后全身肿,患了水肿病,但他坚持和大家一起生活、工作,遵守党员不买自由市场物资的规定,直到编完教材才返家治病。

他生活作风很简朴,吃穿十分随便,有时我要给他做件新衣服,都被他婉言拒绝。他说他在念大学时,都是穿叔婶穿过的破旧衣服和国民党兵遗弃的破军装,鞋子也从来没买过新的,是旧货摊上随便买来的,游击战争时期是穿草鞋,现在穿的已够好了。华侨林响辉先生从南洋回来,看他衣服破旧,送给他几块的确良布,推来推去,好几次林先生又拿回来,他坚决不收,最后还是林先生收回。有一次,一位老乡送来一条鲜鱼,谢高明说什么也不肯收,可是老乡边推边已走下楼梯,最后高明将鱼从楼梯上抛下(因追不上客人了),至今他还觉得对不起那位老乡。

他很疼爱子女,对他们严格要求,从小就教育他们要刻苦学习,锻炼身体,做全面发展的有用人才。他经常检查孩子们的作业,给他们改错别字,督促儿女学好功课。他带全家去大海游泳,鼓浪屿港子后和美仁新村(现在的美仁新村已变为一片高楼大厦)的海湾,是我们全家常去的地方,他让孩子们在大风大浪中搏斗、成长。英端从小体弱多病,他寻思体育锻炼可以改变她的体质,便在她8岁时送她进体校,过集体生活,进入游泳班锻炼,老师规定每次下水前要打腿100下,那时她腿肿了,哭哭啼啼,高明多番劝慰,鼓励她克服困难,继续创造新成绩。

他自己是分管工农教育工作,搞教育改革的。他带头执行,1965年国家主席刘少奇倡导半工半读,杏林纺织厂创办半工半读学校,他鼓励大女儿步青考进半工半读学校学习。他还亲自参加下厂劳动等实践活动,关心学校的教学改革。大约在1962年学习苏联先进经验,创建小学5年一贯制时期,应红在实验小学读书,他叫应红参加5年制的试点。她成绩优秀,思想先进,被评为"三好生"。

1978年小女儿左红高中毕业,按照规定她患有风湿性心脏病,是不必下乡的,医生也已写好了证明书。但是,他说干部子女不能搞特殊化,还是要走与工农相结合的道路。左红下乡的意志坚定,她毅然报名下了乡。

他疼爱孩子,只要一有空就带他们上山、下海,去公园游玩。他让外孙女迅信四五岁时就进集美中学的游泳队锻炼。有一次,教练规定考试的项目是沿着游泳池游完4趟,迅信很吃力,但她坚持游4趟,第二天就发烧生病了。高明还请庄牧老师教她写毛笔字。那时她写字认真,按时交作业,成绩优秀。

1966年年初教育局组织干部去三明地区明溪县慰问下乡知青,要他带队。

他抱病前往,到了明溪乡下,立即和同学们一同抬石头,一同吃半生不熟的地瓜干饭,当晚9时多腹部绞痛,但那时地处山区,他怕给别人添麻烦,强忍疼痛,不哼不叫。后来,他腹部硬得像一块铁板,几次昏迷过去,大家只有用担架抬着他,跋山涉水,将他抬出山区,于次日9时才进入三明市医院。医生诊断为胃穿孔,诱发腹膜炎并伴有高烧。很多医生认为已不能动手术了,但不手术即意味着死亡,当时医院的领导看见老战友生命垂危,当机立断,坚持冒险手术,挽救生命,争取一个好的结果。手术开始了,胃切除3/4,腹腔已有400 ml的浓血,已造成腹膜炎。后病情略有好转,即回厦休养。

回厦后,还经常发烧,复发腹膜炎、肠道粘连、堵塞、胆汁反流、呕吐,很少进食,住进第一医院治疗,不久也就是1966年3月,批判"三家村"时他又成为重点对象被批斗,组织怀疑他隐瞒在读暨南大学时担任过三青团区队副,根据是一张照片中有三青团的骨干分子,也有他(以后才弄清楚高明是读书会的积极分子,被邀请参加照相)。他立即出院,接受批斗。

有一次斗争会上,他口吐血水、胆汁,会议被迫中止。让他住了3天医院,出院后,继续批斗,交代问题,永无休止,从此落下了后遗症。

1969年直属机关把有问题的人集中管理,地点在灌口中学。开头是挑粪便浇果树,有一些锄草的活就叫一些问题基本搞清的人去干。以后机关干部下放,我带着两个还在念小学的孩子走了,而谢高明却"没有资格"下放,他需留下来继续接受审查,继续劳动改造。那时他们已转移到集美航海学校,造反派分配给他最重最脏的活,每天到厦门拉粪车,空车去厦门,回来满车的粪便,来回要走60华里,单单走路,已经要他的命了,何况他还拉着几百斤的粪车。不几日他便被折磨得口吐鲜血,发烧到40度,医生诊断为"肺炎"要立即住院治疗。可造反派只给他半个月假期,他病还未好,就勉强出院了。

造反派看他实在干不下去了,后来分配他到工程机械厂做徒工,那时他要使用80斤的大锤和沉重的工具,他的师傅是年轻人,师傅说"我怎忍心让这样大年纪的徒弟帮我工作",他和师傅相处得很好,师傅很喜欢他的毛笔字。80年代他已调离工厂很久了,师傅还经常找到学校叫他给他写对联。

1973年至1978年年底,他在厦门师范专科学校当一般干部,直到1979年3月7日才获彻底平反。

1980年3月他被市委任命为厦门师范专科学校党委书记兼校长,他认为组织上作出的结论是公平合理的,思想上更加轻松达观了,工作起来就更加积极努力,尽其力量发挥才能。他坚决贯彻教育方针,为培养国家的建设人才倾注全部心血,他有丰富的教育、教学管理经验,治学严谨、治校有方,领导师生克服重重困难,为提高教育教学质量,为学校的生存与发展做了大量的工作。他关心老师,爱护学生,尊重老师,团结同志,在师生中享有很高的威望,培养出大批忠诚党的事业、业务、思想、作风过硬的优秀教育人才。

1980 年他被推选为集美校友总会首届理事会理事,就开始了恢复集美校友总会和《集美校友》复刊工作。1982 年初参与筹备陈嘉庚先生创办集美学校 70 周年(1983 年)校庆的领导工作,具体负责组建"陈嘉庚先生事迹陈列馆"的任务,1984 年 4 月被推选为集美学校党史征集办公室主任,1985 年 1 月当选为"集美陈嘉庚研究会"会长。

陈列馆的建立作为纪念校庆活动的主要内容之一,于 1983 年 10 月 21 日 70 周年时正式对外开放。10 多年来,国内外游客络绎不绝到达集美,参观陈列馆,学习陈嘉庚爱国主义精神。陈列馆还是对青少年开展爱国主义教育基地。1997 年,中央已确定"陈嘉庚生平陈列馆"为全国百家爱国主义教育示范基地。

1984 年成立"集美学校党史征集研究会",谢高明被任为研究会领导下的办公室主任,会后着手搜集、整理资料,编写了《集美学校党史资料汇编》等 7 个文件约 7 万余字。1985 年邀请中共厦门党史办到财经参加集美学校党史征集座谈会,请市委书记李力同志到会祝贺,又请原中共闽中泉州中心县委挺集队成员施能鹤作报告等等活动。集美学校党史办自成立至 1990 年的 7 年中,先后向 159 人次征集各类资料 140 多篇约 28 万余字。在谢的领导和辛勤的征集来的资料,整理、编辑、争取经费,出版《集美专辑》3 期,共收编文章 40 篇,20 余万字。

集美学校党史办,1985 年被中共福建省委党史委授予"党史工作先进单位"光荣称号。

他在 1984 年 11 月被选为集美校友总会理事长后,着手改革机构,健全组织,使校友机关更加年轻化,并展开了一系列的联络活动。1990 年 3 月在集美校友总会第四届理事会上,他被连选连任理事长。就在这会上,他建议成立同安集美校友会,年底他撰写了《辛勤耕耘,不负春光》一文,庆祝《集美校友》创刊 70 周年暨复刊 10 周年。在他和校友们的支持重视下,《集美校友》获得了国内统一刊号,从 1991 年 9 月第 5 期起刊用,这是质量提高,向国内外发行的重要标志。为联络和维护校友会的团结,他奔走呼号,做好沟通工作。1989 年 2 月,正是香港集美校友会第四届董事会就职典礼时,他应邀赴香江祝贺,实际上是团结之行,友谊之情。

他曾为发扬陈嘉庚先生爱国爱乡、倾资办学精神,撰写了《陈嘉庚先生与师范教育》、《略谈陈嘉庚先生的教育思想》、《陈嘉庚爱国主义思想研究》、《发扬陈嘉庚爱国兴学精神》等文章。

1986年,集美陈嘉庚研究会被评为"先进社团",这和谢高明同志艰苦深入的贡献是分不开的。

1996年年底的一天上午,他呕吐不止,饮食不进,我们劝他进医院,他还是执意不去,正好那天邻居陈荣珠的孩子应培来看他,我们的女儿也来了,我把劝他入院的任务交给他(她)们,因为这些孩子和他感情好,他是会听他们的话的。真的,他听孩子们的劝说同意入院,应培开着小车把他送去中山医院,中山医院马上安排了病房,要他住进去作检查。

他住进医院后,非常关心自己的各种检查报告,不断地询问医生和亲人,很想早点出院再做些工作。当得知自己患了不治之症时,他默默无言。他明明知道"胃癌"是去三明慰问知青时留下的残胃引起的,但没有过多的抱怨,只是告诉我"后悔没早一点去看"。他没有眼泪,没有悲伤,以惊人的毅力克服疼痛,从未发出一声叹气和呻吟。病痛中,他还十分关心学校工作,当师专领导来探病时,他还很吃力地做长时间的交谈。

在他病危时,安溪政协副主席亲自来探望,说:"因高明同志对安溪有贡献,县里准备给他划拨一块坟地,留给后人瞻仰。"我将这个情况向谢高明转告,他摇摇头:"不,不,不。"以后他的侄儿也来劝他,他都是婉言拒绝。最后,他留下自己的遗嘱:"不发讣告,不举行追悼会,骨灰撒大海。"

以后,他饮食不进,骨瘦如柴,弥留时他用断断续续的声音对我说"海……海……"连续讲了3次,我重复他的话"海……你要我把你送进大海?"他慢慢地伸出大拇指,脸上好像露出笑容。

他的一生是极其坎坷的,出身穷苦自幼失去双亲的疼爱和呵护,从1951年1月至年底,他坐牢一年整,受尽煎熬。以后,组织上长期怀疑他隐瞒1945年9月至1946年3月在暨南大学期间任三青团区队副问题,每次运动他都是"运动员",被批斗,关押,劳动,开除党籍,降工资……他对自己的政治生命,是这样看的:

是是非非当为是
宽宽严严实从严
上上下下每愈下
诚诚恳恳为人民

这个纸条是我在他的遗物中发现的,这首诗概括了他一生内心的苦衷和他为人民献身的无私胸怀。正因为他有了诚诚恳恳为党为革命献身的决心，他默默地努力奋斗，艰苦卓绝，终于得到党的重视、人民的爱戴，给了他应有的赞誉。

1986年他写的《略论陈嘉庚教育思想》，在西安举行的中国职业大学第三次交流协作会暨中国职业大学教育研究会上，向全国27个省市100所职业大学代表宣读论文并获大会好评，论文被评为优秀论文，刊登在《教育与职业》杂志上。

1987年著《试论陈嘉庚与黄炎培职业技术教育思想》一文，1987年11月《教育与职业》杂志登载。这篇论文在中华职业教育社福建分社"黄炎培思想研究会"上被评为优秀论文，1988年厦门社会科学联合会首届会议发给证书，上面写着"谢高明同志，你的《试论陈嘉庚与黄炎培职业技术教育思想》获厦门市社会科学联合会首次（1984—1987.6）会员优秀成果三等奖"。

1988年10月谢高明荣获教育系统发的"老有作为精英奖"。

1998年被编入《科学中国人，中国专家人才库》。标题是"岁月有值，人生无愧"。

1996年，名录辞条被列入《中国大学校长名典》（1996年中国人事出版社版）。

2002年8月，厦门图书馆编写的《厦门人物辞典》362页登载着谢高明的事迹。

2004年泉州闽粤赣边区革命史研究会编写的《蓝溪烽火》登载着他的事迹。厦门市教委会还把他的事迹登载在《魄台弦歌》。集美校友会陈嘉庚研究会、校友会刊物上数次登载他的事迹。谢高明同志永垂不朽！

在他逝世10周年之际写出我心中对他的怀念：

> 你就在这青山蓝天大海的碧波中，
> 不知你可曾感觉到寂寞，
> 不知你可有那无穷无尽的思念……
> 记得你曾说过："捧着一颗心来，空着两只手归去。"
> 是的，你那无私的胸怀，从未计较过强加给你的"罪名"，
> 也未曾理会过人世的恩恩怨怨。
> 你默默地将这一切埋入心底，而勇挑重担。
> 直到你闭上眼睛，还在惋惜未将教育经验写完。
> 太可惜了！你满腹的经论，才华未得充分施展。
> 你那为人民勤勤恳恳的精神，至少还要再活五百年。
> 自从你入党的那天起，你奔走呐喊。

在漫长的革命岁月里,你又经受着"磨难"。
它夺走了你的健康。埋没了你美丽的青春年华。
安息吧!亲爱的战友,亲爱的伙伴,
你已经将自己的心捧了出来,
你实现自己的诺言"诚诚恳恳为人民"
你无怨无悔。
每当我走近大海,
仿佛看到你在大海中起伏,
你的英灵、你的胸怀、永远像大海一样的宽阔,博大。

2007 年

张乾二：自强不息　止于至善

蔡鹤影

2002年4月间，《集美校友》编辑部要我去采访张乾二院士，我着实踌躇了一番。一来，我与他素不相识，他高矮瘦胖我全然不知。二来，他是中科院院士，致力于量子化学与结构化学的研究。隔行如隔山啊，那些专业名词，对我来说，是晦涩难懂、高深莫测的。虽说有前次对蔡启瑞教授采访作垫底，心里还有个数，但听说张先生耿直不虚浮，大记者慕名而来，他也不给面子。我，一个教书匠，登门造访，会不会……后来，得知他是崇武人，和我一样，说话都属"地瓜腔"，凭这点地缘，张先生也许会网开一面吧？我算是接受了下来，但底气还是不足的。

适逢"五一"放假，大概他会宽余些，便与他通了电话，约定采访时间。电话里传来了他干练利索的声音：

"是我，乾二。"

出乎意料，一位名闻遐迩的院士，自报家门何其谦逊随和，没半点架势，这与时下某些带"长"的口气截然不同。我说出缘由，要他拨冗接待。电话那头沉吟了一下，接着又说：

"校友会给我打过招呼了。其实，我也没有什么好讲的，手头也没有什么材料……这样吧，3日上午你来办公室，我等你。"

搁下话筒，我松了口气，没想到他满口答应。节日期间，他也要泡在办公室。啊，当个院士也够累的。我得先做点案头工作，不能漫无边际闲扯，耽误人家太多时间。

女婿见我忙碌查找资料，便悄悄上网索找。不一会儿，他递给我一份电脑打印材料，狡黠地眨了眨双眼。我拿来一看，上面有如下几行文字：

张乾二(1928.8—　),化学教授,1991年当选为中国科学院院士(学部委员)。

张乾二教授曾任厦门大学化学系系主任,后任化学化工学院院长,全国政协常委,固体表面物理化学国家重点实验室副主任;兼任国家固体表面物理化学实验室学术委员主任,厦门大学学术委员会主任。

科学成就

张乾二教授1954年毕业于厦门大学化学系(研究生),40多年来致力于量子化学与结构化学的研究,在以下课题研究中获得许多重要成果:

- 配位场理论方法
- 休克尔分子轨道理论图形方法
- 多面体分子轨道理论
- 多电子理论的群论方法
- 表面科学中的量子化学研究

张乾二教授在科学研究中,曾获

- 国家自然科学奖一等奖(1982年)
- 国家教委科技进步奖二等奖(1987年)
- 国家自然科学奖二等奖(1989年)
- 国家自然科学奖二等奖(1994年)
- 国家教委科技进步奖二等奖(1994年)
- 国家教委科技进步奖一等奖(2000年)
- 何梁何利科技进步奖(2001年)

……

这是一份高度概括的文字和一串抽象枯燥的数字,虽无任何感情色彩,但透过它,我分明触摸到一颗对科学孜孜以求的拳拳之心……

5月3日清晨,我一大早便赶到厦门大学化学化工学院。离约定时间还有个把钟头,我徜徉在清雅幽静的校园。群贤楼紧邻化学化工学院,我不觉来到楼前的绿地,陈嘉庚先生的铜像端立在鲜花和绿叶交织的花圃里。他那仁爱、慈祥的目光抚摸着莘莘学子。嘉庚先生具有远大的目光,早在上世纪之初,他就怀抱"教育立国、科学建国"的理想,倾资兴学,从小学而中学,从中学而大学,培养了数万名学生。他的教育思想如同种子,于润物无声的春雨中,在学子们的心田撒播、生根、发芽、长叶、开花、结果。"春风吹和煦,桃李尽成行。"今天,我所要采访的张乾二,仅仅是其中一个。他拨冗接受我的采访,正是这集美校友的情结。

我折回院部，张乾二已在等我。他提前半点钟到，坐在电脑前正在忙着。我刚要打招呼，他抬头一看，便意会到是我，忙把我让进隔壁的小房间。

这也许就是他的会客室吧，但我简直不敢相信，靠墙只放着两只靠背的木沙发，中间摆着一茶几，只是没有茶具，也不见热水瓶，屋里的大部分空间都堆放了化学分子结构的模型。这时，张先生一边让座，一边忙个不停地找纸杯倒水。后来，对面房间的同事见客人来了，便倒来一杯开水。张先生抱歉地说："坐、坐。没在家里，不便泡茶，喝喝水吧。"

张乾二先生已是耄耋之年了，看上去却比实际年龄还年轻。他身材不高，微胖的身躯，显得很结实。微霜的头发，使人觉得有点沧桑感。但粗黑的眉毛下，透着炯炯目光，神采奕奕，走路、说话都快，动作干练利索，充满活力。从他的话语中，我了解到他的求学奋斗经历……

他生长在海边，崇武古城下一名老中医的儿子。从小，他同渔民的孩子一起下海拖网、嬉戏，是大海的弄潮儿。他有峭石般的胴体和海一样宽阔的胸怀和性格。

小时候的张乾二受厚实家学底蕴的熏陶，进了叔公坐馆的私塾念书。他厌恶死记硬背，"子曰诗云"、"之乎者也"搅得他头昏脑涨，背不出，没少挨过叔公的鞭子。他喜欢堂阿叔教的算术，什么"龟兔问题"、"四则运算"似磁铁吸引着他。他还没上小学，就比别的孩子早一步涉足数学之海。海的湛蓝，云的飘逸，片片白帆，变幻着摇曳多姿的构图……他神驰六合，思游八荒，数学的情丝牵系着他幼小的心灵。从此，一发而不可收。数字，尽管是那样枯燥无味，但在他眼里却像是黑白的琴键。面对着数字，那潇洒奔放，流淌的旋律，便从他指隙间轻轻泻出，如鸣琴，似击玉，悠悠扬扬……

"小时候，我非常顽皮的。"张先生拿出一包双喜牌的香烟，递给我一支，续上火，自己也点燃一支。青烟袅袅，他沉浸在对往事的回忆中："念私塾时，我爱上数学，但也恨透了天天要背书的刻板生活。一上小学、中学，那些要强记硬背的课，我就不喜欢上，爱说话，做小动作。好在1940年我考上集美中学，在嘉庚先生精神的熏陶、名师的指点下，才使我这块'顽石'有了悟性……"

张乾二先生就读于崇武小学，抗战期间，日寇入侵家乡，举家投靠亲戚，搬迁到霞美，转入了霞美小学。小学毕业后，他考上集美中学。当时，集美中学内迁安溪。他小小年纪就背起行装，奔向闽南山区。他从大海走来，波涛的因子在心胸跳跃，让他懂得辽阔又深沉的遐想；大山又教他以耸立又严峻的思考，使他获得许多哲理和启迪。

中学时代，张乾二寄宿在安溪孔庙大成殿，开始过集体生活。那时，学校配有童子军教练，每天起床后要整理床铺、寝室，然后跑步上操场集合、升旗、操练……这种刻板的生活，他不习惯，也不愿做，常常耍小聪明，蒙混过关。有一天，他和一位姓白的同学密商，要偷偷地把旗杆上的绳子割断一股，让旗升不上去。他们立即行动，可是割错了另一股，"呼"的一声，旗迅速落地，当场被逮个正着，受到校长严厉训斥。好在姓白的家庭有背景，只是每人罚了五圆大洋，作为雇人爬上旗杆穿绳子的工钱，也就大事化了了。在课堂上，文、史、地的课，他好开小差，擅离座位，老师常用讲义夹敲他的脑袋，劝告他归位。尽管他粗狂不羁，爱惹祸，但老师们都不嫌弃他，总是耐心加以引导。

"张教授，您在集美中学念书，哪些老师给您印象最深刻？"

"集美中学是名师荟萃的学府，他们是慕校主之名而来的，许多老师都给我留下深刻印象。时隔半个世纪了，至今我还记得他们的姓名。音容笑貌，历历在目。"张先生谈起母校的老师，情殷殷、意拳拳地说："陈淑沅是我初中、高中的老师，她教我们数学和化学。她对数学很执着，方法也很好。她总是以她的风范影响着学生，做到润物细无声。有一次单元考，我替一个要好的同学代考，两份试卷交上去，陈老师发现雷同卷，判以零分。在班上，她没有提出严厉批评。但看到试卷上那颗'红鸭蛋'，我脸上火辣辣的，很不好受。这是无声的批评，深刻的教育。有这么多好老师的教育和帮助，我这块'顽石'才会被雕琢出美丽的线条。"

张先生在集美中学就读阶段，正是抗战时期。有一次，陈嘉庚先生带领"华侨回国慰劳考察团"深入前线劳军，特地赶到安溪看望师生。得到这一消息，师生们出自于对陈校主的敬仰和爱戴，连夜组织欢迎队伍，半夜出发，赶到目的地天刚蒙蒙亮。可是陈校主不兴师动众，悄悄从小路来到安溪县城，在孔庙大成殿门前的广场向师生作报告。

"我真幸运！自从踏进集美中学校门，我就一直渴望着能够一睹校主的风采，亲聆他的教诲，那天愿望终于实现了。"一提起陈嘉庚先生，张乾二满怀深情地说，"那一天，我也跟人家摸黑起床，走了一个多小时的山路，接不到校主。回来的路上，早已腰酸腿疼。可一听说校主要给我们作报告，顿时忘记劳累。我们一个个端坐在地上，只见陈校主手扶拐杖，面带笑容，露出慈祥、和蔼的目光。他用浓浓的乡音说了不少鼓励与鞭策的话，直说得我心里热乎乎的。我常想，校主倾资办学，图的是什么？不就是要我们成为祖国的栋梁之材，振兴中华吗？对校主我油然而生敬仰之情，决心以校主作为我人生的楷模。抗战胜利后，学校搬回集美。那时,陈校主经常回乡,常到校园走走。每当我看到他那伟岸的身影,心里总是暗暗地想,加把劲……"

1947年7月,张乾二于集美中学高中毕业,以优异的成绩考上厦门大学化学系。也许人们会认为,他心怀高远,早想要当化学家,所以填报化学系。其实不然。他笑笑地说:"我是爱数学的,考上化学系纯属偶然。当时要填报志愿,我一个亲戚在厦大,他告诉我厦大理工类比较好的专业是:化学、电机、航空。我依次填上这三个专业,想不到录取在化学系。"

张乾二在化学系就读,师从著名结构化学家卢嘉锡先生。卢教授是蜚声海内外的名家。榜样的力量是无穷的,张先生受到他的悉心指点,真是如鱼得水,在化学的海洋中遨游。卢教授引导他从原子、分子的水平去认识万物的结构与性能,从此打下了坚实的结构化学的基础。张先生大学毕业后,又立即被录取为卢教授的研究生。在紧张攻读硕士生期间,他还不忘对数学的爱好,特地到数学系听方德植、李文清教授的研究生课。有一次,在习题课上,李文清教授出了一道不久前印度一位数学家刚解出来的一个古老的难题。这可难住了听课的研究生和部分听课的老师。下课了,一张张的试卷交上来了,李教授阅卷时,紧蹙着眉毛,感到有点失望。突然,他眼睛一亮,一张写得密密麻麻的答案纸呈现在眼前,而且答案正确,卷上的姓名却是张乾二。研究生毕业后,张乾二留在化学系工作。卢嘉锡教授把"如何从原子、分子水平去认识万物的结构与性能"这个崭新的研究课题呈现在张乾二面前。导师活跃的科学思想、严谨的治学态度、广博的结构化学知识和深厚底蕴熏陶着张乾二,他钦慕导师在化学上的直觉悟性。卢嘉锡教授的"理论与实验,化学与物理,结构与性能三结合"的治学方针是张乾二的座右铭,他边搞教学边开始结晶化学的研究。1958年在名师的指点下,他带领年轻教师和部分学生从事溶液中培养晶体的研究,成了我国水溶液中培养晶体的开创者之一。张乾二是卢嘉锡教授的得意门生,卢先生曾这样亲口评价张乾二的:"我在厦大培养了两个学生,如今他们都'青出于蓝而胜于蓝'了!"他说的两个学生中,其中一个就是张乾二。1960年,卢先生为筹建福建省物质结构研究所离开厦大,离开时带走了大批厦大的研究人员,照道理应把张乾二也带走。可是出乎意料,张乾二却留在厦大。这种安排是卢先生的良苦用心。他要张乾二留下来,独当一面,接好自己的班;张乾二也没有辜负导师的殷切期望,担起这一重担,开拓新局面。1963年,国家教委在吉林大学组织了一个量子化学研讨班。学校选派张乾二参加吉林大学量子化学研讨班。他有幸又亲聆我国化学大师唐敖庆教授的教诲,参与以唐教授为学术带头人的配位场理论研究。唐教授执着的钻研精神、严密的逻辑推理与高度的概括能力给张乾二留下了深刻印象,并且对他产生了巨大影响,促使他实现了学术上的再一次飞跃。由于他有坚实的数学基础,能把严格的以数学演绎为特征的量子化学与比较直观的分子结构"物理图像"紧密结合起来,建立了一种既直观而又严格的量子化学研究方法,在这重大课题的研究中,他作出了重要贡献。张先生深有感触地说:"我师从我国化学界两位大师,唐敖庆教授教我懂得抽象与概括,卢嘉锡教授让我知道直观与创新。两位大师的科研方法,让我添上双翼,在化学的海阔天空里自由翱翔。"

正当张乾二像一只羽翼丰满的鹰翱翔在化学的天空时,谁能料到,在人妖颠倒的疯狂年代,张乾二,一个新中国培养的青年科学工作者,一位志愿将青春献给科研事业的热血青年,一夜之间,竟成了"反动学术权威"。他蹲牛棚,被剥夺了科研的权利,受尽了灵与肉的煎熬。刚降生三天的儿子失去了慈爱的母亲,嗷嗷待哺的声声啼哭,爱妻的逝世,他只能向隅哭泣,人生至此,痛如斯哉!但在厄运中,他没有趴下去,而是顽强地活着,坚信乌云总是遮不住太阳的。

1973年,"文革"已到了后期,张乾二又重返了讲坛,给工农兵学员讲授课程。当时的工农兵学员水平不一,常提出一些非常幼稚的问题。他对初等数学,特别是几何和三角问题进一步深入思考:能不能用初等数学知识来解决化学问题呢?他潜心研究。每当夜阑人静,他母亲照顾着熟睡中的孩子时,他拿出纸和笔认真地演算。不知熬过了多少的夜晚,不知用过多少的笔和稿纸,他像春蚕一样,在稿纸上艰难地蠕动着,这种笨拙的方法却使他发现了分子轨道系统的变化规律,创立了简便的分子轨道先定系数法;他建立了求解矩阵本征值的图形方法;他发现并证明了图形约化的规则;他为 Herndon 判断方法找到了群论的依据。

"文革"过后,他痛惜时光被耽误,决心夺回被"四人帮"耽误的时间,他与林连堂、王南钦组织了科研小组,认真研究。他们三人的研究成果,引起了1977年10月在上海召开的全国第一届量子化学会议一定的重视,不久有人建议能否将此成果写成专著出版。经过一番努力,张乾二完成了《休克尔矩阵图形方法》的初稿。后经过张乾二的修改,科学出版社于1978年出版了这部著作。1985年,该书被选送参加国际书展,获得好评。

1978年后,张乾二带领研究小组展开了对原子簇化学键理论的研究。他夜以继日、废寝忘食地工作着,不顾严重的胃出血,刻苦地攻关。他的专著《多面体分子轨道》一书问世了,受到国内外专家的重视和好评。英国剑桥大学的 A. J.

Stone 教授称赞他的方法很优美。国际数学化学会的 P. G. Mezey 教授发函邀请他参加学术会议并写道："你在化学问题上所做的著名研究，意味着一个很有意义的数学分支。"

科学无止境，只要肯攀登。到了花甲之年的张乾二又把工作重点转到多体理论上，建立了多电子体系的键表酉群方法，从酉群方法的角度给"共振论"以量子力学基础。唐敖庆教授评价键表是"接近化学家的构想"，"使'共振论'获得新的生命"。

张乾二作为两位大师的高足，不仅在为学上得到他们的真传，而且在做人上受到他们人生的启迪。卢教授公私分明，他写私人的信件，绝不会用公家的信封。看起来，虽是小事一桩，却识微知著，于细微处见精神。

采访接近尾声了，这时，恰巧化学化工学院的一位宣传干事来找他。因是卢嘉锡教授逝世一周年，学校要院里写篇纪念文章，这位干事来向张乾二了解情况。张先生知道来意后，有点激动地说："卢嘉锡教授是一代化学大师，也是我的恩师。宣传卢教授，我是责无旁贷的。但卢教授作为厦门大学理学院院长，他的功绩不仅在于化学系，而是惠及方方面面。我们应该着眼于整个学校，方能显现出卢教授的博大胸怀和卓绝功勋……"

在采访中，更使我动心的是，岁月流逝，萧疏鬓斑，张乾二也皤然一老了，他已是声名远播的学者了，但他总忘不了嘉庚精神对他的培育。当他和校友在一起时，总会引吭高唱："闽海之滨，有我集美乡，山明兮水秀，圣地冠南疆……"唱着唱着，不觉热泪潜流。这是无数校友的心声，也是校友们对校主的不了情缘啊。

告别了张先生，我又再次路过群贤楼。此时，陈嘉庚先生仿佛从花丛中安详地向我走来。猛抬头，我看见高楼的楼柱镌刻着金光闪闪的八个大字："自强不息　止于至善"。张乾二皓首穷经，倾其心智所追求的学识，不正是这种理想境界吗？

施金城：学习陈嘉庚的楷模

陈克振

安溪县旅居海外的乡贤、集美校友施金城先生，身居异域，情系桑梓。改革开放以来，他数十次回乡探亲，全身心地关注家乡教育事业，倾资创建培文小学、培文师范、培文实验高中、丽馨幼儿园和培文霭华实验幼儿园，被家乡亲人誉为"安溪的陈嘉庚"。已是耄耋之年的施老先生，至今仍在关心支持家乡教育事业的发展，赢得家乡亲人的赞誉，也受到各级政府的表彰。

倾资创建培文师范

祖籍安溪县龙门镇山美村的施金城先生，早年就读于陈嘉庚先生创办的集美中学初中57组，毕业后就读集美水产学校，1947年往海外谋生。他不是富商巨贾，在世界华人富豪榜上找不到他的名字，而他深受陈嘉庚倾资兴学的精神所感动，把省吃俭用的钱捐赠家乡兴学，更可贵的是他全身心倾注家乡的建设，为故园教育事业的发展呕心沥血。

1982年，施金城先生回到阔别35年的家乡探亲。他看到村里的小学生还是在他几十年前就读的旧祠堂上课，祠堂已经破损不堪成为危房，决心捐资为家乡小学兴建新校舍。开始另一位侨胞施先生曾表示要与他共同捐建新校舍，但后来退出，施金城先生就独资承担了捐建小学校舍的全部费用。

1984年，施金城先生捐资兴建的新校舍落成了，学校定名为培文小学，他回乡看了非常高兴，就到县教育局要求为培文小学多配备素质较好的教师。出乎他的意料，他从县教育局获悉，全县的小学教师中有不少是民办或代课教师，其中有不少人是不合格或不完全合格的。施金城先生的合理要求得不到满足。

家乡小学教师欠缺的问题，对施金城先生的触动很大。他觉得这是关系到子孙后代和国家前途的大事。于是他就想创建师范学校培育师资。但要办师范学校并非易事,仅启动兴建校舍就需要150万元资金。当时的150万元并非小数目,那时安溪全县还没有一个华侨捐资超过100万元。施金城先生对办师范学校又喜又忧,喜的是能帮家乡解决师资问题,忧的是自己财力不足,承受不了创建师范学校的重任。于是他到新加坡,请教曾任安溪中学校长的王瑞璧先生。

王瑞璧先生在分析创办师范学校难易及好处之后,支持施金城先生创建师范学校。于是施金城先生决心创建师范学校。他即给安溪县领导写信,表示愿意捐资创建师范学校。安溪县领导就安排着手筹建师范学校。福建省人民政府于1985年7月批准创办安溪培文师范。施金城心里非常高兴,但他无法一次性支付所需的150万元捐赠,就采取分期汇款兴建校舍。学校当年秋季就招收新生,学生暂时安排在培文小学空着的教室上课。他按承诺分期汇款,确保培文师范学校校舍基建按时进行。

印尼雅加达安溪福利基金会主席李尚大先生,获悉施金城先生捐资兴学后深受感动,特地写信给施金城赞扬说:"此次我与数同乡回安溪,林道远兄讲了你回家乡,看到家乡的贫困,教育的落后,师资的欠缺,而激发了你的正义感,决心挑起重担,要在家乡创办师范专业学校。你自俸甚俭克勤刻苦,不先为自己求安乐,至今尚住在老店屋里,生活俭朴,每月按时汇款……你的所作所为,比大富豪捐献亿元更具有价值……你办学校的钱,不是你多余的钱,是你辛辛苦苦挤出来的钱,你的诚意令人深为感动,你的义举鼓舞了其他的同侨,会影响许多同乡追随你的后面为家乡作出贡献,你的功绩会留与家乡的人世世代代怀念你,我也以无比尊敬的心,向你致敬礼。李尚大弟敬启于椰城 1987年11月28日。"

1990年1月,施金城进行心脏血管搭桥手术。在手术期间,他惦记的不是个人安危,而是培文师范校舍的基建工程。他说:"培文师范是我的心血结晶,免不了要关心的。万一手术失败,岂不是要含恨九泉。"手术后尚未完全康复,他就从海外挂长途电话询问培文师范基建及学校的情况,一下讲了十几分钟。

学校于1990年11月举行校舍落成典礼,施金城先生并把校产移交给政府,副省长刘金美代表政府接收校产。培文师范校舍至此已粗具规模,按理说施金城先生捐资可以到此为止。但他却说:"我在有生之年,将继续完善培文师范的建设。"此后他又继续捐资兴建大量的校舍、多功能体育馆和标准化的田径运动场等。

1995年,培文师范举行10周年的庆典活动,印尼同乡李尚大先生在会上讲话说:"记得我第一次到施金城开设的公司拜访时,他的公司摆设很简单,大热天办公室也没有安装空调,只有一台旧的电风扇,为节省电费,没客人来风扇没使用。我到他公司他才启动电风扇。电风扇一开,还发出嗒嗒的声响,可见电风扇实在是破旧了。照理说,施先生是有能力把公司装饰得舒适一些的。他为什么不这样做呢?是为了有足够的资金保证学校建设的需要。这种精神实在是难能可贵的。"

李尚大先生还指出施金城的成就是与他的夫人梁女士的支持分不开的。"如果施金城的夫人不愿他多投入,那学校就不是现在的样子了。施金城的儿子也很明白事理。他结婚时,除了床是新买的外,新房的其他家具和摆设都是旧的。按理说,只要他要求他爸爸对学校少投入一点点,从中省下的钱就足以把新房装饰得样样都新又别致豪华。他之所以不提出这样的要求,目的是支持他爸爸把学校办好。施金城一家是好样的,是大家仿效的楷模。"李尚大先生道出了乡亲们对施金城先生的敬意。

施金城先生倾资兴学,受到各级政府和领导的赞扬,福建省人民政府多次授予他捐资办学的金质奖章、"乐育英才"匾额及荣誉证书。全国人大常委会副委员长王光英、卢嘉锡分别题词"育新秀谱华章"、"倾资办学,功在国家"。这是对施金城先生倾资兴学的表彰和鼓励。1997年,培文师范学校被中国体育教学研究会确定为"21世纪中国体育教学发展研究实验学校"。1999年,国家体育总局和教育部授予"安溪培文师范学校推行《国家体育锻炼标准实施办法》先进集体"称号,是福建省唯一获得此项殊荣的中师学校。

培文师范于1995年承办福建省中师第五届运动会,得到施金城先生的大力支持,捐赠承办运动会所需的资金。培文师范的师生们深受鼓舞,在运动会上奋力拼搏,获得男、女甲组和团体总分第一名。施金城先生在运动会期间建议全校教职工都戒烟,全校教职工积极响应,三个月内实现无烟学校,荣获省教委授予的"无吸烟学校"的称号。施金城很受感动,特地捐赠100万元作为奖教基金。

培文师范创办以来,已为安溪、永春、南安、晋江、石狮、惠安等8个县市区培养了3000多名合格的小学教师。施金城创建培文师范已结出累累的硕果。但他并不满足已有的成就。他说:"我的目标不仅要办好培文师范,还要争取办好培文师专。"1999年2月,福建省人民政府侨务办公室告知施金城,拟对其捐资立碑。他回复说:"除把培文师范按中师标准配套完成后,还要争取在有生之年完成大专工程,暂不谈立碑,待大专事成未迟。"

来往奔波为办高中

"发上等愿,结中等缘,享下等福。"这是施金城先生的座右铭。他1925年生于安溪,父母生育五男二女,他排行第四,4岁时母亲去世,父亲带他到南洋,后来担心他长大忘了祖地忘了根,10岁时把他带回家乡接受中国传统教育。他在集美航海学校学习了一年后,就到异国谋生。经过几十年奋斗,他完全有条件享福,不能享上等福,也可享中等福,但他为实现倾资兴学所发的上等愿,把赚来的钱捐给家乡办学,自己则享下等福。

根据形势的发展,培文师范从2001年起不再招收中专师范生,这意味着培文师范就要关闭了。这样不是很可惜吗？这下对施金城先生的触动,远远超过他看到小学校舍破旧、安溪欠缺小学教师以及创建师范缺乏资金所产生的触动,他寝食难安,于是一次又一次回乡,来往奔波,与有关方面商讨培文师范的出路。

经过多方商讨,在2001年筹建培文工艺美术学校,但招不到生源,只好另想办法。2002年再经各方面商议,报经泉州市人民政府批复,由安溪培文工艺美术学校和泉州师范学院联合创办泉州师范学院附属培文实验高级中学,2002年秋开始向以安溪为主的泉州各县市区招生。

培文实验高中创办后,施金城又捐资建造一幢科技大楼,为学校的发展创造有利条件。至2007年秋季已培养出3届997名高中毕业生,这些高中毕业生90%以上已被高等学校录取专科以上的专业。该校的艺术体育考生高考成绩突出,2010和2011年高考,艺术体育考生上本科线达到114人。考生陈茹萍被中央美术学院录取,成为安溪县第一个考上中央美术学院的学生。施金城先生对此感到很高兴。2011年8月,榜头初中校并入培文高中,使培文高中成为一所完全高中学校。

近年来,已是耄耋之年的施金城、梁丽馨伉俪,为支持培文高中的发展,又捐赠巨资建设培文高中的新校舍,建成了一幢教学楼、一幢宿舍楼、一幢学生食堂,进一步完善培文高中的建设。至此,培文学校已建成的校舍总建筑面积已达到40000多平方米。四川汶川大地震后,国家把石混、砖桔结构校舍定为危房,培文高中的大部分校舍必须重建。施金城先生对此表示,不管有多困难,在他有生之年愿倾尽所有,配合完成培文学校的校安工程重建,并将再捐建培文学校教师公寓一幢、图书馆一座,使培文高中的建筑硬件达到省一级达标高中的标准。

如今,学校的教学设施先进,新教学楼每间都配备多媒体辅助教学系统;实验科学楼全部实验设施按一级达标高中标准配置,各种专业教室功能齐全,配备完整；图书室、阅览室、学术报告厅、校园播音系统、闭路电视系统、计算机网络中心一应齐全。体育设施有全县唯一的多功能体育馆，可供 2500 人集会；田径运动场按国际标准设计，配备齐全。3 座学生公寓可供 2056 人入住，其设计配备不亚于大学学生公寓；新建食堂采用最先进的炊事设备和用餐桌椅，温馨舒适。学校的硬件设施配置，已达到省一级达标高中的标准的要求。

情系家乡幼教事业

20 多年来，施金城、梁丽馨伉俪几乎年年回来家乡，除捐资兴建培文师范外，还捐资兴建安溪实验小学的"忠诚楼"，在县城龙湖创建幼儿园园舍，当地政府以梁丽馨的名字将幼儿园命名为"丽馨幼儿园"。此外，施金城、梁丽馨伉俪还捐资助建官桥医院侨光大厦、门诊大楼，捐赠医疗设备。

由施金城先生和梁丽馨女士捐建的丽馨幼儿园，2007 年举行建园 10 周年庆典，已是耄耋之年的施金城先生和梁丽馨伉俪，应邀回乡出席庆典活动。该园创办 10 年来，已为小学输送上千名的学生，学校被评为泉州市优秀幼儿园。2012 年 1 月，丽馨幼儿园创作并演出的节目在中央电视台播出，施金城和梁丽馨伉俪对丽馨幼儿园创办取得的成效，感到由衷的高兴。

为了支持家乡幼儿教育事业的发展，施金城先生又捐赠巨资创建安溪县培文霭华实验幼儿园，并于 2011 年 12 月 30 日举行奠基仪式。安溪县城区原有的 4 所公办实验幼儿园人数已经爆满，不能适合学前教育事业发展的需要，县政府决定兴建第五所公办实验幼儿园，以缓解县城学前幼儿入学难的问题。施金城获悉后，即决定捐资兴建安溪县培文霭华实验幼儿园，成为他捐资创建的第二所幼儿园。

2012 年 9 月 28 日，培文霭华实验幼儿园举行落成剪彩仪式。省侨办副巡视员郑惠文、安溪县县委书记朱团能、集美校友总会理事长任镜波等出席剪彩仪式。施金城、梁丽馨伉俪携家人及亲友 20 多人专程从世界各地赶来参加。培文霭华实验幼儿园建筑面积 5760 平方米，设置 18 个教学班，可容纳幼儿学生 720 人，其建成将大大缓解县城学前幼儿入学难的问题。

施金城捐赠家乡举办公益事业，贡献突出，此前曾多次荣获福建省人民政府授予捐资办学金质奖章和"乐育英才"奖匾。2004 年 3 月，福建省人民政府为其立碑。同年 10 月，安溪县人民政府授予施金城"捐赠安溪县公益事业重大贡献奖"奖匾。他捐建培文霭华实验幼儿园后，福建省人民政府又于 2012 年 9 月，再一次为其立碑表彰，授予其捐资兴办家乡公益事业贡献奖金质奖章和"惠泽桑梓"奖匾及荣誉证书。施金城感慨地说，他始终没有忘记原福建省委书记项南的"治贫先治愚，科学可兴邦"的嘱托；认真践行曾任安溪县县长和安溪中学校长的恩师王瑞璧"成功何必在我，奋斗绝不后人"的教导，将在有生之年尽力所能及，继续为安溪教育事业发展而尽力。

　　为了赶回家乡参加霭华幼儿园落成剪彩仪式，施金城、梁丽馨伉俪携子女和亲家，凌晨4点多就起床赶坐早班飞机飞往香港，再由香港转飞厦门，连夜奔赴安溪，一路舟车劳顿，年轻人尚且感到劳累，更何况年届九十高龄的施老夫妇。这表明施金城捐资兴学的义举也得到一家人的支持。早已当上曾祖父母的施老伉俪，由他的6个儿女及配偶陪同回乡，特地利用这个机会，一家人在幼儿园落成现场留下珍贵的合影，让在场的人羡慕不已。

　　施金城先生对集美母校有着深厚的感情，关心支持集美校友总会的工作。集美校友总会筹建会馆，他获悉以后，即向集美校友总会捐赠15万美元，支持集美校友总会筹建会馆。9月22日，安溪县集美校友会举行迎中秋、庆国庆联谊会，会长孙伯福在会上提议聘请知名校友、陈嘉庚的好学生施金城为安溪县集美校友会名誉会长，出席联谊会的200名校友一致表示赞成和祝贺！

　　大家称赞施金城先生为家乡捐资兴学，自己却克勤克俭，倾其所有办学，是校主陈嘉庚倾资兴学精神的典范，乡亲们称赞他是"安溪的陈嘉庚"。集美校友总会及集美各母校领导任镜波、张向中、汤忠民、林红辉等到会祝贺。任镜波、张向中分别在会上致辞，对施金城校友荣聘为安溪县集美校友会名誉会长表示热烈的祝贺，对他长期以来对集美校友总会的支持表示衷心的感谢。

　　9月30日，施金城先生与培文高中、培文小学、丽馨幼儿园、培文霭华实验幼儿园4校的教职工及部分培文校友共500多人，共同欢度中秋佳节。大家欢聚一堂，品尝月饼，观看演出，谈工作学习，其乐融融。施金城先生说："我已是曾祖父级的人了，看到这些教师、孩子，我仿佛看到我的孩子、孙子、曾孙，与他们一起共度中秋，我心里无比高兴。"培文校友说："没有培文，就没有我们的今天。我们想念母校，我们一定饮水思源，知恩图报。衷心祝愿施金城先生伉俪长命百岁！"

曾国杰:诚育真情　毅为教育

泉州集美校友会

（一）

走进泉州六中,首先映入眼帘的是矗立在"朱龙泉科学楼"前的刻有"毅"字校训的石碑,周围穿着胸前绣有"毅"字校服的天真烂漫、朝气蓬勃的同学们;走入"陈嘉庚纪念堂",被毛主席誉为"华侨旗帜、民族光辉"的一世楷模陈校主雕像矗立在前厅正中央,庄严肃穆令人肃然起敬。这里,仿佛就是集美学校。望着学校里体育馆、图书馆、科学楼、教学楼,我们不由得想起在集美母校学习、生活的情景。这样的精心布局和完美建设,凝聚着泉州集美校友会名誉理事长曾国杰先生父子的毕生心血,记录着他几十年为之奋斗的成功和喜悦。

泉六中始建于1916年,原名"泉州私立中学",曾国杰的父亲曾焕溎先生是其中重要发起人之一。在办学经费陷入难以为继时,幸得爱国侨领陈嘉庚先生慷慨巨资赞助,学校才得以转机。陈嘉庚先生在《南洋回忆录》中写道:"泉州有一私立中学,系诸学界人苦心创办,成绩颇好,后因经济困难,将停止,余念泉城为文化之区,不忍放弃,故捐资维持。"据史料统计,陈嘉庚先后捐资给该校达20000多银元,并亲任该校首任董事长。曾焕溎校长为开拓学校新局面,曾两次赴南洋新加坡募集建校基金,在全体师生共同努力下,校务蒸蒸日上,学生参加省级会试取得优异成绩,名扬海外,1938年学校改名为"泉中中学"。一所私立中学从此扎根泉州小城隍庙。

曾国杰先生1923年2月出生于泉州一个教育世家,自幼秉承父亲庭训,深受嘉庚倾资办学精神熏陶,立下了"诚育真情　毅为教育"之志。1949年重庆大学毕业,1950年接受党和人民政府重托任泉中中学校长。他积极贯彻学校"为工农兵服务、为工农群众开门"的方针,广招晋江、南安、惠安一带家庭贫困学子,又着力延聘高素质的教师充实师资队伍,经过一番努力,使学校快速升格为省重点中学并夺过高考红旗。1956年建校40周年时,被泉州市人民政府接收公办,改名为"泉州六中"。

曾国杰先生注重以人为本,身体力行,用心诚即成、行毅即能的"诚毅"精神立校树人。他总是把招收贫困家庭学生作为首要任务,用爱心培养学生。他是一位有故事、能感动学生、让学生终生难忘的校长。高11组学生蔡友河回忆说:"读书时我是一个非常勤奋的贫困学生,他悉心指导我要报考华东师大,以后当教师育人。'学高为师,身正为范',为国家培养建设人才。50年过去了,这一切仿佛还在眼前。曾校长当年句句话语,至今记忆犹新,一直成为我生活中励志进取的正能量。"

从小城隍庙破旧校舍到现在教学设施齐全、规模庞大的泉州名校,曾国杰校长功不可没。1982年起,他四方奔走动员侨资500万元,先后为泉州六中建造了正宗楼、菲友体育馆、朱龙泉科学楼、陈嘉庚纪念馆等。泉中中学高8组学生、香港实业家朱龙泉说:"我家很贫困,当年曾校长特别关心我,帮我完成学业,才有我今天。我不是很有钱,但我捐'朱龙泉科学楼'就是为了感念回报母校和曾校长的恩德。"朱龙泉校友又与港、台校友捐建"港台校友福利楼"。

1989年,年近七十的曾国杰先生仍心系桑梓教育,情联海外三胞,频繁往返东南亚国家,动员菲律宾侨领庄长泰、庄文杰先生先后捐资近2000万,兴建坐落于晋江市青阳的平山中学,学校蠹立起初、高中教学楼,教师宿舍楼、食堂、塑料跑道运动场、省级示范图书馆一应俱全,使一所小镇的学校,快速升级为现代化省二级达标学校。更难能可贵的是他受侨胞的委托,作为华侨代表,事必躬亲,参与每一个工程从资金筹措到质量监督全过程,直至完美交付校方使用,深受大家尊敬和爱戴,1996年获泉州市政府授匾"乐育英才"表彰。

几十年教坛辛勤耕作,曾老早已教风远播,桃李满天下。他信奉教育是一种以人为本的心灵工程,能让人成为人生坚挺的精神支柱。他是这样领导学校的,也是这样教育学生的。这种关爱教诲受到数以万计的学生的感念和推崇,成为他们终生难忘的楷模和榜样。

(二)

曾国杰回忆说:"我的初中母校——泉中中学(现泉州六中),它早期受过校主支持,它的校训'毅'是集美学校校训里一个字,它的校歌与集美校歌同谱,我青年时期能听到的也是这方面的比较多,因此我毕业后高中就选择集美。"1940年他就读集美高中16组,当时的校长戴世龙看他聪颖过人,深为赏识,在50多位学生中选他为班长,继而保送至广东中山大学读一年预修班,再保送到重庆大学化工专业读书。陈嘉庚校主鼎力巨资捐助,让泉中中学渡过危机,这让曾国杰念念不忘、感恩不尽;集美又是他成长成功的摇篮,"诚毅"校训塑造了他品格魅力,他对集美学校有非同一般的特殊情缘。在集美校友总会理事长陈村牧及叶振汉、黄德全等老师的支持指导下,他与廖博厚等校友发起成立"泉州集美校友联络处"(后改名为泉州集美校友会),1982年12月9日在泉州六中召开成立大会,与会者200多人,推举廖博厚和曾国杰为正副理事长。

在邓小平"发展才是硬道理"的启迪下,在嘉庚精神创业精神鼓舞下,灵感敏锐的曾国杰理事长,想筹办经济实体以解决校友会活动经费。于是带着校友林德辉、张其柱、马宝琴、张允昌、王昭德等人,找到在泉州经贸委工作的陈全法校友,陈全法想尽办法联系泉籍港商佘明钊先生回泉州洽谈协商有关事宜。同时,顺利地获批准成立"泉州集美校友会实业社",于是和"香港建成织造有限公司"签订手勾羊毛衣的来料加工业务,由陈全法和林德辉担当主管,招聘30名有织造勾羊毛衣技能的校友子女,并到市郊、南安、惠安、永春招聘500名女工,曾国杰无偿地把私有房产店面让出,作为厂房,1984年工厂正式运作。女工们认真细致严格按港商的要求操作,按质按量按时交货,这种优势互补、互利共赢的运作,港商非常满意和肯定。实业社的效益明显呈现、提升,而且得到人民政府的嘉奖,荣获"泉州市对外贸易先进单位"、"信得过企业"、"创汇大户"等荣誉称号。

实业社有了资金的积累,曾国杰和校友会领导又高瞻远瞩,提出把资产分流到置业,作为校友会的固定资产才是最根本实惠的构想。经过深入了解,认真评估,先后大手笔地购买四座房产,作为实业社厂房、"集友信用社"经营地点和部分出租;1985年购买南门土地路40号旧楼房,经翻建扩大成为实业社大厂房,此楼2005年经424位校友捐资翻建成3层楼房,作为"泉州集美校友会"办公和校友活动场所外,还部分出租。这些房产已成为校友会价值不菲的固定家业。

1988年筹办了福建省首家民营金融企业——"泉州集友信用社"股份制经营,又开始新的一轮经济接力。在林德辉、曾英等人员的努力下,除逐年按20%分红个人股东外,其余红利全部再投资,形成良性循环滚动,收益颇丰。

1999年泉州市人民政府把"集友信用社"并入"泉州商业银行",信用社的资金、红利悉数投入、归入"泉州集美校友会",成为校友会开展活动经济来源之一。

曾国杰理事长和校友会领导在抓创业的同时,十分注意把工作重心转到把校友会做大做强,突出弘扬嘉庚精神,为校友服务、为母校服务、为社会服务上来。首先,加强宣传,联络在泉的各院校,不分年龄、专业、届别,凡集美校友(包括师生员工)均发展为会员,组成基层小组,开展活动,现在校友已达2200多人。每年奖学、助学、助困是校友会有特色又有意义的活动:对高考、中考成绩优秀,学科、文体竞赛成绩突出的校友子(孙)女,进行奖励,对个别上学经济特别困难的校友,也给予适当资助,从1984年至今,年年举办,已经20届了,资金最初是校友会筹集,从第七届至今由福建金帝集团李德文董事长捐助。此外,新春联谊会、祝寿会、老学长春节慰问等活动年年坚持。对外,校友联谊活动非常活跃,艺术团的公益演出已过百场,赢得了社会的肯定和赞扬。泉州集美校友会从成立起就得到母校、校友总会的关爱与支持,同样泉州集美校友会也是心系母校,全力支持校友总会。1985年校友总会《集美校友》复办,泉州集美校友会捐款10万元。此外,陈嘉庚研究会、陈村牧基金开展活动,以及总会会馆建设等等,泉州集美校友会也都力所能及给予支持和捐助。

曾国杰理事长历任校友会第一至第四届副理事长、理事长,后又任名誉理事长,近20年辛勤努力,开创了泉州集美校友会良好开端并打下了坚实基础。之后,陈太平、许在理理事长领导历届理事会继往开来,秉承"诚毅"校训,发扬"爱拼敢赢"的泉州精神,在广大校友的努力下,才有今日的大好局面。

(三)

曾国杰曾说过:"光有知识是不够的,还应当运用;光有愿望是不够的,还应当行动。我是学化工的,我要把学到的东西为社会报务,为党的事业作贡献。"1958年,他与泉州几位化学科技工作者,试验和推广沼气的应用及至发电,初露头角。随后,参与筹办泉州化工厂,为该厂的硫酸车间做因地制宜的设计,把泉州盛产的花岗岩引用于制酸工业,第一座花岗岩酸塔的小塔式硫酸厂投入生产,硫酸产量和质量均列全国前列。1959年他率泉州合成氨厂设计小组往福州学习,回泉后主持该厂的施工建设,为泉州市的化工发展作出贡献。六中9组学生张励志深情回忆说:"'文革'期间我受聘晋江化工厂当技术员,生产民用发酵粉,碰到技术难题,立即想起曾校长在重庆大学是学习化工专业的,于是就前往请教,曾校长热情地把原材料配方写给我,并指导我技术操作,鼓励我和工人们多方面多次数地实验,并谆谆教导说:'科技产品都是不断探索实验中得来的。'在曾校长的教导下,我与工人们反复钻研,终于获得民用发酵粉的成功批量生产,为民营企业的技术发展撑起一片天地。"曾国杰在 50 年代便是泉州市科普协会的筹备组主要成员之一,参与复建泉州市化学化工学会,先后任该会秘书长、副理事长、理事长及名誉顾问等职。

"为民盟为教育鞠躬尽瘁,做慈善做公益注力倾心",这是 2012 年 1 月民盟泉州市委为名誉主委曾国杰祝贺九十大寿赠送的牌匾。1952 年曾国杰加入民盟,1984 年调入民盟泉州市委专职工作,任副主委、主委直至 1998 年退休。民盟成员以教育界为主,团结广大知识分子和爱国民主人士,为祖国统一大业作贡献是民盟一大宗旨。教育大参政是民盟的特色,一大重点,作为泉州民盟主要领导、市政协常委、人大代表的曾国杰,在不同场合为祖国统一大业,为泉州教育改革、智力扶贫,积极建言献策,很多得到采纳、实施。他积极与其他盟员一道,联合外地民盟办高等教育自学辅导班和青年读书班、泉州市民联医疗中心,编辑刊印《闽南乡土》杂志等。通过校友会、同乡会、宗亲会穿针引线,广泛联络菲、台、港同胞,不顾年老旅途劳累,多次赴菲律宾、香港为泉州人民教育和慈善等社会公益事业筹集许多资金。1988 年受海外侨领曾纪华先生重托复建龙山曾氏宗祠,整整 13 年他四方奔走,赴海外、找市长及有关部门,带头捐资万元,带动乡里宗亲,终于在 2002 年 11 月奠基复建龙山曾氏宗祠,圆了海内外宗亲的心愿,更进一步加深了泉州侨乡和海外侨胞的桑梓情缘。

曾国杰先生乐善好施,救灾、扶贫帮困、教育等慈善社会公益事业,他都热心捐助。他还响应政府"一帮一"活动,承担了一名安溪山区失学儿童的学习费用,使这位儿童重返课堂。

曾国杰是位可钦可敬的知识分子,他的颐德善举受到了社会的尊重,得到了应有社会地位:历任民盟中央的联络员、福建省民盟常委、泉州民盟的主委、省政协委员、泉州市人大代表;泉州市老龄委副主任、泉州市关工委副主任、陈嘉庚研究会副会长、泉州集美校友会和泉州六中校友会理事长、贤銮福利基金会名誉会长等十几个社会职务,获得"福建省民盟优秀盟员"、"积极彰扬陈嘉庚精神奖"、"首届陈村牧基金会奖励"、"两个文明建设先进个人"等称号和奖励。

曾老虽年过九秩,体态仍然健壮,心态非常爽朗,他仍旧十分关心泉州集美校友会、泉州民盟、泉州六中、平山中学、通政小学、贤銮基金会等工作;这些组织也非常尊重曾老,有重大事情或决策,都登门请教,节日或新年常去问候。前几天我们登门探访,他特别开心,喜滋滋地告诉我们:"北京大学毕业在北京发展的二儿子去年为我添了曾孙(即第四代)。"我们情不自禁为他欢呼:"五世卜其昌!曾老太爷你太幸福了!"

2013 年 5 月

吴光烈：快乐的老头

阿 卢

吴光烈校友总是快乐的。

据集美高中同窗回忆，他年轻时是这样的，耄耋之年也是这样的。与同窗聊天时，他快乐的微笑使同窗感到开心愉悦；为学生授课时，他快乐的微笑使学生感到亲近随和；给病人把脉时，他快乐的微笑使病人有一种病痛自愈之感。

我与吴光烈校友相识是这样的：集美中学高中23组，是人才辈出的班组，有副部级的，有将军级的，有名院校教授和各学科的专家学者。自20年前起，他们每年几乎都有一次聚会，相约到集美参观母校和看望陈村牧老校董，也会邀请集美校友总会派代表参加。有一次在厦门鼓浪屿聚会，当时，总会委派黄德全副理事长参加，返回集美后，他告诉我，刘校友家女孩的病一直吃西药，病情不见好转又有较大副作用，这次吴光烈医生也来参加聚会，他是妇科专家，不妨你我带她去让吴老把把脉，吃吃中药。隔天傍晚，我们带着小女孩一起到鼓浪屿住所找他，心想晚上一定会在，没想到我们等到晚上9点也未见他返住所，当时手机还未普及，无法联系，我就将刘校友女孩的病情留个纸条放在宾馆大堂，请同班的校友转交给他就离开了。约过一周，我接到他来信，说那天因南安有位病人急需会诊，中午就提前去出诊了，他深表歉意，并针对所叙之病情开了处方，言先服两个疗程，若效果不佳，再约个时间带去南安，他将亲自给她把脉。女孩按处方服了两个疗程，病基本痊愈了。1993年，我和锦伙老师一起到南安国光中学参加50周年校庆活动后，顺道到南安中医院看望吴老，并表示感谢。那时，他还在南安中医院"贤奕楼"坐诊，我亲眼目睹他对病人耐心认真、一丝不苟，深受感动，下班的时间已经过去多时了，但他仍坚持把最后一个病人非常认真地看完。后来，集美校友总会的重大活动，只要有邀请，他必

百年树人

定拨冗参加。他说:"校友的欢聚是件很快乐的事,我回到母校,感恩师长,缅怀校主。"从此,我们几乎每年至少见一次面,也经常通通电话。我也从此逐渐地读懂他。

吴光烈1925年出生于南安码头镇诗南村一个六代祖传的中医世家。1945年他考入集美中学高中23组。原集美学校董事会董事长陈村牧生前告诉我,光烈在中学读书期间就经常为同学、老师义务看病,有时两三种草药就解决问题。高中同学吴昭仁在他的回忆录中写道:"在课余的时间里,我看见吴光烈同学经常在约礼楼单身教师宿舍及岑头八音楼教师家眷宿舍行走,忙忙碌碌不可开交。大操场运动场从没见过他的身影。一打听,才知道他是去给这些教师看病。原来他童年时代就在其祖父、父亲身边学医诊脉,14岁便从事中医诊疗工作,1946年春,经国民政府考选委员会考核合格,即获中医师证书,1951年福建省卫生厅核发医师执业登记证。早在抗战期间集美学校内迁安溪等地,当时大后方医务工作者及药品奇缺的情况下,吴光烈同学在校为师生诊病,救死扶伤,发挥了很大作用。学校外的居民闻讯,前来求医者络绎不绝,当时,吴光烈同学兼任集美高中、集美高商的校医,时年仅20岁。"高中毕业后,吴光烈带着陈嘉庚校主亲自制定的"诚毅"校训的教诲,走出校门,走向社会,作为"吴门第六代传人",迈入了悬壶济世、造福苍生的行医人生,并注定将毕生奉献给祖国的中医事业。

光阴荏苒,吴光烈行医一晃就过去66年了,医道之艰难,他深有感受。医术之精、医德之美是他毕生执着追求之所在。他在《吴光烈儿科经验选集》一书的自序中写道,"余业医六十有余载,深知为医之难,医道之艰,莫若辩证之准确,施治之精微。故为医者非处心积虑,穷其蕴奥,精究其工不可,是以古人有'医不三世,不服其药'",并警告"抱残守缺,墨守成规永无出路也"。对医德,他在自序中也有一番深切之见解:"医乃仁术,医者宜存恻瘝之德、博爱仁慈之心,遣方用药,虽不能收到万全之效,应力求药无虚发,用必有功,为仁寿苍生,竭尽蚁力。"吴老擅长医治内科疑难杂症,精通妇科、儿科。丰富的临床经验和精准的处方,使病人得到独特的疗效。

南安溪美峰村洪某,婚后连续流产四胎,经吴老医治后,生育二男一女,如今都长大成人。

吴某的癫痫病久治不愈,经吴老治疗后不再复发,病人赠予"恩深如海,永生难忘"匾框。

林校友长期在集美校友总会做义工,也曾经多次让吴老看过病且稔熟,2008年年底,她癌病晚期,医院已多次向家属发出病危通知,她告诉我,看来没办法再去让吴老开中药了。因为她一直很崇敬吴老的医术医德,我将林校友的愿望用电话告知吴老,没想到他隔天中午看完病人后即驱车前往厦门给林校友把脉,装出一副笑脸,安慰她、鼓励她,给她开了处方,过后他把带的维持生命的贵重中成药交给她的家属,作为抢救之用,同时告诉家属要有所准备,林校友的生命大约也就是一两周。但是,服了吴老所开的药后,林校友的精神一度见好,大家都觉得是奇迹。临近春节,林校友又不行了,她又想让吴老开药,我再次告知吴老,吴老果然又来了。此行,他不是来为林校友看病,而是满足了一个校友临终的要求,这是多么高尚的医德呵!

泰国集美校友陈某闻其大名,在林锦伙老师陪同下,首次专程赴南安求诊,吴老把其脉,言陈某肾严重衰竭,已病入膏肓,告诉他不要再服任何西药,也没为他开中药处方,因为其肾已无法承受任何药物的副作用了。只推荐他服一种中成药,药量由微量在一年中逐渐增至适量。返回泰国后,陈校友遵照吴老方法服用并经常电告疗效,吴老根据病情,加减用药。一年后,陈某又专程请吴老为其把脉,此时,吴老为其开了排毒扶正之处方,服用一阶段后,病情有很大改善。过后,为了感谢吴老,陈校友送给他一个大红包,吴老婉言坚决谢绝,陈校友只好用吴老的名义将此款捐给集美校友总会,作为资助集美学校贫困生的助学金。

2011年年初,集美校友总会任先生访问泰国归来,咳嗽不止,直至一咳,喉咙、肺部就疼痛,夜间尤甚,有时喉部会发出"咯噜咯噜"的声响,并产生严重的便秘。在医院里,经各种检查,言肺部有阴影,喉咙发炎,可治疗数天仍未见明显疗效。我建议任先生不妨到南安请吴老把脉看看。那天,在矮小的诊室里,我们又见到了快乐的老头,见到了他的夫人、最亲密的助手陈月妹医生(西医),看见满屋充满希望的病人。少顷,吴老用快乐的微笑跟在场的人说:"这是来自我母校的老师,让他先就诊吧,他还要赶回集美。"他快乐地把着任先生的脉,沉思良久,然后微笑地说:"没事、没事,问题不大。"便提笔边思考边开起处方:麻黄9克,杏仁9克,石膏20克,甘草6克,川贝9克,桂枝6克,白芍9克,细辛5克,半夏9克,五味子6克,知母12克,大黄15克,桔梗9克,蜜冬花15克,蝉蜕9克,百部12克,桑叶9克,菊花6克,生姜2~3片(另包大黄75克,第一帖放15克,如大便顺畅了,可少放)。任先生按照吴老的吩咐连服六帖,病情痊愈。

吴老为医清廉,从不向患者索取"红包";他为人和蔼可亲,病人有求必应,有问必答,没有丝毫"大医生"的架子(据说像他这样级别的医生,在北京的就诊挂号费每次至少400元,而且需要数月前预约)。病人反映说:"见到吴医生,病已好三分。"我想任先生一定有此体会的。吴老经常因给患者治病而耽误吃饭和休息,但他常说:"舍得一身累,换来万家欢,我是快乐的。"

吴老近七十年来不但救死扶伤,医好数以万计的患者疾苦,而且拨冗辛勤笔耕,先后发表近百篇论文,为后人留下了许多中医良方。由吴盛荣等人整理的《吴光烈临床经验集》《吴光烈妇科治验歌诀》《吴光烈临床验方精选》《吴光烈儿科经验选集》先后荣获第四届、第五届世界传统医学大会优秀科技成果二等奖和一等奖。著书之余,吴老不仅将中医世家的秘方传承给吴氏子孙,对登门求学的门徒也皆循循善诱,诲人不倦,而且是数十年如一日。他常说:"对祖国医学遗产的继承,绝不该划分派别,各立门户,须吸取他人之所长,补自己之所短。对西医更应该尊重。"他是这么说的,也是这么做的。1995年退休的吴老已逾古稀之年,但他退而不休,除南安中医院正常的诊疗工作外,还力所能及地巡视家庭病床,参加中医咨询、义诊,到山区巡回医疗等活动。吴老多次应邀赴新加坡、菲律宾、香港等地进行中医药学术交流,举办学术讲座,并为侨亲、校友义诊,深受称赞和欢迎,当地华文报刊纷纷对此作了详细的报道。所有这些,为后来的南安中医院重建和医疗器械的添置等起到了重大的作用。

转瞬间,吴光烈医生从医近七十个春秋了,他以其独具特色的中医研究视野,在自己从事的中医领域里取得了令人赞叹的成绩,得到了国家和人民的肯定:1975年评被定为福建省名中医;1985年5月荣获福建省五一劳动奖章;1990年被国家人事部、卫生部、中医药管理局确定为首批全国500名国家级名老中医药专家学术经验继承指导老师之一;1992年10月被国务院表彰并授予有突出贡献专家,享受政府特殊津贴终身待遇;1994年10月获国家人事部、卫生部、中医药管理局授予全国继承老中医药专家学术经验指导老师荣誉证书;1998年荣获中国百名民族医药之星;2006年2月又荣获中医药传承特别贡献奖(当时,全国共有135名中医老专家获此殊荣,其中福建省有3名,吴老便是其中一名)。吴老一生中获得诸多的荣誉,其业绩载入《中国当代名人录》,有《福建日报》《泉州晚报》《中国健康报》等10多家报刊和电视台对他的事迹进行采访和报道。但吴老对名利总是淡然一笑,仍严谨地从诊行医,造福一方百姓,受到当地老百姓以及集美校友的崇敬和爱戴。

为了进一步推动我国中医学术的繁荣,促进中医事业的昌盛,2011年5月,泉州市卫生局、泉州市中医药学会、南安市卫生局、南安市中医药学会在南安市隆重举行"国家级名老中医吴光烈从医65周年学术研讨会"。参加学术研讨会的有来自省内外300余名中医药专家学者和相关单位的省市领导。海内外相关部门、社团和地方党政要员及同仁纷纷发来贺电和贺信。全国政协委员、中国工程院吴以岭院士的题词:"南国杏林茂,武荣发秀枝。"全国政协委员、香港福建社团联会主席林树哲先生题词:"一心唯去病,三指妙回春。"中国科学院资深院士陈可冀教授题词:"德术双馨。"泉州市市长李建国的题词:"治病救人,勤而行之。"福建省卫生厅副厅长阮诗玮的题词:"光照黎庶,烈炼德术。"广东省中医院吴玉波院长在贺信中称吴老"悬壶济世65载,知识渊博、治学严谨,师古不泥,屡有创新;医术高超,屡起沉疴,深孚众望,成为享誉全国,闻名海内外的名医名家"。美国普林斯顿中国针灸中心贺信称吴老为"福建中医界之栋梁"。美国中医药学会在贺信中表示:"衷心地期盼吴老前辈学术思想之薪火传承亦可在海外开花结果!"他们对吴老的医德、医术给予极高的评价和肯定。集美校友总会组成以任镜波理事长为团长的祝贺团应邀出席。会上,任镜波理事长发表了热情洋溢、感人肺腑的讲话,并为吴老赠送集美学校校训"诚毅"牌匾。吴老对母校的祝贺深感特别荣幸和骄傲。他在会上答谢词表示:"如果没有在校主嘉庚先生创办的集美学校所受的教育和受嘉庚精神的熏陶,就没有今天的我。"他再次表示,要在有生之年,"舍得一身累,换来万家欢"。

在我们出席"国家级名老中医吴光烈从医65周年学术研讨会"期间,还发生一桩小故事:当时我们住的宾馆有个近30岁的外来女服务员小王,见到吴老是个名中医,托我请求吴老亲自给她的儿子把脉治病,因为其子咳嗽多日不止,且难以噎食,已到医院看了五次了,不见好转,孩子一天天地瘦下去,做母亲的心急如焚。我告知她,这几天吴医生很忙很累,待研讨会结束后,你到诊室找他就诊,吴医生是个非常平易近人的老人,不会看不起生活在底层的老百姓的,一定会给你的孩子就诊治的。我提醒她一定要记得诊前预约,我把吴老的电话号码告诉她,也把我的电话留给她,请她如需要帮助就打我电话,她高兴极了!大约过了近个把月,我接到一个陌生的电话,她告诉我,她是南安某宾馆的小王,她说,她的孩子自从吃了吴医生的药,病情已痊愈了。对我说了多声谢谢,我说,你应该感谢吴光烈老医生。

除了每年春节前后到南安看望吴老外,再次见到吴老和他的老伴是2013年1月,美国的校友柳辉夫妇专程由美国到集美大学航海学院为荣获"柳辉船长奖学金"的同学颁奖,他在《集美校友》刊物上看到介绍吴老高超的医术,仰慕其名,希望我能陪同他俩到南安看望吴老,也为他近八十高龄的太太把脉开药,因为他的太太是十足的中医"粉丝",而在美国要遇见如此有丰富临床经验的中医是难得一见的。我请吴医生的"高徒"、总会副秘书长陈励雄女士提前几天预约。那天,我们一行人又来到了这低矮的小屋——国家级中医吴光烈诊所,又看见满屋充满期待的病人,吴老还是微笑地对他们说,这些都早有预约,是来自我母校的师长,看后还要赶回集美,让他们先就诊吧!就诊完后,柳辉校友拿了一个红包要我转交给吴老,吴老坚决拒收,他说,我给总会带来的海外校友把脉诊病,你们给红包不是太见外了吗?他说,下次来一定要在他那儿吃饭,并起身送我们出门到车旁,直至车子开动……

88岁的吴老和他的太太都已经是耄耋之年了,看见他们如此健康快乐,我们无限喜悦。他们的健康快乐是我们的幸福;我们的健康快乐是他们的幸福。

我对他说:"吴老,您的健在是南安人的福分,是集美海内外校友的福分。"他眯着眼睛,微微地笑了笑……

吴光烈校友总是快乐的。

洪贵仁：印度尼西亚维查雅煤电地产集团总裁

蔡鹤影

辗转中印　成就一世情缘

1946年，洪贵仁才13岁，当他和姐姐漂洋过海来到这传说中的祖籍国时，可能不曾想到，他此后都将在中印（尼）两国之间的穿梭往来中度过。

回国后，洪贵仁就读于爱国华侨陈嘉庚创办的厦门集美中学。1948年中国内战，洪贵仁和姐姐以及一批龙目岛同学不及毕业，便重新回到印度尼西亚。父亲让他务必继续学业，而龙目岛上没有高中，他便远行千里，到印度尼西亚首都雅加达中华中学就读。当时，这所中学很多老师是中共党员，经常给学生讲革命道理，洪贵仁和同学们深受进步思想影响。

1950年，新中国成立之后，中央政府在上海、广州等大城市接收海外侨生到一批条件最好的学校免费就读。洪贵仁在父亲的支持下，和姐姐梅花一起到上海读书。

这一次，洪贵仁在中国一住就是7年。他完全融入学校和当地社会，和普通中国学生并无区别，如果有，那就是比大多数中国同学都更优秀。其间，他因品学兼优、组织能力出众，成为三好学生，被推选为"上海华侨同学会主席"。作为同学会主席，他拥有一项"特权"——可以得到上海侨联每周六在上海法国夜总会主办的舞会入场券。他借此认识了蒋蕴华——一位上海行知艺术专科学校毕业的、在学校当老师的美丽上海姑娘。因为在中国有了恋人，对建设中国充满热情的洪贵仁干脆决定毕业后留在上海，与蒋蕴华相伴终生。在著名的上海国际饭店，他与蒋蕴华举行了庄严而隆重的婚礼。

但婚后不久，洪贵仁接到家里的电报：母亲生病，速回龙目岛。接到消息的洪贵仁夫妇焦急万分,那时,中国还没有直达印度尼西亚的飞机,于是他们就先赴香港,再坐船回家。

可是到香港后,因印度尼西亚一批企图分离国家的军官发动武装叛乱,印度尼西亚驻外领事馆关门停业,印度尼西亚国内的外交部门也人去楼空,洪贵仁夫妇因此无法申请签证。而此时,内地的形势也紧张起来,反右运动当时也在轰轰烈烈地进行。就这样,既拿不到签证回印度尼西亚,也不敢再回上海的他们,只能在香港度日如年。

漫长等待之后,终于,印度尼西亚方面有了消息,国内叛乱被平定,他们的签证被批准,可以启程回国了。而这时,他们在香港已经待了整整8个月。

初涉商海 品味两番浮沉

回到印度尼西亚家中,洪贵仁方知母亲其实并无大病,只因想儿子,也想见上海的儿媳,才发电报叫他们回来。

当时正值"文革"时期,中国回不去了,洪贵仁决定留在印度尼西亚帮父亲做生意。

商学士洪贵仁介入生意后,建议父亲用银行贷款进口货物并且自主经营,以充分利用"准"字价值。这样做,一单货的利润会多出好几倍。父亲同意了这个想法,并让洪贵仁自己去做。第一单进口电焊条的生意,他就赚了大钱。一年以后,洪贵仁俨然是当地商界的新星了,名声大振。

不久,因为印度尼西亚外汇日益短缺,当局下令禁止外汇投标的进口买卖,拿不到外汇指标的洪贵仁,只能将进出口生意停了下来,从泗水返回龙目岛,再做老本行的土产生意。他充满创新精神,简单的土特产贸易不是他的目标。一个香港朋友告诉他说,龙目岛的肥牛多,如果可以出口到香港,将有利可图。不太喜欢这门生意,但也没有更好生意可做的洪贵仁,派人带上黄牛照片分赴香港、新加坡联系销路,决定干这个新买卖。

让他有点意外的是,这个生意原本真的还不错,而且利润可观。但跟风者多了以后,利润就薄了。最惨重的是,一次,他花血本收购了1000多头活牛,装了满满两条船送往香港,意在薄利多销。不料,一场台风掀起惊涛骇浪,两条船怒海余生,抵达香港时,肥牛死了2/3。这个损失对洪贵仁几乎是致命打击,幸亏有合作3年的生意伙伴香港大丰行的老板许松山的借款支援,他才勉强渡过难关。这也是洪贵仁在商场上的首次大失败,也差不多是唯一的一次。

为了缓解外汇紧缺的问题,印度尼西亚政府开始鼓励商家对外出口多赚外汇。洪贵仁从中国的计划经济体制中找到灵感并求见省长开出了一个良方：内销配额制——本省经营户只有先向国外销售若干货物，才可以向雅加达销售同比例的货物。省长认为这是个天才般的想法，于是，立即行文批准执行。

当时的龙目岛，有经验做国际出口生意创汇的只有洪贵仁一家。因此，他献上这个新条例，实际上是帮他自己做起了垄断生意。依靠这个出口和内销的双优势，洪贵仁坐上了龙目岛进出口贸易的头把交椅，展开大干一番的新宏图。

垄断生意好做，但维持垄断却不容易。1961年下半年，龙目岛上几家土产经营商暗地策划，通过一个姓杨的华人到雅加达军区司令部搞关系，制订出一套对付洪贵仁的方案，洪贵仁的生意前途因此乌云密布。

面对空前的挑战，洪贵仁有过短暂的惊慌，但很快就镇定下来。仔细盘算之后，他决定放弃龙目岛的出口业务，到雅加达去打出一片新事业。现在，洪贵仁一定很感谢那位杨姓华人当年把他逼上绝路，让他绝处逢生，并且创出一个超出想象的光明未来。

携手中国　问鼎煤炭开发国际化

洪贵仁依靠土地、自然资源、能源这三个生财之道，进军资源，建立持久事业根基，获得了巨大的成功，成为著名的企业家。但洪贵仁不满足于现状，他希望将煤炭业务融入广阔的国际市场。

洪贵仁认为转型时期的中国，能源战略向外拓展是必然的结果。因此，他把集团拓展国际市场的重点锁定在中国。

2006年6月，洪贵仁通过参加江西省在香港举办的经贸活动周，与江西省萍乡市矿业集团签订了共同开发印度尼西亚煤矿项目的合约，该合作涉及总投资额达5000万美元，其中首期投资约1000万美元。同时，他们还制订了包括兴建4台5万千瓦机组的坑口电厂和两台30万千瓦机组的电厂，及在苏拉威西岛开采镍矿及建立炼镍厂的计划，签订共同投资额约2亿至3亿美元的远景合作框架。2009年，江西省在香港招商引资，洪贵仁正式与江西省萍乡矿业集团明确合作内容：共同投资在印尼南苏门答腊岛朋古鲁省(Bengkulu)开发开采煤炭地下矿。当年10月，双方在第六届中国—东盟博览会正式确定，由江西省煤炭集团公司旗下的中鼎国际公司(原萍乡矿业合作执行代表方)最终履行上述合作协定并展开合作计划。

这些合作也得到印度尼西亚和中国政府的重视。2009年12月1日，洪贵仁集团与中鼎国际在雅加达婆罗浮屠大酒店，为朋古鲁省煤炭地下井工开采第一矿正式投产、投资5000万美元的煤炭地下井开采第二矿自备电厂举行开工庆典,印(尼)中双方有关领导参加。嘉宾们一致认为,两大集团为中印(尼)双方的合作树立了一个榜样,有利于推动中印(尼)经贸的更深入发展。同时,这些合作也将为印度尼西亚煤矿资源的大规模开采和煤电业的发展开辟广阔道路,进而有利于印度尼西亚的经济发展。

地下煤矿的开采对维查雅集团乃至整个印尼煤炭资源的开发都具有相当重要的意义。为此,2011年12月19日,洪贵仁还专门致信印尼政府国务秘书和副本转给苏西洛总统,希望政府认真关照和优惠鼓励地下煤矿的营运。他在信中说明,印尼过去数家大企业都先后关掉地下煤矿,而唯一能成功和安全开采的地下煤矿,只有朋古鲁中鼎公司与古士玛联营的两个地下煤矿。同时,他引证报上的资料指出,目前印尼地上露天煤矿的储量只有55亿吨,但年产量高达3.6亿吨,几年内将高达5亿吨/每年,由此算出露天煤产量只能维持15年。而印尼地下煤储量有213亿吨到300亿吨,能维持开采40年到50年,因此政府应该修改现有对地下煤矿限制的条规,给予地下煤矿开采优惠。为此,他希望总统团队立即修改条规,给予开采地下煤矿的公司有所优惠和鼓励,使印尼可继续成为世界最大的煤炭生产国和出口国,让印尼政府成为经济强国之目标更有希望达成。

除了煤炭外,洪贵仁也将与中国的合作拓展至更多资源领域。2009年12月1日在与中鼎公司的庆典上,洪贵仁就在包括素有印度尼西亚"荣毅仁"之称的印度尼西亚方苏甘达尼博士等嘉宾的共同见证下,进一步与中国中鼎国际董事长胡立俭,签署了科拉卡镍矿项目合作的框架协议,为双方围绕印尼资源的合作再谱新篇。

除了引入中国企业到印尼投资发展,洪贵仁也带领印尼企业到中国投资发展。2009年11月6日,洪贵仁就与印度尼西亚地产开发集团Ciputra Group,同中国浙江省嘉兴市市政府签署了开发建设麟湖项目的协议,并由其长子洪嘉驹代表印度尼西亚两方和浙江嘉兴市政府签署了协议。洪贵仁非常支持这个项目的建设,并且提出一个关于如何向农民征地的方案:希望市政府把农民土地按土地大小换成1~3套住房,1套可住,1套可出租,另1套可出售,使农民生活水准提高,同时,中低收入者也可买到廉价住房。他在这个项目上的表现,也得到政府与合作伙伴的高度赞赏,并被中方聘请为嘉兴市五届侨联海外顾问,获得Ciputra Group颁发的"Ciputra最佳合作嘉奖"。

展望未来,洪贵仁希望在中国与印尼之间促成更多的经济贸易合作,为这两个亚洲新兴经济大国的发展作出更多的贡献。这对于他来说,既是商机,也是使命。

无私奉献　满腔热忱为社会

作为企业家,洪贵仁先后做过10多种不同行业,几经沉浮,与时俱变,百折不挠,最终打造出一个大型企业——印度尼西亚维查雅煤电集团,可谓成就卓著。

但洪贵仁的成就并不局限于此,他担任着印度尼西亚—中国投资协会总主席、印度尼西亚—中国经济文化友好协会副总主席、中国对外贸易理事会副理事长(该会为东盟10+1主办者,主席为万季飞)及印尼华裔总会荣誉主席等诸多社会公共职务。透过这些可以看出,他对印度尼西亚及中国社会均作出积极的贡献,这也让他在商业之外的事业同样精彩。

洪贵仁在印度尼西亚社会有着和关海山在香港一样的知名度和影响力。在印度尼西亚,上至总统,下至政府部长以及有关省长等高官,都对洪贵仁印象深刻,评价很好。和一些企业家只关心商业不同,他还在印度尼西亚政治经济生活中,积极扮演着贡献者和重要参与者的角色。2004年,他全力支持苏西洛尤托约诺的助选团,苏西洛胜出后,专门签名向他颁发了致谢奖牌。在他的煤炭产业基地明古鲁省,他也全力支持友人亚古斯林竞选省长并且当选。这样的例子还有不少。

洪贵仁有句话叫作"一个人富不如大家富,更不如中印(尼)两国共同富强"。为此他一直致力于加强中印(尼)两国的友好关系和交流,并将中印(尼)经济社会文化友好协会作为他实现这个目标的最佳平台。

中印(尼)经济社会文化友好协会,在中印(尼)关系发展上具有重要的地位,1985年7月,协会与中国有关方面在新加坡签署的关于直接贸易的谅解备忘录,后经两国政府批准,直接推动了两国经贸关系的发展,为两国恢复中断23年之久的外交关系起到了巨大作用。洪贵仁于1992年被推选为协会副主席,上任伊始,便策划邀请了时任中国副总理李岚清到印度尼西亚访问。同时,他也积极说服印度尼西亚内阁成员,促成印度尼西亚矿业部长访华,在陪同访华的过程中,他凭借与中国方面的特殊关系,使此次访华化解了许多矛盾,取得积极成果。

2004年,洪贵仁还被20多个分会负责人高票推选为印度尼西亚—中国投资协会的总主席。印度尼西亚—中国投资协会是在中印(尼)经济社会文化友好协会统筹下,专门负责和中国企业打交道的机构,并获得政府内阁的支持。洪贵

百年树人

仁也是几十年来担此职位的第一位华人。

  这些年来，洪贵仁每年都组团到中国考察访问，为两国企业和民间组织牵线搭桥，把中国有实力的企业介绍到印度尼西亚投资，也把印度尼西亚的企业家推荐到中国发展。在中国，他总会告诉中国朋友，印度尼西亚不是一个小国家，它是一个地大物博、人口众多的大国，资源极为丰富，而且几任总统都看好中国，他诚恳地提醒中国企业家，到印度尼西亚投资风险与机遇同在，要考虑中间商的情况，还要弄清印度尼西亚法规。同时，他也积极邀请中国的文艺团组到印度尼西亚演出，并派出印度尼西亚艺术代表团前往中国加强文化交流，大大增进了两国人民的了解和友谊。

  洪贵仁还担任着印度尼西亚民主福利基金会主席。该基金会担负着组织、指导、协调和实施慈善捐助、扶贫济困的职能。作为主席，洪贵仁每年投入很多精力和金钱到基金会中。2004年12月26日，印度尼西亚海域发生里氏9级地震并引发海啸，造成印度洋沿岸各国人民生命和财产的重大损失，印度尼西亚亚齐省更是损失惨重。印度尼西亚百余华人社团踊跃赈灾，其中洪贵仁为副主席的印中社会经济与文化合作友好协会，即组织捐款达100多亿印度尼西亚盾，为这次海啸救灾作出了巨大贡献。

  除了在印度尼西亚开展社会公益和慈善活动外，洪贵仁也投入很多心血到中国的社会公益事业中去。每当中国发生天灾人祸，他就会以自己企业集团的名义给中国寄钱来；每当遇见求助于他的中国人，他都会尽力帮助；每当来印度尼西亚的中国人申请到他的企业做事，他都会毫不犹豫地安排。曾有在他的企业工作了几年的中国员工想见见世面自动离职，几经周折，未能找到合适的工作，洪贵仁托人转告：只要在外不顺心，任何时候都欢迎回来。员工们无不深受感动。

  在公益上大把花钱的洪贵仁生活上却相当俭朴，从不铺张浪费，对子女要求非常严格，吃饭不能剩下一粒米。因为有这样的对比，有人曾问洪贵仁，为什么如此乐善好施？为什么在经商之余，还要花如此大的精力去促进中印（尼）经济、文化交流？

  他的答案很简单，但很独特，很让人印象深刻。他笑笑说："我这样做，只是为了还'债'，还我欠下中国的'人情债'。"从1950年开始，洪贵仁在上海中学3年及上海财经学院4年，读书整整7年，没付分文学费。读书间隙，洪贵仁结识了与自己相濡以沫半个多世纪的妻子蒋蕴华，多年来，无论他处境怎样，身在何方，蒋蕴华不离不弃，始终陪伴在他身旁，照料他的生活，把4个孩子培养成人，是他坚实的左膀右臂。1978年冬,洪贵仁夫妇回北京,受到中央人民政府侨务办公室亚洲司司长吴济生在仿膳饭庄的热情接待。此后不久,中侨办为当年和他一起回国读书、后来留京工作的姐姐解决了住房问题,洪贵仁在上海的岳母也被批准到香港定居。

中国的这些关怀,让洪贵仁非常感动,也让他总觉得自己欠下中国很多的"人情债",而他则是要设法还清这笔"债"。因此,他总是怀着这样一份朴实的情感,在中印(尼)两国工商和经贸间甘当桥梁,发挥作用。

洪贵仁的这些努力和成绩赢得了中国最高领导人的好评。1994年11月16日,时任中国国家主席江泽民在参加亚太经合组织第二次领导人非正式会议后,对印度尼西亚进行国事访问,就特意抽空参加了以苏甘达尼为总主席、洪贵仁为副总主席的印度尼西亚—中国社会经济与文化合作友好协会为代表的印度尼西亚华商欢迎会。席间江主席欢迎洪贵仁发动印度尼西亚工商界人士去中国考察访问、投资兴业,勉励他为中印(尼)民间经济交流多做贡献。2005年4月,时任中共中央总书记、国家主席胡锦涛访问印度尼西亚,洪贵仁也应邀参加了欢迎午宴。中国时任外交部部长李肇星在宴前与洪贵仁单独会谈,感谢他长期以来为中印(尼)两国经济、文化交流所做的贡献,希望他再多投入一些时间和精力到中国去,把到印度尼西亚投资需要注意的事项,介绍给中国企业家。洪贵仁说,就是把自己全部捐给中国或印度尼西亚,都是微不足道的。真正有意义的是,把自己对两国经济情况的把握和了解宣传出去,做中印(尼)经济的桥梁,发展中印(尼)两国经济及友谊。而他,还将怀着更大的善意和诚心继续做好这件事。

凭借突出的创业成就和社会贡献,洪贵仁也得到社会高度肯定。2008年12月14日至15日,亚太华商领袖(印度尼西亚)高峰论坛在雅加达隆重举行,洪贵仁即作为印度尼西亚商界贤达受邀出席会议,并于大会上获颁荣誉奖项。2011年9月,在广东省肇庆市世界华商领袖大会"亚太华商养生与旅游峰会"上,洪贵仁作为全球15位杰出华商代表之一,获得"2011年亚太最具社会责任感华商领袖大奖",表彰他为回馈社会所做的贡献;2011年,洪贵仁荣获"Ciputra最佳合作嘉奖",表彰印尼维查煤电地产集团及上海麟湖建设开发公司,同基布特拉集团的成功联营和圆满合作;2011年12月,在江西省南昌市举办的"中鼎国际集团"成立5周年庆祝大会上,江西省洪礼和副省长亲自向洪贵仁先生颁发了"最佳合作伙伴奖",以表彰他为江西省经济社会的发展进步所做的突出贡献。

如今,已年近八十的洪贵仁正逐渐从商业一线退出,而让他开心的是,自己的事业和梦想都后继有人,而且表现卓越。长子洪嘉驹是留学美国的工程硕士,现在是集团的总经理。次子洪嘉文是留学美国的经济学硕士,也已进入集团工作,是集团的财务经理以及西爪哇电力公司的总裁。两个女儿中,洪嘉苓是美国银行系硕士,现为瑞士某大银行在新加坡的副总裁。小女洪嘉仪是留学澳洲的经济硕士,现在澳洲某大银行做经理。

　　下一代的优秀,为洪家事业的基业长青提供了保证。

陈福接：银河闪耀

林红晖

将军胸怀　集美情怀

在众多杰出的集美校友中，"陈福接"是一个与"将军"相连的名字。陈福接，国防科学技术大学顾问、教授、博士生导师、专业技术少将。陈福接校友，已经为我国、我军计算机事业奋斗拼搏了近50年，硕果累累，为我国计算机事业发展作出了杰出贡献。

我久仰其名，见到他并且对他印象深刻是在2000年的7月31日。那天，陈福接校友回到母校集美中学，为全体在职和离退休教职工作了一场精彩的报告。他谈到了我国科技进步的成果和世界科技发展的神速，指出我国与发达国家之间的科技水平还存在着很大的差距，面临着严峻的挑战，只有正视落后，迎头赶上，才能进步，道出了"科技是第一生产力"和"科教兴国"的深刻含义和重大意义。旁征博引，言辞恳切，令人深思，发人警醒。

之后他也几次回过家乡福建安溪，来过厦门和集美，但我都与他擦肩而过。直到2005年2月，元宵节，陈福接伉俪再次回到母校，受到刘卫平校长的热烈欢迎，我陪同，才第一次近距离地接触到他。漫步校园，他环顾四周，似乎在回忆当年的峥嵘岁月；走过大榕树，他与学生亲切交谈，笑容可掬。当《集美校友》杂志和我提出要他给我们寄些材料，他欣然答应，还亲自给我写下了他的地址和移动电话，一笔一画，一丝不苟。这使我想起了2003年9月，他为集美中学85周年校庆寄来的题词，"鸿鹄高飞"，四个大字端正、流畅、有力，而且还写来了附言："鸿鹄高飞"取自汉朝刘邦《鸿鹄歌》"鸿鹄高飞，一举千里，羽翼已就，横绝四海"。殷切期望，不言而喻。现在，这四个字已镌刻在校园文化长廊里的石柱上，熠熠生辉。不久,我就收到他用特快专递寄来的材料,一份小传,一份简介,特别的是还附来十几份关于他所获得荣誉、所取得成就的证书复印件,足见陈福接校友对此事的重视和对人生认真的态度。

将军,在我心目中是一个崇高神圣的字眼,是一个高大威严的形象,面对陈福接校友,却发现他是如此平易近人,仪态端庄,面目慈祥,充满关爱,完全不因我是小字辈而有所不同。当刘卫平校长介绍我是校报执行总编时,他非常惊讶地说,一直收到母校寄去的《集美中学》报,没想到负责人这么年轻,连连夸报纸办得好,让我很不好意思。我说,5年前我们的创刊号就刊登了你回母校作报告的新闻,真是有缘啊。我与他似乎一见如故,侃侃而谈,完全没有陌生的感觉。

当时恰逢他的同学,高中36组校友,新疆公安厅原厅长,新疆高院原党组书记、副院长陈金池也在厦门,还有在厦的热情的林树人校友,大家欢聚一堂,共度佳节,母校领导,新老校友,回忆过去,展望未来。无论谈的什么,陈福接校友说的总离不开陈嘉庚,离不开集美母校。谈到母校新建的科学楼,他心情激动地说,他对科学的兴趣就是从当年母校的科学馆培养起来的,正因为有了陈嘉庚先生,他才能在这么好的学校里得到恩师的培养,一直成长为今天的科技将军。"在集美中学读书的时期,正是我世界观、人生观形成的时期,集美中学让我达到了这样一个转变,即从'读书为了谋生'到'读书为了人民'。"

正是这种信念,这种执着,这种努力,支持着他解放思想,勇于进取,科学管理,调动各方积极因素,在科研、教学、生产与科技开发等方面都取得了卓越的成就。

星空闪耀　银河精神

1986年年初,时任国防科技大学计算机系主任兼研究所所长的陈福接校友,奔赴北京。他是去争取我国第一台10亿次通用并行巨型机——银河-Ⅱ的研制任务。

国务院于1985年批准了国家气象局中期数字天气预报北京中心的扩展工程。这一工程对我国国民经济和国防事业的发展有着不可低估的作用。然而,这项工程一开始,便遇上了难题——拥有运算速度高、存储容量大的巨型计算机是这项工程的关键。

巨型计算机、超级计算在国家安全、科学研究和经济发展方面,具有特殊的重要性。它是综合国力的象征,是我们中华民族屹立于世界民族之林所必须掌握的技术,是高科技发展的推动力。高性能计算机系统的研制与装备水平,也是国防实力的重要标志,核物理、军事气象、C⁴ISR 大型信息中心等离不开巨型计算机。许多高技术,如航空航天、遗传工程、量子化学、人工智能、结构分析、流体动力学等的研究,对计算能力有无止境的要求。巨型计算机也是发展国民经济和社会进步所必需的,如石油勘探、中长期数值天气预报、地震、海洋、经济学模型的研究,也急需巨型计算机。

国防科技大学 1983 年研制出银河亿次机以来,在石油地震处理系统、空气动力学、核物理等领域,卓有成效地推广应用。1986 年 2 月 24 日,国防科工委向国务院提交了关于发展银河巨型计算机的急迫建议。

这消息,陈福接校友敏锐地抓到了,认为这是个好机会。他得到了北京国防科工委科技委聂力副主任和科工委党委的支持,给国务院写了一封很长的信,主动请缨,要求承担我国新一代通用并行巨型机的研制。

国务院领导看完他们用肺腑之言写出的报告后,高度重视,明确指示:"巨型机立足国内的方针要坚决贯彻。"并要求由国防科工委牵头,国防科技大学具体承担这一艰巨的任务。1986 年 6 月 30 日,国防科工委给国防科技大学下达巨型机研制的任务,第一用户为国家气象局,并提供了预研经费。国家计委把银河—II列为"七五"重点工程。1988 年 3 月 12 日,国家气象局和国防科技大学正式在北京签订了合同,由国防科技大学研制并提供一台高性能的巨型机,作为我国中长期天气预报的主机,届时天气预报将由现在的 1~2 天,延长到 5~7 天。主机的标量速度,为 M—170 的 10 倍以上,向量速度为美国 CRAY—1A 的 1.2 倍以上。用气象应用题目 T63L15 测试其综合速度,与 80 年代初欧洲大气中心用于中期数值天气预报的 CRAY—1A 的水平相当,系统的可用率在 95% 以上。交货日期:1993 年春。

多年艰苦的争取,终于拿到了研制银河—II巨型机的任务。陈福接校友受命担任银河—II巨型机工程总指挥。他统领全所、缜密指挥。他心里非常清楚,这不是一般意义上的科研,而是为国争光的壮举。

为缩短我国和世界先进水平的差距,他调动精兵强将,大力加强多机系统和多任务库软件的研究,取得重大突破。1988 年 5 月,银河—II多处理机系统结构方案和多处理机软件方案正式提出,即银河—II为 4CPU 系统。6 月,国防科工委给国防科技大学下达批复,确定了银河—II的最后总体方案。银河—II是面向大型科学、工程计算和大规模数据处理的通用并行巨型计算机,64 位浮点运算。浮点运算数值范围从最大 10^{2465} 到最小 10^{-2465}。适用于从天文数字到微观世界极为广大的科学计算范围,高精度运算,尾数达十进制 15 位,并提供双精度运算的时当手段。从此,我国第一台10亿次通用并行巨型机蓝图描绘成了。

在研制过程中,陈福接校友发动全所人员力量来为此奋斗。1992年11月,"银河—Ⅱ"技术鉴定会在长沙隆重举行。专家们一致认为,这一巨型机系统达到了80年代中后期的世界先进水平,填补了我国面向大型科学工程计算和大规模数据处理的并行巨型计算机的空白。银河—Ⅱ是4CPU系统,运算速度达到每秒4亿个浮点结果(400MFLOPS),即每秒10亿次。

1993年6月,有关单位和国防科技大学签订合同,采用了4CPU的银河—Ⅱ系统,该系统为我国核物理研究作出了重要贡献。

1993年6月,为表彰国防科技大学计算机研究所的杰出贡献,当时中央军委主席江泽民签署命令,授予该所"科技攻关先锋"荣誉称号。江主席还为此题词:"攻克巨型机技术,为中华民族争光。"

早在1977年,陈福接校友就开始从事"银河—Ⅰ亿次巨型计算机"的研制。银河—Ⅰ是我国第一台每秒速度达亿次的巨型计算机。陈福接教授参加了总体设计,负责巨型机机房及实验楼的工艺设计和主存储系统研制。他在实验室和机房建设上有独到之处,设计了648平方米的没有一根柱子的银河大机房,地线隔离很好。历经20多年,该机房在供电、接地、冷却等方面仍领先国内水平,为银河系列巨型机研制提供了先进的环境。陈福接教授还在银河—Ⅰ存储系统中使用了许多全新技术。该机1983年研制成功时,中央军委贺电中说:银河亿次机研制成功,使我国进入了世界上少数几个能研制巨型计算机的先进国家的行列。

陈福接教授在历代计算机研制中,都是技术骨干、学术带头人、工程组织者和领导者,是计算机科学技术的学术带头人,为我国计算机事业发展做出了突出贡献。他总结了这支科研队伍发展的思想动力,就是有"胸怀祖国,团结协作,志在高峰,奋勇拼搏"的"银河精神"。陈福接教授带领"银河人",用他们那拳拳报国之心,为我国高科技事业的腾飞又增添了一双坚硬的翅膀。

高端奋进 奇功迭树

银河—Ⅱ的研制,只是陈福接校友为国争光、不懈拼搏奋斗的一个片断。自从1956年毕业于上海交大后,他入伍来到哈尔滨,任哈尔滨军事工程学院海军少尉、鱼雷射击指挥仪实验室技术员。先后从事过331鱼雷指挥仪、441—B、441—C、718、银河—Ⅰ、银河 Ⅱ等6个型号计算机的研制。

1958年,他参加了用于控制鱼雷射击的"331电子计算机"的研制。他拜专家为师,自己努力,融会贯通,最后,他设计出运算器的除法部件,独立完成了全部程序设计。这是我军最早的武器控制专用计算机。1958年10月该样机能解题运行。这是从未见过计算机的人,做成能运行的计算机,是零的突破。尽管还是原始、简单的,但已使实践者因梦想成真而欣喜激昂。陈赓院长邀周恩来总理前来视察,周恩来总理亲切接见了主要研制人员,陈福接受到了极大鼓舞。

1959年,陈福接和另一名同志带队到汉口710无线电厂,改进生产331机,1962年完成。因电子管机体积大而难以上艇,1963年改为通用机。这是该校能用于解题的首台通用机。

1964年,他参加441-B的研制,和另一名同志一起完成设计恒流源,使磁芯读出信号稳定性过了关。他还编制相关函数等程序,用于机器考核试算。

1965年5月他开始组织441-C双37高炮指挥仪的研制。441-C是在极其艰难困苦的年代进行的,是抗美援越项目。经大家选举组成441工程组,他主持总体组工作,具体从事存储器研制。研制要求机器在零下40度到正50度的条件下都能运行,他在靶场为通过高低温试验而日夜奋战,1969年完成样机及靶场试验。

1970年年初,陈福接校友参加了718工程任务全国调研,组织了方案讨论,形成了718工程数据处理中心计算机的第一稿。1970年年底,他随学校南迁湖南长沙,从事科研、教学与国家重点攻关项目的组织领导工作。718工程是建立超越国界的飞行器试验的远近洋靶场。718机是远望1号船数据处理中心计算机,是百万次级的由分立电路跃升为小规模集成电路的大型计算机。他参加了总体设计,负责高速大容量多模块交叉访问的主存储系统的研制。718机使用多年,在南太平洋上历次飞行器试验中顺利完成任务,为我国国防建设作出了重要贡献。

陈福接校友带领全所有关人员,于1987年完成了银河石油地震数据处理系统的研制,该系统以银河亿次机为中心,构成多台异型机复合处理系统,达到了80年代初的国际水平。

在完成石油部项目之后,他接着完成西南计算中心银河亿次机的生产、总装、调试任务。1988年,西南计算中心建成并投入运行,为我国空气动力学、核物理计算作出了贡献。

在武器装备研制中,采用仿真技术,可减少试验次数,节省费用,缩短周期。1985年,他带领大家成功地研制了我国第一台数字仿真计算机——银河仿真-I(YH-F1),填补了空白。我国长二捆运载火箭,仿真效果明显,仅在银河仿真—I上进行了7次半实物仿真就一次试验成功。

国防科工委为此指出:"现在,许多仿真机的用户和新对象,都取消了过去想要进口仿真机的念头,希望国防科技大学早日研制出第二代银河仿真机(YH—F2)。要求新的仿真机克服I型仿真机的定点运算的局限性,克服编程困难,提高精度,改善应用环境,性能上相当于国际主流机——SYSTEM100。"由此,1989年10月,国防科工委科技部在京召开了银河仿真II型(YH—F2)方案审定会,认为YH—F2总体方案可行。1993年3月,通过了海鹰二号和长二捆仿真试算,加速比为YH—F1的2.6~3倍。1993年6月,YH—F2在北京仿真中心通过鉴定,为我国仿真事业再作贡献。

1983年至1993年,在任国防科技大学计算机系主任兼计算机研究所所长的10年间,他高瞻远瞩,表现出了杰出的领导才能。他积极开展基础研究,将教学、科研、生产相结合,特别善于调动各个方面的积极因素,充分调动全系(所)人员的积极性,取得了丰硕成果,开创了计算机系历史上的崭新局面,创造了一个又一个辉煌。1989年和1993年计算机系两次获国家教委颁发的优秀教学成果特等奖和一等奖。

1986年,陈福接校友创建了服务部,为银河机售后服务提供保障,为本校系子弟提供就业的机会。1988年8月他赴美国考察,深受启发,回来创建了"银河计算机产业公司"(MAC中心),在他的扶植、支持、领导下,发展壮大成高效益的高技术公司。

他培养人才,爱惜人才,胸襟宽阔,为人师表,是年轻人的良师益友,深受学生和青年教员的爱戴。他亲自指导培养的博士研究生有23名,硕士研究生16名。

1994年以后,他仍坚持在教学科研第一线,主持并参加了"八五"、"九五"国防预研课题,指导培养多名博士和硕士研究生,在高性能计算机系统结构、并行处理和分布式多媒体计算机技术的研究上取得许多进展。

德昭日月　功垂青史

陈福接校友是我国著名的计算机专家,在计算机界屡建奇功,在高速高可靠存储系统研制、巨型计算机制造及工艺等领域作出了开创性的成就,为国防科技事业和国民经济建设作出了杰出的贡献。

他发表了200多篇学术报告及论文,获得家级科技进步一等奖两项,部委级一等奖两项,部委级二等奖5项。他曾任中国计算机学会委员、理事、常务理事,体系结构专委副主任委员,信息存储专委副主任委员,南昌陆军学院顾问,解放军指挥技术学院兼职教授,厦门大学客座教授。

由于突出的领导能力和显著的工作业绩,陈福接校友两次荣立二等功,两次荣立三等功。1983年被选为第六届全国人大代表,1987年参加第二次全军英模会议,1990年被授予"有突出贡献中青年专家"称号,1991年获国务院政府特殊津贴,1992年被中央军委授予专业技术少将军衔,1996年获首届"湖南科技之星"称号,1997年获光华科技基金一等奖,2002年晋升为一级教授。

1935年,陈福接校友出生在福建安溪,这是一块人杰地灵的山水宝地,这是一方名家辈出的风雅热土。"丹心奋勉,集美高中时磨砺,诚毅弘扬留典范。壮志从戎,银河Ⅱ系任指挥,国防科技建功勋。"陈福接校友把毕生的学识和心血都无私地奉献给了国家和社会。在成绩面前,他却总是谦虚地说,这是陈嘉庚先生创办的集美母校培养的结果,这是几十年来集体艰苦卓绝奋斗出来的,这是爱国主义的精神力量所造就的。

2006年3月10日,陈福接校友因病在厦门去世,享年71岁。闻知噩耗,领导、亲友、师长、同窗、学生无不悲痛万分,他的好同学林树人痛哭流涕,当即写下哀诗一首:

　　　　浔江攻读本同窗,诚毅熏陶志气宏。
　　　　赴沪精研全自动,从戎深造哈军工。
　　　　银河创业垂勋绩,保卫国防建巨功。
　　　　星殒南天师友恸,灵堂热泪洒长空。

11日一大早,刘卫平校长和我以及校友会的林锦伙理事长、陈水扬老师赶往岛内看望其家属。15日,遗体告别仪式在厦门殡仪馆举行,中央军委总后勤部、国防科工委、国防科大、各军区兄弟军事院校领导、福建省和厦门市守备区领导、集美大学辜建德校长、集美中学刘卫平校长、集美校友总会任镜波理事长以及集美中学高中36组同学和许多师生都参加了。面对遗像,人们都希望这不是现实,都在惋惜,都在怀念。

"胸怀华夏功垂青史浩瀚银河星辉永在千秋亮,德昭日月操印山川满园桃李名师美誉万古传",这正是陈福接校友一生最好的写照。

百年树人

叶广威：运筹帷幄　决胜千里

林斯丰

　　恩格斯在《论权威》中说过："能最清楚说明人需要权威，而且需要最专断的权威，要算是汪洋大海上航行的船了。在那里，在危险关头，要挽救大家的生命，所有的人就得立即绝对服从一个人的意志。"在远洋船上，万一有什么不测事件，船长的命令大家都得无条件执行，船长应该也必须拥有权威。而对于掌管一两百艘各式船舶、固定资产数十亿元的远洋公司的经理来说，就更要有"运筹帷幄，决胜千里"的权威了。

　　叶广威校友人如其名，他曾是20世纪七八十年代广州远洋运输公司颇具权威的经理。他的权威是建立在精湛的航海技术和出色的管理才能之上的。

　　叶广威1935年出生在福建福州。童年的他是在福州郊区的农村度过的，父母正直善良、吃苦耐劳的品格，锤炼着他的纯朴。1949年，他怀着对大海的无比爱恋，考进了福建省林森高级商船学校（后改为福州高级航空机械商船学校，简称"高航"）六年制航海科学习，1952年随"高航"的航海科并入集美高级水产航海学校。六年的学习生活造就了他诚恳刚毅的品质。锲而不舍的钻研，使他掌握了扎实的航海知识和技术技能，初步具备了航海家应有的素质。

　　1955年7月，叶广威以优异的成绩毕业了。在祖国漫长的海岸线上，他毅然选择了广州——这座海运业还算比较发达的沿海城市作为自己的落脚点，从此开始了他的耕海生涯。当时我国还没有自己的远洋船队，只有一些合营的公司，如中国和波兰的轮船公司，中国和捷克的海运公司，我国只有近海的运输船队。但叶广威没有嫌弃,有什么船就上什么船,绝对服从调度,也从不摆架子,水手的活也罢,驾驶员的活也罢,他都抢着干,而且是一丝不苟地干。1962年,中国远洋运输公司成立后,他调入广州远洋运输公司工作,先后担任驾驶员、船长职务。

60年代中期,叶广威曾被派往阿尔巴尼亚的"发罗拉"轮任航海顾问,负责培训阿尔巴尼亚的航海技术人员,帮助阿方船员提高航海理论知识和实际操作技术。这不仅仅意味着在航海专业理论和操作技术方面要给阿方船员以培训,还意味着要给该船以全面的指导,这个担子可是不比当船长轻松啊。事实证明叶广威胜任这项工作,不仅如此,他还利用这个机会,大大提高了自己的英语水平。

随着我国航运事业的发展,我们国家有了自己的远洋船队,并在不断壮大。广远的力量也日益增大,购买和定造了不少新型船舶。在这过程中,叶广威多次被派遣到法国、波兰、英国、民主德国等国家监造船舶。这可是关系到船舶性能的头等大事,稍有疏忽,便可能给船舶留下隐患,从而危及国家的财产和船员的生命安全。他深感自己的责任重大,于是刻苦钻研设计图纸,深入施工现场,严格把关,终于使所造船舶的质量得到保证,经验航和营运,性能良好。1970年,叶广威调入公司任船舶大队长。1972年,广州远洋运输公司"大德"轮接受装运两艘护卫舰经好望角去大西洋彼岸的任务。该船船长向交通部提出了一些安全保障上难以计算和一时解决不了的技术难题。要解决这些问题,就必须进行船舶模型试验,但条件不允许。在时间紧任务急的情况下,公司派叶广威随船指导,他虽然也没有十分的把握,但他还是接受了这个任务。经他反复核算,查出了船长在稳性计算上的差错,并决定按装载计划,采取一定的措施,加强对两艘护卫舰的绑扎,选择有利时机开航,终于使"大德"轮安全通过风浪险恶的好望角,顺利到达目的港,从而受到上级领导的高度赞扬,也得到兄弟国家的好评。

叶广威在远洋船上干了18年,他总是兢兢业业,不断地在业务上、思想上锻炼自己,丰富自己,探索海运事业的经营之道。

船舶需要叶广威这样的人,企业更需要像叶广威这样的人。1973年广州远洋运输公司提拔他担任公司副经理,分管航运、电讯等项工作。当时广远有150多艘船,航线遍布世界各地,每天的动态电报收发都有几百份,业务千头万绪,情况变化万千。数十亿元的固定产值,这在广州算是第一位。经济价值很高,管理得好才有效益;有潜力,管理不好,会造成极大的浪费。一艘万吨轮,一天的固定成本消耗就达7000多元,如果多停一天,就损失7000多元,甚至更多。要管好

百年树人

一个这样的大公司,需要胆略,需要智慧,需要权威。他凭着对生产第一线的熟悉,紧紧抓住货运的各个环节,挖掘潜力,应用现代化的管理方法,促使每艘船都能多运、快装、快卸,降低港口费,鼓励船员搞好船舶维护保养,减少修理项目,在保证安全的前提下,创造最佳经济效益,为国家多创造财富。他还审时度势,及时改变经营策略,提倡优质服务。

1979年5月27日,叶广威受命指挥"眉山轮"勇闯台湾海峡,打通贯穿台湾海峡的南北航线,取得圆满成功。早在清朝末年,由广州至上海、天津等地,就开通了贯穿台湾海峡的南北航线。但是,新中国成立之后,由于美国与台湾当局签订双边军事协定,美军第七舰队与国民党军队对台湾海峡实行军事封锁。1951年5月18日,第五届联合国大会在美国的操纵下,又通过了对新中国实行禁航禁运的决议案,致使中国沿海南北航线中断,我国沿海被人为地阻隔为北方和南方两个航区。货船到黄埔港后,货得在黄埔港卸下来,再装到火车上运达目的地。这样一来不但拖延了货运时间,货损也很严重,给新中国的建设造成了很大的困难。为了适应国民经济的发展,新中国只好租用外籍船舶承运我国沿海南北之间的物资。但是,租用外轮需要支付大量的外汇,给国家财政带来沉重的负担。因此,用国轮代替租轮,尽快打开南北沿海的通路,就成了一个非常迫切的任务。1968年中远广州分公司"黎明轮"作为首航船,绕道台湾以东,贯通南北航线。但不是直接通过台湾海峡,航线绕道太长。1979年中美关系正常化后,台湾海峡的形势日趋缓和。在此情形下,正式恢复台湾海峡正常通航被提上议事日程。1979年5月17日,中远总公司和天津、上海、广州远洋公司参加了交通部为贯彻国务院关于悬挂五星红旗的商船、按国际航线通航台湾海峡的决定而召开的专门会议,具体部署、研究制定了航行组织、安全保证、航线选定、通信联络、特殊情况处理及护卫等措施,并决定由广州远洋公司货船"眉山轮"为试航台湾海峡的首航船,由叶广威担任"眉山轮"随船总指挥。

这艘属于广州远洋运输公司的"眉山货轮",从接到任务的那一天起,它就不再是一艘普通的货轮了。从外表看起来,这艘货轮并没有什么特别之处,货轮上装载的东西也没什么神奇,就是5000吨杂货,这些杂货将从广州的黄埔港运到日本的名古屋。当时船上配备了必要的武器,并进行了训练准备。叶广威回忆说:"另外我们自己也做了一些应急的武器,如汽油弹什么的,应急的东西都准备好了。全体船员向国旗庄严宣誓:我们志愿参加首航,甘为祖国航运事业献身!人在船在!人在旗在!公司派了四个船长随船去,航运部门、安全部门、政治部门也派人随船去了。福建前线的海军都做好准备了,边防线上的炮都做好准备了。"

1979年5月27日,"眉山轮"肩负着打通台湾海峡航线的使命从广州黄埔港出发了。出发前,遵照交通部首航领导小组"筹备要保密,行动要公开"的指示,"眉山轮"在严格保密的状态下,做好了充分的军事斗争准备。而在通过台湾海峡时,却一路大造声势。叶广威回忆说:"上面要求我们控制速度,整个台湾海峡要控制在白天过,一定要让他们看到这是悬挂五星红旗的货轮在走,目的就是这样。"他说:"我每一个小时向北京报告一次,我们的船经度是多少,纬度是多少,航向是多少度,航速是多少,很大声的,像公开宣布的一样,每小时报一次,他们肯定也听到了。"在金门附近,"眉山轮"首先碰到了台湾的渔船。渔船上的渔民向"眉山轮"挥手致意,"眉山轮"的船员也向他们挥手,拉着汽笛,向他们问候。"黎明轮"当年采用"静默航行",而"眉山轮"不仅选择在能见度高的白天通过台湾海峡,还使用明语联络,边航行边呼叫。"眉山轮"此举会不会召来国民党军舰的袭击呢?叶广威回忆说:"中午吃午饭前后,发现有两艘军舰在右边,离我们大概几公里的地方。我们看到它在那里走来走去,它也没有对我们有任何表示,我们也没有对它怎么样。我们的五星红旗挂得高高的,它也一定看得清楚的,我们还把船位、航向、航速报一遍,有意让它听听我们的动态。它就调整了一下方向,没有跟着走。我们就保持着正常速度走,一会儿就把它甩在后面了,直到看不见它们了。到了天黑的时候吧,我们终于一路平安地通过了台湾海峡。"

"眉山轮"从广州黄埔港到日本名古屋的这次航程,因为是从台湾海峡穿过,只用了三天多的时间,同1968年"黎明轮"开辟的、耗时23天的远程航线相比,整整缩短了20天时间。初航取得胜利,从日本名古屋沿原路返回的时候,所有的战斗准备都宣布解除。随后,交通部决定,在试航的基础上转为正式通航,南北航线的海轮全部取道台湾海峡。继货轮通过台湾海峡之后,南北客运航线也恢复通航。封闭了30年的台湾海峡,终于在1979年,从"眉山轮"的首航开始,再次将海峡两岸紧紧联系在一起。台湾海峡正常通航,洗刷了我国自己的领海外轮可以通过、国轮却要绕道的耻辱。同时,大大提高了海上运输的效率和效益。

1981年,广州远洋运输公司接受了援助西非国家执行特殊运输的任务,叶广威兼任特资运输领导小组的组长。他通过刻苦钻研特资运输的专业知识,制定了一系列制度和措施,并亲自带队绕航好望角,不仅安全优质地完成了上级交给的任务,而且获得了显著的经济效益。

百年树人

　　1983年,叶广威升任广州远洋运输公司的经理,1985年兼任了公司党委书记,一肩挑两担,任重而道远。他丝毫不敢松懈,而是紧紧赶上改革的大潮,勇于开拓。在国际航运萧条、竞争加剧的情况下,他高瞻远瞩,想方设法推动广远的发展。他不仅自己善于核算,也要求船长学会算账,他要求每艘船都要有一本账,是盈是亏一目了然。他深谙货物运费、货运条款、合同保险业务、海商法等知识,用起来得心应手,这对他加强企业的经营管理大有助益,也促进了广州远洋运输公司的发展。他在广远实行了岗位承包责任制,以船舶为单位实行人员定船包干,提高了船员的积极性;他积极开展优质服务以广辟货源,努力做到"双增双节"以保证效益;他强化船舶的调度指挥,加速船舶周转,实行船舶追踪管理;他狠抓干部、职工的现代化管理技术培训工作和思想政治工作,力争在剧烈的竞争中立于不败之地。在他有效的业务技术指导和有力的组织管理下,广州远洋运输公司连年超额完成任务,产值、利润逐年递增,1987年营运收入和实现利润均创历史最高纪录,1988年各项定额再创新纪录,九项经济技术指标均达到国家二级企业标准。1988年4月,交通部批准他为教授级高级工程师。他还曾兼任中国航海学会海船驾驶专业委员会主任、广州航海学会副理事长等职,曾获得中国质量协会奖、广东省优秀企业家、中国航海学会先进工作者以及远洋系统诸多奖项。

　　1992年叶广威调任香港远洋运输公司任总经理。1994年调任香港寰宇油轮公司任董事长。1995年调任中远南美公司(巴西)任总经理。1998年卸职回国退休,被聘为中国远洋集团调研会理事(策略研究员)。

　　叶广威投身于祖国的远洋运输事业43个年头,他对远洋运输事业的执着追求,他在航运经营管理方面的杰出才华和他对远洋运输事业的贡献,使得他在航运界享有盛誉,称得上航运界的"知名人士"了。

杜成国的人生境界

陈经华

杜成国校友是我们的老朋友,每年我们都有几次机会见面。平时,他经常给我们打电话。逢年过节,他必打来电话致贺。

杜成国校友一直是《集美校友》最热心的捐助者。1996年,我开始帮助做《集美校友》编辑工作。我一开始接触这项工作,就经常见到"杜成国"这个名字,是在《校友捐款芳名录》中。他每年都要向集美校友捐款,钱数不是最多,但频率绝对是最高的。每逢学校节庆,他都会掏腰包,资助一些摄影、征文之类大赛的活动。他捐的每一块钱都是用汗水挣来的,每一块钱都寄托着他对母校的一片真情。

杜成国热爱母校,热爱校友工作。1988年,他还在北京中国新闻社当摄影记者的时候,就和一些在京的集美校友,组织了"集美学校北京校友会",会址就设在他家。1992年,退休后,他去了香港,靠摄影为生。2003年7月28日,他在厦门电视台《沟通》栏目现场向厦门人民宣告他的遗嘱,把北京的一处房产捐给母校集美中学,作为其父杜丕林教育扶贫基金会的启动资金。他为母校献房的义举成了厦门一时的爆炸新闻。此后,将近10年过去了,轰动慢慢恢复平静,因为北京和厦门相距数千里,此屋如何处理,对集美中学来说,还真是个难题。2010年,杜成国把北京房产卖掉,把所得的款项大笔大笔地捐出去。他先后向母校集美中学捐资340多万元用于高中部新校区建设,给集美校友总会捐资100万元,其中80万用于设立杜成国助学金,20万用于集美校友会会馆建设。他还为集美的公益事业捐款:为集美医院捐款购车一辆,为《集美报》捐款设立新闻基金。杜成国在集美捐款总额超过500万元人民币。

2010年10月,集美校友总会举行纪念陈嘉庚先生创立集美校友会和《集美

百年树人

校友》刊物90周年活动。杜成国捐款以及他在校友论坛上感人肺腑的发言,再次使他成了媒体关注的焦点。一个年已七十有三,靠摄影为生的老人,为母校的发展和社会事业,倾其所有,慷慨捐资数百万元,这使人联想起倾资兴学的陈嘉庚先生,联想起陈嘉庚精神。2010年《集美校友》第六期刊登文章,报道杜成国的事迹,以"倾资助学"一语赞扬他的精神。厦门的多家媒体争相报道这条新闻。杜成国的事迹成了人们热议的话题。他的精神感动了许多人,教育了许多人,也让更多的人认识了嘉庚精神的伟大力量。

　　杜成国一生最崇拜的人是集美学校的校主陈嘉庚。他一生拍过无数照片,他拍的与陈嘉庚在鳌园的合影是他最珍爱的一张。几十年来,为弘扬嘉庚精神,他做了不少事。他北京的房子出手后,他做的第一件事就是琢磨着用这些钱为弘扬陈嘉庚做些什么。他有很多想法,曾经设想过拍有关陈嘉庚的电视剧、电影,拍反映陈嘉庚的音乐剧。他与人商量、策划,甚至请来专家,交了定金。事情虽然没有结果,但他却是费了不少心,花了不少钱。集美中学新校区落成前,他捐资铸造了一座陈嘉庚兄弟和师生在一起的群雕。在新校区庆典的当天,他一早就和太太到那里拍照留念。《集美校友》的记者拍下了杜成国夫妇和集美中学学生在群雕前的合影,并把该照片用作2011年第五期的封面照片,题为《亲近》。杜成国特别看重这张照片、这期杂志,特地来电话要求多给他几十本。当他拿到所要的期刊后,如获至宝,喜不自胜。他给《集美报》写信,建议在集美学村门口竖立陈嘉庚的铜像,并为该铜像出资。他还捐资铸造了第三座陈嘉庚铜像,该铜像将立于大田县集美学校抗战内迁时的旧址。他奔走呼号,请求有关部门及早着手做准备,迎接集美学校百年大庆;他呼吁采取措施,保护、恢复陈嘉庚的物质、非物质的遗产。为弘扬陈嘉庚精神,维护、发展陈嘉庚的遗业,他出资出力,献计献策,不遗余力。

　　杜成国把他在集美中学捐资建造的三座大厦,分别命名为杜成国大楼、杜丕林大楼和叶振汉大楼。这些名字寄托着他丰富的感情,我们可以从中清楚地看到他的精神世界。

　　杜成国1940年出生在印尼,1953年从印尼回国求学,那年他13岁。他抱着建设新中国的无限激情离开父母回国,就读于集美中学。在集美中学,他受到嘉庚精神的熏陶。同时,他爱上了摄影,从一个摄影通讯员成长为中新社专业摄影记者。集美中学是他成长的摇篮,是他梦牵魂萦的地方。他把自己的名字写在母校的大楼上,还要求,在他百年之后,把自己的骨灰撒在母校的土地上。这样,他就可以永远和母校在一起,永远生活在母校的怀抱中。

杜成国把另一座楼命名为杜丕林楼,是为了纪念他父亲杜丕林先生。他父亲13岁离开祖国,背井离乡,漂洋过海到异国谋生,受了一辈子苦,念故土而不得归。而今他父亲已逝世三十余年,"子欲养而亲不在"。为了纪念父亲,报答父亲的养育之恩,他除了在福建老家以父亲的名义设立"杜丕林教育扶贫基金"外,还把自己在集美中学捐建的另一座楼命名为"杜丕林楼"。"孝乃入德之门",杜成国为父亲积德积善,留名留声,尽了自己的一片孝心。

杜成国把第三座楼命名为叶振汉楼,表达他对叶振汉校长的崇敬之心。杜成国就读于集美中学的时候,校长是叶振汉。叶振汉是一位为教育事业无私奉献的归国越南华侨。杜成国说:"叶振汉校长知道,我们刚回国,举目无亲,寄宿学校,生活有困难,于是成立了侨生辅导组,关心我们的学习、生活。我们生病,他来看望;我们经济拮据,他给我们救济金。"他十分感激叶振汉校长对他们的关心、爱护。为此,他以叶振汉校长的名字冠名他捐资兴建的行政大楼,并为其塑半身铜像一尊。

杜成国崇敬校主,热爱母校,孝敬父亲,感恩师长,他身上闪烁着我中华文化的传统美德,在他身上,我们看到了嘉庚精神的折光。

杜成国慷慨捐资,手中有钱就往外撒,撒完了再赚,大有"千金散尽还复来"的气概。然而,杜成国散钱潇洒,但挣钱可不容易。他手中的钱,除了卖房得来的房款外,其他的每一分钱都是辛苦挣来的血汗钱。

他和太太在香港维多利亚公园摆摊照相。为了赚钱,他们顶寒风,冒酷暑,风雨无阻,起早摸黑,凭着高超的摄影技术、良好的服务、辛苦劳作,吸引顾客。为了吸引更多的顾客,他们想了不少办法。2010年,上海举行世博会,杜成国专程赶到上海,拍摄了大量世博会外景照片,放大制作成巨幅布景,吸引游客前来照相留影。他还制作了云南、新疆、西藏风光布景,让顾客满足"游历"中国名胜古迹的愿望。杜成国夫妇都能操地道的印尼话,这是他们吸引印尼女佣的一个优势。他们的照相摊前,人头攒动,顾客络绎不绝,他夫妇脚不沾地的忙个不停。就这样,顾客口袋中的钞票就转移到杜成国的口袋中。

为了降低成本,杜成国和深圳一家照相馆合作。他两天得跑一趟深圳,把拍摄的照片带到深圳放大制作,把制作好的照片带回香港给顾客。此举为他节省了购买加工设备的成本,省了不少钱,可他得早出晚归,更加忙碌。

2010年7月,我们到香港参加集美侨校校友会新一届理监事会就职典礼,顺便到维多利亚公园,想亲眼看看杜成国夫妇的工作环境和工作情况。不巧的是,他正好到深圳,他太太也忙别的事去了。无缘相会。

百年树人

星期天是香港印尼女佣的假日,印尼女佣们都会到公园聚会,拍照留影是她们乐此不疲的事。这一天也因此成了杜成国的大忙日,也是他的黄金一日。有几次,香港校友在星期六晚上在厦门举行盛大的答谢宴会。而每次杜成国都留下捐款,未及参加宴会就匆匆离开,急急忙忙赶回香港,为的是不耽误星期天这个挣钱的大好时机。

杜成国长得帅气,充满活力,虽年过七十,还是一点都不显老。他总是西装革履,醒目的领带配上坚挺的白衬衫,衣冠楚楚出现在人们的面前。他不抽烟,不喝酒,不泡茶,没有香车豪屋,他身上的衣着是他拥有的全部"奢侈品"。其实,他打扮也是为了表示对别人的尊重,是一种教养,不是一种奢华的享受。

杜成国夫妇生活极其简朴。他对我们说过,他们两人一天的生活费不足百元。他在想方设法挣钱的同时,也在尽力节省每一分钱。

2011年10月15日,集美中学举行新校区落成剪彩仪式。那是一个星期六。杜成国夫妇星期五晚上很晚才赶到,他们是参加旅游团来的。我们到天地人宾馆拜访他。他给我们讲他们的旅途见闻。言谈中,我们得知,他之所以参加旅游团,之所以住到偏僻的天地人酒店,是因为这样可以省钱。

杜成国参加校友会活动,一定捐款,一定带太太。可是人们很少看到他们在座位上坐过,他们也往往不知餐桌上的珍馐美味为何物。他们两人总是东奔西跑,忙前忙后,赶着拍照。活动过后,他就把一叠一叠的照片分别送给该送的人。2011年11月20日,集美航海香港校友会成立,杜成国不是航海校友,作为集美校友,他也捐了1万港元。当晚,他和太太一如既往,提着照相机,四处走动,为庆典照相。庆典结束后,我又看到杜成国和他太太在收拾餐桌上没吃完的盘中物,准备带回家去当明日的早点!而当时,还有许多参加庆典的校友、嘉宾没有离场。杜成国十分坦然,他对我们说的还是那句话:"倒掉浪费。不要暴殄天物。"

这就是数十万、数百万到处捐款的杜成国!杜成国有不同于常人的价值观,在金钱、花钱省钱、贵贱等问题上,他有和陈嘉庚先生极为相似的看法。

杜成国的所作所为让我们看到嘉庚精神的折光。嘉庚精神是杜成国崇尚的精神家园,嘉庚精神是杜成国努力追求的最高人生境界。

入选《百年树人》之后补记

《杜成国的人生境界》入选为纪念陈嘉庚先生创办集美学校一百周年而编的《百年树人》(即本书)一书后,笔者又目睹了杜成国先生几件可圈可点的事,特补记之。

2013 年 2 月 25 日出刊的《集美校友》刊登了一则短讯,报道:香港杜成国校友事迹光荣入选《中华爱国国典》,并荣幸地被选为该《国典》的封面人物。

《中华爱国国典》是一部汇集海内外华侨华人爱国者的大型典籍。《国典》收入的关于杜成国校友文章的题目是《为我的祖国 为我的母校——记香港著名印尼爱国华侨杜成国》。文章分四部分,记述了杜成国校友灿烂的人生:他从海外回到祖国怀抱,在集美学校受到陈嘉庚光辉思想的熏陶;他把弘扬嘉庚精神当成自己人生的追求,怀抱爱国爱校之志,无私奉献,用自己的行动传承嘉庚精神。

《国典》主编为万山红。多位离任的全国人大常委会副委员长、政协副主席为其题词。为其题词的还有毛泽东的孙子毛新宇、女儿李讷及其丈夫王景清。

2013 年 2 月 21 日,杜成国借回集美参加集美中学校友聚会之机,专程驱车前往大田参观"第二集美学村"。那里,将竖立一座杜成国出资塑造的陈嘉庚全身铜像。如今,大田县已开设了一个"第二集美学村"历史陈列馆,展示集美职校内迁大田八年的珍贵历史资料,还成立了一支由 300 多名中学生组成的"第二集美学村"陈嘉庚爱国主义教育基地青年志愿者服务队。他们利用节假日时间,为外地来访师生提供向导、讲解等服务,弘扬陈嘉庚的爱国精神。每年寒暑假,都有来自福建各高校的师生到这里接受爱国主义教育。集美大学与大田县签订了建立陈嘉庚爱国主义教育基地共建协议,共同实施人才培养工程。杜成国先生在那里用亲身的经历讲述陈嘉庚先生感人的故事。他表示要发动海内外侨胞、集美校友一起来做好"第二集美学村"的宣传、保护工作,让嘉庚精神更好、更广泛地传承下去。

当天,大田县关工委和大田一中都为杜成国先生颁发聘书,聘请他为大田县青少年德育报告团讲师和大田一中校外德育辅导员。

2013 年 5 月 14 日,杜成国和夫人杜丽安娜陪杜成国的六弟和夫人到集美参观访问。杜成国有 12 个兄弟,他是最早离开父母,到祖国打拼的一个孩子;老六在印尼做机械设备生意。他说自己照相赚的是辛苦钱;老六做的是大买卖,赚一笔比自己照几个月相赚的还多。老六比自己有钱。他们要到泉州马甲老家省亲谒祖,顺路到集美看看杜成国的母校,拜谒他们心目中最最伟大的巨人陈嘉庚的陵寝。集美校友总会理事长任镜波等人宴请了他兄弟一行。在集美期间,还有多位朋友、学校领导接待了他们。

他们所到之处都受到热烈的欢迎和热情的款待。杜成国对弟弟和弟媳说:

"对他们的接待我感到过意不去。我省钱为母校做点事情是应该的,他们不应该再把钱花在我身上。这样我捐的一点钱就更有意义。"他又说:"我捐的是有数的一点钱,可他们给我的是无价的关爱,我无以为报。我十三岁回国,几十年就做这么点事。但我觉得自己对得起母校,对得起陈嘉庚,也对得起我们的父母。我没有给他们丢脸。"

　　第二天,5月15日,是杜成国的生日。《集美报》编辑部全体人员为他做生日,祝寿。杜成国感到十分意外。因为他从来没做过生日,也没有留意自己的生日是哪一天。他和太太与大家一起,唱着生日快乐歌,吹着蜡烛,切着蛋糕,气氛非常活跃,大家都非常快乐。杜成国吃着蛋糕,奶油粘在嘴边,连声说:"太感谢你们了。你们连我自己都不知道的生日都知道。这是我今生第一次过的生日,是你们为我做的生日。我太感谢你们了。"

走近黄健中

马润生

黄健中是集美中学初中 80 组的校友。

三十几年前,我知道了黄健中。十几年前,我认识了黄健中。几年前,我走近了黄健中。

黄健中先生生于印尼泗水,祖籍福建泉州,是中国当代电影电视剧导演艺术家。他传奇般的人生经历,以思考、探索、热情、想象的力量,运用电影电视剧的艺术形式,审视着一个个分裂的文明。

深刻的历史反思

1979—1989 年是黄健中导演创作的第一季。其代表作品有:1979 年电影《小花》,1982 年电影《如意》,1984 年与人合作编剧的电影《二十六个姑娘》,1985 年电影《良家妇女》,1986 年电影《一个死者对生者的访问》,1987 年电影《贞女》,1988 年电视剧《异军突起》、《撞击世纪之门》、《都市民谣》,共计八部电影,三部电视剧。

黄健中先生以扎实的文学功底和丰富的艺术想象,孕育了他导演作品富有个性的感染力和深刻的历史反思。

黄健中先生的人生阅历,是他导演创作的源泉和动力。异国他乡的童年,颠沛流离的生活,身体病痛的折磨,使他潜意识的灵魂深处,过早地承受了命运的砥砺。

1979 年,正值新中国庆典 30 周年之际,中国电影迎来了"十年浩劫"后的春天。这一时期的黄健中,经历了走进北京电影制片厂参加多部优秀电影创作的兴奋和喜悦,受到了从战争年代走出来的中国电影导演艺术家真诚的鼓励和关爱,经历了下放"五七干校"劳动锻造的磨砺和积淀。

动荡的十年里,黄健中先生构建了自己的象牙之塔。"躲进小楼成一统,管他春夏与秋冬。"他从史学中寻根,从文学中寻善,从艺术中寻美,从哲学中寻真。在知识的海洋里,他于大师的对话中获取营养;在温暖的家庭里,他于亲人的倾诉中获得释放;在动荡的岁月里,他于朋友的交流中获准方向。黄健中向往着根植于灵魂之中的伊甸园,渴望着中国电影的阳光雨露。然而,命运并没有眷顾这位海外归来充满电影梦想的艺术家。

黄健中是孤独的!

《小花》是一部在中国电影史上具有探索标志意义的作品。导演运用意识流闪回的时空交错和色彩对比的表现手法,取代了传统的叙事结构。黄健中在继承和发扬现实主义和浪漫主义相结合的美学原则基础之上,大胆开拓,创新吸纳了西方美学流派的创作元素,为电影《小花》注入了新鲜的营养。准确地说,自该片问世以来,遭受到来自各方的质疑,但它出色地经受了时间的考验,时至今日,它仍然是一部形式反作用于内容、生活与艺术有机统一、民族形式与电影语言颇具创新的优秀作品。黄健中在导演艺术总结中这样说:"在这部影片里,我们学习运用了意识流电影的某些手法,并不能说《小花》就是意识流的电影。"该片在经历了批评、质疑之后,标志着中国电影的形式美学开启了新的篇章,显示了"人的肉体和精神两方面本质的力量"。

2011年5月22日上午,世纪老人马德波先生以亲身的经历,为我们佐证了电影《小花》应为黄健中导演的代表作品。在中国电影博物馆的研讨会上,解开了这个沉寂了30多年的"R"之谜。

1982年,黄健中在导演杂记中写道:"《如意》是我独立导演的第一部作品。一种丝毫也不能抑制的冲动,使我读完了刘心武的小说后,就渴望能把它搬上银幕。我不能完全说清楚作家在作品里所要表达的思想,但我却能清晰地,甚至很有把握地感觉到它,仿佛只可意会不可言传。但是,我将通过试验,把那些可意会的感觉充分地视觉化。"该片以时钟开始、时钟结尾的封闭式语言,讲述了一个人文关怀的开放式的情感故事。它以普通人物的命运,朴素的情感形式,朴实的艺术风格,表现了伤痕累累的岁月,伤痕累累的心灵,伤痕累累的年代。《如意》电影将摄影机对准一个没有被拔高的人。该片主人公不曾伤害过任何人,并且总是会人性地对待非人的环境,以此表达"人类的高尚心灵","人性的落拓不羁和人性的优美"。它以情感的力量,呼唤我们告别那个蒙昧的时代;呼唤我们缅怀那位辛勤了一生的普通先贤;呼唤反思我们这个民族被压抑、扭曲了的内向化的民族类本质的觉醒。

1985年,黄健中导演的《良家妇女》给他带来了荣获八个国际奖项的殊荣。他在导演阐述中这样说道:"《良家妇女》这是一个古老的村寨里的一曲古老的婚姻悲歌,是一次古老题材旨趣上的创新,是一次对父辈婚姻的哀而不怨、怨而不伤、耐人咀嚼的哲学思考。"在影片的创作中,黄健中导演镜头的视点,从生活的层面超越于时代的高度,对主人公杏仙的命运作出了穿越时空的深度开掘。他说:"我希望这部影片能表现历史漫长凝滞中的一点流动。"该片节奏舒缓,画面凝重,色彩单纯,光调低沉,造型质朴,风格写意。该片在控诉封建社会对于女性扭曲摧残、践踏压抑的同时,呼唤着人性本质意义的人文内涵。

《良家妇女》以似与不似之间的含蓄、泊远、诗化所表达的婚姻、人性、情感的性的魅力与浪漫气息的艺术风格,运用电影艺术形式,表现人类社会学性文化内涵的人文深层,为中国电影赢得了国际上的高度赞誉。导演在艺术总结中这样说:"对于《良家妇女》这样一个古老的题材,我们认识的更新包括知识、方法和观念。我们的认识应该是今天的。今天的人在拍摄过去的婚姻。今天的人在研究过去的和今天的人。"

显而易见,黄健中先生的艺术创造力来源于他丰富生活的积累,来源于他对生活的咀嚼、品味、提炼的艺术想象,来源于他对直接生活和间接生活的思考和观察,并运用移情的内模仿和外模仿的观念联想,表现和再现于影视艺术作品中的人物个性、艺术风格、主题理念。黄健中导演创作的悲剧是生命充实的艺术。

深切的人文关怀

1990—1999年,是黄健中导演创作的第二季。其代表作品有:1990年电影《龙年警官》,1991年电影《过年》,1992年电影《山神》,1993年电影《雾宅》,1995年电影《中国妈妈》,1995年电影《大鸿米店》,1999年电影《我的1919》,另有电视剧《三坊七巷》,共计七部电影,一部电视剧。

深切的人文关怀是黄健中导演的毕生追求。他穿越历史时空,塑造鲜活人物,雕刻民族悲怆,并将其达到极致力度。《过年》、《大鸿米店》、《我的1919》等电影,渗透着他对中国电影艺术既定形式的突破。他以拨动你情感丰富的神经,挖掘你理性思索的潜能,为中国电影带来了艺术形式与内容完美结合的人文关怀的新气象。

百年树人

　　1991年黄健中导演的电影《过年》,仍然将镜头对准最普通人的生活,在艺术处理上追求平和平实,娓娓道来,不显山,不露水,不要镜头,不玩色彩。他感慨万千:"我独立做导演十年,自身感觉和传统观念相反,我四十仍惶惑,五十不知天命。我是大年三十生人,大年初一开机拍摄《过年》。整整50岁了,却有种从头拼搏的感觉。那感觉很特别,我终生难忘。"影片以中国传统最盛大的节日为背景,描写了大年初一发生在一个普通小家庭的琐碎生活,折射出一个悄然变化的"福斯塔夫"大时代的变迁,是一部近距离反映新时代民俗生活的田园牧歌。影片以恐惧和怜悯为元素的悲喜交错的艺术想象,超现实地展示了当代中国变革的话题。

　　1995年电影《大鸿米店》,黄健中导演的影视艺术创作遭受到前所未有的磨难。该片拍摄完成一搁就是七年。孤独的黄健中啊! 路在何方? 真是"此中有真意,欲辩已忘言"。电影《大鸿米店》依然饱含着他火热的激情,由过去田园抒情诗的艺术风格,转向戏剧体诗的尝试。该片以新旧时代交替的生活背景,讲述了旧时代虚伪原始欲望演变沉沦最终走向毁灭的滥觞故事。影片采用了夸张、放大、变形,甚至是荒诞的手法,从文化学角度提出了对人类生存环境思考的严肃命题,是对旧社会、旧制度,旧的文化土壤、精神、气候的批判。值得一提的是,影片在吸收西方表现主义美学元素的同时,刻意追求营造浓郁的时代气息,并将具有象征意义的音乐音响动效的真实性、寓意性、动作性,充分开掘强调运用,使其更高层次的审美意蕴实现了准确的表达。打开"阅读视野",不仅能从该片文体中分享人类文明跋涉的冒险,而且拓展了我们对来自同类的同情和理解。这种内形式与外形式水乳交融,层层运用意象,环环相扣推进,隐隐重复强调,超越了影片内容本身。它以隐喻的力量,震荡出层层涟漪,唤起人们对社会问题的关注,对现实问题的思考,对人文真理的探究。

　　黄健中这一季的影片,以强烈激情再造的影像,抽象的概括,具象的隐喻,深刻的哲理,创新发展了中国新电影形式美学的意味性、民族性、时代性、变异性。

　　黄健中的孤独是一种力量!

深邃的时代精神

　　黄健中导演创作的第三季是2000年至今。这一时期的作品有:2000年电视剧《笑傲江湖》,2001年电视剧《青春不解风情》,2002年电视剧《世纪末的晚钟》,2003年电视剧《红楼丫头》、《海棠依旧》,2004年电影《银饰》,2005年电视剧《风满楼》、《越王勾践》,2006电视剧《大秦帝国》,2007年电视剧《雾柳镇》、

2008年电视剧《母仪天下》,2009年电视剧《大风歌》,2010年电视剧《经纬天地》,2011年电视剧《王海涛今年四十一》等。10多年里,共计电视剧13部,电影1部。

这是一个影视互动的时代。黄健中以辛勤的耕耘,敏锐的视角,宽阔的胸襟,深刻的思考,不懈的追求,在其导演创作的影视剧艺术作品中,追求着史诗品格的大气和时代精神的弘扬。

时代精神是一个时代的生存普遍境况,是境况的普遍人性的表达,是时代生存境界的表达,是时代最高的人生价值表达。时代精神传达着人的境况、境界、价值、最深远意义的时代欲求。任何一部具有时代精神的影视作品都是处于一定的社会历史环境之中的,因而作品总会自觉不自觉地打上这个社会历史环境的烙印。时代精神在作品中的作用成为创作者的主导,是黄健中先生导演影视剧的一个显著的艺术特征。

2004年《银饰》,是黄健中导演创作第三季的唯一一部电影作品。该片对主题开掘和人性道德的批判,没有停留在一般的层次上,而是在爱的欲望导致毁灭的特殊性的内向化方面,作出了新的开掘。影片以平实朴素的诗化语言和巧妙的人物关系,展现了宏大而又神秘的隐喻力量,映射着对于生命意义的深刻思考。

黄健中在第三季的创作中,对于英雄史诗品格的践行成为着重点。在他导演的11部电视剧中,有5部是对史诗性和传奇性艺术风格的探索。说到这里,不能不说在他艺术风格上发生转向而又承上启下的电影《我的1919》。

该片是黄健中先生为新中国成立50周年献礼创作的作品,距今已有10多年之久。影片将象征和隐喻所构成的人文力量,置于重大历史事件中的人物灵魂深处,从容坦然地运用丰富多样的艺术手法,展现了人类文明的分裂。电影《我的1919》,导演高屋建瓴的主旨意愿,优美艺术的形式表达,对国际社会、人类本性的敏锐洞察,令我们叹为观止。影片以力透纸背的文学艺术所凝聚的力量,为柔弱的中华民族,自1840年以后,首次面对西方列强的凌辱发出愤怒,镇定庄严地维护着国家和民族精神的尊严。《我的1919》对人的尊严信念的全面阐述,不仅仅是在国际和文化的层面上,而是在作为自然人的顾维钧独特丰富个性的开掘和塑造上。如果说影片中主人公顾维钧以外交官的勇气和智慧,维护了中华民族的尊严的话;那么导演黄健中则是以电影的艺术形式,扩大了中国文化精神的影响力和感染力。他以鲜明的人物类型,诉说了人的本质并不是单个人的固有的抽象物,而是一切社会关系总和的普遍真理。

电影《我的 1919》所展示的"振衣千仞冈，濯足万里流"的大气豪迈和悲壮丰富的宇宙，至今在我心里久久回荡。影片是一部久经历史阅读的具有高级审美境界的优秀作品。

纵观黄健中导演的电视剧《笑傲江湖》、《越王勾践》、《大秦帝国》、《母仪天下》、《经纬天地》，对于英雄史诗性和通俗史诗性以及传奇性的探索实践卓有成效。简单概括为：在他导演的电视剧作品中，一是超越于民族性的叙述；二是类型化人物个性与丰富性的统一；三是崇高意蕴的追求；四是史诗性规模体积的再现；五是寓言隐喻风格的运用。

黄健中作为中国第四代电影导演队伍中的重要人物之一，伴随着中国电影百年沧桑的历程，经历了半个多世纪的风风雨雨。他导演创作的电影 17 部、电视剧 20 部约 600 多集，数量之多，规模之大，题材之广，是对中国影视文化了不起的贡献。

如果说黄健中先生萌发于灵魂深处永葆创作青春是一种精神的话，那么，这种精神的秘密就是他深深地植根于生活的心灵与智慧的融合。他以充满探索艺术真理的渴望，洋溢时代精神的大气，跨越历史局限的从容，使其导演的影视剧作品，让人们在得到审美愉悦的同时，得到情操人格的升华，是对庸俗、低俗、媚俗影视剧和不正常的社会现象的有力反驳。

黄健中先生的自尊精神，契约理念，保持低调，淡泊名利的为人原则，充分体现在他从影半个多世纪以来导演创作的艺术作品之中，黄健中先生是为电影而生的孤独的艺术天才。

哪里有艺术家的深刻孤独的反思，哪里就一定会有伟大的创造。

黄健中的孤独是可贵的！

我们期待着！

李海晖:长行者的归宿

老　猫

李海晖,原籍福建永春,1940年出生于马来西亚吉兰丹哥打巴鲁。1953年回国,就读于厦门集美中学初中80组高中42组。1960年考入上海音乐学院作曲系,1966年毕业,1968年分配至北京中央新闻纪录电影制片厂工作,曾任作曲组组长,系中国音乐家协会会员,1989年获国家一级作曲任职资格,1992年获国务院授予的"享受国家特殊津贴专家"证书。1987年至今任中国电影音乐学会副会长。

一

带着对知识的渴求和对梦想的追寻,李海晖自小离开家,从遥远的赤道,一路北上,在北京工作、生活了整整六十个春秋。在马来亚,他的父亲李传卿是"中华民族解放先锋队南洋总队"(获陈嘉庚支持,由张楚琨等人组织,简称民先队)支队长,曾与工人领袖廖威一起领导工人罢工,成功捣毁日本在马来亚开办的铁矿。1941年日军入侵马来亚,他父亲逃往他乡。1945年日本投降。1946年他父亲任民盟吉兰丹分部主委。他家经营的"中国商店"代理由陈嘉庚创办的《南侨日报》(1950年9月被英殖民政府查封)。大约在1947年年末,全马来亚发生排华事件,1948年6月20日英殖民政府宣布实施"紧急法令",逮捕无辜进步人士,他的父亲被捕入狱,两年后转入巴生集中营,随后全家也被送往集中营,令李海晖终生难忘。有一位难友每晚教唱歌,很多歌曲李海晖至今尚能熟唱,如《别离》、《坐牢算什么》等。他父亲被驱逐回中国后,1951年他家又因母亲卖《人民画报》、进步书籍以及挂五星红旗而被抄,母亲黄莹和两个哥哥(李海舟、李海天)被捕入狱,家庭陷入困境。此时,13岁的四哥李海山和11岁的李海晖担起了店里的工作。每天放学后,李海晖要骑自行车分派报纸(《星洲日报》)给订户。后来，经同乡担保，两个哥哥获释。他母亲则被囚禁于监狱，不畏强权是他母亲的性格特点，加之能讲多种语言——华语、马来语、福建话、广东话、客家话、潮州话等，自然而然成了上百号女难友的领头人。李海晖深受父母爱国、民主、正义思想和性格的影响。他小学毕业时，黄锡钦老师在纪念册上写下七个大字："不为五斗米折腰。"这句陶渊明的名言，影响了李海晖的一生。还有一件令他记忆一辈子的事：有一天，七岁的他与一个小孩在路边打架，正好被一位骑着马的华侨抗日军团长看见，大喝一声："中国人为什么打中国人！"两个小孩顿时怔住了！这振聋发聩的一声，数十年来挥之不去，久久深藏在李海晖心中。

梦想人人都有，但对于童年的他，想得最多的是——改变命运！回国是他自己主动提出来的。

二

1953年3月，李海晖随堂兄李齐光乘船回国，22日到达广州。一切都让他感到格外新鲜，尤其五一节冒雨游行，唱着"五星红旗迎风飘扬……"让他激动不已。在侨光中学补习数月后，参加统考分配至厦门集美中学。

能在集美这样得天独厚的环境中上学，他觉得很幸运。"这里有一流的教学设备，有能力超群的校长，有高水平敬业的老师，有亲如兄弟姊妹的同学，更有校主陈嘉庚的亲切关怀和教诲。"他在集美学习的六年里，德智体美得以全面发展，尤其是音乐潜能得到充分调动。初二时，他想学小提琴，同班的陈国顺借给他。41组的叶居卫同学教他学拉小提琴，而后他又向厦门小提琴教师蔡沧泽学习。高中时，在学校的歌咏比赛中，李海晖的指挥才能被音乐老师江吼发现，成为学校合唱团指挥。江吼是知名作曲家，李海晖虚心向江老师学习音乐基础知识，对作曲产生了浓厚兴趣。高三时，他所在的文科班到厦门前沿体验生活。其间，由吴小萍作词，李海晖作曲，创作了《炮兵英雄赞》组歌，在校和市学生文艺汇演中荣获创作奖。高中毕业后，他经江吼老师介绍，住在厦门金风南乐团近半年学习南曲，并由越南归侨音乐家苏钊放对他个别传授和声、乐理、作曲、单簧管演奏等。1960年暑期，他在程惠华少先队辅导员资助下，到福州报考上海音乐学院。他提交了自己作曲的三首作品——小提琴独奏曲《思念》、合唱曲《唱得幸福落满坡》和居乐合奏《南国之春》（提供单旋律和说明）。福州考区作曲考生20多人，仅李海晖一人被录取。多年来，他始终不忘给予他帮助过的人，1986年江吼老师七十大寿，他写了一封贺信感恩："集美"始终是和"美好"相联系的，它是我音乐启蒙的地方；而您，老师，就在这美好的岁月里，给了我教导和影响，使我步入了音乐领域。

三

在上海音乐学院，李海晖以优良的成绩顺利进入了一年级，全年级共10个人。老师都是闻名全国的一流教授：邓尔敬、陈铭志、桑桐、陈刚、钱仁康、施咏康等。他如饥似渴地学习和声、复调、作品分析、配器以及作曲等专业基础知识和技术。1964—1966年他和同学大部分时间到农村参加社会主义教育运动，上海音乐学院是"文革"的重灾区，虽然他也受过冲击，但毕竟躲过了一劫。上海音乐学院院长、著名作曲家贺绿汀的女儿贺晓秋是他同年级同学，因受父亲牵连遭迫害自杀身亡。多年来，每当想起她和罹难的老师、同学，他心中感到无限的苦楚和惋惜！从1960年到1968年的8年学院生活，他在业务上最大的收获是在专业知识和技法的基本功上，打下了良好的基础。在创作实践上，由于受"文艺为政治服务"口号影响，他创作的一些作品不免贴上空洞的政治标签。但对一些结构较复杂的作品，从作曲技法的训练上着眼，不啻为一种实践和尝试。如创作儿童钢琴组曲《英雄小八路》，参与创作《王杰组歌》、《长征舞剧》（"文革"中与上海舞蹈学校合作）、《四十一颗红心向太阳》（组歌性质的表演剧，反映印尼排华事件中华人青少年的英勇事迹），为走向社会积累了一些经验。

四

1968年5月，李海晖被分配到中央新闻纪录电影制片厂任作曲工作。《新沙皇反华暴行》（反映1969年3月的珍宝岛事件）是他作曲的第一部影片，他写的音乐充满战斗气息，获得认可和赞誉。同年，发生《南京长江大桥》影片音乐事件，即有人向江青写信告发，影片音乐中有一句旋律像苏联歌曲《列宁山》，江青、姚文元作了批示：该片音乐贩卖修正主义靡靡之音，查查是否别有用心。该片音乐编辑受长时间审查。李海晖是参与者，在"讲用会"上作了检讨后，军宣队按给出路的政策，要他参与该片音乐的修改。从此，"四人帮"对文艺的控制更严，规定新闻纪录片的音乐只准使用《东方红》、《大海航行靠舵手》等13首歌的音乐。1970年第31届世界乒乓球锦标赛在日本举行，新影拍摄了反映这届世乒赛的纪录片《乒坛盛开友谊花》。李海晖接受为这部影片编辑音乐的任务。他非常为难，认为把这些歌曲的音乐配在世乒赛上，太不伦不类。经请示，军宣队同意可以重新创作。时间紧迫，在同事的协助下创作顺利完成。该影片公映后，片中音乐受到运动员和广大群众喜爱，有的来信索要乐曲旋律，有的填上歌词如"艳阳春光,映衬着美丽的彩霞……",取歌名为《乒坛盛开友谊花》;另一首填上"小小银球连四海,乒坛友谊花盛开,辛勤浇注友谊泉水,难忘的相会永远记心怀……",取歌名为《小小银球传友谊》。这充满青春气息的歌曲,广为流传,在那沉闷的年代,给人们带来了心灵慰藉。1971年他作曲的纪录片《亚非乒乓球邀请赛》音乐,也很受欢迎。在当年"乒乓外交"的历史背景下,"乒乓球音乐"成了一种专门性的普遍提法。

1972年他创作的纪录片《莫桑比克人民在战斗中前进》的音乐,在"文革"中,敢于大胆使用吉他和沙锤,实属不易。后来,他与人合作把该片音乐改编为民族弹拨乐合奏《美丽的非洲》,成为乐团演出的保留曲目,并于1978年灌制了唱片。

1978年冬他随摄制组冒着零下三十几度严寒,到完达山拍纪录片《冬猎》。创作的音乐在中央广播电台作了专题介绍,并成为传媒大学招考试题。

1980年他到西沙拍片,一天忽然从广播中传来他作曲的纪录片《蓝天抒情》主题曲,他被自己写的音乐感动了!后来知道此曲被中央电台采用作为新闻广播的结束曲。

1981年中央人民广播电台专题"介绍李海晖和他创作的电影音乐",他作曲的纪录片《黄山观奇》获文化部优秀影片奖和第36届意大利科蒂纳丹佩佐电影节特别奖;《冬猎》、《南极,我们来了》、《猴子奇趣录》获文化部优秀影片奖;《游三峡》获新影厂星花作曲奖。佳作还有《亚洲的火炬》(合作)和《再次征服珠穆朗玛峰》(合作)。1976年10月,"四人帮"垮台,人民欢歌雀跃!李海晖作为《欢腾的日子》摄制组成员,到天安门广场参加几十万人的欢庆会。改革开放带来了新气象。1985年年初李海晖接到文化部的请柬,参加了赵紫阳主持的国务院春节团拜会。

五

1985年年底文化部调李海晖到中国电影乐团任业务副团长。中国电影乐团是一个拥有交响乐队、民乐队、歌队、轻音乐团的综合专业音乐团体,业务发展和经营是该团的主项。他对业务工作的开展,作了探索和改革。作曲是他的主业,即便在领导岗位上,他的创作也从未停止过。

1988年他为故事片《长城大决战》作曲,1989年为《夜盗珍妃墓》上下集(合作)作曲。他还为《姣姣小姐》(1986年获童牛奖)、《帆板姑娘》、《天若有情》、《玫瑰楼迷影》等故事片作曲。1988年人民日报海外版,以"心有情愫曲不断"为题对他作了介绍。

在电视音乐创作上,他的力作《让历史告诉未来》1987年获专题特等奖。他作曲的《家教》获电视连续剧"飞天"一等奖。他为系列片《上武当》创作的音乐,成功地运用了道教音乐素材,获得好评。他与人合作的系列片《唐蕃古道》、《广东行》、《望长城》、《毛泽东》的音乐备受赞扬。尤其是大型电视纪录片《邓小平》(合作),反响更为热烈,并获第七届全国优秀军事节目奖。中视栏目《祖国各地》、《为民服务》多年采用他的音乐。

李海晖随摄制组走遍大江南北,在广东深入了解改革开放以来的巨大变化。在塔尔寺,观看了"晒大佛"的隆重场面;在玉树草原,观看了赛马会的集体歌舞表演。每到一处,他虚心采集民歌、民间乐曲。1993年夏天,在延安,有个盲人民间歌手,给摄制组唱了《翻身道情》、《赶脚调》等七八首陕北民歌,李海晖兴奋不已。1991年他与《望长城》的编导之一王益平,及另一作曲,从兰州出发,沿河西走廊,到达荒无人烟的玉门关。而后,再折到临洮(秦长城起端),返回兰州,行程2000多公里。这一路不仅领略了西部风情,而且对中华文化源远流长有了更深入的了解。他还为美术片《大禹治水》、《开天辟地》、《女娲补天》(合作)等作曲,为环幕电影《泰山》、《江南秀》作曲。他除了为上百部影视作品创作音乐外,还积极投入纯音乐的创作。他为运动员写了四首自由体操音乐,其中具有新疆风格的一首,是体操运动员杨艳丽获全国冠军比赛时所采用的。他的民乐合奏《火把节之夜》1987年在中国电影乐团民族管弦乐音乐会上首演。他创作的《大风歌》,把歌唱与吟诵相结合(男中音歌唱家杨洪基演唱录音),颇有特点。

他积极探索中西结合的创作路子,创作了协奏曲——筝与管弦乐队《古道沧桑》,由古筝大师范上娥主奏,台湾福茂唱片公司出版盒带发行,中央电台专题介绍,1992年10月由古筝演奏家张珊和中央乐团合作在北京音乐厅首演,理论书籍《中国当代音乐》把这首协奏曲作为一种新的音乐形式介绍提及。1989年年末,他受台湾辛森音像公司委约,为台湾著名歌唱家曾道雄专辑编配管弦乐伴奏;后又与台湾艺术家合唱团、中华基督会等合作,为多首合唱曲编配管弦乐伴奏;把六十余首圣歌改编为管弦乐小品和重奏曲(钢琴三重奏《马撒安眠在冰冷泥土中》曾在北京音乐厅演出);应约创作三首大提琴配乐队的《晚晴》、《海之恋》、《望你早归》;他以台湾歌仔戏《劝世歌》为主要素材创作同名管弦乐曲;他是交响合唱套曲《大爱》(证严法师词)的主创之一,承担了全部交响乐部分的编创,全曲长达60多分钟。

他的歌曲创作大部分为影视片插曲,如:《西湖雨》、《西湖傍晚》(李谷一演唱)、《西湖春天》、《海上的路》(男声四重唱,1992年获全国影视歌曲大奖赛佳作奖)、《请把手放在我的手里》(男女声二重唱,王洁实、谢莉斯演唱)、《啊!风帆》(郑绪岚演唱)、《烽火之歌》男声合唱、《含泪祝哥结良缘》(冯健雪演唱)、《追求》(女声独唱)、《飞向春天》童声合唱、《温暖你的心》(女声重唱,黑鸭子演唱)等。此外,还有:《归来的星光》(获《华声曲》征歌活动纪念奖)、《中财之歌》(中央财经大学校歌)、《锡伯的太阳》等。以上歌曲绝大部分得以出版,或收入唱片、盒带,或电台介绍、音乐会演出。

作为集美校友,李海晖为母校改编集美学校校歌为铜管乐曲(请 midi 制作);为福建电视台的电视片《陈嘉庚与集美学村》作主题歌《献给集美的歌》(洪源作词,女中音歌唱家杨洁演唱);1998年厦门电视台与集美校友总会合作出品电视纪录片《陈嘉庚与集美中学》,其中的音乐是李海晖根据自己创作的音乐资料编辑而成的。

六

箜篌是中国古代乐器,但自明、清以来已绝响数百年。李海晖为推动箜篌的复制、改革,于1988年创作了箜篌独奏曲《脸谱》。此曲由箜篌演奏家崔君芝在美国、奥地利、法国、日本、新加坡、台湾等10多个国家和地区演出,受到一致好评。近年来,他专心致力于箜篌的创作,《清影》是他根据苏东坡的水调歌头词意创作的一首箜篌曲(2008年由崔君芝在美国斯坦佛音乐厅首演)。《乐舞杂技俑》是他又一力作(由箜篌演奏家鲁璐于2013年6月在中国音乐学院音乐厅首演)。箜篌曲《香如故》是他以陆游的《卜算子·咏梅》的词意创作而成的,音乐素材取自南音《梅花操》。第三届全国民乐大赛箜篌专业成人组决赛六首规定曲目中,有李海晖的《脸谱》和《清影》两首。

搞创作离不开美学的研究和探讨。他曾为《中国音乐美学研究史述》写过一文——《音乐创作浅谈》,对音乐的本性有自己的理解,作曲家凭着直观和对社会、生活、人的观察、体验,把文字和语言难以表达的心理感受,用音符倾泻出来。人们也总是凭借各自的想象力和理解力来欣赏它,接受它。1994年、1995年和2004年他的名录词条分别被收入《中国当代文艺名人辞典》、《中外影视名家辞典》和《福建省文艺家辞典》。他是2005年《电影艺术词典》修订版新增词条的撰写人之一。

为推动校园文艺的发展,为使广大儿童、青少年在文化艺术上得到更好更快的提高,从2010年起,他每年寒暑假作为嘉宾、评委参加"全国青少年文化艺术展评活动总选拔"和"全国校园明星才艺展示活动总决赛"。

　　1992年李海晖携夫人丁红回马来西亚探亲。阔别39年之久,第一次返回故土哥打巴鲁,见到久别的母亲、兄弟姊妹,兴奋、感慨之余竟不知说什么好!弟弟李海星带他到当年他回国上船的地方——道北出海口。兄弟俩津津乐道地回忆起当时的情景。他重游吉兰丹河、瓜拉海滨,与儿时的伙伴们相聚,让他感受了浓酽的亲情、友情、故乡情!在哥打巴鲁他还举办了音乐讲座,丁红举办了小型书法讲座。他们还应邀出席永春会馆新春联欢会和英中(雪隆)校友会合唱团的演唱会。在吉隆坡,李海晖与当地大学民间义学教授阿里彬沙益会见,交流中马音乐文化。这些活动,《南洋商报》、《马来西亚新闻》都作了长篇报道。2010年他再次回马探亲并接受记者采访,《星洲日报》作了报道。

　　漫长的人生之旅,跌宕的生活实践,锻造了他独立的人格品质,开启了他自由的思想空间。同时,追求和努力也让他在事业上有所收获。

百年树人

丁文志：弘扬嘉庚精神的典范

郑玉宗　林红晖

优秀的集美学子　荣耀的泰国名流

丁文志校友1954—1958年在集美中学初中部80组6班、高中42组2班就读，在校期间他的名字为丁坚华。

丁文志校友祖籍广东丰顺，8岁时其父丁培钦送他回家乡读书，直到小学毕业后才去泰国。1953年，泰国一大批热血青年学生胸怀祖国，有的瞒着父母回到祖国读书，丁文志校友就是其中的一员。他先到集美华侨补校补习一年，1954年考入集美中学初中80组6班学习。他努力学习、刻苦钻研，活动能力也很强，从初二年级起就担任学校报刊发行员，不久就担任全校总发行员。作为优秀初中毕业生，1956年他被保送到集美中学高中42组2班学习。他积极主动参加学校各项活动，为了提高师生的生活福利，他多次向领导提出建议，后来学校成立消费合作社，他担任合作社的负责人。

丁文志校友在集美中学学习期间是位品学兼优的优秀生，在勤工俭学、修建海潮发电站、大炼钢铁、支农等项活动中都全力以赴。在宣传工作、提高师生福利等方面，他做了许多努力，提出过许多合理的建议，表现突出，多次受到学校的表彰、奖励。他弘扬嘉庚精神，牢记"诚毅"校训，成为同学们的榜样，受到同学们的尊敬和拥护。

1958年高二年级下学期，他响应祖国的号召，到厦门电机厂当车床工人。他勤学好问，技术水平不断提高，不久就当上工段长。一直干到1962年，因父母年纪大了，要求他回泰国父母身边，他经香港回到泰国，开始了人生的另一段经历和传奇。

回泰国后，他在泰美钢管有限公司当一名普通工人，不久就成为车间生产骨干并很快成为领班、车间主任。为了更好地发展事业，他自己在曼谷办起了滚球轴承店，以后又办起钢管接头厂，工人发展到300多人。产品远销日本、英国、美国、中国和中东等地区，出口创汇跃居泰国企业的前列。经过艰苦创业，他成为泰国著名的企业家、著名的社会活动家，获得了各种荣誉，并为中泰人民的友谊作出了巨大贡献，受到大家的赞誉和敬重。

典范的嘉庚校友 友好的中泰使者

丁文志校友是著名的社会活动家、海外侨领和成功的企业家。为了全心投入社会活动，为中泰友谊服务，1997年，他把公司交给他的女儿管理。

他身兼20多个职务，如泰国中国和平统一促进会副会长、泰国中央劳工法院法官、东盟雇主机构主席、泰国中华总商会常务组织、泰国华商联谊会交际主任、泰国劳工部社会保障委员会委员、泰国各姓宗亲总会联谊会名誉主席、厦门海外联谊会名誉会长、厦门海外交流协会名誉会长、集美大学常务校董等，为泰国社会和中泰友谊做了大量工作。他成绩突出，深受社会各界的赞誉和尊重，荣获泰皇恩赐三等白象勋章，英国扶轮社颁发的"造福社会"的奖牌，还荣获美国大学颁授的工商管理荣誉博士学位。

他是位慈善家，热爱公益事业，积极为社会服务，多次为慈善机构、社会福利部门捐款，为校友各种活动捐款，为贫困学生设立奖学助学金。

他任泰国中央劳工法院法官、东盟雇主机构主席和劳工部社会保障委员会委员时，率团到欧美、日本等世界20多个国家，考察、了解、学习世界各国有关提高劳工福利，解决劳资矛盾，维护劳工权益等方面的措施和做法，并在泰国实施，取得了很好的效果。

他任泰国和平统一促进会副会长，为反对台独、藏独、疆独和法轮功邪教组织全力以赴，收到了很好的效果，因此多次受到中国国家领导人如李鹏、吴邦国、习近平的接见，互相握手交谈，还和张高丽、陈云林等领导亲切交谈，合影留念。

他从来没有忘掉祖国、母校、同学、校友。他长期担任泰国集美校友会会长，广泛联络海内外校友，增进校友之间的联系和友谊，为中泰两国的经济、文化、教育交流作出了积极的贡献。

2011年2月28日，他组织、主持了第二届全球集美校友联谊大会，大会在泰国曼谷中华总商会光华堂隆重举行，参加这次大会的有来自世界各国和各地区的校友1500多人。丁文志校友在大会致词时说："我们这次举办全球集美校友联谊大会的目的是缅怀我们校主陈嘉庚先生的丰功伟绩,加强全球集美校友的联系、友谊和合作。集美校友是我们共同的名字,陈嘉庚先生是我们共同的精神领袖。陈嘉庚先生毕生兴办教育、投身抗日救亡运动,晚年回国直接参与创建新中国,积极参加建国后的国务活动,自始至终是为了实现利民富国、振兴民族的目标。我们要牢记'诚毅'校训,更要弘扬嘉庚精神,为居住国、为祖籍国服务,做嘉庚精神的践行者和传承人。为泰国的经济发展和社会进步尽我们的一份力量,为中泰人民的友谊起纽带作用……"丁文志校友的发言充分体现了他对校主的敬仰之心和深厚情感,体现了他是弘扬嘉庚精神的典范。

2013年5月12日,在泰国曼谷丰顺会馆7楼丰华堂举行"泰国集美校友回国升学60周年大联欢敬老尊贤大会"。参加大会的除泰国校友外,还有来自厦门、汕头、南宁、香港等地的校友,以及中国驻泰国大使馆代表。在盛会上,丁文志校友代表泰国校友会发表热情洋溢的讲话,他说:"60年前我们怀着对新中国的向往和求知欲望,瞒着父母,抛弃了优越的生活条件,千里迢迢奔赴正在发生翻天覆地变化的祖国,汇集在爱国侨领陈嘉庚先生倾资兴办的集美学校学习,接受'诚毅'校训的洗礼。今天我们事业有成,回顾往事历历在目,感慨万千。我们都继承了中华文化,学会了艰苦奋斗、勤俭持家的本领。总之一句话,在祖国我们学会了要做一个对国家、对社会有益的人。忆当年我们在集美亲密无间的友谊,相亲相爱,不是兄弟胜似兄弟、互相帮助的高尚精神贯彻始终,集美学子为人处事的原则,得到泰国社会各阶层的赞扬认可,这一切得益于集美母校的培养。60年过去了,我们仍然万分怀念我们的集美母校。"丁文志校友的肺腑之声再次体现了他是弘扬嘉庚精神的典范。

丁文志校友是2008年北京奥运会泰国站的火炬手,在80位火炬手中他排列22位。圣火传递后,为了让国内校友共享圣火在泰国传递的喜悦,2008年5月11日下午,他把火炬带到鳌园和校友们共同分享。当时从北京、上海、南京、甘肃、西安等地来参观鳌园的许多游客都分享了这一喜悦。游客们也握着火炬高高举起,留下宝贵的镜头,感到无比荣幸。5月12日,陈嘉庚纪念馆举行了丁文志校友火炬捐赠仪式,参加仪式的有来自厦门市的有关领导及集美学校委员会、集美校友总会及各校有关领导、师生代表。仪式结束后,大家与丁文志校友高举火炬合影留念,感到无限喜悦。

2008年5月14日上午,丁文志校友与校友总会任镜波理事长一同前往集美区委、区政府,与区委书记曾晓民座谈,要求拨地建集美校友总会会馆,得到曾书记的大力支持,表示同意拨地建集美校友总会会馆。5月14日,丁文志校友回母校看望刘卫平校长等领导及同学,并为母校 90 周年校庆捐款,为初中 80 组、高中 42 组捐款。

除了呼吁建设集美校友总会会馆,他还带头为会馆捐赠 10 万元人民币。2013 年 10 月,在集美学校百年校庆到来之际,会馆即将落成使用。

他积极主动,大力支持到泰国参加各项活动的校友。2008 年,集美中学校友会和退休老师到泰国征集《桃李争艳》(泰国篇)稿件,也得到他的全力支持,使联络校友、征集活动顺利进行,准时出版。

他从 2009 年至 2013 年先后接待集美中学初中 80 组、高中 42 组的 5 批校友到泰国旅游,他们来自北京、上海、广州、山东、厦门、香港、澳门和美国等地,共有几十名。在泰国旅游期间,一切费用均由丁文志校友支付,包括住宿费、餐费、差旅费等等。丁文志校友还驾车当导游,让同学们玩得开心,尽情欣赏泰国的优美风景,体验泰国的风土人情。

丁文志校友还多次提出要组织更多的同学到泰国旅游,他会继续负责一切费用,并当好导游。他经常说:"我们同学之间亲如兄弟,不是兄弟胜似兄弟。"他是这样说的,也是这样做的。

他现已 83 岁高龄,但还在为中泰人民的友谊奔波,是两国交流的友好使者。

他为人正派、待人诚挚,从不计较个人得失,是同学心目中最爱的老大哥。

每次回厦门,他总要拨出时间,到集美校委会、集美校友总会走走,到母校集美中学、同窗好友家里看看。那招牌式的微笑几十年都没有改变,一脸灿烂,满怀赤诚。

丁文志校友敬仰、学习陈嘉庚校主,是传承嘉庚文化、弘扬嘉庚精神的典范。他对祖国、母校、校友一片深厚情谊。他和校友们之间亲密无间的兄弟般的亲情,使人深切体会到"嘉庚学子遍天下,集美校友是一家"。

为什么会有这么深厚的情谊呢?因为集美校友同举一面旗——嘉庚精神的光辉旗帜,同怀一颗心——"诚毅"二字中心藏,同唱一首歌——集美学校校歌。

百年树人

张祥盛:天人协调第一人
誉满南亚企业家

林红晖

在泰国,提起"是拉差龙虎园",大家都会竖起大拇指,赞不绝口;而去过泰国的人对于"是拉差龙虎园",也是叹为观止。

"是拉差龙虎园",位于泰国东海之滨是拉差市,与国际旅游观光胜地芭堤耶市相距仅28公里,是旅客往返曼谷与芭堤耶市的必经之地,是一个以老虎和鳄鱼为主题,融旅游休闲娱乐、科普教育、环境与生态保护、濒危野生动物保护、高科技养殖为一体的旅游景区。

"是拉差龙虎园"在泰国旅游界举足轻重,享誉全球,多年来接待了世界众多来泰访问的各国元首,更被我国驻泰国大使馆定为接待我国领导访泰的要津,已接待过我国政要数百位。

《易经》以天地人为三才,讲究天人协调,世间万物和谐发展。"是拉差集团"总裁、"是拉差龙虎园"有限公司董事长张祥盛先生,对此理念孜孜以求,在事业上努力实践,成为享誉东南亚的企业家,为人类作出了积极的贡献,人们称他为"天人协调第一人"。

这是一位富有龙虎精神,开创和平事业的企业家,这是一位深藏中国情结,极具温情爱心的好校友!

龙虎精神 和平事业

一

泰国"是拉差集团"在张祥盛先生的领导下,于1989年开始对鳄鱼和老虎进

290

行繁养研究,经历无数的艰辛努力和一系列的科学实验研究,探索出了一套鳄鱼和老虎的高科技优生高产繁养技术,为鳄鱼和老虎的深层开发奠定了资源基础。

张祥盛先生为鳄鱼和老虎的开发制定了宏伟远大的目标,如环保生态平衡、动物自然科学、人类科普教育、生物科学工程开发等一系列计划,并一步一个脚印地实现了这些计划。

1989年,张祥盛先生到新加坡,看到朋友的养鸡场也饲养鳄鱼,以被淘汰的小鸡为其饲料,既解决不合格小鸡的销路问题,养鳄又可增加收入,一举两得。他由此悟到:养猪也可兼养鳄。于是,他便开始学习研究养鳄方面的技术资料。他到技术先进的澳洲鳄鱼研究中心参观学习,引进最先进的科学技术,结合科学的、成功的养猪方法,进行多方面的实验和研究,在选种、孵化、育种、饲料等方面都吸取了世界最先进的技术,并有所创造发展,不久便办成了一个技术水平很高的现代化养鳄场,为世界各地养鳄业界所瞩目。原来向他们传授养鳄先进技术的澳洲鳄鱼研究中心,看到他的养鳄技术不少已经超过该研究中心的先进技术水平,于是派出专家代表团,到是拉差鳄鱼场参观学习,研究和探索养鳄的许多新的技术课题。由于采用先进科学技术,鳄鱼产量持续稳定上升。从1989年创办鳄鱼场至1996年,仅7年时间,饲养量便从最初的3000多条,增加到18000条,后来,年产量已经达到3万~5万条,成为全世界最大的鳄鱼养殖场之一。

龙虎园将这一套高科技繁养技术公之于世,让游客了解、观赏鳄鱼繁殖生长的全过程。游客前来龙虎园除了可以亲手接生小鳄鱼、还可以参观如何用高科技技术孵化鳄鱼,如何利用孵化温度控制改变鳄鱼性别和性情,使之温顺地与人相处,让人抱着拍照,替它刷牙、洗澡等。此外还有人鳄相斗的惊险表演,以及钓大鳄鱼、鸭子与鳄鱼同池戏水等节目。龙虎园还开发了一系列高附加值的鳄鱼产品,如健身益体的保健品、稀有药品、高档鳄鱼皮革、皮具制品,美味鳄鱼肉全餐等。

鳄鱼原来也是一种野生动物,可是现在野生的鳄鱼几乎绝迹,而人工饲养的鳄鱼却大量增长。张祥盛先生从自己的亲身实践中体会到:野生动物只有经过人工的科学培育繁殖才不会绝种。于是,他在世界一片拯救濒临绝种的老虎的呼声中,引进了两对小老虎进行饲养繁殖。

老虎是亚洲独有的濒危野生动物,是亚洲民族的象征,保护与拯救老虎是摆在人类面前的一项艰巨工作。"是拉差龙虎园"有鉴于此,遂将保护和繁衍老虎作为首要科研课题。1989年开始驯养繁殖孟加拉虎,至今已拥有400多头。写下了母虎平均一年产两胎半,每胎平均产3~4头的记录和以母猪哺乳幼虎的创举。几年来，他们研究老虎野生的习性，对老虎的配种、生育、饲料和饲养方法进行了研究试验，成功繁育出老虎 40 多头。这些经过人工饲养的老虎，已经改变了凶恶的兽性，变得驯服可爱，不仅可供游客参观，还可与人一起照相，增添乐趣。过去人们是谈虎色变，如今却怀抱老虎，乐在其中。

龙虎园进行了大规模扩建工程，建设了一个占地 100 多亩，拥有不同品种老虎近 200 头的世界最大虎园。把这个虎园营造成一个有山、有水、有瀑布和森林，一个适合老虎活动的幽美天然环境。同时在虎山四周建一个可容六百宾客、有空调设备的野味餐厅。游客可以在舒服的环境中边品尝美味，边观赏老虎；也可以信步幽美的林荫道或走廊，观赏成群的老虎自由嬉玩。在虎园中，不仅可以观赏老虎，与它们亲密相处，一起拍照，还可以了解老虎繁殖生长的全过程。总之，游客可在轻松的参观活动中，广开眼界，增长知识。

科学养虎成功，引起了泰国皇室的关注。1995 年 11 月 29 日，泰国拍贴公主殿下懿赐观赏。拍贴公主殿下在龙虎园观赏了 3 个多小时，听取了张祥盛先生的工作汇报，观看互相追逐嬉玩的成群老虎，高兴地怀抱驯服可爱的小老虎照相，还别有风趣地以随行的两位女秘书的名字为两只可爱的小老虎命名。最后还在龙虎园的野味餐厅品尝健身益体的美味鳄鱼餐，并题词称赞。

其后，泰国皇室包括诗琳通公主等多人多次驾临"是拉差龙虎园"参观，大加赞赏。

由于张祥盛先生善于学习研究，对新事物、新科技接受力特别强，因此他知识广博，信息灵通，思路广阔，看得高，望得远。人们说他干哪一行就成哪一行的专家，从事哪项事业，哪项事业就有成功的希望。

二

1964 年，张祥盛先生因父亲病故，从厦门大学中途辍学回到泰国，从此，养家糊口和培养弟、妹念书的重担落在了他的肩上，真是"穷苦孩子早当家"。他开始当雇员，业余时间沿街叫卖报纸、邮票等，收入补贴家用，以后与朋友合作搞小企业、小公司，进而贷款投资搞畜牧家场。1970 年在离任泰京著名钢铁公司后，即创办五金公司，任该公司董事总经理。

1977 年，他转入农畜行业，兴办"泰家牧畜有限公司"，任董事总经理，经营不久就成为一个生产体系完整、经营管理科学化的现代化养猪场，种猪评比荣获全国之冠，在国内外享有盛誉。世界各地慕名前来参观、学习者络绎不绝。

他的成就应归功于他善于学习，刻苦钻研。他的同学冯丰发说，张祥盛先生是个极有"头脑"的人,千方百计吸收外地先进科学技术,他善于应用科学的管理理念,核心是人的管理,才有这样大规模而成功的发展。

1989年,顺应形势之需,张祥盛先生着手企业的转型工作,将传统的农畜业过渡为高科技的鳄鱼与老虎养殖业。他把保护野生濒危动物作为主要的事业目标,成绩斐然,获得了世界野生濒危动物保护协会和泰国政府的高度赞赏,他也出任联合国濒危野生动植物保护委员会爬行科(鳄类)亚太地区专家组专家、泰国全国农民养鳄合作社主席、泰国保护和开发鳄鱼公会副主席。

1994年,他着手成立"是拉差集团",任集团总裁,属下有"是拉差农业开发(亚洲)有限公司"、"是拉差龙虎园"等。鳄鱼存栏数从3000多条发展至9万多条,年产可达3万～5万条,占全泰国的75%以上,成为世界最大的鳄鱼养殖场之一。老虎则由原先的两对小虎发展至近200只。而"是拉差龙虎园"自创办以来,一直是泰国著名景点之一。1992年,张祥盛先生被泰文经济路线报评选为泰国农业模范事业家;1993年被泰国劳工部授予优秀企业家称号。

张祥盛先生还着手研究不但要让母猪喂养小老虎,而且要让母虎喂养小猪。泰国的大象从70年代的20000头锐减为现在的5000头。泰国公主也有意让张祥盛先生,以其和平理念和精湛技术尝试恢复大象的数量,继续这一功德无量的事业。

张祥盛先生博学多才,科技领先,醉心事业,不忘保健,更不忘血缘亲情。他坚持练习中国气功,并且把它传授给员工。1995年初,他创办了泰国第一本中文保健杂志《生活与保健》,自任社长,从另一领域坚持推行人类保健事业,也为了更好地维系泰国华裔与祖籍国深厚的情谊。

张祥盛先生与北京创新高科技开发有限公司合作,成立了泰国"是拉差"泰中高科技生物开发有限公司,任董事长。还与北京301医院微量元素研究室主任赵霖博士合作,深度开发鳄鱼大餐,担任中国"鳄鱼大餐及营养保健"研制小组总负责人。

这些充分显示了张祥盛先生一贯追求的理念和目标:维护世界和平,从人类与自然的和谐发展做起。显示了他引进这个项目的初衷:为了突出对自然环境和动植物的保护,突出人与动物、动物与动物之间的和谐相处,寓科普教育和环境教育于娱乐之中,倡导人们对野生动物的保护意识。

怪不得中国原国防部部长迟浩田先生及夫人参观龙虎园后,赞叹地说:"21世纪诺贝尔和平奖应该颁发给张祥盛先生。"因为他把鳄鱼、老虎这些凶残动物培驯成能与其他小动物和平相处的温顺动物。

百年树人

2004年10月，禽流感冲击龙虎园，一次就死了147只老虎，龙虎园关闭一个月，这是他人生奋斗史中最惨重的挫折。但他以坚强的毅力挺了过去，百折不挠，使龙虎园显现出更大的吸引力，也使他的人生散发出更美的魅力。

张祥盛先生白手起家，在创业的道路上，他取得了巨大的成功，却一如既往，以其"龙虎"精神，坚持"和平"事业，继续攀登，不断创新——人类历史长河永无止境，祥盛先生事业奋斗不止！

中国情结　校友赤诚

一

张祥盛，又名张家军，祖籍广东省揭阳市，1939年12月出生于泰国曼谷。1956年他归国求学，先在集美华侨补习学校学习，第二年开始就读于陈嘉庚先生创办的集美中学（83组1班）。在那个特殊的年代，作为归国侨生，不论是在经济上、生活上，还是在学业上、思想上，他都得到了许许多多的帮助，学校发给助学金，老师的关心胜似父母，同学亲密无间、友爱团结。在那种环境和氛围的熏陶下，张祥盛先生健康快乐地成长、成才，1962年考入厦门大学，就读海洋物理专业。在整个学生时代，他成绩优秀，并担任学生干部。1964年他因父亲不幸去世，不得不辍学返回泰国。

初中时，他年少机灵，勤奋学习，上课专心致志，课后认真习作，学业成绩都名列班级前茅。他个子较小，但挖海泥、拉板车、支农割稻等等重活都抢先干，所以很受班级同学的赞扬和拥戴，被选为班长、学生会主席等。当年，校长叶振汉很器重他。1959年，在12级以上强台风袭击集美学村时，他积极抢险护校，立下功劳，事迹被记在集美中学校史中。班主任林妹珠老师应邀去泰国访问，参观了他创办的公司后，为他艰苦奋斗打造出事业的一片天而感动。那时，祥盛深情地回忆起往事，说当年的拉板车、挖海泥等重劳动培养了他艰苦奋斗的习惯，老师所传授的文化科学知识又为他今天拓展产业打下了良好的基础。

张祥盛先生平易近人，乐于助人。冯丰发学友说祥盛和他亲如兄弟，大大激发了他的工作责任感，因此他以"场"为家，日夜把"算盘"挂在胸前，精打细算，千方百计为发展农场尽力。

方锡鹏学友经张祥盛先生介绍在农场当营销部门经理。当时，锡鹏有4个年幼子女，妻子没有工作，家境困难，祥盛资助了他，使他生活好过了许多。2000年，方锡鹏回集美看望老师，说他现在翻身了，孩子也长大了，而且都大学毕业有了工作,而这些都离不开张祥盛同学的悉心帮忙,他感激不尽。

郑明庭学友原在泰国南部搞橡胶农场,很有声色,但1989年11月,飓风侵袭,橡胶倒地,场房被毁成平地。那一年,郑明庭来泰国是拉差看望林妹珠老师时,激动地说:"老师呀,我的家是'洪湖水,浪打浪',家里一贫如洗,是众同学相劝并帮助我重振事业。祥盛资助我20万泰币,我从购买汽车搞运输入手,边恢复橡胶业边重建了家园啊!"

二

张祥盛先生对母校心怀感激之情,对培养他多年的老师充满敬佩之意。1983年,集美中学建校65周年之前,他捐赠给学校一辆15座位的丰田牌进口汽车,供师生教育教学使用。1988年10月,他与陈志英等校友设立"集美中学泰国校友奖教奖学基金会",并举行首次颁奖。此后,基金会每年都拿出约2.5万元港币,奖励辛勤工作的教职工和品学兼优的同学。

1991年10月19日,以泰国校友为主的海外校友在集美中学举行敬老节慰问大会。1994年10月19日,他与陈志英、陈育坚、马灿家等泰国校友15人组织慰问团,专程到集美中学慰问离退休教职工。他不止一次讲:"老师给了我太多、太多、太多,而我的回报太少、太少、太少。"他的深情之语赢得了全体离退休老师的热烈掌声。

他盛情邀请母校领导和老师到泰国访问,每次都热情接待,安排细致周到,关心无微不至。在曼谷,在是拉差,在龙虎园,处处留下了大家回忆难忘校园生活的欢歌,处处留下了大家共叙师生美好情谊的细语。

2002年9月10日教师节,张祥盛先生又赠送给集美中学全校教职工(包括离退休)每人一箱食用油,聊表诚心。2002年10月20日,他陪诗琳通公主访问厦门大学,特地打电话请母校校友会领导和当年教过他的老师到厦门相聚,一表敬意。

2004年1月20日,小年夜,张祥盛先生特地返厦,与母校老师一起过年。陈少庭老校长带病主持活动,张祥盛先生在中国的代表熊先生伉俪出席宴会。刘卫平校长出远门,未能参加。我和李聪明副校长等老师,以及离退休老师洪诗农、林妹珠、林锦伙、郑玉宗等都参加了。在厦门"欢乐园",张祥盛校友频频举杯,向大家拜年,祝愿中国繁荣昌盛,母校事业发展,老师工作顺利。他谈笑风生,纵论古今,点评时事,包括泰中友谊、中国领导、就学欢乐、创业艰辛、宇宙天体、气功保健等等,无所不及。

"好雨知时节,当春乃发生。随风潜入夜,润物细无声。"这一夜,久旱3个月的厦门迎来了第一场细雨。张祥盛先生尊师爱师的浓情厚谊也像春雨一样飘洒在每个人心里。

近年来,张祥盛先生积极在母校与泰国学校之间牵线搭桥,为母校做好"国际交流和海外招生"这一办学特色做贡献。仅2005年10月,2006年4月、11月,他就3次带领泰国博仁大学行政副校长隆玛妮耶察·缴吉丽亚女亲王以及海外学院领导莅临集美中学,拜访领导,商谈两校缔结友好、互派交流事宜,商谈泰国师生来集美中学游学培训,学习中文和中华文化等事宜。我与他频频接触,有了更深的了解。

2007年2月,在他和隆玛妮耶察·缴吉丽亚女亲王的帮助下,刘卫平校长和我率团访问泰国,并在皇宫受到诗琳通公主的接见,双方用汉语友好交流。当年8月,公主派谢淑英小朋友到集美就读,从一个略懂中文的小女孩,经过刻苦学习,通过高中各科学业会考,取得毕业证书,到2010年7月考入厦门大学法律系,成为新时期学校海外教育的一个成功范例。同年,又有十几位泰国学生莅校短期培训,然后跟班就读,直到毕业。恢复了学校面向海外招生的办学特色和光荣传统,开创了外事工作的新局面。

三

张祥盛先生1956年起就读于陈嘉庚先生创办的集美中学、厦门大学,作为一位沐浴嘉庚精神成长的好校友,一位集美母校培养出来的好学生,他心中牢记"诚毅"校训,诚以待人、毅以处事、艰苦奋斗、感恩回报,是他为人处事的基本准则,支持着他一生的事业。

1987年,集美中学校友会林锦伙、黄德全老师到泰国,张祥盛先生召集在曼谷的100多名校友欢迎他们,聚会联欢,泰国集美校友会就这样发起成立了,大家推举张祥盛先生任校友会主席,现在他还担任名誉主席。

1997年,他任厦门市海外联谊会名誉会长、集美大学校董会董事,还担任泰中经济文化交流协会副会长、泰国中华总商会会董、中国厦门总商会海外名誉理事、泰国厦门大学校友会副主席等职,为中泰两国人民友谊和友好往来尽心尽力。

他的班主任林妹珠老师说:"祥盛尊师重教的一片深情令人感动!"

校友会理事长林锦伙老师说:"祥盛是校主陈嘉庚先生和集美中学培养出来的好学生,他和他所从事的事业对人类作出了贡献,值得人们尊敬!"

老书记洪诗农说:"祥盛爱国爱乡,身在海外,心系母校!"

老校长陈少庭说:"祥盛校友不只是一位誉满南亚的企业家,而且是一位矻矻治学的专家学者。他善于运用高科技探索天人相调的规律,使其事业如日中天,也使生态环境趋于至善。他的浓浓中国心,拳拳母校情,确实难能可贵!"

百年树人

陈久城：嵌印"诚毅"的人生足迹

陈亦农　钟国平

荣誉的花环，纷纷落到他陈久城的头上：连续六年被评为珠江航运公司先进生产者，连续三年被评为广东省直属机关优秀党员，全国总工会颁给他"五一"劳动勋章和"全国技术能手"的称号，他还被评为交通部最佳轮机长并授予"金锚奖"，职工们称他为"万能老轨"。他何以能获得如此种种殊荣？当你随着这些文字去探寻这位实干家的个个脚印时，你便会明了：荣誉应属于他这样的人。

勇挑重担　敢于管理

1983年，处于改革开放前沿的广东，为促进粤港的贸易交流，决定新辟穗港客运航线，航运公司从国外购进一艘旧客轮，命名为"星湖"。该轮机器设备比较残旧，每年要进厂修理一次，每次不仅要花费几百万港元修理费，而且还要停航20多天。这对轮机部主管来说，是一个绕不开的难题，也是一大挑战。陈久城对自己的专业底蕴充满自信，他迎难而上，挑起了"星湖"轮轮机部工作的重担。为使国家的外汇不白白地外流，在钟石金船长带领下，陈久城对"星湖"轮的机器设备进行全面剖析，不畏艰辛，坚持采用自检自修办法。为了保证"星湖"轮在自检自修过程中不耽误营运时间，他和船长共同研究制出一套轮机循环检修法，即修船不停航的办法。这样不仅为国家节省了大量的外汇，又提高了轮船的运输能力。

1983年"星湖"轮单是修船费就花掉400多万元港币，而且还停航28天。自1984年开始采取"轮机循环检修法"，修理费用就大幅度降低，到了1987年轮船修理费不到30万港元，修理时间只用了4天。根据不完全统计，他们每年节省维修费用都超过百万港元，特别是1986—1987年两年共节约300万港元，为国家作出了较大贡献。

刻苦学习　精益求精

陈久城虽然毕业于集美航海学校轮机专业班,对理论和技术有一定的基础,但他从不满足于已有的知识和技术水平,到"星湖"轮后更是刻苦地学习、钻研,因此,技术水平不断提高。"星湖"轮安装的油水分离器是联邦德国产品,技术性能先进,安装的技术要求较高。1984年年底,他充分发挥自己的技术水平,带领轮机部的同志自行安装成功,受到同行和香港友联船厂的高度评价。1985年在某一航次的循环检修中,发现左主机凸轮轴离合器有两个齿轮块自然崩落,公司同意到香港船厂重铸新齿轮。可陈久城琢磨这样不仅要花费5万多元的修理费,而且还要停航2个航次。他认为这是一笔惊人的损失,于是决定自己带领职工进行抢修,连续奋战了16个小时,重新车了一个新离合器安装上去,解除了主机的隐患。

"星湖"轮各种设备比较残旧,原来的中心空调的冷气供应不足,陈久城就自己动手设计、安装空调分体管,安装五台冷冻机冷却水管路。由于要穿过几层甲板和许多客房,工程比较复杂,技术难度也比较大。他开动脑筋,发挥专长,带领轮机部同志克服重重困难,顺利安装成功,解决了船上冷气不足的问题。另外,原来残旧的水管经常会出现漏水,不论谁发现漏水,他总是随叫随到,立即拆卸焊接或换新管。几年来,光是他拆换和焊接的水管就达几百米。1987年3月,他发现73号二等客房地下铁板霉烂,立即组织一些人员把客房拆开,重新覆盖上铁板再进行烧焊,确保了旅客的安全。1986年对三区(一等)客房进行了改装,三区客房正好在机房四号铺机配电板上面,由于船上各种管路残旧,三区客房内的水管经常漏水,洒在铺机的电制板上,曾多次因漏水使电制发生短路,致使全船停电。有时漏水洒在空调机的闸板上发生短路使全船空调停止,轮船安全受到很大威胁。为此,船上决定对三区进行整修。这项工程复杂,技术要求高,如交船厂检修需停航20天,修理费要30多万港元。最后在陈久城的带领下,克服了各种技术困难,用了不到15万港元的材料费就把三区改装成功。这样既解决了机房的安全问题,又节约了20多万港元开支,同时把原来一等客位改成二等客位后增加了36个床位,提高了该船的经营效益,更重要的是为改造旧船闯出了一条新路。由于陈久城刻苦学习和钻研,敢于摸索,使轮机部的技术力量有了显著提高,受到香港船厂、同行和职工们的高度评价。如香港友联船厂老板说:"如果每艘船都像你们'星湖'轮那样,我们船厂就要关门了。"同船职工

百年树人

和了解情况的兄弟船员都说:"陈久城带领的轮机部就像一个小船厂。"

坚持改革　不断创新

"星湖"轮是一艘进口的旧船舶,很多设备已不适应新形势的要求了。例如,一等以上的客房比较多,二等客房、客舱较少。另外,一等客房设备比较残旧,特别是空调不足,影响了服务质量。为了改变这一现状,在船务会上陈久城主动提出,承担了改装客房的任务。从1985年年底开始,共改装了117间客房。1986年上半年,改装了最复杂的三区客房,节约了20多万港元。下半年又改装二区(一等)客房,为国家节约了30多万元。1987年10月,又开始百货部的改装工作,把服务总台两旁的两间客房改为百货部,原百货部改为旅客的行李舱,原来的行李舱、百货舱改为二等客房。由于他们精打细算,只用了10多万港元就完成了这些改装工程,节约了近百万元的改装费用。从1985年以来,他们对各种客房进行改装,共增加了100多个铺位,在经营效益方面,发挥了老船舶的作用。特别是百货部改装后,经营效益得到了显著的提高,每月可增加五六万元的营业收入。

高尚风格　无私奉献

陈久城多年来在工作中发挥了一个共产党员的先锋模范作用,从不计较个人得失,把自己的一切精力都放在工作上。除了完成自己的工作任务外,他还做了大量的分外工作,比如厨房的炉灶、锅铲、汤勺等,他主动去修理,去烧焊,兄弟船舶或兄弟单位要求帮助,他更是二话不说伸出援助之手。他曾帮助本分公司的"东山湖"轮和"香山湖"轮加工一些零件,焊接水管,修理空调等;帮助汕头航运局"潼湖"轮修理汽笛;帮助湛江航运局"东湖"轮切割、焊接20多条高压油管;帮助香港粤兴船舶用品公司五金部安装起重机。就是码头的缆桩坏了,他也帮助烧焊。每次帮助别人修理东西,都是牺牲自己的休息时间,且从不要别人一点报酬。他说,自己是一个共产党员,帮助别人是应该的。每次帮助人家解决了一些困难,虽然自己辛苦一点,但心情却很愉快。这就是他的高贵品质。在他的带领和影响下,"星湖"轮轮机部成了一个坚强的战斗集体。"星湖"轮连续三年被评为公司先进船舶(文明船舶),连续三年被广东省省直机关评为先进党支部,1986年、1987年两年被交通部评为文明船舶,这与陈久城同志的带动是分不开的。陈久城把心血倾注在"星湖"轮上,他用自己苦涩的汗水为国家节省了大量外汇。作为轮机长,他既统筹管理又身先士卒,各种工艺无不精熟,事无巨细拿来即做。荣誉属于他这样的实干家,他是航海者的风范。

创办企业　诚毅取胜

陈久城退休后,利用自己的技术专长,创办不锈钢型材厂,继续为社会创造财富。陈久城办企业、做生意,完全是秉承校主的"诚毅"精神,一是保证质量,二是诚待客户。正是有了这种精神,才赢得了客户的无比信任。他从不为其生产的产品做广告,他说客户的口碑就是最好的广告;他也不与其他厂家打价格战。有一段时间,产品销路不好,其他厂家纷纷降低产品价格,以求出路,但陈久城并没有这样做,结果很多客户还是来找他订货。在和他谈及企业是否受到2008年世界经济危机影响时,他说有一段时间冲击很大,基本没什么订单,工人都放假回家了。但到了2009年下半年,订单就接二连三地传来了。在发来的订单中,有几家不相识,一下子就把钱打了过来。问他们怕不怕给了钱却拿不到货,他们说,与陈老板做生意我们信得过。在与陈久城交谈中,他经常会提及"诚毅"二字,他特地要集美校友总会请人帮他写一幅体现"诚毅"的字匾,他要挂在办公大厅中。可见"诚毅"二字已在他心中藏。2000年,集美校友总会帮他写了一幅"诚以保质信天下,毅于创新誉全球"。再到陈久城工厂参观,这幅字就挂在其办公大厅中,特别显眼。

情系母校　热心公益

陈久城不仅事业有成,而且对校友和校友工作非常热心。平时发现哪位校友有困难,便主动给予帮助。母校领导或教工到广州出差,只要他知道,都给予热情接待,并提供各种方便。跟他接触过的人,无不称赞他是校友的热心人。

陈久城对集美航海学院广州校友会的工作十分支持,身为副理事长的他,对校友会每年的联谊会,都主动捐款资助,有时1000元,有时2000元、3000元。

陈久城十分关心和支持集美校友总会的工作,2002年,他主动捐助3000元,资助《集美校友》办刊经费,之后2007年、2013年又各捐1000元资助《集美校友》;集美校友总会为弘扬嘉庚精神,帮助集美各校的贫困学生,从2004年起创立了嘉泽助学金。陈久城十分支持这项工作,当年就捐赠了5000元,之后又先后六次为嘉泽助学金捐赠10000元。

2005年,在纪念陈嘉庚先生创办集美校友会和《集美校友》杂志创刊85周年之际,集美校友总会举办了海内外校友"回母校、看厦门"活动。活动期间,许多知名校友纷纷建议总会应该筹建一幢会馆,以使总会能够成为一个名副其实的"校友之家"。这不仅是校友们的隆情雅意,也是历届理事会曾经付诸努力的目标之一。然而由于建设用地的困难,这项工作一直难以落到实处。2006年,在集美区委、区政府的重视、支持下,经集美区城市规划第九次会议研究决定,集美校友总会会馆的建设用地列入"同集路集美段旧城改造"的建设规划。喜讯传来,闻者无不热血沸腾!当年6月,集美校友总会向广大校友发出《致集美校友书》,希望各位校友为创建母校和校友们共同的家园而添砖加瓦!陈久城是第一批向集美校友会馆捐款的校友,他一下子就捐了10000元。

虽非大贾巨富,但每每母校或校友会活动有需要,陈久城都慷慨乐捐,他胸怀国家,情系母校,热心公益。在他那朴实无华的人生足迹上,深深地嵌印着"诚毅"二字。

严力宾：碧海丹心写春秋

张培春

严力宾是青岛远洋运输公司的一名普通船员、共产党员。1989 年 11 月 18 日，"武胜海"轮失火，为了保护国家财产和船员的生命安全，严力宾临危不惧，在与烈火的搏斗中献出了自己年仅 32 岁的生命。严力宾用青春与热血谱写了一曲英雄的赞歌，在海员心中矗立起一座不朽的丰碑。

一名普通船员，他看似平凡的事迹何以在千万人心中激起不息的波澜？一名年青机工，他短暂的一生为何让人永记心中？

透过严力宾生前写下的大量日记、书信和文稿，我们可以看到他对人生理想的不懈追求，看到他短暂一生的闪光足迹。

崇高的理想　坚定的信念

严力宾对共产主义、马克思主义有着坚定的信仰，他在日记中写道："我们既然选择了人类最崇高的事业——共产主义作为自己的理想，那就要为她奋斗不息。"正是这种崇高的理想信念塑造了他的品格和情操，成为他积极进取、无私奉献的思想基础和精神动力。

严力宾出生在一个军人家庭，父亲严国臣是 1938 年参加革命的老党员，原海军航空兵某师副政委，独立勋章获得者。严力宾生在军营，长在军营，从小受到革命家庭的熏陶。1974 年高中毕业后，严力宾到农村劳动锻炼了两年半。由于他表现突出，年仅 20 岁就加入了中国共产党。

严力宾信奉马克思主义。在他生前写下的数十万字的笔记和与亲朋同事的书信中，有大量学习马克思主义的心得体会。早在下乡期间，严力宾就将父亲收藏的马克思名著《资本论》带到农村,利用空闲时间认真通读了两遍。虽然那时他还没有完全弄懂这些理论,但他孜孜不倦地学习。他在日记中写道,"坚持数年必有好处","知识是智慧的源泉,劳动再忙,学习也不能放松"。

1977年严力宾在集美航海学校攻读轮机管理专业时,床头总是放着马列的经典著作,书中画着道道红线,写满了心得体会。到鳌园参观,他深受校主陈嘉庚爱国精神的感染,决心牢记诚毅校训,为祖国的航运事业贡献力量。

1986年,严力宾在"武胜海"轮工作期间,经常到政委的房间借阅书籍,与政委探讨有关理论问题。他对马克思有关经济理论的熟悉程度,曾使年近半百的老政委感到吃惊:"你真不简单,够得上一个合格的船舶政委了!"

1987年严力宾被公司派到加拿大太平洋公司的船上工作时,除日常生活用品外,他其他东西都没有带,却将一套《毛泽东选集》带到船上。他还曾和船友一起认真研读过英文版的《共产党宣言》。有人开玩笑说:"都什么年代了,还学这个。"他却认真地说:"人应该有个信仰,咱就信这个。"

严力宾曾3次随船到过英国伦敦的太伯瑞港,怀着对共产主义创始人的无限敬仰之情,他两次与船友结伴到70公里外的地方去瞻仰马克思陵墓。1988年春节前夕,严力宾又随船到伦敦港,他热心地向党支部建议:春节期间组织党团员到马克思墓地去过组织生活。党支部采纳了他的建议,大年三十的清晨,全体党团员们兴致勃勃地来到马克思墓前,过了一次有意义的组织生活。

严力宾说:人不能没有灵魂,而这灵魂正是马克思主义。他认为青年人不能随波逐流,"自强不息,是有出路的"。他勉励弟弟说:"在思想上感到迷惘,感到彷徨的时候,千万不要像现时的一些青年人那样,以一点论的眼光把周围的一切都看'透'了。要有坚定的信念,爱自己的祖国,爱自己的民族,像爱自己的父母一样,为了她的富强献出自己一生的力量。"

严力宾说:"一个人在党的事业中只不过是沧海一粟,汪洋一滴,要正确估价别人,更要正确估价自己。"他常对船友讲,远洋事业在发展,需要我们这一代青年去拼搏,去奉献。他把党的事业的大目标,与企业,与船舶,与自己的本职工作紧密结合在一起,真正发挥了汪洋中一滴水的作用。

智勇兼备　技术精湛

1976年冬,严力宾被广州远洋运输公司录用,当上了一名远洋船员。到远洋公司后,组织上送他到集美航海学校学习了近两年,他以优异的成绩完成了学业。从此,他把祖国远洋事业视为一片金光灿烂的用武之地,并为之倾注了全部心血。

严力宾曾先后在青远公司"福海"轮、"星宿海"轮、"武胜海"轮工作,还3次被公司选派到外轮上工作。无论是在中远的船舶上,还是在外国的船舶上,他都表现出中国船员忠诚敬业、精益求精的品格,表现出共产党员不畏艰险、冲锋在前的作风。

在外轮工作期间,严力宾以他的英勇无畏和聪明才智赢得了外籍船员的普遍好评。他所在的船曾3次由东南亚装木材运往欧洲。木材的绑扎与解绑是一项危险的活,一不小心,垛在上面的木材就会垮下来,造成人身伤亡。每次装后的绑扎,卸前的解绑,严力宾都积极参加,而且总是站在最危险的位置上。一次,一个水手作业不慎,木头松动下滑,他手疾眼快,一个箭步冲上去,用力把那个水手推向一边,机智地采取了果断措施,避免了伤亡事故。

严力宾身为机工,却经常冒着危险去干水手的活,深深地感动了英籍船长。有一次,船在大洋上遇到大风浪。当时,大舱内堆着200余个大油桶,时间一长,绑扎松了。这些油桶就像脱了缰的野马,随着船体大幅度地摇摆,如果这些油桶滚到一边,船体就会失去平衡,甚者会造成恶性事故。英籍船长十分着急,严力宾听说后,主动和另外一个机工赶到了现场。大舱内,油桶不停地滚动撞击着,轰隆隆的响声摄人魂魄。可严力宾毫无惧色,他瞅准两个碰撞着的油桶滚开的瞬间,飞步跃了上去,用肩膀扛着撬杠顶住,然后由其他人把油桶集中到一起,再用钢丝牢牢地扎住。险情排除了,英国船长高兴地向严力宾竖起了大拇指,连连称赞,"Very Good!"

严力宾工作的外籍船比较老旧,机舱内管道阀门的铭牌粘上了一层厚厚的油泥,辨认不清上面的字。多年来,虽然许多船员都感觉工作时不方便,可谁都没把这当回事。严力宾却利用休息时间,用洗衣粉水不厌其烦地一个个擦洗干净,直到露出全部英文名字。之后,他又逐个地翻译成中文,用红漆标在旁边,什么名字,怎么使用,看上去一目了然,方便了中外船员的工作。

在一次船舶靠港卸货时,5号克令吊突然发生故障。船上的英籍二管轮、大管轮修了半天也不行,轮机长修了一个多小时也无济于事。吃午饭的时候,严力宾对机工长郭培山说:"咱俩去试试怎么样?"凭着精湛的业务技术,两个人利用午休时间修好了克令吊。英国船长和轮机长看到克令吊又重新开始工作了,感到非常奇怪。当了解情况后,不禁拍着严力宾和郭培山的肩膀连声称赞:"好样的,了不起!"

百年树人

严力宾热爱远洋事业，并凭着高度的敬业精神和精湛的业务技术，在外国船员面前树立起了中国海员的良好形象。他曾3次外派到加拿大太平洋公司船舶工作，其中两次是因为他工作表现突出，直接被外籍船长点名要的。

因为上船工作，严力宾几次耽误了考取轮机员证书的机会，但他无怨无悔。他在平凡的岗位上，默默地奉献着自己的光和热，表现出了对祖国最深沉的爱，和对事业的执着追求。

助人为乐　富有爱心

严力宾以雷锋为榜样，把为集体、为他人做好事视为人生最大的快乐。他在一篇日记里写道："在任何时候，任何场合下，给人以帮助而不掺杂丝毫的个人私念，这样的人格是伟大的。"他像雷锋那样，走到哪里，就把好事做到哪里，把温暖带到哪里。

1974年秋，严力宾高中毕业，到胶县前店口村劳动、生活了两年半。村里的两户烈属、40户军属、11户五保户的家里都留下了严力宾关爱的足迹。

胶县前店口村后街徐大爷，村东杜妈妈，都是身边无亲人、膝下无儿女的孤寡老人，严力宾几乎把两位老人一年四季的杂活全包了下来。从坡里往家里扛粮、推草、背地瓜干，他都干，一得闲就到老人家里扫天井、擦门窗、糊顶棚、担水劈柴，洗衣晒被……

村西烈属王大娘年近耄耋，早年儿子牺牲在抗战前线，她的左腿膝盖骨也被日本兵的子弹打碎，造成终生残废。严力宾在下乡的近3年间，像儿子一样悉心照料王大娘的饮食起居，为王大娘增添了不少天伦之乐。1975年阴历大年三十，严力宾端着属于自己的那份肉馅和面粉来到大娘家，先给大娘擦玻璃，烧土炕，然后挑水满缸，再给大娘写副春联贴好，最后给大娘包饺子。望着汗水淋漓的严力宾，王大娘再也抑制不住内心的激动，一把将他搂在怀里，热泪盈眶，激动地说："孩子，你也有爹娘，过年不回家却和俺在一起，俺心里过意不去啊！"村里老人说，直到几年后王大娘去世时还一直叨念着严力宾的名字。老支书、严力宾的入党介绍人张培乐说："不是我给党培养了一个先进分子，而是党给俺村送来个好后生。他虽然走了，但村里人永远都记得他。"

在集美航海学校学习期间，严力宾同样发扬这种助人为乐的精神。那时，他担任学校学生会委员、班级党支部委员、副班长等职务，他每天清晨早早起床，帮同学们打好洗脸水，领大家到室外跑步锻炼，还常常把饭菜票送给生活困难的同学。

班上的同学文化程度参差不齐。严力宾学习好,他就主动为同学做辅导。薛运涛同学外语底子薄,严力宾辅导他学外语,有时晚间同学们都外出看电影了,他俩仍然在寝室里学习。有位同学生病了,严力宾精心护理,课余时间经常守在他身边,还专门买来营养品给他补养身体。宿舍楼门前有个下水道,每逢雨天,污水便源源溢出,严力宾总是主动去捅,从不嫌脏。这些虽是许多年前的事了,但老师和同学仍然记忆犹新。

严力宾富有爱心,他多次慷慨解囊,为他人排难解忧。1985年,严力宾随船到日本,在街上遇到几名素不相识的兄弟公司船员,他们因买东西花钱较多,没有回船的车费了。严力宾掏钱租车送他们返船,几位船员连声道谢,严力宾却说:"在国外能碰见中国同行,倍感亲切,你们遇到困难,理应帮忙。"在与船友上岸玩耍时,严力宾经常带着自己的照相机和胶卷,热情为别人拍照,吃饭时也总是抢先付钱。

于细微处见精神,严力宾助人为乐的行为,闪耀着共产主义思想的光芒。

忠于祖国　洁身自律

严力宾热爱祖国,对祖国赤胆忠心。在平凡的岗位上,他努力工作,默默奉献,作出了不平凡的业绩;在国外的复杂环境中,他洁身自律,一尘不染,自觉维护祖国的尊严和中国海员的声誉。

在严力宾当海员的10年里,公司每次派他上船,他总是按时报到,从不讨价还价。1986年8月,他爱人即将分娩。就在这时,他接到公司调他上"武胜海"轮工作的电报,当时如果讲明情况,公司是会缓派他上船的。然而,他在工作和家庭之间,毅然选择了前者。他耐心做好亲属的工作,按时上船报到。直到第二年的4月,"武胜海"轮又回到国内港口时他才下船回家公休。而此时,他的儿子已出生半年了。

曾与严力宾一起在"武胜海"号轮船上一起生活了8个多月的田宝进回忆说:"当时在外派船上,对我们刚从学校出来的年轻船员来说,严力宾既是位兄长又是位老师。我们在一起探讨人生的真谛时,他总是说,人应该有精神支柱,人生的价值不在于索取,而在于奉献。他这样说,也处处这样做。每逢船上机械出故障,他总是自告奋勇地去抢修。严力宾牺牲前,我们的船最后一次停靠青岛港时,他第一天下午请假回家,第二天就匆匆返船投入紧张的工作。事后,他曾遗憾地对我说,由于时间紧,没有回胶州探望一下自己的父母,并说两位老人身体不好,言语中充满了深深的歉意和无限的眷念。但谁料到,他这一去竟再也不能回家……"

曾与严力宾两次同船,患难与共18个月的"老伙计",担任过青岛远洋公司审计处处长的龙建设回忆说:"力宾给我印象最深的就是他那拳拳爱国之心。1985年,我们的外派船到了澳大利亚的墨尔本,正好是我在西安外国语学院上学时一位口语老师的家乡,老师的父母听到消息,来接我到他们家中作客,我征得领导的同意后,就和力宾一起去了。在他们家中,两位老人见力宾英语讲得很流利,又听说力宾想继续深造,就主动提出让我们到澳大利亚定居。他开车把我们拉到一个医院门前,说这个医院的院长是他们最好的朋友,可以介绍我们到这儿工作,每小时12澳元,每星期上5天学,只要星期六和星期日来打两天工就可以了。两位老人还说,他们可以给我们俩每人出3000澳元担保费,保证我们半年后加入澳籍,一年半后可把家属迁来。力宾和我都非常感谢老人的好意,但婉言谢绝了。力宾说,我们现在在中国生活得很好,谢谢!两位老人都非常赞叹力宾的爱国精神。"

严力宾在外轮工作期间,由于工作出色,业务精湛,得到外籍船员的高度评价。他曾两次被外籍船长邀请到外国工作、定居。但他都毫不犹豫地拒绝了。他仍旧是那句话:外国再好,毕竟是他人的故乡;中国再穷,毕竟是生我养我的母亲。我不能忘记祖国,更不能做背叛祖国的事情。他常说,作为一名中国海员,首先要有爱国之心。在他看来,人同祖国的关系,如同树叶与树干的关系,树叶不可无干,人不能没有祖国。他的根深深地扎在中国的土壤里,他的心牢牢地系在中华的大地上。

正是这种对祖国的赤诚之心,对理想的执着追求,使严力宾能在外国灯红酒绿的环境里,做到洁身自好,一尘不染,自觉抵制住了金钱、美女的诱惑,在国际上展示了中国船员的高尚品德和良好形象。

人生短暂　精神永存

"只要我认定了正确的路,那我就要一直走下去,哪怕前面有刀的山火的海……"这是严力宾生前写在日记中的一段话。他以凛然壮举实现了自己的豪迈誓言,用宝贵生命为祖国的航海事业谱写了灿烂篇章。

1989年11月18日,严力宾所在的青岛远洋运输公司"武胜海"轮在香港合兴船厂修船,工人在没有认真检查的情况下,盲目气焊切割通风筒,飞溅的火花落到轮机物料间将棉纱点燃,引起火灾,一时浓烟滚滚。厂方工人见此情况惊慌失措,擅自用太平斧砸开物料间的门锁,将门打开,由于空气流通,使火情更加严重,如不及时采取有力措施,一旦火势蔓延到机舱,国家的财产和船员的生命就会毁于一旦。

在这关键时刻,厂方工人慌忙而又草率地向我船方报告了火情后,纷纷逃离现场,避难去了。我船舶领导得知失火后,立即发出了船舶尾部失火的警报,同时用高频电话报告了香港水上警察。

船员们听到警报迅速来到现场扑救,严力宾和其他几名船员首先赶到。当他看到没有消防水,火势得不到控制时,万分着急,他把个人安全置之度外,自告奋勇地提出进入火场探明火势,并启动舵机房下层的应急消防泵救火。他只有一个信念,就是抢救国家财产,保护全体船员的生命安全。他一把从准备进入火场探明火势的船友、机工张宏伟手中抢过呼吸器,果敢地说:"现在下面很危险,拖延一分钟,危险就会增大一分,你们不熟悉情况,让我来!"在生死存亡的关头,他把生的希望让给别人,把死的危险留给自己。此刻,大量的浓烟已弥漫了走廊,令人窒息,严力宾却毫不犹豫地戴上空气呼吸器,勇敢地冲向火场。呼吸器中的氧气是有限的,而时间却飞速地流失,二十分钟过去了,严力宾还没有上来。

火场外面的船员心急如焚,齐声高喊:"严力宾快上来,严力宾快上来!"二副眼含泪水拿起另一套呼吸器戴好向舵机房奔去,他要冒险救助严力宾,可刚到梯口就被浓烟堵住,大副一把把他拽了回来。这时,船舶领导已组织人员从机舱引接消防水龙到失火地点,几名船员奋力抱住水龙,企图用水流驱烟进入火场救助严力宾,但都被无情的浓烟顶了回来。直到香港消防船和水上警察艇相继赶到后,分三批人三次下去才将严力宾找到。此时,严力宾已经窒息,呼吸器中的氧气早已耗尽。他被迅速送到香港九龙伊丽莎白医院抢救,但为时已晚。经过全体船员的奋力扑救和香港水上警察的积极协助,火扑灭了,船保住了,但严力宾却献出了自己年轻的生命。

严力宾牺牲后,为表彰他的先进事迹,中华全国总工会、交通部、山东省及青岛市人民政府先后授予他"全国五一劳动奖章"、"雷锋式的好船员"、"优秀共产党员"等荣誉称号,党和国家领导人江泽民、李鹏、杨尚昆先后为他题词。严力宾的名字和他的精神也随着各种新闻媒介很快传遍了全国。一个学习严力宾的热潮,迅速在中国大地上掀起。

严力宾虽然离我们而去了,但他的精神永存。严力宾虽没有显赫地位和耀眼头衔,但他却为我们留下了一笔宝贵的精神财富:那种忠于祖国,忠于人民,忠于共产主义事业的坚定信念;那种一不怕苦,二不怕死的献身精神;那种洁身自好,一尘不染的高尚情操;那种克己奉公,助人为乐的崇高品格,永远是我们学习的楷模。

(本文主要根据迟镜淮、李桂梅《碧海丹心——严力宾烈士的光辉事迹》一文,以及其他报刊、网站的文章改写而成。)

关瑞章：情结神州　根扎集美

集美大学

　　走进关瑞章副校长的居室，客厅的墙上3幅放大的彩色相片赫然入目：左边一幅是在英国白金汉大学1996年毕业典礼上校长撒切尔夫人授予关瑞章生物科学博士学位时握手祝贺的特写；右边一幅是他全家福的合影；而最大的中间一幅30英寸相片则是将镜头扩至毕业典礼礼堂全景的画面——台下座无虚席，台上正是本文采用的这幅相片的特写。目睹这3幅相片，让人强烈地感受到一种庄严与辉煌。我们的话题自然地就从这里开始，关瑞章副校长那充满深情的回忆与述说将我们带入了17年前的异国他乡——

　　1996年2月24日，在英国白金汉大学庄严隆重的毕业典礼上，身材颀长、脸庞清癯、神采奕奕的关瑞章，在全场热烈的掌声和羡慕的目光中第一个走上主席台，接受了校长撒切尔夫人的学位授礼。当撒切尔夫人以热情的握手向这位年轻的中国博士表示祝贺时，大红的博士服映红了他那激动的笑靥。典礼后，许多国内外留学生纷纷向他祝贺，与他握手合影。一位新加坡华人感慨地说："你为咱们中国人争了光！"这，不仅因为他来自中国，而且因为在该届毕业生中，他又是唯一荣获理学博士学位的学子。

　　17年过去了，当年的这位留学生，如今已是集美大学党委常委、副校长，教授，中国科学院水生生物研究所博士生导师。然而，面对成绩和荣誉，关瑞章似乎不愿多谈自己。在他看来，他只是尽了一名高校教师的平凡职责。事业是无尽头的，许多工作还需要他不断地去探讨、研究和完成。

秉丹心立志报国

关瑞章副校长出身于莆田江中镇的一个书香门第之家，他的祖父母、伯父母及其近亲都是旅居海外的华侨，几位姐弟30多年前也到香港、澳门、台湾定居，而他却认为在国内更有发展前途。他的祖父、伯父生前经常为家乡的学校、医院等捐款。在家人的爱国思想的影响下，自从恢复高考第一年考上厦门水产学院开始，他就立下了把根扎在祖国的坚定志向。置身于爱国华侨领袖陈嘉庚先生创办的集美学村，那难忘的大学四载，在嘉庚精神和"诚毅"校训的感召下，他刻苦学习，如饥似渴地汲取知识的营养，历任文体委员、班长，光荣地加入了中国共产党，并被评为优秀毕业生。

1984年，大学毕业留校任教两年的关瑞章，荣获联合国教科文组织的全额奖学金，被选派赴奥地利参加"国际湖沼学研究生培训班"学习，以全班第一名的优异成绩毕业。按照当时我国对公派留学人员的要求，他放弃了继续攻读博士的机会，按期回国服务。他那爱国精神和踏实认真的学习态度以及简朴的生活，给年青的留奥学生留下深刻的印象和影响，我驻奥使馆在他留学人员回国证明书上给予高度评价："关瑞章同志留奥期间，学习认真，成绩名列全班第一，在政治上关心和帮助其他留奥学生。"

1991年11月，关瑞章再次荣获中英友好奖学金，被选派到英国白金汉大学深造，后继续获该大学奖学金攻读博士学位。留英5年间，他以聪颖的天资和勤奋严谨的工作态度，对从北美引入英国的淡水螯蟹河流生态等进行深入研究，取得了累累硕果，以单独作者或第一作者在国际权威专业英文刊物上发表了6篇SCI论文。同时，他收集了大量有关科技文献，为回国后工作的开展做好充分准备。"国内人才断层给我们这一代留学生提供了好机遇，学有所成的留学生尽早回国服务，既有利于国家也有利于个人。"在接受新华社驻英记者姜岩的采访时，他坦然表达了自己的朴实情感。

功夫不负有心人，关瑞章以优异的成绩提前获得生物科学哲学博士学位，并被他的导师挽留继续从事博士后研究。此时，他的妻子在英国已有固定工作，女儿在英国一所重点中学学习成绩优秀，而他自己完全可以在异国寻求一个优越的工作和生活环境。然而，决心已定的关瑞章却不为所动："在国外工作尽管收入很高，但毕竟是给别人干活，干出成果也是人家的。国内条件困难但可以克服，因为我们属于中国。"

1996年8月13日，关瑞章博士带着对祖国深深的眷恋和沉甸甸的收获，毫不犹豫地辞别师友,携妻带女登上了归国的班机,提早一年回到了祖国的怀抱。

育人才心倾教研

又一次踏上集美学村这块熟悉的土地,关瑞章开始了事业的新起点。

回国后,关瑞章立即投身于繁重的教学和科研工作。在水产学院工作期间,他从一个普通教师到教研室副主任、养殖系副主任、主任、院长,从分管教学工作到全面主持和负责行政工作,他始终坚守在水产教学和科研的第一线。他热爱教师这一神圣职业,并为之倾注了满腔心血。

立德树人是高校教师的天职。关瑞章要求学生要学习陈嘉庚精神,践行"诚毅"校训,不仅要刻苦学习,更要学会做人做事。在讲台上,他认真传授水产学科的专门理论知识和实用技术,先后主讲"水产动物疾病学"、"内陆水域鱼类增养殖学"、"淡水渔业动态"、"生物统计学"、"科技文献检索与利用"等9门课程,为先后4届的国家科技部举办的国际水产养殖培训班讲授"水产养殖综述"、"生物技术在水产养殖的应用"和"鳗鲡养殖业"等4门英语课程。为培养学生解决问题的实践能力,他多方联系了欧洲鳗鲡养殖最集中、病害也较多的仙游县,带领学生深入养殖场,免费为当地十几家鳗场检查鳗鱼疾病,开具治疗药方,为鳗业者减少和避免了许多经济损失,不仅让学生得到实践锻炼,而且增强学生服务国家和人民的社会责任感。他指导的"异域鳗鲡养殖技术与病害防治研究"项目,荣获全国大学生创业计划大赛银奖。

坚持实践出真知,坚持理论学习、创新思维与社会实践相统一,是大学生成长成才的必由之路。关瑞章抓住实践育人、特别是实践教学这一全国高校人才培养中较为普遍存在的薄弱环节,针对水产养殖学这一应用性、实践性很强的学科特点,从2002年开始,主持开展了福建省教育厅"水产养殖学本科实验实习教学创新体系的建立和实践"项目研究。关瑞章率领他的团队,以推行实践教学改革作为专业建设的重要内容,紧紧围绕专业培养目标,精心设计,以强化实践教学有关要求为重点,注重知行统一和学思结合,突出因材施教,修订和完善人才培养方案,明确教学的目标、任务、模块、内容,加强综合性实践科目的设计和应用,从实验实习、毕业论文、课外实践教学等一系列实践教学环节进行全方位的改革,创建了水产养殖学本科专业实验实习教学的新体系。持续7年的实践教学改革,有力地促进了学生创新精神和实践能力的培养和提高,增强了学生基本知识掌握和基本技能的训练,调动和优化了教学资源的配置,解决了实验实习教学与生产实践相结合的问题,提高了复合型和应用性高素质水产人才的培养质量。2008年,他主持的"水产养殖学本科实验实习教学创新体系的建立和实践"教学改革项目,研究成果总体水平居国内领先水平,荣获福建省高等教学改革成果一等奖。他参加的"面向21世纪高等农林院校水产养殖本科人才培养方案、教学内容和课程体系改革的研究与实践"项目,获得福建省高等教学改革成果一等奖。

2001年,关瑞章受聘担任中国科学院水生生物研究所博士研究生指导教师。他按照课程体系精品化、科研训练前沿化、论文质量国际化的标准和要求,精心制订高起点、高标准的培养方案,针对每位博士生学术兴趣和学术专长量身定做培养计划,既突出水产学科基础理论和研究方法的系统掌握与运用,又注重相关学科知识、理论和技能的交叉与运用,重点选取在水产学科领域中具有前沿性和战略性的重大课题进行科研训练。在他的严格要求和悉心指导下,他指导的7名博士研究生全部以优秀的成绩取得了博士学位。"综合国力的竞争,归根到底是人才的竞争。大学教师要把培养高素质专门人才作为第一职责,要把精力和注意力放到搞好教学和培养好学生上。"关瑞章用实际行动履行着教师这一平凡岗位的崇高职责。

作为改革开放以来集美大学培养回校工作的第一个留学博士,关瑞章清醒地意识到:要使我国的高科技尽快赶上世界先进水平,必须付出更多的汗水和努力!具有很高经济价值的鳗鲡有着特殊、神秘的河海生殖洄游生活史,其养殖是福建的强项,也是我国出口创汇的主要水产品之一。在赴英国学习之前的10年间,关瑞章就已从事着鳗鲡的生物学和养殖学的研究。回国后,他依然选择了以鳗鲡不同种类的养殖技术与病害防治为研究对象,组织率领由20多名教师和30多名研究生组成的科研团队,一头扎入了与生产紧密结合的科研攻关之中,把时间慷慨地献给实验室和基地高温的鳗鲡育棚,甚至连一个周末的休息也感到是一种令他痛惜的浪费。他先后主持"异域鳗鲡养殖技术与病害防治研究"、"鱼类病原菌DNA免疫研究"、"鳗鲡健康养殖基因工程抗体制剂的研发"等30余项科研项目。2007年,他担任农业部农业公益性行业科研专项:"鳗鱼药残控制技术与环保高效配合饲料技术"首席专家,专项经费达1681万元。他领衔开展了分离鉴定鳗鲡主要致病菌并建立了病原库;研发30多种主要致病菌快速检测试剂盒,在主产区开展了鳗鲡细菌性流行病调查,掌握其流行规律;研发出10种高效廉价杀菌和杀虫的中药复方、中西药复方,在田间试用取得了良好效果,克隆了主要鳗鲡病原菌嗜水气单胞菌的外膜蛋白基因cDNA全长,并在大肠杆菌中实现高效表达;构建鳗鱼免疫球蛋白单链抗体噬菌体库,筛选出一株可抗6

种鳗鲡主要病原菌的单克隆抗体株;纯化获得多种高纯度的鳗鱼抗菌肽,获得其一级结构和 cDNA 序列。他主持和参加的科研项目,获国家海洋局科技成果进步二等奖 1 项,福建省科技成果进步三等奖 2 项,厦门市科技进步奖二、三等奖各 1 项。他发表学术论文 100 多篇,其中近 30 篇被 SCI 收录,2 篇获省自然科学优秀学术论文二等奖。

30 多载奋发拼搏,莫不浸透着关瑞章的辛勤付出和汗水。尽管紧张忙碌使他无暇顾及生活的丰富多彩,然而他心中感到是那样地踏实舒畅,他巴不得将自己所有的知识和力量都献给祖国和人民,献给母校,献给水产事业。人们经常看到:

——他总是欣然接受地方水产部门及有关单位、养殖户等邀请,对当地的鳗鲡与甲鱼等的养殖进行实地考察、调查与指导;跑遍了福建、广东、江西等鳗鲡主产区,举办养殖实用技术培训班,培训技术人员;率领他的科研团队,在全省各个主要养殖县建立了试验示范基地 9 个、示范点 29 个、生产线 4 条、示范养殖鳗鲡面积约 1.8 万亩;

——他踊跃参加国内外学术交流,2004 年他率领中国水产专家代表团,赴比利时参加中欧水产学术论坛并做主题报告;多次作为我方主持人,主持在台湾和厦门举办的闽台渔业学术论坛;带领研究生参加全国欧鳗养殖技术与病害防治研讨会、厦门国际欧鳗养殖技术研讨会,并担任大会外国专家的英文翻译;

——他应聘担任国家自然科学基金项目评议员、农业部水产养殖病害防治专家委员会副主任委员、国家教育部水产科指导委员会委员、全国渔协鳗业工作委员会专家组成员、中国水产学会副理事长、福建省科技厅自然科学基金项目评议员、福建省海洋与渔业局科技专家顾问、厦门市科协副主席等,经常参加国家、省市等科研项目的评审会、论证会、鉴定会和评奖会;

——他发挥个人的英语特长,为校内外师生翻译论文摘要,为泉州市、漳州市水产局等翻译有关水产科研项目可行性报告、科技文献等数十万字。

为母校辛勤耕耘

机遇总是垂青有准备的人。伴随着高等教育的改革发展,2005 年 2 月,关瑞章走上了集美大学党委常委、副校长的领导岗位。他分管学校师资队伍建设、科研、研究生教育工作,担任学校新增博士学位授予单位立项建设工作领导小组副组长及办公室主任,深入分析高等教育面临的新形势新任务,以新的教育理念思考着如何抓住机遇、夯实质量提升的基础、推进学校内涵式发展的问题。在关瑞章分管师资队伍建设期间,学校以改善师资队伍整体结构为重点,努力加大人才培养和引进力度,实施"高层次人才建设工程"、"教师继续教育工程"等,引进"双聘"院士5名、"闽江学者"特聘教授和讲座教授3名,在岗培养和引进的博士共200多名,学校的师资队伍在学历、学缘、年龄的结构上得到很大改善,整体水平得到提高,为以优秀的成绩通过教育部本科教学工作水平评估、博士学位授予单位立项建设工作,奠定了坚实的人才基础。他说:"我校作为一所福建省重点建设的大学,为海峡西岸经济区建设和行业科技进步作出更大的贡献,是我们的责任所在,也是我们开展科研工作必须深入思考、正确把握的方向性问题。我校科研工作,只有在支撑区域经济社会发展方面发挥更大的作用,才能获得更好的发展良机。我校科研工作、学科建设必须立足海西建设、闽台合作的区位优势和涉海学科特色优势,找准自己的目标定位、发展路径和主攻方向,有所作为。"他组织开展基层调研,拟定分管工作的目标任务和措施,具体统筹协调,抓好工作落实,推动工作发展。近年来,在校党委的领导下,学校党政班子率领全校师生,以博士点立项建设为契机,以学科建设为核心,以立项的授权学科和支撑学科建设为重点,凝练学科方向,加强人才队伍建设,整合各方资源,推进内涵式发展,学校的综合实力和教育质量进一步提升,办学特色和优势进一步彰显,学校面向海洋的学科具备了良好的发展基础,科研工作、平台建设、研究生教育、重点学科建设等均以新的骄人业绩展现在社会面前。

——科研经费和高层次科研项目持续提升,获奖成果和研究成果争创佳绩。集美大学新增科研合同经费2005年为1200多万元,2012年达到1.0738亿元,新增科研合同经费每年均以1000万元左右的速度增长。新增科研项目2005年为144项,2012年达到510项。获863项目、国家自然科学基金、国家科技支撑计划等国家级科研项目70项;获省部级科研项目331项。获国家发明专利39项;获省部级以上奖励35项,其中国家科技进步二等奖1项(排名第二)。

——科技创新平台和创新团队建设成效显著。2008年前集美大学没有省部级创新平台。而今,学校拥有鳗鲡现代产业技术教育部工程研究中心、农业部小海海水健康养殖重点实验室、福建省船舶与海洋工程重点实验室、福建省水产品深加工工程研究中心、福建省船舶助导航工程研究中心、福建省清洁燃烧与能源高效利用工程技术研究中心等6个省部级创新平台,1个科技部国家级坛紫菜科技特派员创业链(基地),1个农业部大黄鱼遗传育种中心和18个厅级科技创新平台,有力地推进了产学研合作,促进科技成果转化。

——硕士研究生教育日趋成熟。2003年,集美大学成为硕士学位授权单位,有4个二级学科硕士点。2005年,学校15个二级学科被增列为硕士学位授权学科,共有19个硕士点;2008年以来,学校新增9个一级学科硕士学位授予点(覆盖56个二级学科硕士点),2个硕士专业学位点(10个领域),获批成为开展授予同等学力人员硕士学位工作的授权单位和面向港澳台地区招收研究生单位。硕士研究生在校生人数2005年上半年为73名,2013年1月达到1041名。

——重点学科建设取得重大突破。2007年,集美大学仅有水产养殖、轮机工程2个二级省重点学科。2008年以来,学校新增9个二级省重点学科、8个一级省重点学科,其中水产、船舶与海洋工程2个一级学科成为福建省特色重点学科。

——博士学位授予单位立项建设顺利通过整体验收。2008年,集美大学启动作为2008年至2015年福建省唯一的新增博士学位授予单位立项建设工作;2011年7月,学校达到了新增博士学位授予单位立项建设中期建设目标;2013年1月,集美大学博士学位授予单位立项建设,顺利通过了国务院学位委员会的整体验收。

荣誉、鲜花,伴着祝贺的掌声;信念、欢愉,带着追求的渴望。关瑞章荣获全国师德先进工作者、全国优秀水产科技工作者、福建省劳动模范、福建省先进工作者、福建省"师德之星"、福建省教学名师、福建省优秀农业推广工作者、厦门市劳动模范等一系列荣誉称号,享受国务院政府津贴,光荣当选为厦门市第十一届、十二届、十三届人大代表。他的事迹曾被《中国教育报》、《人民日报》海外版、《福建日报》等及国外新闻媒体宣传报道。

在集美大学校园里,我们见到关瑞章副校长依然是那样步履稳健,平常而又实在。他就是这样一个人,一个对工作认真负责、对学生严格要求、对事业充满激情的人。在他家客厅的墙上,那幅为国争光的相片仍平静地挂在那里,似一股无形的力量激励着他锐意进取、不懈追求,更提醒着他永远不忘自己离开英国前对记者吐露的一句肺腑之言:"近百年来,留学生对中国的独立自主和繁荣富强作出了巨大贡献,我相信我们这一代留学生也不会辜负祖国和人民的期望。"

"路漫漫其修远兮,吾将上下而求索。"面对脚下的路,他始终充满着自信,正如他的一贯信念:"凡事只要用心付出,就一定会成功!"

有人曾经问爱因斯坦:成功的秘诀何在?爱因斯坦写了一个公式:$A=X+$

Y+Z。并解释说:A代表成功,X代表艰苦的劳动,Y代表正确的方法,Z代表少说空话。

  关瑞章副校长正是用自己的行动验证着这个著名的"成功定理"。这,不仅仅只是为着他那神圣的梦,为着他孜孜以求的事业,更是为了祖国母亲那欣慰的笑脸!

邵哲平:他的书斋在大海

熊 杰

2012年下半年的某一天,应海防某师船运大队的邀请,集美大学航海学院院长邵哲平,为南京军区车船专业培训班学员开设了一堂讲座,主题是新时期船舶管理方式的转变。100多名官兵,整齐划一地坐在教室里听着。讲台上的邵哲平,军人式的平头,1.8米左右的身材,挺胸抬头,气宇轩昂,他敬了一个标准的军礼,然后开始他的讲座。他的声音很具穿透力。如果不是穿一身便装,很难把他和军人区分开来。

讲座完后,邵哲平走进学校的航船模拟实验室。在这里,邵哲平的角色又变成一名船长。如今的船舵已经不再是一个大大的轮盘,它比汽车的方向盘还要小。在操舵和操作其他设备时,邵哲平轻手轻脚,没有了船长的豪迈,更像一个在做精细实验的实验员。

站在讲堂上,他侃侃而谈,传授理论知识;走进船舱里,他手把手教学生操作设备。这是邵哲平工作的两个侧影,也折射了他"在学校会做学问,下海能开船"的"双师"作风。

邵哲平是大学教授,但与一般待在书斋或实验室的学者不同,他在大学任教期间,还坚持出海航行。前后十余年,他获得了无限航区船长证书,还驾驶科考船去过南极。

在学生眼里,邵哲平是令人敬佩的船长。学生用类比的方式来介绍自己的老师:登山运动员很多,但能登上珠峰之顶的人很少;船长很多,但有能力开船去南极的人稀少;是教授又是博士的船长则少之又少。教授、博士、开船去过南极的船长,邵哲平用自己 30 年的坚持,炼成一个"复合体"。

从助教到水手、船长

正是因为多年在船上的磨炼,邵哲平才能在意外到来时,应对自如。

福建人被认为是中国最具海洋精神的人群之一。他们一代又一代,无所畏惧地奔向大海,走向世界。邵哲平说,这种独特的海洋文化也深深影响了他本人。

在高考报志愿时,他选择了航海专业,因为喜欢它的挑战性和冒险性。他曾畅想,要做一个真正的男子汉,拥有大海般的胸怀,到大洲大洋去奔波闯荡。

1982 年大学毕业时,怀揣着出海跑船的梦想,邵哲平的毕业志愿表上填满了远洋公司的名字,但学校给他的分配决定是留校,这与梦想背道而驰。

邵哲平说,得知留校的决定很是痛心,他在海通楼的班级门口无奈地站了很久。但是,面对理想和现实的双项选择题,他作出了决定:既接受现实,也不放弃理想。

他调整好心态,踏踏实实从助教做起,还当上了辅导员。

1983 年 10 月,学校为培养"双师型"教师,派邵哲平到一家远洋公司去做实习水手。1985 年,他有了正式下船的机会。去远洋公司,虽然还保留着高校教师的身份,但在公司里,他已经是一只"单飞燕",是一个地道的水手,一个要面对大海的男子汉。

上世纪 80 年代,船舶设备相对落后,很多工作要靠人工来完成。那时,船头有一个封闭的船舱,专门用于存放锚和锚链。锚沉入海底,水藻、海泥会附着其上,容易生锈,需要经常保养。而要做这项工作,须长时间在不透气、闷热的空间里清洁、刷漆,要忍受刺鼻的气味。面对艰苦的磨炼,邵哲平选择了无条件接受。"我那时没想过自己是大学老师,而是把自己当渔民和船工。"回想起那段经历,邵哲平很满足:"一个月下来,还能挣 6 块钱的奖金呢!"

邵哲平说,只有做真的水手,才能做上真的船长。从水手到船长,靠的是脚踏实地的锻炼,而不是坐在干净的办公室或驾驶舱里就能实现的。他从三副升到大副,只用了短短 5 年多时间。1995 年,他获得了无限航区船长证书。

十年磨一剑。1997 年 2 月,邵哲平正式升任船长。那一年,他 33 岁。

实现了当船长的梦想,并不意味着一切会顺风顺水,而是要承担随之而来的更大的责任。1997 年夏天,邵哲平驾船准备停靠秦皇岛码头,引水员小心翼翼地将船引到码头,准备将其停靠在一个船位上。这个船位前后各有一艘船,邵哲平指挥船微速前进,意想不到的是,船突然加速。听到声音不对,邵哲平立刻下达倒船的指令,但是速度在短时间内并没有降下来,紧接着他又下达了抛锚的命令,船终于慢慢降速并停下来,在降速过程中,船与前一艘船擦边而过,一起撞船事故终于被避开了。

检查得知,船突然加速是因为机械故障。正是因为多年在船上的磨炼,邵哲平才能在意外到来时,应对自如。

从水手奋斗到船长期间,邵哲平没有停止过做学问的步伐。1987年他考上硕士研究生,在读研期间他还坚持出海。他说船上的休班时间,有人选择了喝酒打牌,他却把自己关在房间里看书。他笑着说:"船上读书更安静,因为除了工作,想找人来烦你都找不到。"

驶向南极

他任船长的"雪龙号"科考船创下六下南极、离站时间最晚的纪录。

1998年,邵哲平到大连海事大学攻读博士学位。这期间,他有机会担任"雪龙号"科考船的第二船长,驾船去南极考察。第一船长是袁绍宏,也是集大的校友。

邵哲平说,袁绍宏从1993年就开始在"雪龙号"上工作,经验丰富。他是真正的航海家,从那时到现在,他一直都是集大人的榜样。

带着"冰区航线的选择及船舶操纵方法的研究"的课题,邵哲平登上了"雪龙号"。他说,这个课题研究的是如何在有冰的地方开船,我干的活儿就是我的课题。

邵哲平说,以前开船,很少破冰,但在南极,这却成为常事。每次破冰前进之后,船身后面的碎冰会在低温下冻结成块,而船尾的螺旋桨,不具备破冰的功能,一旦螺旋桨撞上硬冰块导致损坏,船就没有了前进的动力。因此,必须先破开前面的冰,再小心冲撞后面即将粘在一起的冰,这样才能前进。"雪龙号"就这样,在退一步、进一步、再退一步、再进一步中,慢慢破冰航行。

进去难,出来更难。船在冰里不能后退,所以只能调头回来。直线前进尚需一点点地破冰,调头难度更大,不单单需要技术,还需要经验和耐心。邵哲平说,每次调头都需要很长的时间,最长的一次耗用了10个小时。

"雪龙号"于1999年11月1日至2000年4月5日执行中国第16次南极考察任务,历时157天,航行27053海里,累计破冰51小时,破冰43海里,创造了当时"雪龙号"六下南极、离站时间最晚的纪录,同时,也创造了我国南极考察以来航程最远、破冰距离最长、一个航次四过西风带的纪录。

邵哲平说,南极之行并非一帆风顺。在巴西,"雪龙号"经历了海岸搁浅;在印度洋航行时,发生了8根连接船体的螺栓断裂的故障;在葡萄牙海岸,发生了碰撞码头的事故。在经历一番波折之后,船终于到达南极。邵哲平说,有袁绍宏这样的前辈坐镇,遇到困难,大家也不会惊慌。那时,邵哲平的目标之一,就是能有袁绍宏那样丰富的经验,成为他那样的专家。

描绘起南极,邵哲平的表情仿佛一个虔诚的信徒,给人的印象至今难以淡忘。他说,南极是一个童话般的世界,在那里,有着湛蓝的天、洁白的雪和艳红的太阳,这是地球上最后一块尚未被开发的大陆,所有的颜色都纯净得摄人心魄。

在南极,很多时候,需要科考人员步行几小时把采集的标本用滑板拉到船上。大家走得全身出汗,却还是要把全身包裹得严严实实,因为稍微露出一点儿皮肤,都会被紫外线灼伤,造成脱皮。

2000年4月,邵哲平和他的队友完成了科考任务,光荣归来。当问及南极回来最大的感受是什么时,邵哲平笑着答道:"5个月过去了,回来发现女儿长高了。"他说,跑远洋的人一出去就是几个月,正是因为有家人的默默付出,他才能安心跑船,静心做学问。

"亮剑"亚丁湾

讲索马里海盗,如果没有去过,又怎么讲得清楚?

浩渺大海,波诡云谲。亚丁湾是位于也门和索马里之间的一片阿拉伯海水域,是船只快捷往来地中海和印度洋的必经站,也是索马里海盗经常出没的地方。

2010年6月,交通运输部一纸任命,邵哲平变身海军舰艇上的护航船长。匆匆告别后,他加入中国海军第六批护航编队,开赴亚丁湾,执行护航任务。

多年担任商船船长的邵哲平,常在亚丁湾航行,熟悉那片复杂的水域。

提起海盗,很多人脑海里会浮现出这样的画面:头戴三角帽,手持火枪,肩上架着一只学舌鹦鹉……其实,这是小说中的描写或是电视里的形象,真正的索马里海盗,是"带着武器的渔民"。

邵哲平首次担任护航任务就遭遇海盗。他回忆那次经过:他们出印度洋向红海方向护送商船,一般护送时间需要2天。需要护航的商船根据编号排列成两路纵队,护航军舰一左一右护卫前进。

到达护送终点后,军舰回到待机点,商船则各自驶向不同的目的地。然而,在商船解散几小时后,一条求救信号传了过来:有商船经曼德海峡往红海行驶,遭遇了疑似海盗小艇的追击。

坐在军舰上的邵哲平,此时心里非常紧张。身处军舰之上,他当然是安全的,但他担心的是遭到追击的商船。他说,这些海盗很狡猾,我们刚走,他们就上。当过船长的人才能真正体会到对"突发事件"的担忧。因为茫茫大海,见不到人,一旦有事,想喊救命都不知道向谁求救。

直升机迅速出动,军舰也加速赶过去。护航官兵及时赶到,将海盗驱逐,商船没有受到影响。

听到前方传来商船无恙的消息,邵哲平心中的石头终于放下。随着军舰赶到,邵哲平第一次看到了传闻中的索马里海盗:全是渔民的打扮,唯一与渔民不同的是,他们拥有 AK47 自动步枪、火箭炮等武器。

事后,邵哲平打听到,直升机赶到后,海军鸣枪示警,海盗小艇马上转向,准备逃离,但被军舰拦住。军舰靠近后,小艇上的人都举起双手,手里还抓着鱼——海盗竟然伪装成渔民。

之后的护航经历,让邵哲平对索马里海盗有了更深刻的认识。海盗每次行动一般会用 3 艘小艇组成小分队,每艘艇上有 5~9 人不等。海盗小艇艇身细长,移动速度很快,商船根本无法摆脱追击。

邵哲平说,相比起船上的物资,海盗对船和人更感兴趣。一艘新加坡籍船,20 多名船员被挟持 4 个多月,海盗的目的就是索要赎金。该船刚被劫时,海盗要价 800 万美元,经过长时间讨价还价,最终以 280 万美元成交,船员才被释放。

邵哲平看到 20 多名获救船员时,他们不仅面黄肌瘦,头发很长,精神状态也很差。

邵哲平回忆说,当军舰经过商船,上面的船员会挥动五星红旗,有人会打着"祖国万岁"的标语,有人会高声喊出"中国海军万岁"的口号。他说,这不是作秀,是他们发自内心的真正感受。

作为交通运输部选拔的代表,邵哲平还负责向官兵讲授商船的各类知识。半年的时间,他和护航队友们共护航商船 615 艘,驱离疑似海盗小艇 29 艘次。

完成护航任务后,在谈到收获时,邵哲平说:"航海专业的学生遍布大洲大洋,需要给他们传授课本以外的知识,讲索马里海盗。如果没有去过,又怎么讲得清楚?"

把海上的经验带到课堂

学生要想当船长,学校该做些什么?邵哲平从自己的经历中找到了答案。

"海盗可怕吗?不可怕。如果在船上正确躲藏,他们几天也找不到你。"邵哲平告诉记者,现在的大型货船如同一幢复杂的楼房,每个走廊、楼道、小房间都可以上锁封闭,海盗没有专业设备很难打开,整个船就像个迷宫,藏得好,一两天都可以不被找到,这样就可以争取时间寻求支援。他说,我们要做的是把正确的方法告诉学生,让他们克服盲目恐惧的心理。

回到集美大学后,邵哲平把抗击海盗的经验整理成教案,在课堂上讲授。

邵哲平说,把经验、挫折告诉学生,他们就会少走弯路。同时还要把正确的方向告诉他们,因为任何时候,方向比努力更重要。

想当船长,该朝哪个方向走?学校该做什么?邵哲平从自己的经验和经历中找到了答案。他说,航海学院要培养学生两样东西:一是基本的航海知识与技能;二是心智,就是一种意识,包括学习的意识、吃苦的精神,还有沟通的能力。

在他的主导下,学院进行了课程改革,实践被放到了重要位置。船舶教学实习、雷达模拟器训练等实践内容被强化。学生在大三就要上船,而大四就让学生直接到远洋公司,真刀真枪地干活。

航海专业的学生黄显鑫说,邵老师经常告诉我们,不要成为书呆子,而要敢于动手实践,敢于到远洋公司去闯。课本的知识只能讲清基本的原理,而要真正做一名船长,必须有全面的知识,很多东西靠自己去悟,或许要用很长时间,但专业人士的一次指点,也许能起到"胜读十年书"的作用。

来自交通局、海事局、远洋公司的很多专家、技师,有不少就是邵哲平在工作中交往的好朋友,在他的倡导下,他们走上了集大的讲堂,有的讲港口管理知识,有的讲法规,有的讲操作技能,这让学生受益匪浅。

集大校友会会长辜建德说,这些年,碰到航海学院校友回忆学校,大家印象最深刻的、认为收获最大的事情之一就是学校经常请行家来讲座,这些知识让他们在工作上显得更"老到"。

在讲授"航海学"这门课时,邵哲平经常鼓励学生,毕业后要慢慢成为船长。只有做到船长这个岗位,在管理经验、语言表达能力上有了突破,才能真正融入航海这个圈子。

邵哲平说,我经常要求学生学好英语。现在在船上工作,船员来自不同国家,白人、黑人、黄种人都有,大家一起做事,都用英语交流;船进其他国家港口时,指令也是英语,因此不懂英语就站不住脚。他还说,不要求学生掌握标准的英式或是美式英语,但对专业术语,如桥梁、净空、高度、水深等必须懂,因为各个国家的人讲英语的口音有很大差别,所以要适应"万国英语"。

邵哲平经常告诉学生,茫茫海上,除了工作,便是孤寂无聊,这个时候想联系女朋友也只能是"万里共婵娟"。他说,船上虽然寂寞,却是读书的好时机。虽然喝酒打牌也能打发时光,但下船后会毫无所获,消耗的是时光,磨去的是意志,几年后就会成为海上"方仲永",完全废掉。

重实习、重吃苦精神的培养、重意识的建立,使航海学院的学生表现出独特的气质,航海专业的毕业生更是"不愁嫁的女儿",甚至还没毕业就被"预订"光。邵哲平对这一点最开心。

做应用型科研

他所在学院的横向课题经费,几乎占学校横向科研经费总量的半壁江山。

2011年,航海学院的横向课题经费,即与企业或部门合作经费达4277.6万元,约占集美大学20个学院横向科研经费的一半。

集美大学校长苏文金说,邵哲平任航海学院院长以来,注重与企业和航运管理部门联系,争取了不少课题。他亲自主持课题,为企业解决了很多难题。

近日,由邵哲平与另外两位作者合著的《海洋石油支持船作业技术及应用系列指导书》出版。

据了解,由于海洋石油支持船作业的特殊性,目前,国内外对这类船舶操作的指导书相对匮乏,特别是国内,更是缺少系统的指导书。这套书的出版,填补了国内空白。

随着我国海上石油业的不断发展,对支持船的应用也提出了新要求。所谓支持船,简单地讲,就是为海上油田运送物资、石油,并提供其他后勤保障的船只。支持船需要特别的设计。一个海上油田的平台,从找油那一天起,到把油运出来,都离不开支持船。

邵哲平说,做应用型科研,离不开与企业合作。他说,货真价实的应用型科研就是要为企业解决问题,而不是在实验室里做做实验,再发表几篇论文了事。

邵哲平说,与研究型大学相比,应用型大学的科研选题应更侧重于应用型、开发型的研究,而非搞纯理论研究。

航海学院的研究生叶翔说,邵哲平老师不仅仅精通开船,他还经常做船舶信息化研究方面的课题,他10多年前就开始关注计算机技术,亲自写程序,也要求研究生必须掌握相关的计算机技术。

据集美大学科研处的老师介绍,邵哲平近些年一直主持"动态目标识别系统"研究。这个系统的作用是,当船经过港口时,通过视频和计算机识别,就能直接了解船主信息以及吨位、设计吃水、结构吃水等数据,而通过数据比对,还能对航船自动进行安全评估,发现安全问题,也可及时解决。

采访中,同事们笑言,邵哲平已经"转行"了,"船长"应该是10年前的印象,他现在的任务是研究如何管好船了。

当记者问及,从16岁上大学起,到现在过了30多年,为什么始终坚持做航海?邵哲平说,当他作为学生参加实习,第一次踏上船,第一次走进轮机舱时,他就觉得这个地方不陌生,就认为这是该去的地方。这也许是缘分吧!"或许,我天生就爱这行。"他说。

极地之子——袁绍宏

林斯丰

中国极地研究所副所长兼"雪龙号"船船长袁绍宏是当今中国许多年轻人崇拜的偶像,也是集美大学最杰出的校友之一。他拥有高级船长、上海市十大杰出青年、全国百千万人才入选者、全国先进工作者、享受国务院政府特殊津贴、当选党的十六大代表等一系列荣誉,他的事迹随着中央电视台、上海东方电视台、人民日报、新华网等媒体的大量报道和人们对南极、北极科学考察的高度关注而广为人知。

"我事业的起点在集美"

提起集美,袁绍宏总是充满自豪和感激。1998年10月6日,"雪龙号"首航厦门,受到厦门市政府、各界人士和母校师生的热烈欢迎。袁绍宏应邀回到阔别12年的母校,回忆起在集美度过的难忘岁月。他在给师生做报告时深情地说:"能够有机会在这里向老师、同学们作汇报,我感到万分荣幸。我深知我今天取得的这一点点成绩,都是母校老师们辛勤培养的结果,如果没有母校老师们辛勤的培养,就没有我的今天。母校教给了我一把开启知识大门的钥匙,这把钥匙就是扎实的理论基础和吃苦耐劳、孜孜不倦的求知精神。我永远铭记校主陈嘉庚先生制定的'诚毅'校训,永远铭记母校老师'每一条船都是流动的国土,要爱这片国土,也要保护这片国土'的谆谆教诲,决心以优异的成绩报答母校的培育之恩,为极地考察事业作出贡献。我是从集美走向海洋的,我事业的起点在集美。"

1965年3月,袁绍宏出生在江苏省姜堰市。1983年9月,18岁的袁绍宏考入集美航海专科学校,学习海洋船舶驾驶专业。在学习中他逐渐认识到,强国必先强海。毕业后他选择了国家海洋局东海分局,加入了科学考察的行列,开始驾驶海洋科学考察船,驰骋于各大洋和南极、北极。

与"雪龙号"结下不解之缘

1992年,我国从俄罗斯引进了一条装备比较先进的2万吨级极区补给破冰船,改造为中国极地科学考察船,命名为"雪龙号",并被誉为"科学之舟"。

1993年"雪龙号"首航南极,为保证在南极复杂、恶劣的环境和诸多难题下首航成功,国家海洋局在全系统物色优秀船员组建"雪龙号"班子。袁绍宏被选中担当"雪龙号"首任大副的重任,从此与"雪龙号"、与极地考察结下不解之缘。

上"雪龙号"后,袁绍宏就全身心投入到工作中去。他凭借多年的航海经验,结合"雪龙号"的特点,设计出"雪龙号"稳性电脑计算程序,解决了"雪龙号"稳性计算时手工操作效率低、精度差的问题,保证了在各种海况下及时提供船舶稳性参数,提高了船舶安全性。

1994年7月,经考试取得船长适任证书后,袁绍宏任"雪龙号"见习船长,参加中国第11次南极考察;1996年6月,任"雪龙号"第二船长,参加中国第13次南极考察;1997年7月起,他担任"雪龙号"船长,参加中国第14、15、16、18、19次南极考察;1999年7月,他驾驶"雪龙号"参加中国第一次北极考察。他先后11次穿越南大洋暴风区,在南北极冰区作业航行1万多海里,大洋安全航行达10多万海里,创造了我国科学考察船极地冰区航行的奇迹。他带领"雪龙号"开创了一年安全航行南、北两极三个航次的先例;开辟了上海至北冰洋航线;创下了我国科考船在北极最高纬度的航行纪录。1997年,他找到了取名为"馒头山"的锚地,结束了中国在南极中山站10年没有自己锚地的历史,为我国极地科学考察事业作出了重要贡献。

"把你交给袁船长,我放心!"

曾经有一位家属对考察队员说:"把你交给袁船长,我放心!""雪龙号"每次扬帆远航,都要出黄海,入东海,跨越赤道线,驶入印度洋、太平洋,穿越风大浪高的西风带,进入极区,迢迢万里航程中,狂风、恶浪、浮冰、海盗、疾病等各种危险无时无处不在。

1999年2月22日凌晨,"雪龙号"正从南极向祖国航行,经过印度洋的西风带时,遇上了47米/秒的特强台风,咆哮的涌浪有12米高。海浪呼啸着成排向"雪龙号"扑过来。"雪龙号"瞬间成了一片树叶,被推上波峰又掀进浪谷。"雪龙号"实行船长负责制,年轻的袁绍宏必须承担起航行的全部责任。船舶价值连城,船上有中国当今顶尖的极地科学家,而船舷外风狂浪高危机四伏,航船的速度、方向、倾斜度、转向的时机等等,都关系到船及船上人员的安危,稍有疏忽后果就难以预料。这一切,都压在袁绍宏的肩头。袁绍宏果断地关掉自动驾驶系统,把船头垂直地正对着涌浪,以这种令人惊叹的方式驯服了惊涛骇浪,战胜了西风带,把"雪龙号"安全开出。当"雪龙号"终于冲出大浪的重围时,他已累得根本走不动路了,不得不由两名船员搀扶着走下驾驶台。

2002年12月14日,"雪龙号"从利特尔顿港起航不久,又遭遇超强气旋,风力达到11级,尖叫的狂风响彻太平洋上空,巨浪打到了7层楼高的驾驶台。"雪龙号"剧烈地抖动着,发出可怕的声音。涌浪从三面夹击着"雪龙号",躲过了东南方向的一个,躲不过西北方向和西南方向的。上百吨的海水灌到甲板上,航行灯被打掉了,配电箱被打坏了,电缆架被打烂了,前舱进水了,船艉翘起,螺旋桨瞬间空转,船体倾斜达到20度……面对一个个险情,袁绍宏镇定地发出一个又一个指令,组织船员与风浪展开着殊死的搏斗!经过长达16小时的较量,"雪龙号"终于逃离气旋,闯出"魔鬼西风带"。

类似的历险,袁绍宏不知遭遇过多少次,每次过后他总不愿多提及。"过去的就让它过去吧,"他淡淡地说,"危急关头,我绝不能倒下,因为这时全体船员都看着船长一个人,而一旦船遇险,没有人能救你,也无法援救,一切只能依靠自己的毅力和智慧。"坐过"雪龙号"的人都说他胆大,他的胆量是在风浪中练就的。

曾有记者问袁绍宏怕不怕?他回答说:"当一个人满怀对祖国的热爱,充满了神圣的使命感的时候,他是不会惧怕任何困难的。"

"一切为了科考,一切服务科考"

袁绍宏明白,中国的极地事业已从过去的以考察为主,一举跃上了以科学研究为重点的时代。作为一个现代化大型考察船的船长,他不但提出了"一切为了科考,一切服务科考"的治船方略,而且从掌握科学考察的内涵上把"一切为了科考"做主动、做到位。他主动了解、关注极地前沿科学和科学家的科考项目、课题特点、实施条件、配合要求等等,把服务科考工作做上门去,深得中外科学家的好评。1999年我国首次北极考察期间,他建立了"雪龙之家"网站,自任站长,每天两次向全船科学家发布信息,仅北极考察航次,就有近万人次访问他的网站。

对随船考察的科学家,他怀有深深的感情。他说:"来我们'雪龙号'参加南北极考察的科学家应该说都是我们国内一流的科学家,我们不光要为他们保证安全的航渡,同时也要为他们的科考工作提供良好的保障,为他们在海洋领域、极地科考领域跨入世界先进行列提供有力的保障。我总想把船开得更好一些,让科学家们一路感觉舒服一些，少吃一些苦头，让他们把更多的体力和精力用于极地考察。"

男儿有泪不轻弹，再大的风浪和历险都不能使这位勇敢的船长畏惧，但为了营救一位考察队员的生命，他却落泪了。第16次南极考察中，由于操劳过度，中国极地研究所党委副书记、副所长盛六华在南极卸货时累得大吐血，生命危在旦夕，"雪龙号"必须立即把他送到最近的智利彭塔港治疗。但此时，船已被浮冰层层包围，船头根本无法调转航向。袁绍宏急了，船员们发现，平时面对天大的险情也镇静自若的船长，此时眼圈都红了，他声嘶力竭地大声叫喊着口令，指挥"雪龙号"一米又一米地撞击着浮冰，整整撞击12个小时，才闯出一条路。

在船员的眼中，袁绍宏是一个技术过硬的好船长；在科研专家看来，袁绍宏是一位很内行的合作伙伴。中国极地研究所研究员、冰川学家李院生介绍说："一次，一位美国科学家坐'雪龙号'做实验，熟悉情况的袁绍宏建议他修改实验位置，以便获得更准确的实验数据。开始美国科学家并不相信这位中国船长，后来到了现场才发现袁绍宏的建议是正确的。这个美国科学家很感动，说他在执行南极考察、大洋考察中坐过很多条船，没有一个船长能和科学家有这么好的配合。"许多科考专家说，我国南、北极内陆冰盖考察等多项科考项目的成功也都和袁绍宏的全力支持密不可分。

中国航海史上的一次质的飞跃

北京时间1999年8月5日9点20分，"雪龙号"抵达北极，实现了中国人的北极梦！

作为政府派出的科学考察队考察北极，中国历史上这是第一次。而对于袁绍宏来讲，这是他第二次来到北极。1998年7月，我国政府派出了以国家海洋局副局长陈炳鑫为团长，陈立奇、袁绍宏等4人组成的代表团搭乘俄罗斯的科考船赴北极考察，揭开了中国政府关注、参与北极事务的新纪元，对北极进行科学考察被提上了议事日程。

1999年，国务院批准组建国家科学考察队。1999年7月1日上午10点，浦东外高桥码头，"雪龙号"在锣鼓、鲜花和亲人们的挥手中，缓缓启航。漫漫北极之旅，终于成行。9月9日，"雪龙号"返回祖国怀抱，历时71个日日夜夜，航程26260公里，航时1237.42小时。中国第一次北极科学考察取得圆满成功，然而，你可知道，他们远征北极，走过了多少险阻，走过了多少曲折……

"雪龙号"首航北极成功，进入北纬70°以北海域，这是中国航海史上的一次质的飞跃,也是我国船舶北上航线的一次历史性延伸。

"雪龙号"推行"垃圾外交"

1998年,第15次南极考察中国科考队完成了很多项第一,比如:内陆冰川考察队第一次攀上被世界称为人类不可能到达的南极最高点;考察队第一次完成所有大洋考察项目;中国科学调查船第一次实现冰上卸货;"雪龙号"寻找到中国在南极的第一个锚地等等。在众多个第一中,有一项意义不凡,那就是中国调查船第一次帮助外国极地科考站将垃圾运离南极。

南极洲是目前世界上唯一没有国家国界的大陆,在这里,各国考察队员毗邻而居,一举一动都代表了国家的利益。袁绍宏说,在南极,各国的环保意识极强,大家有一个无形的约束,那就是各国的所有生活垃圾、建筑垃圾都必须带回本国处理,以确保南极的环境不受污染。曾经在各国的营地附近发生过有胡乱抛弃垃圾的现象,澳大利亚等国的科考人员就怀疑那是中国队员的作为。为了维护国家形象,"雪龙号"在第14次南极之行的同时就将中国"长城站"的所有生活垃圾、建筑垃圾带回本国处理,第15次南极考察,"雪龙号"更是不仅将积累在"中山站"的几百吨垃圾带回,还协助澳大利亚,把他们的50吨垃圾同船运走。此举一下子扭转了澳大利亚朋友对中国人环保意识的成见,当"雪龙号"满载垃圾到达澳大利亚时,还受到了当地群众的热烈欢迎,这次"垃圾外交"由此成为中国环保史上可圈可点的一段佳话。

"成绩都属于过去了,一切从零开始"

从1998年年底到2000年年初这一年多的时间里,袁绍宏船长和他的船员们"南极—北极—南极"地跑了三趟,可以肯定,在这一年,雪龙号船是世界上航程最长的考察船,这样的航程中,船长的辛苦不言而喻!

结束了16次的考察,我国决定检修"雪龙号",这个长167米、宽23米的庞然大物太辛苦了,检修后的雪龙号船准备参加中国第18次南极考察,所以,中国第17次南极考察队没有搭乘"雪龙号",而是乘坐飞机和搭乘澳大利亚的考察船考察南极的。

在检修和休整的时间里,船停在船坞里,而袁绍宏却比以前更忙了:从2000年4月开始,他参加了船长知识更新培训,更换远洋船长使用的所有证件;这期间,受国家海洋局推荐,被评为"全国先进工作者",这是中国职工的最高荣誉;国家海洋局把他树立为全国海洋局系统的典型,号召全海洋局系统的同志向他学习;他被上海市评为"上海浦东十大杰出青年"和"上海市十大杰出青年"。5月初,袁绍宏到北京参加"全国劳动模范和先进工作者表彰大会",受到了江泽民等党和国家领导人的亲切接见,中央电视台还把他作为全国先进模范的典型作了重点宣传。2001年4月,他被任命为中国极地研究所副所长兼"雪龙号"船长,2001年7月,他又被批准为国家有突出贡献专家,享受政府特殊津贴。2001年9月,他又凭着在远洋航海方面骄人的成绩,被全国航海专业职称评定委员会评为"高级船长",这是航海业的最高职称,此时,袁绍宏只有36岁!

鲜花和掌声接踵而来,他多次被各级领导接见,又被很多单位请去作报告,介绍自己的成功经验,很多同行来向他取经。虽然头上"光环"多了,袁绍宏却依然很冷静。他说:"成绩都属于过去了,一切从零开始,这就像我们去南极一样,每次都是新的开始!我这个人是喜欢干事情的。"在长期的极地考察生活中,他看惯了惊涛骇浪狂风暴雨坚冰冷雪,练就了从容、平淡的心态,他没有陶醉在荣誉中,而是把荣誉给了中国的南北极考察队员,给了自己的船员。他说自己是代表这些从事艰苦的极地考察工作的同志领奖的,成绩是大家的!

"当选十六大代表,我感到肩上的担子更重了"

袁绍宏是一位拼命三郎,在工作面前、在困难面前总是冲锋陷阵在前,发挥了共产党员的先锋模范作用,以自己默默无闻的行动为党旗增辉。2002年8月,他被国土资源部选为党的十六大代表。2002年10月9日,中央电视台《十六大代表风采》栏目播出了袁绍宏的专访,称他为"极地之子"。

"极地科学考察是一项体现国家综合国力的系统工程,它从一个侧面反映一个国家在政治、外交、经济、社会发展和科学研究等诸方面协调发展的整体水平和综合国力。"袁绍宏说,在远离祖国的南极,与各国科学家一起进行科学考察,对这句话体会太深了。在十六大分组讨论会上袁绍宏说:"我国已经进行了18次大规模南极科考和首次挺进北极的科学考察,为维护我国的极地权益、为人类和平利用南极和人类科学进步事业作出了贡献。作为千千万万海洋工作者队伍中的普通一兵,我深感责任重大。极地科考工作环境恶劣,条件艰苦,但我们的海洋工作者心里装着党和政府的关怀,肩负着祖国和人民的重托,为了中华民族的强盛,为了中国极地事业的振兴,我当奉献一切。"

十六大闭幕后,袁绍宏又于11月20日再次驾驶"雪龙号"奔赴南极,执行我国第19次南极考察任务。他表示要把十六大精神传达给每位船员和科考队员,带领大家继续发扬极地精神,安全、圆满完成科考任务。

"一定要让母校的校旗在北极飘扬"

袁绍宏常年在地球的两极间奔走,但无论他走到哪里,他都没有忘记培养他的母校,关注着母校的发展。

1998年10月,他和徐宁校友一起,不远万里给学校带来了一块50多斤重的"南极石",还向母校赠送了一批珍贵的纪念品,包括有着1000多年历史的南极地衣,一批南极科普书和幻灯片,有关南极的条约和外国友人送给他的南极考察站站徽等。

1999年7月,他驾驶"雪龙号"赴北极考察,怀里揣着母校领导捎来的一面母校校旗。当"雪龙号"顺利到达北极圈时,袁绍宏庄重地将签有我国极地科学考察队五位首席科学家和他本人名字的集美大学校旗升起在北极,鲜艳的校旗在茫茫的雪地上显得分外妖娆。寂静的北极顿时响起了热烈的掌声,随行的全国20多家新闻机构的记者争相用手中的摄影机、照相机记录下这珍贵的一幕。

1999年10月,集美大学举行隆重仪式,李连亭教授受袁绍宏的委托,把这面具有特殊意义的校旗郑重地交给辜建德校长。

第16次南极考察时,集美大学申请了一项省自然基金课题——"冰区航线的选择和船舶操纵研究",袁绍宏作为课题组的副组长参与研究。据当时作为科考队员随船做研究的邵哲平博士说:"袁绍宏真的很能干,在船员和考察队员中皆有口碑。他为课题研究也作出了重要贡献,为我们提供了不少帮助。"

2003年3月20日,"雪龙号"在圆满、出色完成我国第19次南极考察队各项科考任务后,载誉回归上海。对于袁绍宏来说,"归航"只是下一次"启航"的开始。在事业的航程中,他没有停泊,而是不断追求,不断向新的高度进取。

(本文写于2003年,袁绍宏现任中国极地研究中心党委书记)

百年树人

王新全：三十而立 四十不惑

林斯丰

王新全，1964年4月出生于江苏泰州的一个农民家庭，1983年考入集美航海专科学校轮机系，学习海洋船舶轮机管理，1986年分配到上海远洋运输公司工作，历任船舶三管轮、二管轮、大管轮、轮机长等职。1996年开始担任我国现代化程度最高的第五代集装箱船舶轮机长。2000年后历任中远集运船舶管理公司技术信息中心主任、技术部经理，中远集团总轮机长，中远散货运输（集团）有限公司总经理助理、安全技术管理部总经理。他先后在中国航海学会主办的《航海技术》杂志上发表远洋船舶轮机管理论文20多篇，4部专著，分别由人民交通出版社、上海交通大学出版社出版。20多年来，王新全以自己踏实的工作态度，勤恳的工作作风，刻苦的钻研精神，扎实的技术功底，创造了不平凡的工作业绩。先后荣获中远（集团）总公司优秀青年和特殊贡献奖、全国交通系统劳动模范、上海市劳动模范、新长征突击手、优秀共产党员、"学科学、学技术、学文化"三学状元、全国五一劳动奖章、全国杰出青年岗位能手、中国青年五四奖章、全国职业道德十佳标兵、全国十大杰出职工和全国劳动模范等称号。中央电视台《东方之子》、《新闻联播》等栏目和《人民日报》、《中国青年报》等报纸都介绍了他的事迹。中远集装箱运输有限公司开展"人人学王新全"活动，设立"王新全式岗位标兵"。2009年9月，入选新中国成立以来60位感动交通人物。2000年10月、2006年5月两次被聘为集美大学客座教授。王新全多次应邀回母校作报告，参加校庆活动，在老师和同学中反响强烈。

发誓征服拦路虎

王新全在集美读书的时候，和我一个大班，合班上课都在一起，我们还共同负责过系分团委和学生会的宣传工作，并在1985年先后入党，在同一个支部活动。王新全给我的最深印象，一是要强，二是好学。他的英语基础比较差，一开始有点跟不上，一次课堂提问，他答不上来，被老师"酸"了两句，急得他掉了泪。从那时起，他把英语当作"仇敌"看待，发誓要征服它。他曾经说："我不允许在自己面前存在任何有碍前进的路障。即便有，也要征服它。"后来他的英语水平跃居班上的前列。对于专业，虽然他也是到了学校才知道是怎么回事，但他想得很朴实："三百六十行，行行出状元。只要自己努力，什么岗位上都能体现自己的人生价值，都能实现自己的抱负。"因此他学习特别用功，当时令我们羡慕不已的是他看专业书能像看武侠小说那样入迷。到了上专业课，提问题最多的便是他。下课后他也常争分夺秒地向老师讨教。他不满足于一知半解，更反对不求甚解；知其然的东西，一定要知其所以然。

毕业时，王新全选择了上海远洋运输公司，第一次上的就是当时比较先进的第二代集装箱船——"潮河"轮。开始他还以为自己在学校学得不错，到船上肯定没有问题，没想到到了船上，面对高速运转的机器和数百个闪烁的控制仪器表盘，顿感手足无措。他清醒地意识到，要从一名优秀的学生成长为一名优秀的轮机员，还需要付出艰苦的劳动和辛勤的汗水。他在"潮河"轮一干就是16个月，除了认真完成实习任务和大管轮安排的工作外，还主动参加各个环节的维修保养工作。为进一步熟悉和了解设备，他借来图纸和说明书，一边阅读，一边到实地查看对照。为摸清某个问题，他常常独自钻进机舱，反复琢磨。他不仅有意识地向轮机员请教，吸取他们的经验和方法，还几次写信叫我帮他查资料，或向专业老师请教他在工作中遇到而又弄不明白的问题。在这16个月中，王新全基本熟悉和掌握了作为合格轮机员所应该具备的知识和技术，并顺利渡过了晕船关。

革新、发明2000个

1988年，王新全在"沭河"轮任三管轮，该轮的四台吊杆及舱盖板均为液压操纵，液压管系从船尾的舵机间经生活区延伸到全船，每次操纵吊杆及开关舱盖时，液压油管产生震动并发出噪音，令人难以忍受。他对全船液压系统进行放气检查，发现液压系统内存在大量空气。于是，他对液压系统进行了全面检修，使该轮的液压系统处于平稳的工作状态。

百年树人

　　1990年前后,中远的"口"字号滚装船接连发生事故,先是"白河口"轮的主机连杆轴瓦烧毁,接着"小石口"、"太平口"、"枝江口"等轮也发生相同事故。当时,王新全所在的"花园口"轮的主机也发生了故障。他和同事们对主机进行了一次全面检修,发现由于船舶长期使用1500秒劣质燃油,致使排气阀排气不畅而破裂或烧毁,导致主机故障。他发现,按说明书规定,每隔一年检修一次排气阀。但说明书认为主机一年运转5000小时,而实际上主机每年要运转7000小时以上。为此,王新全向公司提出建议,将排气阀检修周期缩短到3000小时。后来这成了公司口字号轮的一个管理规范。1991年,王新全再次上"花园口"轮工作,在一次吊缸检修中,他发现安装活塞连杆组件时,既费事又费力,稍不注意,就会碰坏连杆固定螺栓,造成返工。这是V型机吊缸检修时速度提不高的主要原因。那么,怎样才能使安装就位准确无误呢?王新全苦苦思索,终于一个奇妙的想法蹦了出来:制作一个导向工具。有了导向工具,安装变得得心应手了。原来要花近20个小时的操作过程,现在只要7小时左右。他的这个小发明被推广到公司同类船舶,大家亲切地称这种导向工具为"新全导向轮"。他在船工作期间搞的小发明、小革新和解决的生产难题近2000个,产生直接经济效益3000多万元。

高素质海员形象

　　1991年,中远公司新引进的五条第三代现代化的2700箱位的全集装箱船开始营运。对此,他在心存羡慕的同时也意识到,随着国家改革开放事业的发展,自己也将很快操纵这些船了,必须在知识上、技术上早做准备。一次,他所在的船停靠日本神户港,刚好与普河轮为邻。他到普河轮的机舱和集控室,上上下下来回看,并从该轮大管轮那里复印了厚厚一叠资料。从普河轮回到自己的船。王新全陷入了深思,深感要成为一个优秀的轮机员,仅靠吃苦流汗是不够的,仅把机器设备的性能、结构、工作原理、维护和故障处理搞懂也是不够的,还应该熟练掌握计算机技术、驾驭自动化系统,主动迎接新技术的挑战。正是有了这种"超前意识",他把原本准备给家里添置"大件"和给妻子买首饰的钱,去购置了一台电脑。许多人不理解他的举动,但他心里十分清楚,人无远虑,必有近忧。有了电脑以后,王新全的业余生活和公休假期就更加充实了,有时为了搞懂一条命令的执行情况,常常琢磨到深夜,依靠自学,成为电脑高手,为后来在全电脑自动化监测和管理的第四代集装箱船上工作奠定了坚实的基础,并进而成为我国现代化程度最高的第五代集装箱船舶(能装载标准集装箱5250个,当时造价达

8000万美元)的轮机长,为中国远洋运输业塑造了全新知识型、高素质海员形象。

船舶管理　完美无缺

　　1994年5月,公司派王新全到德国接飞河轮,这是当时世界上最先进的能装载3800个标箱的新一代集装箱船。这种船自动化程度非常高。交船时船厂主管交接船的工程师说:"我们有一流的设计人员,我们还有全世界最棒的技术工人。"言下之意,对中国船员提出疑问。王新全和接船的同事们心里都憋着一股气。接船后的第二个航次,该船主机燃油回油总管爆裂,裂缝中向外喷射的高温燃油散发着令人作呕的气味。时任二管轮的王新全立即组织人员抢修,经过8个多小时努力,终于排除了故障。事后他又钻进机舱,对回油管爆裂原因进行分析,最后认定是回油管路在设计布置上存在缺陷。为消除这一隐患,王新全又同轮机长反复讨论设计了一套改进方案。船抵汉堡港,他们请来厂家予以保修解决。船厂主管工程师开始不相信是设计原因,认为是使用操作不当所致。王新全的现场演示及改进设计方案终于令其信服。这次修船,全船对设计使用提出了630个需改进、保修及不合格项,其中就有520项是他与同事们一起钻机舱、做测量而提出的,项项有理有据。素以严谨著称的德方技术人员,没想到中国船员会如此"较真",傲慢的主管工程师不得不信服地竖起大拇指。

　　王新全有个"过电影"的习惯。每天晚上临睡前总要把当天的工作过一遍,对第二天要做的重要工作也总习惯在脑子里先预演一番。时间长了,便掌握了一手"下盲棋"的本领。1996年7月,已经考上轮机长的王新全随飞河轮在印度洋上航行时,与公司的另一艘船相遇。对方用高频紧急呼叫,说他们电脑坏了,自动系统无法控制船舶主机,请求援助。王新全仔细询问了有关情况,判断可能是操作失误所致,立即写了个操作程序,传真给对方请他们不妨按这程序试试,一试果然灵验。

　　1996年11月,王新全到日本四国岛的坂出船厂接川河轮,这是一艘耗资5亿多元人民币的第五代集装箱船。船厂的总工程师见到身着轮机长制服的王新全时,非常诧异地问:"您今年多大年纪?"王新全答道:"33岁。"总工程师敬佩地说:"真了不起啊。要知道,在日本,能上这种船当轮机长的,都超过45岁了。"1997年3月,川河轮抵达美国长滩港,适逢半年一次的港口国安全检查。当王新全用流利的英语一一回答美方人员的各种问题,介绍了船舶日常管理后,美方检查人员在登记簿上郑重写下"完美无缺"的评语,对中国船员的管理水平表示赞赏。

总结出版四部专著

王新全喜欢把工作经验写成文章。从当实习生起,就养成了一个习惯:在工作的同时作笔记。不管是学术书籍上的资料,还是工作中解决问题的心得,他总是细心地记录下来。在"秋河"轮工作时,有一次遇到主机突然减速,当时船上的轮机长判断是主机的漏油监测装置起作用了,用压缩空气把该装置周围的油吹掉,转速当即恢复了正常。王新全看在眼里记在心里,下班后便把整个工作过程记在笔记本上。回家公休时便结合自己的思考,写成一篇6000多字的《MAN B&W6L70MC/MCE型柴油机高压油管漏油监测装置分析》论文,详细阐述了平时不受人注意的漏油监测装置的作用。文章很快在《航海技术》上发表了。看到自己的文章变成了铅字,王新全倍受鼓舞,并从此一发不可收,先后在《航海技术》、中远总公司的《船舶机务交流》和上远六处安技科创办的《技术交流》(内刊)等刊物上发表了100多篇论文。1992年,公司对"口"字号轮尾门尾跳液压系统进行技术改造,作为技术改造领导小组的一名成员,王新全在技改工程结束之后,花了一年多的时间,与马智宏等人一道编著了《滚装船舶尾门尾跳系统管理》一书(人民交通出版社出版)。1994年他在"飞河"轮工作时,由于轮机部的其他同志对电脑自动化管理还不适应,一天24小时不管何时自动系统报警,都要请他来解决。他想:船上仅我一个人会电脑自动化管理是远远不够的,我有责任让同事们都掌握这门技术。于是,他利用业余时间写了《电脑操作指南》一文,供船上同志阅读。后来,他又利用公休时间将该文扩充成24万字的《船舶柴油机微机监测系统及操作管理》一书(人民交通出版社出版)。后来,王新全又针对现代化集装箱船舶发展趋势,结合自己在第五代集装箱船工作的体会和经验,与其他同志合作编著《超大型集装箱船的管理》和《船舶维修保养与故障诊断》两部专著。

遥控600多艘船舶机舱

2000年,公司调他到岸上工作,担任技术信息中心主任。对他来说,这既是机遇,也是挑战。船上的一切自己再熟悉不过了,岸上的工作却要从头开始。上任伊始,他就开始思考一个问题:在船上,轮机长可以在房间通过微机控制和监测系统了解机舱里各种设备的工作状况,那么,在岸上,能不能通过网络即时了解船舶的运行状况呢?他向公司提出了立项申请,并成立课题组开始攻关。经过几个月的反复研究和试验,克服了许许多多预料中和预料外的困难,课题研究取得了重大突破,实现了船舶运行参数每天两次定时向公司传输,公司技术部门通过这些数据,可以远程掌控船舶的运行状况,发现异常或船上需要指导时,公司技术部门即可给予技术支持和指导。他组织开发的中远集运船舶管理信息系统经确认为上海市科学技术成果。2003年年初,公司又任命王新全为技术部经理。技术部是公司最重要的部门之一,负责公司100多艘船舶的技术和安全,担子重,责任大。后来,他又被选拔到中远集团总部,担任总轮机长,负责的船舶达600多艘。对王新全来讲,这是一个更大的挑战。从面对机舱到遥控机舱,从1艘船到600多艘船,从一方面到全方位,从自己干到领导、指挥别人干,王新全一步一个脚印,扎扎实实地迈上一个又一个台阶,成功地实现了"转型",尽管头发日渐稀少,但思想却更加成熟,更加有大将的风度。

勤能补拙 关心后进

2003年10月20日,王新全应邀回母校参加校庆,我去机场接他时谈到我念初一的女儿很崇拜他,特地准备了一本精致的本子要请他签名。他听了哈哈大笑,说:"我什么时候成了'追星'的对象了?"谈起"追星",王新全说他曾经也是一个"追星族",他追的不是"歌星"、"影星",而是公司里的一位高级轮机长、轮机技术方面的权威。王新全崇拜他,看他写的文章,写信向他请教,并暗下决心,要赶上他,超越他。校庆期间,王新全在一次报告会上从"勤能补拙、勤于思考、勤于积累、善于总结"四个方面介绍了自己的工作体会,希望同学们珍惜在校时光,勤奋学习,学有所长。他认为自己并不是那种特别聪明的人,之所以能做出一些成绩,主要应该归功于"勤"。只要"勤",就没有什么学不会的。毕业后他上第一艘船就一干16个月,以其勤奋好学,完成了从实习生、机工到轮机员的飞跃,熟练掌握了轮机员业务。当然,他并不满足于知道"事情怎么做",而是喜欢琢磨"为什么要这样子做"、"怎么做更合理"。正是他的爱琢磨的性格,使他在"口"字号轮的技术改造中脱颖而出,解决了一个又一个技术难题,提出了不少合理化的建议。为V型柴油机拆检的导向工具也是在工作中"琢磨"出来的。他的"过人之处"还在于他"勤于积累、善于总结",一个难题解决了,一个问题"琢磨"明白了,他就以论文的形式写下来,寄给《航海技术》等刊物发表;许多难题解决了,许多问题"琢磨"透了,就着手写书。他撰写、编著或合著的论文和著作已成为轮机员和轮机管理专业师生的重要参考书。

工作之余,王新全不忘充电。他先后参加了大连海事大学的专升本学习和上海海运学院的研究生学习,2007年又考上大连海事大学的博士。一次,大连海事大学轮机工程学院几个研究生听说王新全在海大,便精心准备了一些轮机技术方面的难题,邀请王新全座谈,向他请教,同时也想试一试他的"功力",王新全"见招拆招",一一作了回答,有的问题他还建议大家去查阅他写的某一本书中的某一章节。大家叹服不已,称他是"一身武功,名不虚传"。当然,学无止境,他自己十分清醒,依然保持谦虚、纯朴的一贯作风。

发扬"诚毅"精神

2004年4月21日,是王新全40周岁生日,正好他来厦门出差。第二天晚上他来集美看我,我们俩还有另一个同学在一起海阔天空闲话家常,一直聊到深夜。我说前些年上海海运局有一个以"小扁担精神"著名的全国劳模杨怀远,状告《荣誉的十字架》作者张士敏诽谤,问他怎么看这事。王新全说他能理解杨怀远,荣誉这东西是"双刃剑",处理不好也会伤害人。他1993年获得全国交通系统劳动模范时刚满29岁,自己的工作能得到肯定和褒奖,心里喜滋滋的。在1993年至2000年期间,又有一系列重要荣誉接踵而至,名气越来越大,压力也越来越大,也曾感到困惑。冷静下来想想,荣誉毕竟是身外之物,不能为之所累。自己的战场在船舶,优势在技术,还是应该立足于船舶,发挥自己的技术优势,实实在在地做事、做人。我们谈到古人所谓的"人生之三不朽——立德、立言、立功",他认为有些事要凭天赋,有些事要靠机遇,有些事只要你努力就一定能做到。至于给自己的人生"定位",他赞成"君子不器","风物长宜放眼量"。

2002年"五四"青年节前夕,时任交通部长的黄镇东致信交通系统的团员青年,希望他们向严力宾、王新全学习。巧的是严力宾、王新全都是集美的校友,而且两人都出自轮机专业。和王新全一起进校、一起毕业的全国先进工作者、十六大代表、"雪龙号"船长袁绍宏则出自驾驶专业。更有趣的是,获得2002年"王新全式的岗位标兵"的顾晓龙,还是王新全的同学。这或许是一种巧合,或许有某种必然,无论如何,这种现象值得人们思考和总结。

王新全对集美有着深深的眷念,每次回来,总要去看看老师,看看同学,总要到当年读书的地方去"重温旧梦",或者到街边小店煮一碗米粉汤,找回学生时代的感觉。王新全说他对集美毕业的学弟们总是特别"照顾",总希望"江山代有人才出",能够有人赶上他,超越他。所以对他们要求特别严格,希望他们好学一点,实干一点,把集美的好传统和"诚毅"精神好好地继承下来,发扬光大。

李铁军:无私奉献　赤诚为民

黄美琼

1999年5月24日,李铁军校友随八闽杰出青年先进事迹报告团回到集美大学,为母校师生们作了精彩的报告。他的先进事迹不时赢得了师生们雷鸣般的掌声。老师们为他的成长感到欣慰和骄傲,同学们为有这样一位学长感到自豪和鼓舞。

李铁军1965年11月出生在福建省漳州市一个干部家庭。1988年从福建体育学院(现集美大学体育学院)运动系毕业,分配到漳州市公安局芗城分局治安巡逻中队("漳州110"前身),1993年12月,任"漳州110"副大队长兼机动中队长及团支部书记,1996年9月任代理大队长,1998年4月任大队长。在十几年的从警生涯中,李铁军和战友们一起,在维护治安和服务群众方面,创建了一流的业绩。在任副大队长时,积极支持、配合大队长郭韶翔开展工作,使"漳州110"成为全国公安机关的一面旗帜,一个榜样。李铁军不畏强暴、甘当公仆、克己奉公、无私奉献、开拓进取的精神,赢得了党和人民的高度赞誉。在十几年的工作中,他曾连续5年被评为优秀团干,并获得"漳州市十佳青年民警"、"漳州市十佳青年"、"福建省十佳青年民警"、"福建省十大杰出青年提名奖"、"福建省最佳巡警"、"福建省新长征突击手"、"福建省十大杰出青年卫士"、"福建省五一劳动奖章"、"全国优秀人民警察"、"全国公安机关勤政廉政先进个人"、"中国优秀青年卫士"、"中国青年五四奖章"等荣誉称号;共7次受到上级嘉奖,2次荣立个人三等功,1次荣立个人一等功;并光荣当选为共青团福建省第十届代表大会、福建省第九届人大代表和共青团第十四次全国代表大会代表。

李铁军生长在一个军人家庭,从小对橄榄绿就有着一份特殊的情感,梦想着有一天也能成为一名威武、勇敢的战士。大学毕业后,他终于实现了自己的梦想,当上了一名人民警察。从穿上警服的那一天起,李铁军就立志要成为一名优秀的警察,然而,他知道一名优秀的民警不仅要有强健的体魄,还要有过硬的本领。他争分夺秒地学习各种科学文化知识,刻苦钻研业务,全面提高自己的综合素养,擒拿、格斗、射击、游泳,他样样精通,成为"漳州110"的多面手。每次出警,他总是冲锋在前,冷静思考,果断出击,战友们都称他是诸葛式的"拼命二郎"。

1995年7月4日凌晨4时,值班室里警铃骤响,有人报案:4名歹徒持刀劫持了一部深圳开往厦门的大巴。李铁军率领3名值班民警迅速赶赴现场。歹徒一见警察慌忙逃窜,李铁军奋不顾身地追上一名歹徒。歹徒一看情况不妙,滚入桥下的水塘,边挣扎边用石块掷击紧跟在其后跃入水塘的李铁军。李铁军仍紧追不舍,突然,他感到左手拇指一阵揪心的疼痛,低头一看,原来左手拇指被石块砸中,整个指甲翻起,鲜血淋漓。歹徒见势趁机脱逃,李铁军忍着疼痛继续追赶,并鸣枪警告。歹徒仍没命地逃窜,李铁军果断朝歹徒开枪射击,歹徒被击中大腿,束手就擒。

1997年11月21日,"110"接报:一伙地痞流氓在某建筑工地敲诈勒索,砸烂了所有运输车的玻璃,强行要求工地购进他们的劣质沙、水泥等建筑用料,并扬言如果不答应第二天就要让工地"底朝天"。李铁军接案后,立即布置警力伏击,他们在工地守候了整整一天。第二天中午,十几名歹徒带着大砍刀、铁棍等凶器开车到达工地。李铁军指挥伏击民警以迅雷不及掩耳之势将他们包围,部分歹徒被当场抓获,有4名歹徒见势不妙,驾车逃窜。李铁军见状迅速驾车追赶,汽车驶上了环城路,歹徒一看被李铁军追上,多次企图把李铁军的车挤下路面。"嘭、嘭"强烈地撞击,震得李铁军全身发麻,但他紧握方向盘,不让歹徒有任何可趁之机。一次又一次地冲撞,一次又一次地失败,歹徒的嚣张气焰此时已荡然无存。李铁军凭着过人的胆识,终于制服了歹徒,将他们全部缉拿归案。

如今,违法犯罪分子一听到李铁军的名字都闻风丧胆。李铁军和他的战友们以满腔的赤诚,英勇顽强的战斗精神,为漳州的经济发展和人民群众的生产生活提供了安全保障。

作为一名人民警察,李铁军始终牢记为人民服务的宗旨,不遗余力地为民办好事、办实事。1996年3月4日,漳州市北京路183号发生液化气严重泄漏事件。接到报警后,李铁军带着民警迅速赶到现场,在随时都有可能发生爆炸的危险时刻,李铁军让战友们守在外面分散附近的群众,自己毅然冲进危房救人。老旧的房子里光线很暗,他找了几个房间都没有找到人,刺鼻的液化气呛得他无法呼吸,他冲出危房吸了一口气又冲了进去,还是没有找到人。同志们都不忍心让他再进去,大家都争着要去救人。李铁军果断地说:"还是我去,你们不要争了。"他换了一口气后又毅然决然地第三次冲入危房,他手脚并用,在地面上摸索寻找,突然,他触到一个软乎乎的东西,再仔细一摸,"找到了!"李铁军连拖带拉地把人拖了出来,终于避免了一场悲剧的发生,而他自己却因吸入过量有毒气体,大半天躺在床上不能动弹。事后户主感激地握住李铁军的手说:"谢谢您,110真是我们的救命恩人哪!"

李铁军常说:"在危险紧要关头,作为一名警察就必须冲在最前头,不能退缩,因为老百姓都在期盼着你呀。"正是秉着这种赤诚为民的思想,李铁军多次不顾个人安危救助落难群众。他还带领"110"的干警们省吃俭用,为贫困山区的学校添置教学设备;帮助特困生重返校园;为家遭不幸的学生送去温暖……李铁军和他的战友们为漳州百姓做了许许多多的好事、实事,赢得了漳州人民的交口称赞。

李铁军在1996年6月原大队长郭韶翔进京深造时,接任代理大队长职务。此时,"漳州110"已是全国学习的榜样,他感到自己的压力很大,但他暗下决心,一定要挑好这副重担。为了保持和发扬"漳州110"的优良传统,维护和发扬"漳州110"赤诚为民、快速反应的生命线,正视存在的困难和差距以及队伍当时的状况,李铁军在全队民警中开展了为期3个月的"荣誉面前找差距,赞扬声中查不足"的大学习、大讨论。采取"走出去,请进来"的方法,带领新的大队领导班子走访兄弟科所队和街道办事处,到厦门"鼓浪屿好八连"、驻漳部队"济南二团"、永春县美岭村等先进单位学习、取经,请老红军吴再兴等老同志来队作学习优良传统的报告,广泛征求各方面的意见和建议,倾听各界的呼声。他还大胆尝试人事制度的改革,激活队伍的管理机制,充分调动民警的工作热情,激发青年民警的积极性和创造性。

李铁军不仅注重科学的管理方法,而且讲求务实高效的工作作风。他经常利用晚上时间亲自驾车、带着秒表,将每个岗亭四周的出警路况、所需时间进行详细的测量,掌握第一手资料。在调查研究的基础上,他在1996年的10月和1998年7月对勤务运行机制进行两次大胆的改革,变一级出警为二级出警,变在值班室候警为把92%的警力直接摆在路面上,在"巡"字和"灵"字上下功夫,提高了快速反应能力和警力的利用率,有力地打击了违法犯罪活动,为维护社会治安,及时破案,减少积案作出了积极贡献。公安部保密委旃永昆副主任率检查组一行在秘密试警后高兴地说:"'漳州110'仅用一分半钟就赶到现场,名不虚传。"1997年3月9日,省委副书记林兆枢在视察"漳州110"时指出:"'漳州110'改革勤务运行机制,变被动接警为主动维护治安,变坐等求助为主动上门服务,把警察的职能和责任延伸到社会责任上,队伍建设又向前迈进了一步。"

  面对赞扬,李铁军从不自满,他常常思考着如何使110更有效地服务社会。有一天,他下警区督查时,路边一块写着"团市委青年志愿者联络站"的牌子引起了他的注意。他想:如果卫生、民政、工商、供水、供电、医院、银行等与群众生产生活密切相关的单位都能协同110共同处警;如果能把修车、开锁、家电维修等小项目服务与青年志愿者活动结合起来,那公安110不就变成了社会110了吗?李铁军为之一振。他立即深入这些部门,宣传解释,取得共识,以共建为纽带,扩大"漳州110"效应,先后与群众生产、生活密切相关的6个系统83个单位建立共建关系,制定协同处警联动方案。1998年1月25日,全市16个系统28个单位组成的社会公众报警求助服务联动体制正式启动,公安110变为社会110,实现了用公安的小环境去影响带动社会的大环境的目标。

  由于政治坚定、政绩突出、作风过硬,李铁军得到组织上的重用,于2012年2月调任市委组织部副部长。他始终做到"对党忠诚"的信念如一、"先人后己"的本色如一、"公道正派"的作风如一,用自身的实际行动,充分展示了当代组工干部的崇高追求和良好形象。他忠诚履职,扎实推进分管工作,抓住村级换届、提高组织工作满意度和十八大信访维稳3件大事,推进领导干部监督、干部选拔任用监督和整治用人上不正之风等15项主要工作。对干部任前公示举报反映的住房问题,他协调公安信息系统查阅房产信息,为核查问题提供依据;在应对村级换届举报和舆情中,他发挥公安业务熟悉优势,指导县区对"六不能、六不宜"人选做准确把关;在抓社教人员稳定方面,他利用公安人脉熟悉优势,协调公安国保部门共同抓好稳定工作,有效推进组织工作满意度和选人用人公信度较大幅度提升。

  李铁军就是这样,一心扑在工作上,严于律己,秉公执法,清正廉洁,始终把党和人民的利益看得高于一切。而面对自己的家人,他感到有些歉疚。因为作为儿子,父母身体不好,他不能陪伴在二老身旁;作为丈夫,妻子工作繁忙,他不能为她分担家务;作为父亲,没时间带儿子上公园、玩游戏,即使儿子生病,他也不能陪伴在左右。李铁军不是不爱家,不爱自己的亲人,他说:"谁都爱自己的家,都希望照顾自己的亲人,但作为一名人民警察、一名组工干部,我怎能只顾自己的小家,而不顾社会这个大家呢!"为了社会的安定,人民的幸福,祖国的繁荣发展,李铁军无私地奉献着自己的赤胆忠诚。

杨庆文：蓝色国土的忠诚卫士

陈亦农

杨庆文于 1989 年 7 月毕业于集美航海学院轮机管理专业，历任远洋外轮助理、三管轮、二管轮、轮机长，船舶服务公司业务经理。2006 年，他参加广东海事局公开招录甲类轮机长，以第一名的优异成绩进入广东海事局，同年 9 月，到广州海事局工作。殉职前任广州船舶安全检查站检查员，一级海事监督官。

2009 年 3 月 14 日，杨庆文在参加广东海事局组织的珠江口锚泊船舶安全专项整治行动中，为了捍卫国家主权，维护辖区水域的安全，献出了宝贵生命。

先人后己　因公殉职

2009 年，中国海事局部署了加强锚泊船舶监管的专项整治工作，广东海事局专门组成海巡编队，对珠江口航道和 20 多个锚地进行巡航监管，杨庆文作为业务精英被选派参加此次专项活动。

2009 年 3 月 14 日，编队在担杆以北水域发现一艘 2 万吨级的集装箱船违法锚泊。巡航编队通过甚高频呼叫，要求该轮立即离开。该轮却找理由搪塞，拒不离开。于是，便派杨庆文和方同林、吴璋三位执法员登轮交涉。杨庆文 3 人授命后，立即穿戴好救生衣和安全帽，乘小艇向 2000 米外的外轮驶去。由于涌浪很大，同事吴璋要登梯时，杨庆文说："涌浪大，我先上！"便抢到吴璋前面。当小艇靠近舷梯，杨庆文准备登轮时，突然一个涌浪袭来，舷梯在涌浪中急剧摆动，重重撞到杨庆文后脑，杨庆文当场昏倒在小艇的甲板上……虽全力火速抢救，但终因伤势过重，在他离 40 岁生日还差 20 天的时候，为中国海事事业献出了宝贵的生命。

为护主权　不恋高薪

从集美航海学院毕业后，杨庆文先后在多家外企工作。他从职位较低的轮机助理做起，一直到当上轮机长。2005年7月，杨庆文被一家船舶服务公司任命为华南区业务经理。

2006年8月，广东海事局决定从航运企业招录一批有航海经历的船长、轮机长。杨庆文在香港得知消息后，立即返回内地报名应聘。一些人不理解地问他：你在外企位居"华南地区业务经理"，一年收入几十万港币，为什么要报考一个小小的"海事员"呢？杨庆文说出了他担任某外企华南区业务经理时的一件事。那是2006年的一天，他随公司一艘集装箱船从香港开出，到我国专属经济区时，机舱排出大量污油水，在船后留下一条长长的黑水带。杨庆文发现后立即跑到机舱找到船上的外籍轮机长，责问他为什么擅自排污。轮机长诡秘地笑着说："杨经理，在这里排污没事，中国海事部门监管不到这里。"

"中国海事部门监管不到"这句话深深刺痛了杨庆文的心。从此，杨庆文暗下决心，一定要为把祖国建设成为航海强国、海事大国出一份微薄之力。

2007年10月，他结束实习按时转正。他转正后的第一件事，就是将半年前已写好的入党申请书又工工整整地誊写了一遍，递交给党支部。他在入党申请书中说："我一直以来对党心存向往，无比崇敬，但因长期工作在外企或外轮，像一个游子似的，没有机会向党组织靠拢。现在，我成为中国海事的一员，亲身感受到党组织的教育，以及身边党员同志的帮助，进一步认识到党的伟大和正确，我渴望要求加入党组织。"

杨庆文因公殉职后，他悲痛欲绝的妻子向组织提出了唯一的要求——庆文生前最大的愿望是成为一名共产党员，希望党组织根据他的表现追认他为共产党员！

精益求精　技术一流

勤奋好学，喜欢钻研，是杨庆文一贯的表现。在集美航海学院读书时，他就以优异的成绩获得航海类院校最高奖学金——"国际木兰奖学金"。杨庆文成为一名海事执法人员后，强烈的使命感与责任感激发出他内心无穷的进取动力。他如饥似渴地学习，下班后，经常学习到凌晨一两点，用最快的速度实现角色的转换。

在广州安检站实习期间,杨庆文一边抓紧时间学习PSC程序、国际公约、技术规范和相关规定,一边有计划地对各种类型的船舶的结构特点和检查技术进行了解和熟悉,虚心求教,注意沟通交流。凭着对专业技术提高永无止境的追求和百折不挠的精神,一系列国际海事公约,厚厚的几大本中英文对照,15000多条款的内容,硬是被他啃下。他英语很好,被同事们称为海事英语的活字典。

2009年1月22日,杨庆文和罗超受命到广州新沙港对一外国散货船进行港口国监督检查。该船隶属英国"劳氏"船级社("劳氏"船级社是世界十大船级社之一),10天前刚在美国接受了港口国监督检查。高傲的船长认为,中国的港口国监督检查肯定查不出什么问题的,并拿出美国《港口国检查报告》给杨庆文看。杨庆文彬彬有礼而又严正地要求检查,结果查出机舱油柜测量管关闭,没有安装手动火灾报警按钮。在缺陷面前,船长没了傲气,悻悻地接过杨庆文手中的《亚太地区谅解备忘录检查报告》,签上名字。

消息传到英国"劳氏"船级社广州办事处负责人那儿,该负责人带领2名验船师来到广州船舶安全检查站就存在缺陷进行争辩。杨庆文用英文,准确引用公约条款,使该负责人心服口服。离开时,那位负责人向杨庆文伸出大拇指,用不太流利的中国话说:"中国PSC检查官,一流的!"

优质服务　维护信誉

监管就是服务,这是杨庆文对船舶安全检查的深刻理解。他常对同事们说,我们安全检查员不仅要能发现受检船舶的安全隐患和缺陷,更重要的是让受检船舶能及时整改缺陷,并避免类似缺陷再次发生,让行政相对人满意!

2007年4月,广东境内电煤告急。4月23日,杨庆文赶到广州港新港西基煤炭专用码头,对一艘即将驶往澳大利亚抢运电煤的6万吨级船实施开航前检查。他发现应急发电机油柜是透明的,便推断油柜缺油。这可能导致在紧急情况下,应急电机无油不能启动。但船方轮机长坚信已加满油。于是,他与船方一个管路一个管路检查,一个环节一个环节分析,最后查明是船员的误操作,导致应急发电机连续运转100多个小时而将油柜的油耗尽。杨庆文继而又督促船公司举一反三,对全公司船舶下发通知,提醒各艘船舶避免类似缺陷发生。

2008年12月29日,某中国籍轮在澳大利亚进行PSC检查时共发现三项缺陷,其中第二项为应急蓄电池故障,因此被滞留。杨庆文牵头组织有关人员,对滞留缺陷进行了分析。经过深入研究,杨庆文提出,发生故障的电瓶为高于公约要求配置的不间断电源,而非应急电源,按照PSC缺陷处理原则,不应该作为滞留缺陷处理。杨庆文为船东准备了详细的材料,提起了申诉。2009年3月12日,澳大利亚海事安全局决定删除该项滞留,并删除亚太地区港口国监督电脑信息系统有关该轮的滞留信息。据悉,这是澳大利亚海事安全局首次在东京备忘录撤销对中国籍船舶的滞留。

杨庆文在进入安检站的一年时间里,直接参与港口国监督检查船舶200多艘次,发现缺陷1500多项,对低于公约标准的15艘船舶实施滞留,维护了国家主权和水域安全。杨庆文以严格监管和优质服务,不仅赢得了行政相对人的称赞,而且降低了从广州港始发的"中国旗"船舶在国外港口国监督检查的滞留率,维护了"中国旗"船舶的声誉。

清正廉洁　按章办事

杨庆文曾写道:"海事人要严于律己、敬业乐群,守得住清贫、耐得住寂寞、抗得住诱惑、管得住小节。"他是这样想的,也是这样做的。

2008年8月14日,杨庆文到广州新沙港区对某国8000吨级的货船进行港口国监督检查。在45摄氏度以上的高温环境中,经过5个小时的检查,杨庆文共查出该船13项缺陷,其中3项是滞留缺陷项目。船长一看,所有这些缺陷整改完最少要半个月,于是向杨庆文求情,并将一个厚厚的"信封"偷偷递给他。杨庆文拒绝了,坚持整改后才能航行。船长无奈地在PSC报告上签了字。据同事回忆,他在海事处工作时有些人主动送上好处费,希望通融一下,但他不为所动,坚持按要求办事。

时代先锋　激励后人

杨庆文牺牲后被追认为烈士,并被中宣部确定为"时代先锋",他的先进事迹在中央电视台新闻联播报道,同时,还被广东省委确定为全省学习践行社会主义核心价值体系和群众性爱国主义教育重大典型。杨庆文的先进事迹先后被82家媒体报道,中央电视台、人民日报、新华社、光明日报等主流媒体都曾到广东采访,累计发表新闻400多篇,计70多万字,通过百度搜索统计,共有132000条关于杨庆文同志的新闻。杨庆文先进事迹报告团,在省内外进行了20多场巡回报告,听众达4万多人,特别是到交通运输部机关作报告,报告团成员得到了交通运输部部长等部领导的亲切接见。在海事系统、大连海事大学、集美大学和港航单位累计开展学习杨庆文同志座谈会160多场,在水运行业形成了浓厚的学习氛围。斯人虽已逝,他的精神却激励着无数人。

　　杨庆文的事迹蕴伟大于平凡之中,"诚毅"精神在他的身上得到充分的体现,他是杰出的当代青年,优秀的集美校友,是蓝色国土的忠诚卫士!

百年树人

编后语

　　《百年树人》和《百年往事》是集美校友总会和《集美校友》编辑部为纪念陈嘉庚先生创办集美学校 100 周年和庆贺第三届全球集美校友大联欢而组织编撰的。经过一年多的努力，两书终于在母校百年华诞之前如期和广大校友见面了。

　　两书在付梓之际，承蒙中共福建省委原书记、全国政协原常委、港澳台侨委原副主任陈明义先生为之作序，谨表最衷心的感谢。

　　本书在编辑过程中，编辑征得艺术大师黄永玉校友的同意，原文照编了他已发表的作品《示朴琐记》和《微笑、汗水、国家》两篇文章，为本书大增亮色。

　　对这两本书的编写，一开始就有多种想法和担心。经过多次研究讨论，思想渐趋统一，对编纂两书的目的逐渐形成共识。这就是以集美学校百年历史中和校友中生动的事实，歌颂校主陈嘉庚先生倾资兴学的伟大精神和光辉业绩，弘扬嘉庚精神，传承集美传统。

　　本书收入的仅限于在集美学校就读过的校友的事迹，其他概不涉及。

　　在《百年树人》编辑过程中，编者始终面临着艰难的抉择。集美学校在过去的百年中，培养了几十万校友，杰出校友辈出，现在收入的 51 篇文章，仅为校友事迹沧海之一粟，即使篇目再加一倍、十倍，仍然无法做到"应收尽收"，难免留下遗憾。因此，收入书中的校友，只能看成是某个方面的代表，而不是一个个单独的个人。他们汇集在一起，从不同的侧面反映百年集美学校的光辉业绩，展现陈嘉庚先生倾资兴学、桃李满天下的壮美历史画卷。这是本书的真正意义所在。

　　在本书编纂过程中，本书的主编、副主编和编委会的成员做了大量的工作。他们汇集各个时期的名校友名单，遴选候选校友，搜集素材，组织人员编写，向校友、社会征集文稿，一遍一遍地挑选，最后确定名单和文章，此外，还做了一系列的文字和审定工作。对他们付出的努力与心血，谨此表示诚挚的慰问和衷心的感谢。在本书编纂期间，广大校友和热心人士提供了不少稿子，对此，谨表衷心的感谢。对未收入本书的稿子，《集美校友》杂志编辑部将陆续选登，以飨读者。

本书的撰写，得到有关部门领导的鼓励和支持，特表衷心感谢；对撰稿者表示衷心的感谢。此外，韦达娜、王晶晶、陈守心等同事、校友为本书提供资料，审读文稿，校对清样，费心劳神，谨表衷心感谢。

本书涉及的时间长，空间广，情况多样，而编纂时间紧迫，人手不足，水平有限，因此错误和遗漏之处恐难避免，敬请广大校友和读者批评指正。

集美校友总会
2013年7月

图书在版编目(CIP)数据

百年树人/任镜波主编. —厦门:厦门大学出版社,2013.9
ISBN 978-7-5615-4768-7

Ⅰ.①百… Ⅱ.①任… Ⅲ.①集美大学-校友-生平事迹 Ⅳ.①K820.7

中国版本图书馆 CIP 数据核字(2013)第 218176 号

厦门大学出版社出版发行

(地址:厦门市软件园二期望海路 39 号 邮编:361008)
http://www.xmupress.com
xmup @ xmupress.com

厦门市竞成印刷有限公司印刷

2013 年 9 月第 1 版 2013 年 9 月第 1 次印刷
开本:720×1000 1/16 印张:22.25 插页:2
字数:390 千字 印数:1～3 500 册
定价:50.00 元

本书如有印装质量问题请直接寄承印厂调换